Stelzer

Grundzüge des Öffentlichen Rechts

2., neu bearbeitete Auflage

Grundzüge des Öffentlichen Rechts

2., neu bearbeitete Auflage

von
Univ.-Prof. Dr. Manfred Stelzer

 LexisNexis®

LexisNexis® Österreich vereint das Erbe der österreichischen Traditionsverlage Orac und ARD mit der internationalen Technologiekompetenz eines der weltweit größten Medienkonzerne, Reed Elsevier. Als führender juristischer Fachverlag deckt LexisNexis® mit einer vielfältigen Produktpalette die Bedürfnisse der Rechts-, Steuer- und Wirtschaftspraxis ebenso ab wie die der Lehre.

Bücher, Zeitschriften, Loseblattwerke, Skripten, die Kodex-Gesetzestexte und die Datenbank LexisNexis® *Online* garantieren nicht nur die rasche Information über neueste Rechtsentwicklungen, sondern eröffnen den Kunden auch die Möglichkeit der eingehenden Vertiefung in ein gewünschtes Rechtsgebiet. Nähere Informationen unter www.lexisnexis.at

Bibliografische Information der Deutschen Bibliothek

Die Deutsche Bibliothek verzeichnet diese Publikation in der Deutschen Nationalbibliografie; detaillierte bibliografische Daten sind im Internet über http://dnb.ddb.de abrufbar.

ISBN 978-3-7007-5630-9

LexisNexis Verlag ARD Orac GmbH & Co KG, Wien
http://www.lexisnexis.at
Wien 2013
Best.-Nr. 34.21.02

Druckerei: Prime Rate GmbH, Budapest

Vorwort zur 2. Auflage

Die zahlreichen Verfassungsänderungen der letzten Jahre sowie die Entwicklung des Rechts der Europäischen Union haben eine Neuauflage dieses Buches besonders dringlich gemacht. Vor allem die mit 1. 1. 2014 in Kraft tretende Reform der Verwaltungsgerichtsbarkeit, die in vollem Umfang berücksichtigt wurde, hat auch strukturelle Auswirkungen. Der durchgängig patchwork-artige Stil der Verfassungsgesetzgebung, der sich um systematische Zusammenhänge nicht mehr kümmert, macht es allerdings immer schwieriger, den Stoff systematisch zu erfassen und darzustellen.

Der Text wurde vollständig durchgesehen und auch sprachlich überarbeitet. Ich danke Frau Dr.in Iris Eisenberger, Frau Mag.a Fabiane Baxewanos, Frau Mag.a Laura Pavlidis, Frau Mag.a Katharina Schmiedecker und Frau Mag.a Sandra Wachter für zahlreiche Anregungen und für die Unterstützung bei der Überarbeitung des Buches. Frau Doris Erker danke ich für die umsichtige und gewissenhafte Betreuung des Manuskripts.

Ich habe mich über Zuschriften jener Studierenden gefreut, die mir versichert haben, dass für sie die Lektüre meines Buches der Schlüssel zum Verständnis des öffentlichen Rechts war. Selbstverständlich bin ich weiterhin für Kritik und Anregungen – nach wie vor unter der E-Mail-Adresse manfred.stelzer@univie.ac.at – dankbar. Eine Botschaft der Vorauflage ist allerdings bedauerlicherweise nicht angekommen und soll deshalb hier wiederholt werden: Das Buch dient auch Fortgeschrittenen dazu, sich der Grundlagen des Faches immer wieder zu vergewissern. Die überwältigende Mehrzahl negativer Prüfungsergebnisse auch bei Abschlussarbeiten resultiert immer noch aus der mangelnden Beherrschung der Grundlagen des Faches.

Perchtoldsdorf, im September 2013 *Manfred Stelzer*

Aus dem Vorwort zur 1. Auflage

[…]

Ich lege hiermit zum ersten Mal einem größeren Publikum die Idee vor, den Lehrstoff anhand einer „Strukturgrafik" der österreichischen Verfassungsordnung zu organisieren und darzustellen. Ich habe dieses Konzept in einer Reihe von Einführungsvorlesungen in das öffentliche Recht entwickelt, die ich allesamt vor nicht-juristischem Publikum gehalten habe: vor Studierenden der Volkswirtschaftslehre, der Politikwissenschaften und der Soziologie an der Universität Wien, Studierenden des Fachhochschulstudienganges „militärische Führung" an der Militärakademie in Wiener Neustadt sowie des Fachhochschulstudienganges „Biotechnologie" der Fachhochschule „Campus" in Wien. Ich bin insbesondere den verantwortlichen Leitern der beiden Fachhochschulstudiengänge dankbar für die Erfahrung, die ich in diesen – außeruniversitären – Bereichen machen durfte. Seit einiger Zeit verwende ich das beschriebene Konzept auch in meinen Hauptvorlesungen aus Verfassungsrecht an der Universität Wien. Das hat mich dazu bewogen, die Grafik am Ende des Buches zum Herausklappen wiederzugeben: Sie mag als Grundlage für das weitere Studium des öffentlichen Rechts dienen und in sie können, wenn dies als hilfreich empfunden wird, Details des Lehrstoffes eingetragen werden.

Der wesentliche Sinn der Verwendung grafischer Darstellungsformen liegt darin, Zusammenhänge auf einen Blick deutlich zu machen. Dies ist auch das zentrale Anliegen des Buches: eine kompakte Einführung in die Probleme des öffentlichen Rechts zu bieten, die sich in erster Linie um die Zusammenhänge zwischen einzelnen Regelungsbereichen und Problemstellungen, aber auch um die Zusammenhänge zwischen den rechtlichen Regelungen und den theoretischen sowie gesellschaftlichen Voraussetzungen bemüht. Die Form einer kompakten Darstellung zwingt freilich zu Vereinfachungen: Darin liegt eine gewisse Gefahr, nicht nur auf interessante Details verzichten zu müssen, sondern auch Missverständnisse zu provozieren. Ich hoffe, dass ich dieser Gefahr nur in Grenzen erlegen bin.

Trotz des Umstandes, dass der Stoff anhand einer Strukturgrafik organisiert wurde, soll das Buch in erster Linie ein Lesebuch sein: Zusammenhänge erschließen sich nicht in einer Fülle von den Eindruck von Beliebigkeit erweckenden Detailinformationen, sondern nur in durchgängigen Darstellungen. Ich habe daher absichtlich auf allzu viele Zwischenüberschriften und Untergliederungen verzichtet. Es ist ein Buch zum Lesen, das Verständnis für das Fach und hoffentlich die Lust auf intensivere Beschäftigung mit seinen Problemen wecken soll, und nicht zum Auswendiglernen. Es wendet sich nicht nur, wenngleich primär, an Anfängerinnen und Anfänger: Viele negative Noten bei Diplomprüfungen erklären sich daraus, dass die Kandidatinnen und Kandidaten mangelhafte Kenntnisse der Grundlagen aufweisen. […]

Es war nicht immer einfach, bei Abfassung des Textes all das zu berücksichtigen, was man mit „gender correctness" umschreiben könnte. Im Rahmen der Vorgaben des Verlages habe ich mich entschlossen, prinzipiell weibliche und männliche Formen nebeneinander zu verwenden. Lediglich dort, wo diese Vorgangsweise zur Unlesbarkeit des Textes geführt hätte, habe ich ausschließlich die in den Rechtstexten verwendeten Formen benutzt, die zwar grammatikalisch mit den männlichen Formen identisch sind, die ich aber ausdrücklich als geschlechtneutral verstehe.

[…]

Perchtoldsdorf, im September 2005   *Manfred Stelzer*

Inhaltsverzeichnis

Abkürzungsverzeichnis

Abb	Abbildung
ABGB	Allgemeines bürgerliches Gesetzbuch
Abs	Absatz
AEUV	Vertrag über die Arbeitsweise der Europäischen Union
AsylGH	Asylgerichtshof
AVG	Allgemeines Verwaltungsverfahrensgesetz
BFG	Bundesfinanzgericht
BGBl	Bundesgesetzblatt
bspw	beispielsweise
BVerfGE	Amtliche Sammlung der Entscheidungen des Bundesverfassungsgerichtes
BVG	Bundesverfassungsgesetz(e)
B-VG	Bundes-Verfassungsgesetz
BVwG	Bundesverwaltungsgericht
BZÖ	Bündnis Zukunft Österreich
bzw	beziehungsweise
dh	das heißt
di	das ist
ds	das sind
DSG	Datenschutzgesetz
EGMR	Europäischer Gerichtshof für Menschenrechte
EGVG	Einführungsgesetz zu den Verwaltungsverfahrensgesetzen
EMRK	Europäische Konvention zum Schutze der Menschenrechte und Grundfreiheiten
ESM	European Stability Mechanism
etc	et cetera
EU	Europäische Union
EuGH	Europäischer Gerichtshof
EGC	Charta der Grundrechte der Europäischen Union
EuGRZ	Europäische Grundrechte-Zeitschrift
EUV	Vertrag über die Europäische Union
ff	und die folgenden
FinStrG	Finanzstrafgesetz
FPÖ	Freiheitliche Partei Österreichs
idgF	in der geltenden Fassung
iZm	in Zusammenhang mit
KPÖ	Kommunistische Partei Österreichs
LPDion	Landespolizeidirektion
LVwG	Landesverwaltungsgericht(e)
maW	mit anderen Worten
MR	Medien und Recht
NL	Newsletter Menschenrechte
Nr	Nummer
oÄ	oder Ähnliches

OECD	Organisation for Economic Cooperation and Development
OGH	Oberster Gerichtshof
ÖJZ	Österreichische Juristen-Zeitung
ÖVP	Österreichische Volkspartei
PersFrG	Bundesverfassungsgesetz über den Schutz der persönlichen Freiheit
RGBl	Reichsgesetzblatt
Serie A	Amtliche Sammlung der Entscheidungen des Europäischen Gerichtshofes für Menschenrechte
SPG	Sicherheitspolizeigesetz
SPÖ	Sozialdemokratische Partei Österreichs
StGBl	Staatsgesetzblatt
StGG	Staatsgrundgesetz über die allgemeinen Rechte der Staatsbürger
ua	und andere/unter anderem
uÄ	und Ähnliche/und Ähnliches
UN	United Nations
uvam	und viele andere mehr
UVS	Unabhängige Verwaltungssenate in den Ländern
VfGG	Verfassungsgerichtshofgesetz
VfGH	Verfassungsgerichtshof
VfSlg	Sammlung der Erkenntnisse und Beschlüsse des Verfassungsgerichtshofes
vgl	vergleiche
VolksbegehrenG	Volksbegehrengesetz
vs	versus
VStG	Verwaltungsstrafgesetz
VVG	Verwaltungsvollstreckungsgesetz
VwGG	Verwaltungsgerichtshofgesetz
VwGH	Verwaltungsgerichtshof
VwGVG	Verwaltungsgerichtsverfahrensgesetz
zB	zum Beispiel
ZPEMRK	Zusatzprotokoll zur Konvention zum Schutze der Menschenrechte und Grundfreiheiten

Weiterführende Literatur (Auswahl)

Verfassungsgeschichte und Verfassungstheorie:

Brauneder, Österreichische Verfassungsgeschichte[11] (2009).

Kriele, Einführung in die Staatslehre: Die geschichtlichen Legitimitätsgrundlagen des demokratischen Verfassungsstaates[6] (2003).

Pernthaler, Allgemeine Staatslehre und Verfassungslehre[2] (1996).

Reiter (Hrsg), Texte zur Österreichischen Verfassungsentwicklung: 1848–1955 (1997).

Verfassungsrecht (allgemein):

Adamovich/Funk/Holzinger/Frank, Österreichisches Staatsrecht I Grundlagen[2] (2011).

Adamovich/Funk/Holzinger/Frank, Österreichisches Staatsrecht II Staatliche Organisation[2] (2013).

Adamovich/Funk/Holzinger, Österreichisches Staatsrecht III Grundrechte (2003).

Adamovich/Funk/Holzinger/Frank, Österreichisches Staatsrecht IV Allgemeine Lehren des Verwaltungsrechts (2009).

Berka, Verfassungsrecht[4] (2012).

Tushnet/Fleiner/Saunders, Routledge Handbook of Constitutional Law (2012).

Walter/Mayer/Kucsko-Stadlmayer, Bundesverfassungsrecht[10] (2007) (Neuauflage in Vorbereitung).

Grundrechte:

Berka, Die Grundrechte: Grundfreiheiten und Menschenrechte in Österreich (1999).

Berka, Lehrbuch Grundrechte (2000).

Grabenwarter/Pabel, Europäische Menschenrechtskonvention[5] (2012).

Hengstschläger/Leeb, Grundrechte (2012).

Gerichtsbarkeit des öffentlichen Rechts:

Machacek (Hrsg), Verfahren vor dem Verfassungsgerichtshof und vor dem Verwaltungsgerichtshof[6] (2008).

Allgemeines Verwaltungsrecht:

Maurer, Allgemeines Verwaltungsrecht[18] (2011).

Raschauer, Allgemeines Verwaltungsrecht[3] (2009) (Neuauflage in Vorbereitung).

Verwaltungsverfahrensrecht:

Faber, Verwaltungsgerichtsbarkeit (2013).

Hengstschläger, Verwaltungsverfahrensrecht: Ein systematischer Grundriss[4] (2009) (Neuauflage im Oktober 2013).

Thienel/Schulev-Steindl, Verwaltungsverfahrensrecht[5] (2009).

Walter/Kolonovits/Muzak/Stöger, Verwaltungsverfahrensrecht[9] (2011).

Wielinger, Einführung in das österreichische Verwaltungsverfahrensrecht[12] (2010).

Völkerrecht:

Fischer/Köck, Völkerrecht: Das Recht der universellen Staatengemeinschaft[6] (2004).

Graf Vitzthum, Völkerrecht[5] (2010).

Herdegen, Völkerrecht[11] (2012).

Hobe, Einführung in das Völkerrecht[9] (2008).

Seidl-Hohenveldern/Stein, Völkerrecht[10] (2000).

Europarecht:

Herdegen, Europarecht[13] (2011).

Oppermann/Classen/Nettesheim, Europarecht: Ein Studienbuch[5] (2011).

Streinz, Europarecht[9] (2012).

Thun-Hohenstein/Cede/Hafner, Europarecht: Ein systematischer Überblick mit den Auswirkungen der EU-Erweiterung[6] (2008).

Methodenlehre:

F. Bydlinski, Grundzüge der juristischen Methodenlehre[2] (2011).

I. Grundlagen

1. Das juristische Weltbild

Wenn Juristinnen und Juristen von „Recht" sprechen, also dem Gegenstand, mit dem sie sich beruflich auseinandersetzen, dann haben sie davon ein ganz bestimmtes Verständnis, das nicht unbedingt mit dem übereinstimmen muss, was die Bevölkerung landläufig darunter begreift. Juristinnen und Juristen verstehen heute unter Recht im Allgemeinen ein „wirksames System von positiven, an den Menschen gerichteten Normen, die das Zusammenleben in einer Gemeinschaft regeln und die, im Unterschied zu Normen der Moral oder der Sitte, mit staatlichem Zwang durchgesetzt werden können". (In der rechtswissenschaftlichen Literatur finden sich durchaus unterschiedliche Definitionsversuche, die die einzelnen Definitionsmerkmale unterschiedlich stark betonen und gewichten. Manche Definitionen beziehen auch noch den Aspekt der Gerechtigkeit ein. Diese Frage wird weiter unten beschäftigen.) Die gegebene Definition enthält in vielfältiger Hinsicht Voraussetzungen, die weit in die Ideen- und Philosophiegeschichte zurückreichen. Der wohl wichtigste Begriff in dieser Definition ist der der „positiven" Norm. Dies hat nichts mit einer besonderen qualitativen Auszeichnung von Normen zu tun (etwa im umgangssprachlich geläufigen Sinn als Gegensatz von „negativ"), sondern wird abgeleitet vom lateinischen „positus", was in diesem Zusammenhang etwa so viel bedeutet, wie „gesetzt".

Der Umstand, dass Normen als von Menschen gesetzt (erzeugt) gedacht werden (müssen), ist ein Ergebnis der „Aufklärung", also jener philosophischen Strömung, die im 17. und 18. Jahrhundert im Anschluss an eine fundamentale Erkenntniskritik die wesentlichen geistigen Grundlagen unseres heutigen (abendländischen) Wissenschafts- und Weltverständnisses erarbeitet hat. Die Kritik der „Aufklärung" richtete sich in ihrer Konsequenz gegen ein aristotelisch-mittelalterliches Weltbild, in dem die Vorstellung herrschte, dass das Recht – gleichsam als gottgewollte Ordnung – den Menschen vorgegeben war und von ihnen nur richtig „erkannt" werden musste. In dieser göttlichen Weltordnung hatte jede und jeder ihren oder seinen festen Platz inne. Weltliches Abbild davon waren „Feudalsysteme", in die man „hineingeboren" wurde, und die einem kraft Geburt den „rechten" Stand vermittelt haben. Ein Wechsel innerhalb dieses Systems war nur selten möglich. Freilich: An das göttliche Recht musste man glauben. Wer dies nicht konnte oder wollte, riskierte in der mittelalterlichen Gesellschaft, als Ketzerin bzw Ketzer verbrannt zu werden.

Die „Aufklärung" als philosophische Bewegung zerstörte das mittelalterliche Weltbild und vor allem die Vorstellung, die Ordnung des menschlichen Zusammenlebens sei „gottgewollt" und „vorgegeben". Sie zeigte, dass alle Normen, nach denen sich Menschen zu verhalten haben, von den Menschen selbst gemacht sind, und zwar auf Grundlage des urmenschlichen Vermögens der Vernunft, sich selbst „Gesetze" zu geben. Da es sich dabei aber um **ein Vermögen der menschlichen Vernunft** handelt, kann sich im Prinzip jeder Mensch „Gesetze" geben. „Gesetze" meint in diesem Zusammenhang allerdings noch nichts spezifisch Juristisches, sondern jede Art von Verhaltensanordnung. Menschen, die sich vornehmen, um 5:00 Uhr morgens aufzustehen und eine Runde um den Häuserblock zu laufen, das Rauchen aufzugeben, keine Schulden zu machen oder niemanden anzulügen, geben sich in diesem Sinne selbst Verhaltensanordnungen, also Normen oder „Gesetze", die sie befolgen wollen beziehungsweise nach denen sie leben wollen. Es ist dabei zunächst relativ gleichgültig, ob der Inhalt dieser „Gesetze" als vernünftig empfunden wird oder nicht. So mag es heute etwa als sinnvoll angesehen werden, nicht zu rauchen; allein, dass Menschen nach wie vor rauchen, zeigt, dass inhaltliche „Vernünftigkeit" einer Norm und die strukturelle Fähigkeit der menschlichen Vernunft, Normen zu setzen, voneinander unterschieden werden müssen. Freilich wirft aber jede Norm, jedes Gesetz, die Frage auf, ob sie oder es auch inhaltlich „vernünftig" ist und ob sie oder es daher befolgt werden soll. Mehr noch: Die philosophische Kritik der „Aufklärung" stellt uns vor das ganz grundsätzliche Problem, warum Gesetze eines anderen Menschen oder mehrerer anderer Menschen befolgt werden sollen, wenn doch das Vermögen, Gesetze zu geben ein solches ist, das jedem Menschen zukommt.

Juristinnen und Juristen haben vielfach gelernt, diese Frage nicht mit dem Hinweis auf Moral, Sitte oder gar ganz allgemein auf die inhaltliche Vernünftigkeit von Recht zu beantworten. „Recht" muss zunächst nicht deshalb befolgt werden, weil sein Inhalt als „gut" oder „richtig" empfunden wird. Wie die von Juristinnen und Juristen benutzte Definition von „Recht" nahelegt, soll das „Recht" einerseits von den Gesetzen der „Moral" oder der „Sitte" unterschieden werden. Diese „Trennung" von Recht und Moral ist eng verbunden mit der Vorstellung der Positivität von Recht. Diese ist geschichtlich darin begründet, dass geschlossene Glaubenskonzepte aufgebrochen waren: Im Zeitalter der Glaubensspaltung lebten auf dem europäischen Kontinent die Anhänger unterschiedlicher Religionen nicht friedlich neben- und miteinander, sondern lieferten sich blutige Kriege im Zeichen des „wahren" Glaubens (Beispiele dafür sind die Hugenottenkriege oder der Dreißigjährige Krieg). Damit stellte sich in zunehmendem Ausmaß nicht mehr die Frage danach, wie man „gut" und „richtig" zu leben hätte, sondern wie man überhaupt überleben konnte. Das Recht hätte jede Funktion der Ordnung des Zusammenlebens zwischen Menschen unterschiedlichen Glaubens verloren, wenn es die Inhalte nur einer Glaubenslehre enthalten hätte. In dem Ausmaß, da die Rechtsordnung die Funktion der Friedenswahrung übernimmt und übernehmen muss, ist es erforderlich, dass sie in gewisser Weise gegenüber unterschiedlichen Moralvorstellungen neutral ist. „Quelle" des Rechts wurde in der Tat der souveräne Fürst, der – aufgrund seiner politischen Macht – den Frieden garantieren sollte und konnte. Das Recht soll also allein deshalb befolgt werden, weil es von der entsprechenden Rechtssetzungsautorität erlassen wurde.

Diese Konstellation, die am Beginn der Entwicklung unseres heutigen (zumindest abendländischen) Rechtsverständnisses stand, wonach der Geltungsgrund einer Rechtsordnung in der fürstlichen (staatlichen) Anordnung liegt, enthält ein Grundproblem, das die juristische, vor allem rechtstheoretische und rechtsphilosophische Debatte schon lange beschäftigt: nämlich die Frage danach, ob das „Recht" – kraft Anordnung – jeden beliebigen Inhalt haben kann und sich um Moralvorstellungen beziehungsweise Gerechtigkeitsvorstellungen nicht kümmern muss. Man kann sich leicht vorstellen, dass in einer solchen grundsätzlichen Debatte höchst unterschiedliche Antworten auf diese Frage gegeben wurden und bis heute gegeben werden. Praktisch ist zunächst festzuhalten, dass das Verhältnis von Recht und Moral zueinander sehr diffizil ist. Zum einen können nämlich Rechtsnormen selbst auf Moralvorstellungen verweisen: Wenn etwa eine Norm verlangt, die Menschenwürde nicht zu verletzen, dann wird man bei Erörterung dessen, was „Menschenwürde" ist, nicht um Moralfragen herumkommen. Wenn der eingangs wiedergegebene Rechtsbegriff enthalten hat, dass es sich um ein „wirksames" System von Normen handeln soll, dann kann weiter gefragt werden, wie „effektiv" eine Rechtsordnung werden kann, die die wesentlichen – und auch jenseits der Glaubensfragen liegenden – Moralvorstellungen einer Bevölkerung systematisch verfehlt. Wir wissen aus der Geschichte, dass man mit der Verfügung über die nötige Waffengewalt eine Zeit lang die eigenen Normvorstellungen durchsetzen kann. Eine langfristige Geltung einer Rechtsordnung ist wahrscheinlich nur dann möglich, wenn die Grundbedürfnisse und -vorstellungen der Rechtsgenossinnen und Rechtsgenossen nicht beständig negiert werden. Allerdings ist dies ein empirisches Kriterium, das durch die Erfahrung bestätigt, aber auch widerlegt werden könnte.

Der entscheidende theoretische Punkt liegt jedoch in der Einsicht, was der Begriff des positiven Rechts voraussetzen musste: nämlich das Urvermögen der menschlichen Vernunft, Normen setzen zu können. Dieses Vermögen lässt sich aber nur dann konsistent begründen, wenn es allen Menschen in gleicher Weise zugebilligt wird. Damit ist die notwendige wechselseitige Anerkennung als Mensch Voraussetzung der Begründung der Fähigkeit, Normen überhaupt erst setzen zu können. Daher stellt sich die Frage, ob und inwieweit durch die Einsicht, dass Rechtsetzung ein menschliches Vermögen ist, Dimensionen notwendiger wechselseitiger Anerkennung als Rechtssubjekt in die Gestaltung einer positiven Rechtsordnung einfließen müssen. Diese Fragen gehören zum zentralen Aufgabenbereich der Rechtsphilosophie und können daher hier nicht weiterverfolgt werden. Eine Gesellschaft jedenfalls, die eine „Verfassung" nicht in einem bloß formellen, sondern auch in einem materiellen (inhaltlichen) Sinn hat und haben will, wird grundlegende Rechtspositionen ihrer Bürgerinnen und Bürger als Ausfluss ihrer Menschenwürde garantieren müssen. Eine solche Rechtsordnung kann daher gar nicht ohne wesentliche inhaltliche Vorgaben auskommen und kann daher in diesem Sinne nicht jeden beliebigen Inhalt annehmen.

Freilich zeigt sich in der Geschichte, dass als Antwort auf die Glaubenskriege in Europa die Macht des Fürsten auch theoretisch in einer Weise konzipiert wurde, die von Freiheiten der Bürgerinnen und Bürger zunächst nichts wissen wollte. Im Mittelpunkt politischer theoretischer Schriften stand zunächst die Konzeption eines souveränen Fürsten im sich entwickelnden Territorialstaat. „Souverän" war ein Fürst dann, wenn seine Macht als „die höchste auf Erden" in Bezug auf ein bestimmtes Territorium und über die darin lebenden Menschen angesehen werden konnte. Dieser Souveränitätsgedanke prägte in besonderer Weise das europäische Staatsverständnis und tut dies auch bis heute noch: Wenn unter einem Staat im Allgemeinen ein mit höchster Herrschaft (Souveränität; Staatsgewalt) ausgestatteter Verband eines Volkes (Staatsvolk) auf einem bestimmten Gebiet (Staatsgebiet) verstanden wird, so reflektiert dies nach wie vor die Entstehungsgeschichte des modernen (Flächen-)Staates, der den mittelalterlichen Feudalverband abgelöst hat.

In Konsequenz dieser Überbetonung der souveränen Staatsgewalt führte die Befreiung aus dem mittelalterlichen Ordodenken (ein Schlagwort, mit dem man die eingangs beschriebene mittelalterliche Denkweise charakterisiert hat) zunächst wieder in die Unfreiheit – in die Unterwerfung unter eine absolute Staatsmacht. Dass es dabei nicht bleiben konnte, war nahezu eine historische Selbstverständlichkeit. Eine besondere historische Rolle hat dabei England gespielt, wo sich der Absolutismus nie durchzusetzen vermochte. So waren insbesondere die Entwicklungen im 17. Jahrhundert, rund um die „Glorious Revolution" 1688 und die in diesem Zeitraum erschienen Schriften, vor allem jene des *John Locke*, vorbildhaft für andere Staaten. Das, was sich im England des 17. Jahrhunderts schrittweise zu einem gewaltenteilenden System entwickelt hat und von *Montesquieu* beschrieben wurde, wurde in vielen anderen Staaten mit dem Ruf nach einer „Verfassung" eingefordert.

Dieses klassische Gewaltenteilungskonzept wurde als Modell für eine konstitutionelle Monarchie entwickelt. Politisch ging es darum, die monarchische Gewalt zu beschränken, indem Teile daraus auf andere gesellschaftliche Gruppen übertragen wurden. Die wesentliche Stoßrichtung verlief dabei entlang der Trennlinie Gesetzgebung – Vollziehung. Die Vollziehung oder Exekutivgewalt sollte beim Monarchen verbleiben, während an der Gesetzgebung ein Parlament mitwirken sollte. Dieses Parlament, das etwa in England zu Beginn eine Versammlung von Würdenträgern war, wurde historisch nach und nach zu einer Vertretung von Teilen und schließlich des gesamten Volkes. Begründet wurde diese Entwicklung damit, dass Gesetze „allgemeine Angelegenheiten" zu regeln hatten, insofern schon begrifflich „allgemein" waren. Diese Allgemeinheit hatte zwei Seiten: eine quantitative und eine qualitative. „Qualitativ" allgemein waren Gesetze, weil ihre Regelungen im Interesse der Allgemeinheit, also in einem öffentlichen Interesse gelegen waren. „Quantitativ", weil sie (potenziell) alle betrafen und/oder für das gesamte Staatsgebiet galten. Da Gesetze eben allgemein waren (und in qualitativer Hinsicht nach wie vor sind), konnte die Forderung erhoben werden, dass daran alle mitzuwirken hatten, was historisch dazu führte, dass – nach und nach – niemand davon ausgeschlossen werden konnte. Im Gewaltenteilungskonzept der konstitutionellen Monarchie war die Gesetzgebung aber stets eine Angelegenheit, bei der Monarch und Parlament zusammenwirken mussten.

Nur die gleichberechtigte Mitwirkung an der Gesetzgebung konnte nach Auffassung der genannten Autoren die Eigenständigkeit der Exekutivgewalt bewahren. Entscheidend für die Trennung von Gesetzgebung und Vollziehung war die Überlegung, dass eine gleichförmige Vollziehung der Gesetze nur von jenen garantiert werden könne, die sie nicht (ausschließlich) selbst beschlossen haben. Innerhalb der Vollziehung entwickelte sich die Gerichtsbarkeit als unabhängiges Vollzugsorgan, wohl zunächst aus dem Bedürfnis, für den möglichen Streit zwischen Parlament und Monarch über die Frage der Grenze zwischen Gesetzgebungs- und Vollzugsgewalt ein unabhängiges, von beiden Parteien akzeptiertes Organ zu besitzen. Es war vermutlich in der Tat die historische Leistung von englischen Juristen, diese Idee auch praktisch durchgesetzt zu haben. Interessanterweise spielt die unabhängige Gerichtsbarkeit bei *Locke* auch noch eine relativ untergeordnete Rolle. Erst in der Beschreibung von *Montesquieu* wird sie umfangreich dargestellt. Die Schriften *Montesquieus*, der die Gewaltenteilungslehre alles andere denn erfunden hat, beeinflussten vor allem die amerikanische Verfassung. Die amerikanische Verfassung ist in ihrem gewaltenteilenden Konzept tatsächlich einer konstitutionellen Monarchie nachempfunden. (Allerdings ersetzt die US-amerikanische Verfassung den Monarchen durch einen gewählten – und verantwortlichen – Präsidenten.)

Der Gewaltenteilungsgedanke hat sich von dem konkreten historischen Vorbild und der damit verbundenen institutionellen Ausgestaltung emanzipiert. Die Grundidee einer Aufteilung der Staatsgewalten ist aber nach wie vor das wesentliche Element einer Verfassung, das dazu dient, die Freiheiten der Bürgerinnen und Bürger, die bald auch in Grund- und Menschenrechtskatalogen festgehalten wurden, bestmöglich zu sichern. Die österreichische Verfassungsordnung enthält eine Fülle von gewaltenteilenden Elementen, ohne das Konzept einer konstitutionellen Monarchie zu verwirklichen. Verfasste Staatsgewalt ist – genau genommen – nicht mehr souverän. Dennoch hat der Souveränitätsbegriff über die monarchische Souveränität hinweg in die Verfassungsordnungen als „Volkssouveränität" Eingang gefunden und bestimmt heute nach wie vor die staatsrechtliche Debatte, insbesondere auch jene um die Frage nach einer Verfassung der Europäischen Union.

2. Was ist „Öffentliches Recht"?

„Öffentliches Recht" kann zweierlei meinen. Zum einen kann darunter ein bestimmter Teil der Rechtsordnung verstanden werden, der vom „Privatrecht" zu unterscheiden ist. Die Abgrenzung zwischen diesen beiden Teilen der Rechtsordnung wird in der Literatur durch mehrere „Theorien" versucht. So wird etwa, im Anschluss an den Römischen Juristen Ulpian, gesagt, dass das „öffentliche Recht" jenen Teil der Rechtsordnung ausmache, in dem es um die Durchsetzung öffentlicher Interessen gehe, während das Privatrecht Interessenkonflikte zwischen Privaten zum Gegenstand hätte (Interessentheorie). Andere ordnen dem „öffentlichen Recht" jene Rechtsverhältnisse zu, an denen der Staat in seiner typischen Eigenschaft als Hoheitsträger beteiligt ist (Subjektstheorie), bzw in denen die Über- und Unterordnung zwischen Staat und Privaten zum Ausdruck kommt, während das Privatrecht von der Gleichordnung der Rechtsgenossinnen und -genossen ausgeht (Subjektionstheorie). Alle diese „Theorien" beschreiben ein Stück weit Charakteristika der betreffenden Rechtsgebiete; das heutige Begriffsverständnis hat sich aber nicht entlang einer „Theorie" entwickelt, sondern ist vielfach auch ein Ergebnis historischer Zufälligkeiten. Danach würde man dem Privatrecht die Rechtsgebiete des klassischen Zivilrechts (so wie es in den Kodifikationen des 19. Jahrhunderts zum Ausdruck kam) zuordnen, zusammen mit allen Weiterentwicklungen, die sich im Wesentlichen privatrechtlicher Institutionen bedienen. Alle anderen Rechtsgebiete würde man dem „öffentlichen Recht" zuweisen, also insbesondere Verfassungsrecht, Verwaltungsrecht, Verfahrensrecht und Strafrecht sowie weite Teile des Völkerrechts.

Mit dem Terminus „öffentliches Recht" wird aber, zweitens, ein akademisches Fach bezeichnet, das in seiner Ausprägung und Abgrenzung zu anderen Fächern vor dem Hintergrund akademischer Traditionen ebenfalls historisch gewachsen ist, wobei vor allem die Abgrenzung zu anderen akademischen Fächern in unterschiedlichen Rechtskulturen auch unterschiedlich sein kann. In Österreich versteht man unter dem Fach „Öffentliches Recht" im Wesentlichen das Verfassungs- und Verwaltungsrecht, wobei aber etwa das Steuerrecht und das Sozialversicherungsrecht, Gebiete, die strukturell auch zum weiten Bereich des „Verwaltungsrechts" zählen, eigene Fächer bilden. Soweit sie freilich von Rechtsinstituten handeln, die typischerweise „Verwaltungsrecht" sind, sind dessen allgemeine Lehren auch für sie relevant.

Juristinnen und Juristen, die heute „öffentliches Recht" betreiben, beschäftigen sich daher im Wesentlichen mit den Fragen der normativen Grundlagen des Staates und seiner Organisation, den fundamentalen Rechten seiner Bürgerinnen und Bürger, den Verfahren der Gesetzgebung und der Erlassung von Verwaltungsakten, sowie einer Fülle von staatlichen Aufgaben, die insgesamt das materielle Verwaltungsrecht ausmachen, und die äußerst vielfältig sind. Dazu zählen etwa die Aufrechterhaltung von Ordnung und Sicherheit, di das Recht der Gefahrenabwehr, das Recht der Bereitstellung allgemein zugänglicher Einrichtungen (wie etwa Schulen, Spitäler), die Regulierung von Wirtschaft und modernen Technologien sowie die Steuerung des sozialen, wirtschaftlichen und kulturellen Lebens in Form von direkten oder indirekten Unterstützungen (Subventionen).

3. Die Lehre vom subjektiven öffentlichen Recht

Die Zurückdrängung absoluter Staatsgewalt im Zeichen der bürgerlichen Freiheiten erschöpft sich nicht nur in der Forderung nach einer (gewaltenteilenden) Verfassung. Ein zweites wichtiges Moment ist das der Verrechtlichung von Verwaltung. Damit ist nicht bloß gemeint, dass die monarchische Verwaltung an Gesetze gebunden wird oder dass ihr durch die Gesetze Grenzen gesetzt werden. Entscheidend ist vielmehr, dass Bürgerinnen und Bürger auch die Möglichkeit erhalten, sich gegen Akte der staatlichen Verwaltung gerichtlich zur Wehr zu setzen. Schon im Bereich der Grundrechte ist ein Text, der Freiheitsverbürgungen kennt, so lange ziemlich wertlos, als man diese Freiheiten nicht als Rechte bei Gerichten (oder sonstigen Behörden) durchsetzen kann. In der Lehre vom „subjektiven öffentlichen Recht" wird die undifferenzierte, zum Teil vorstaatliche Freiheit der Bürgerinnen und Bürger juristisch-dogmatisch eingefangen.

Diese Lehre knüpft zunächst am begrifflichen Unterschied zwischen „objektivem" Recht und „subjektivem" Recht an. Unter objektivem Recht oder auch Recht im objektiven Sinn verstehen Juristinnen und Juristen die Summe der Rechtssätze der gesamten Rechtsordnung oder wenigstens von Teilbereichen. In diesem Sinn war die eingangs gegebene Definition des Rechts die Definition des objektiven Rechts. Unter subjektivem Recht versteht man hingegen die Rechtsmacht des Einzelnen, von einer oder einem anderen ein bestimmtes Verhalten verlangen und dieses Verlangen auch durchsetzen zu können. Mit anderen Worten: Ein subjektives

Recht zu haben bedeutet, eine Berechtigung zu besitzen, die auch durchsetzbar ist. In diesem Sinne könnte man etwa sagen, dass alle Regeln über den Kaufvertrag das objektive Kaufrecht ausmachen. Wenn A von B eine Sache kauft, dann hat A ein subjektives Recht auf Übergabe der Sache und B ein subjektives Recht auf Bezahlung des Kaufpreises. Bleibt A beispielsweise den Kaufpreis schuldig, dann kann B ihr oder sein Recht dadurch durchsetzen, dass sie oder er A auf die Bezahlung des Kaufpreises verklagt. Die subjektiven Rechte sind also aus der objektiven Rechtsordnung abgeleitet. Man kann auch sagen: Sie sind in der objektiven Rechtsordnung begründet.

Während im Privatrecht zumeist Rechte und Pflichten der Bürgerinnen und Bürger einander gegenüberstehen, sodass eine Verpflichtung auf der einen Seite oftmals eine Berechtigung auf der anderen Seite bedingt, ist dies im öffentlichen Recht wesentlich komplizierter. Eine Vielzahl von Normen verkörpern ausschließlich öffentliche Interessen, denen keine subjektiven Rechte von Bürgerinnen und Bürgern entsprechen. Zwar ist die Verwaltung auch an solche Gesetze gebunden, es ist allerdings den Bürgerinnen und Bürgern nicht möglich, sie zu einem entsprechenden Verhalten zu zwingen. Anders ist dies, wenn öffentlich-rechtliche Normen subjektive Rechte vermitteln. Dann haben jene Bürgerinnen und Bürger, die aus den öffentlich-rechtlichen Normen ein subjektives Recht ableiten können, die Rechtsmacht, die Verwaltung (den Staat) zu einem bestimmten Verhalten zu zwingen, indem sie die gerichtliche Durchsetzung ihres Rechts betreiben können. Der Staat muss dafür die entsprechenden Gerichte und Rechtswege bereitstellen.

Die Frage, wann nun einer Bürgerin oder einem Bürger ein subjektives öffentliches Recht tatsächlich zusteht, ist durch Auslegung der entsprechenden Rechtsvorschriften (des objektiven Rechts) zu ermitteln. Dabei kommt es darauf an, ob diese Rechtsvorschriften nicht nur dem Schutz des öffentlichen Interesses, sondern auch dem Schutz der Interessen einzelner Bürgerinnen und Bürger dienen. Entscheidend ist also, welche Interessen durch die einschlägigen Rechtsvorschriften verwirklicht werden sollen. Diese zentrale Auslegungsfrage ist manchmal sehr einfach zu lösen; manchmal muss man jedoch kompliziertere Argumentationen anstellen, um diese Frage zu beantworten. Das subjektive öffentliche Recht ist allerdings die zentrale juristische Denkfigur des öffentlichen Rechts, mit der die Beziehung zwischen Staat und Bürgerin bzw Bürger in einer verfassten Gemeinschaft grundsätzlich geordnet wird und der daher in der weiteren Darstellung immer wieder eine entscheidende Bedeutung zukommen wird.

4. Die Entwicklung des österreichischen Verfassungsrechts

Die Bestrebungen, auch der (absoluten) österreichischen Monarchie eine Verfassung (in einem inhaltlichen Sinn) zu geben, dh also Gewaltenteilung zu verwirklichen und Rechte der Bürgerinnen und Bürger zu garantieren, erreichten 1848, im Jahr der Paulskirchenversammlung, einen ersten Höhepunkt. Im nach Kremsier verlegten Reichstag wurde in den Jahren 1848 und 1849 ein Verfassungsentwurf ausgearbeitet, der allerdings nur ein Entwurf blieb. Interessant sind die Dokumente, vor allem die diskutierten Grundrechtsentwürfe, heute vor allem deshalb, weil sie zeigen, wie sehr die Entwicklung von Rechtstexten von theoretischen Schriften beeinflusst war.

Erst die Sechzigerjahre des 19. Jahrhunderts bescherten den liberalen Verfassungsbewegungen Erfolg. Bereits 1861, vor allem dann aber 1867, nach der verlorenen Schlacht bei Königgrätz (1866) und dem Ausgleich mit Ungarn, wurden für die österreichische Reichshälfte eine Reihe von „Staatsgrundgesetzen" erlassen, die aus der absoluten Monarchie endgültig eine konstitutionelle machten. Kennzeichnend dafür waren das Mitwirkungsrecht des Parlaments an der Gesetzgebung (im Gewaltenteilungsmodell der konstitutionellen Monarchie erließen, wie bereits erwähnt, Monarch und Parlament gemeinsam die Gesetze). Weiters wurden die Gerichtsbarkeit verfasst und Grundrechte anerkannt. Das Staatsgrundgesetz über die allgemeinen Rechte der Staatsbürger (RGBl 142/1867) ist übrigens heute noch in Kraft und bildet noch immer das Kernstück der österreichischen Grundrechte. (Dass dies geschehen konnte, liegt vor allem daran, dass Grundrechte relativ abstrakt formuliert sind und daher eine Anpassung an die jeweilige historische Situation erlauben. Es ist in diesem Zusammenhang interessant, dass ein Vergleich von Grundrechtstexten vom 18. Jahrhundert bis heute zeigt, dass in den Formulierungen zentraler Freiheitsverbürgungen kaum entscheidende Änderungen eingetreten sind.)

Mit dem Ersten Weltkrieg endete die Monarchie, das Reich zerfiel, indem sich immer mehr und mehr Nationen für unabhängig erklärten. Im deutschsprachigen Rest-Österreich übernahm eine „Provisorische Nationalversammlung" die Staatsgeschäfte, beschloss eine provisorische Verfassung, die die Republik „Deutschösterreich" als Bestandteil der Deutschen Republik proklamierte, und wählte einen Staatsrat. (Die Frage der Teilnahme von Deutschösterreich an der Gesetzgebung und Verwaltung der Deutschen Republik sollte besonderen Gesetzen vorbehalten bleiben.) Der Staatsvertrag von St. Germain untersagte jedoch ua den Anschluss an Deutschland und verpflichtete die Republik zur Achtung von Minderheitenrechten. Als Reaktion darauf wurde Deutschösterreich in die Republik Österreich umgewandelt, wobei aber als Staatssprache, unbeschadet der den sprachlichen Minderheiten gesetzlich eingeräumten Rechte, „Deutsch" proklamiert wurde. Die, aus einer Wahl hervorgegangene, Konstituierende Nationalversammlung erarbeitete eine neue Verfassung: das Bundes-Verfassungsgesetz (B-VG), das am 1. 10. 1920 in Kraft trat.

Der entscheidende Unterschied zur Monarchie bestand in der Regelung der Gesetzgebung: Das Parlament wirkte nicht mehr bloß mit, sondern wurde das zentrale Organ der Gesetzgebung und die (ehemals monarchische) Verwaltung wurde dem Gesetz unterworfen. An die Stelle des früheren Monarchen trat ein, zunächst von der Bundesversammlung zu wählender und ihr verantwortlicher Bundespräsident, der die Republik nach außen hin vertrat. In der Gesetzgebung des Parlaments sollte der Idee nach die Souveränität des österreichischen Volkes zum Ausdruck kommen. So proklamierte Art 1 der Bundesverfassung schon damals: „Österreich ist eine demokratische Republik. Ihr Recht geht vom Volk aus." Allerdings gilt für damals wie heute, dass das österreichische Volk nicht nur seine Verfassung nicht selbst geschrieben hat, sondern auch niemals darüber abgestimmt hat. Beschlossen wurde die Verfassung lediglich von den Repräsentanten des politischen Systems; solcherart versteht man den Inhalt der Verfassung auch besser, wenn man sie als Verfassung des politischen Systems begreift, denn als Verfassung des Volkes.

Bezeichnend für die Debatte um die neue Verfassung war auch die bereits damals vorhandene Befindlichkeit der politischen Parteien in Österreich, die von fundamental unterschiedlichen Weltbildern und Wertvorstellungen geprägt war. Gemeinsam war ihnen lediglich, dass sie nicht an die Lebensfähigkeit des kleinen Landes, das von der Monarchie „übrig" geblieben war, glaubten, und dass sie in der „demokratischen Republik", wie sie in Art 1 des neuen Verfassungsgesetzes proklamiert wurde, lediglich einen transitorischen Zustand sahen, den es zu überwinden galt.

In Konsequenz der fundamentalen Unterschiede konnte man sich etwa 1920 (noch) nicht endgültig auf eine bundesstaatliche Kompetenzverteilung einigen. Während die Sozialdemokratie einen Zentralstaat wollte, traten die bürgerlichen Kräfte für eine starke Stellung der Länder ein – Ergebnis war (und ist) daher ein relativ schwach ausgeprägter Bundesstaat. Keine Einigung gab es ferner auf einen neuen Grundrechtskatalog, weshalb man den aus 1867 weiter in Geltung beließ. Auch die Antwort auf die innenpolitischen Zustände der Zwanzigerjahre, die in einer Stärkung der Position des Bundespräsidenten (Direktwahl, Ernennung des Bundeskanzlers, Notverordnungsrecht) mündeten, waren Ausfluss eines Kompromisses zwischen zwei diametral entgegengesetzten Standpunkten: Während die einen am liebsten die Monarchie wieder eingeführt hätten, wollten die anderen die zentrale Stellung des Parlaments, so wie sie die Verfassung 1920 vorgesehen hatte, beibehalten.

Wie allgemein bekannt ist, haben die Versuche, Stabilität in die österreichische Innenpolitik durch die Änderung der Bundesverfassung zu bringen, nicht gefruchtet. Das Land versank dennoch in bürgerkriegsartigen Auseinandersetzungen, an deren Ende die Auflösung des Parlaments und die Einführung einer ständisch-autoritären Verfassung standen. Zeitzeugen berichten, dass dies auch auf außenpolitischen Druck vor allem Italiens geschah und manche behaupten, dass darin auch der Versuch gelegen sei, Österreich vor dem Anschluss an Deutschland zu bewahren. Wie wir heute wissen, hat dieser Versuch – mag er je tauglich gewesen sein oder nicht – nicht gefruchtet: Im März 1938 wurde Österreich ein Teil des Nazireiches und hörte auf, als eigener Staat zu bestehen.

Nach dem Ende des Zweiten Weltkrieges und dem Zusammenbruch des Deutschen Reiches waren es die politischen Parteien SPÖ, ÖVP und KPÖ, die sich im April 1945 (vor allem unter dem Einfluss der sowjetischen Besatzungsmacht) gebildet hatten, die mit einer Unabhängigkeitserklärung den Neubeginn Österreichs als Staat proklamierten. Für das Selbstverständnis der Parteien, vor allem von SPÖ und ÖVP, ist dies ein enorm wichtiger Faktor: Sie konnten sich als Gründerinnen der Republik verstehen und manche innenpolitische Kritik, sie verhielten sich so, als ob der Staat ihnen gehöre, mag auf dieses Selbstverständnis zurückzuführen sein. (Die KPÖ, die anfänglich um die 5 % der Stimmen erhielt, spielte, entgegen dem politischen Konzept der Sowjetunion, schon bald keine Rolle mehr und schied 1959 endgültig aus dem Nationalrat aus.)

Im Gegensatz zur deutschen Verfassungsdebatte, die für das Scheitern der Demokratie die Weimarer Verfassung verantwortlich machte und deshalb eine neue Verfassung (das Bonner Grundgesetz) in bewusster Abkehr und unter besonderer Betonung von Menschenwürde und Grundrechten schuf, wurde eine solche Auseinandersetzung in Österreich nicht geführt. Zwar wurde mit Verfassungsgesetz die Wiederbetätigung oder Betätigung im nationalsozialistischen Sinn unter strenge Strafen gestellt und damit die Verfassung um eine inhaltliche Wertung bereichert, ansonsten knüpfte man aber am Verfassungszustand (und auch am Verfassungsverständnis) der Ersten Republik an und setzte insbesondere das B-VG 1920 idF 1929 wieder in Kraft. 1955, nach Abschluss des Staatsvertrages von Wien, der unter anderem wieder die Rechte der sprachlichen Minderheiten bekräftigte, wurde die Verfassung um einen wesentlichen Baustein ergänzt: um das Neutralitätsgesetz (Bundesverfassungsgesetz über die Neutralität Österreichs, BGBl 211/1955), auf das sich alle maßgeblichen politischen Kräfte verständigen konnten, und das prägend für den Charakter der Zweiten Republik wurde. Damit hatte Österreich auch eine ganz bestimmte Position im Rahmen der weltpolitischen Auseinandersetzungen des „Kalten Krieges" inne, die nach dem Fall des Eisernen Vorhangs für viele überholt erscheint. Der Beitritt zur Europäischen Union und die Entwicklung auf dem Gebiet der außen- und sicherheitspolitischen Zusammenarbeit, insbesondere die Beistandsverpflichtung nach dem Lissabonner Vertrag (Art 42 EUV), lassen es heute für viele fraglich erscheinen, ob die Neutralität sich inhaltlich gewandelt hat oder in Wirklichkeit nicht angesichts der realen Gegebenheiten aufgegeben wurde.

Weitere Verfassungsnovellen betrafen den Beitritt zur EMRK (1958), die Gemeinde- und Schulverfassung (1962), die Erweiterung der Zuständigkeiten von VwGH und VfGH (1975), die Einführung der Volksanwaltschaft (1977), die Aufwertung des Bundesrates (1984), die Schaffung unabhängiger Verwaltungssenate (1988) und vieles andere mehr. Große inhaltliche Reformen, wie etwa die Grundrechtsreform, wurden jahrelang diskutiert, scheiterten jedoch im Wesentlichen.

Die Tatsache, dass die weltanschaulichen Differenzen zweier „Lager" verhindert haben, dass man sich darauf einigen konnte, welche materiellen Wertvorstellungen Inhalt der Verfassung hätten sein können, hat dazu geführt, dass die österreichische Verfassung im Vergleich mit anderen Verfassungen in einer sehr nüchternen Sprache abgefasst wurde. Erst in jüngster Zeit wurde die Verfassung durch Staatszielbestimmungen, die teilweise aber nur politischen Modeströmungen folgten, angereichert. Dennoch fehlt es der Verfassung an jenem Pathos, das für viele Verfassungstexte typisch ist. Dies mag den Vorteil haben, dass sie in besonderer Weise ein „juristischer" Text ist, hat aber den Nachteil, dass sie kaum je eine integrative Funktion entfalten konnte. Da sie im Übrigen keine Regel enthält, Änderungen der Verfassung zwingend in den Text der Verfassung inkorporieren zu müssen, finden sich unzählige Verfassungsbestimmungen in Bundesverfassungsgesetzen (BVG) außerhalb des B-VG, ja sogar Verfassungsbestimmungen in einfachen Gesetzen. Auch wenn durch ein Bundesverfassungsgesetz 2008 (BGBl I 2/2008) eine Fülle solcher Verfassungsbestimmungen aufgehoben oder in den Rang einfacher Gesetze zurückgestuft wurden, sind österreichische Bürgerinnen und Bürger nicht in der Lage, „ihre" Verfassung in einem handlichen Büchlein wiederzufinden.

Diese Umstände hatten und haben zum Teil bis heute für das Verfassungsverständnis in Österreich entscheidende Konsequenzen. Zum einen bestand lange Zeit hindurch die wesentliche Funktion der Verfassung in der Konsenssicherung der beiden innenpolitischen „Lager". Diese hatten mit Ausnahme einer kurzen Unterbrechung in den 1990er-Jahren bis zu den Wahlen 2008 immer eine „Verfassungsmehrheit" (zeitweise verfügten die beiden Parteien ÖVP und SPÖ über eine Mehrheit von 95 % der Mandate). Sie konnten insbesondere in den Zeiten „großer Koalitionsregierungen" die Verfassung auch mehr oder weniger – aber eben nur gemeinsam – nach Belieben ändern. Da die formelle Natur der Verfassungsbestimmung offen ist gegenüber jedem beliebigen Inhalt, konnte jede für ein „Lager" wesentliche Frage (gleichgültig, ob sie dies auch für das Staatswesen insgesamt war), mit einer Verfassungsbestimmung abgesichert werden: ein Prinzip, das auf Gegenseitigkeit basierte und selbst auch während der Zeit der ÖVP-Alleinregierung in den Sechzigerjahren und der SPÖ-Alleinregierung in den Siebzigerjahren funktionierte. (Durch Verfassungsbestimmungen können bestimmte Rechtsinhalte deshalb „abgesichert" werden, weil Verfassungsrecht schwieriger abzuändern ist als einfaches Gesetzesrecht und daher nicht im selben Ausmaß der Disposition der Tagespolitik unterliegt; vgl dazu näher die Kapitel II. und III.) Deshalb ist das formelle Verfassungsrecht heute mit Bestimmungen überfrachtet, die man in vielen Staaten vergeblich im Verfassungsrang suchen wird. (Eine ähnliche Situation, wenngleich aus völlig anderen Ursachen, gab es bis vor wenigen Jahren in der Schweiz: Weil das Volk nur die Möglichkeit einer Verfassungsinitiative besaß, konnte direkte Volksgesetzgebung nur auf Verfassungsebene erfolgen. Damit waren ebenfalls eine Reihe von Fragen, die nichts mit der staatlichen Grundordnung zu tun hatten, auf Verfassungsebene geregelt. Im Zuge der „Nachführung" der schweizerischen Bundesverfassung wurden dann solche Bestimmungen ganz bewusst auf die Ebene von Gesetzen zurückgestuft.)

Die innenpolitischen Umstände wurden auch in der Verfassungsdogmatik reflektiert, die lange Zeit stark strukturtheoretisch beeinflusst war, sehr oft streng formalistisch argumentierte und sich vor allem teleologischer Betrachtungen enthielt. Bei Auslegung des österreichischen Verfassungsrechts war vor allem der historische „Moment" der Einigung auf eine Verfassungsbestimmung durch die beiden politischen „Lager" von geradezu überragender Bedeutung. Dies begünstigte Interpretationslehren, die stark retrospektiv arbeiten und Auslegungsfragen vor allem durch Studium der Gesetzesmaterialien oder in der „Versteinerung" von Begriffsinhalten zu beantworten suchen (zur „Versteinerung" vgl vor allem den Abschnitt zur Interpretation von Kompetenzbestimmungen in Kapitel V.). Dieses Verfassungsverständnis ist durch die zunehmende Integration Österreichs in Europa unter Druck gekommen. Schon der Beitritt zur EMRK zwang – über den Umweg der Rechtsprechung des Europäischen Gerichtshofes für Menschenrechte – zu einer anderen Auslegungstheorie, die sich vor allem, aber nicht nur, in einer neuen Sicht der Grundrechte niederschlug (im Zentrum dieser Interpretation steht die Annahme eines „Verhältnismäßigkeitsprinzips"; siehe dazu Kapitel XII.). Der Beitritt Österreichs zur Europäischen Union, 1994 mit einer Volksabstimmung besiegelt, stellte die österreichische Dogmatik des öffentlichen Rechts vermehrt unter die Anforderung, teleologisch zu argumentieren, dh die Ziele und Zwecke, die gleichsam hinter den rechtlichen Regelungen stehen, auch bei ihrer Anwendung gebührend zu berücksichtigen.

Der beschriebene Zustand des Verfassungsrechts in Österreich machte dieses dringend reformbedürftig. Dies wurde von einigen relevanten politischen Kräften auch bereits erkannt, weshalb 2003 ein „Verfassungskonvent" ins Leben gerufen wurde, der umfangreiche Vorarbeiten für eine umfassende Verfassungsreform leistete, die schließlich von seinem Vorsitzenden zu einem Entwurf für eine neue Verfassung zusammengeführt wurden. Seine Umsetzung scheiterte jedenfalls zunächst aber augenscheinlich an jenen parteipolitischen Differenzen, die schon seit 1920 klare Lösungen verhindert haben: Sowohl das Thema „Grundrechte" als auch der „Föderalismus" lassen sich auch im dritten Jahrtausend offenbar nicht losgelöst von den Befindlichkeiten der österreichischen Parteien diskutieren. Einzelne schrittweise Reformen wurden aber dennoch unternommen: Beispielsweise eine Neuordnung des Staatsvertragsrechts, des Selbstverwaltungsrechts, des Budgetrechts, der weisungsfreien Besorgung von Verwaltungsaufgaben sowie der Verwaltungsgerichtsbarkeit. Ob diese alle inhaltlich geglückt sind, wird in vielen Fällen erst die Zukunft zeigen.

II. Die Struktur der österreichischen Verfassung

1. Der Stufenbau der Rechtsordnung

Bereits die US-amerikanische Verfassung aus 1787 kannte und kennt in ihrem Art VI eine Bestimmung, wonach „this constitution (and the laws of the United States which shall be made in persuance thereof …) shall be the supreme law of the land". In der Interpretation dieser Bestimmung durch den Supreme Court wurde der Verfassung Vorrang vor allen anderen Gesetzen eingeräumt und zwar mit der Konsequenz, dass alle Gesetze, die – nach Ansicht des Gerichts – der Verfassung widersprachen, als ungültig angesehen wurden. Diese Rechtsprechung des Supreme Court bestand im Wesentlichen seit 1803, dem Urteil im Fall „*Marbury* vs. *Madison*" und war im Übrigen im 19. Jahrhundert in Europa bekannt und beeinflusste die Diskussion um die Schaffung von Verfassungen und insbesondere um die Verfassungsgerichtsbarkeit.

Der Vorrang der Verfassung macht in mehrfacher Hinsicht Sinn. Inhaltlich soll gerade die Verfassung den politischen Prozess kanalisieren. Dieser Funktion wird sie am besten dadurch gerecht, dass sie nicht jederzeit im politischen Prozess abgeändert werden kann. Um diese Funktion zu sichern, sind Verfassungsänderungen bzw die Erlassung von Verfassungsgesetzen im Allgemeinen auch an besondere, erschwerte Bedingungen geknüpft. Deshalb genügen bei Verfassungsgesetzen nicht dieselben Mehrheitsverhältnisse wie bei sogenannten „einfachen" Gesetzen. Freilich sind diese Bedingungen von Verfassung zu Verfassung durchaus unterschiedlich. Je nachdem, wie kompliziert der Prozess der Verfassungsänderung ist, unterscheidet man zwischen „starren" und „biegsamen" Verfassungen. Die Verfassung der Vereinigten Staaten ist eine der starrsten Verfassungen der Welt. Änderungen sind nur in einem sehr komplizierten Verfahren möglich: So benötigen Verfassungsänderungen eine Zweidrittel-Mehrheit in beiden Häusern des Kongresses und müssen von drei Vierteln der Staaten ratifiziert werden. Die österreichische Verfassung ist demgegenüber eine „biegsame" Verfassung; sie zu ändern ist nicht allzu schwer. Es genügt dafür eine Zweidrittel-Mehrheit im Nationalrat bei Anwesenheit von mindestens der Hälfte der Mitglieder und die ausdrückliche Bezeichnung als „Verfassungsgesetz". Gerade in den Zeiten „großer" Koalitionsregierungen konnte die Verfassung von der Regierungsmehrheit daher ohne größere Probleme geändert werden.

Allerdings kennt die österreichische Verfassung noch eine weitere Erzeugungsregel für Verfassungsrecht: Eine Gesamtänderung der Verfassung soll nur stattfinden, wenn über das entsprechende Verfassungsgesetz verpflichtend eine Volksabstimmung abgehalten wurde. Eine „Gesamtänderung" ist daher schwieriger durchzuführen (zu erzeugen) als eine „Teiländerung" der Verfassung. Sie benötigt nämlich neben dem Aufwand, der für ein Verfassungsgesetz zu tätigen ist auch noch den positiven Ausgang einer Volksabstimmung. Rechtstheoretikerinnen und Rechtstheoretiker pflegen nun davon zu sprechen, dass Normen, für deren Erzeugung ein höherer Aufwand zu tätigen ist, auf einer höheren Stufe oder in einem höheren Rang stehen als die jeweils anderen. Man spricht davon, dass solche Normen anderen „vorgeordnet" sind, die anderen jenen „nachgeordnet". Unter Zugrundelegung dieser Idee kann man daher sagen, dass das österreichische Verfassungsrecht in sich gestuft ist: Normen, deren Änderung als „Gesamtänderung" zu bezeichnen ist, stehen in einem höheren Rang oder auf einer höheren Stufe als Verfassungsnormen, für die das nicht gilt. Gesetze, die keine Verfassungsgesetze sind und darum als „einfache" Gesetze bezeichnet werden, stehen auf einer Rangstufe unterhalb der Verfassungsgesetze. Auf diese Weise erhält man bereits drei Stufen der Rechtsordnung: „einfache" Gesetze, Verfassungsgesetze und gesamtändernde Verfassungsgesetze. Berücksichtigt man dabei bereits, dass Österreich ein Bundesstaat ist (siehe dazu Kapitel V.), dann sind Bundes- und Landesgesetze zu unterscheiden und zwischen die Ebene der Landesgesetze und der Bundesverfassungsgesetze schiebt sich noch jene der Landesverfassungsgesetze.

Man kann diesen „Stufenbau" der Rechtsordnung noch weiter nach unten fortsetzen: Unterhalb der Gesetzesebene (und zwar sowohl jene des Bundes als auch jene der Länder) sind Verordnungen, Verwaltungsakte und Urteile anzusiedeln. Auf einer weiteren Stufe darunter befinden sich Vollstreckungsakte (siehe Abb 1). Der juristisch entscheidende Gehalt dieses „Stufenbaues" besteht darin, dass Akte einer niederrangigeren Stufe auf ihre Übereinstimmung mit Akten einer höheren Stufe rechtlich überprüfbar sind: Verwaltungsakte müssen gesetzeskonform sein, Gesetze müssen verfassungskonform sein, ja selbst „einfaches" Verfassungsrecht darf nicht mit jenen Verfassungsnormen in Konflikt geraten, die nur im Wege einer Gesamtänderung abgeändert werden können. Daraus folgt auch, dass niederrangige Akte höherrangige nicht abändern können, oder, wie Juristinnen und Juristen sagen, ihnen nicht derogieren können. Umgekehrt kann dies aber sehr wohl der Fall sein.

Begreift man das gesamte Staatshandeln, und damit auch die Erzeugung von Gesetzen, Verfassungsgesetzen, Verordnungen und Verwaltungsakten zunächst als „politisch", dann wird durch die Idee des Stufenbaues der Rechtsordnung das gesamte politische Staatshandeln auch rechtlich kontrollierbar. Fragen nach der „Richtigkeit" des Staatshandelns werden solcherart nicht nur politisch beurteilt, sondern auch rechtlich. Es kommt eben nicht nur darauf an, ob die gewünschte staatliche Handlung politisch sinnvoll und erstrebenswert ist, zB dem Programm der Regierungspartei entspricht oder etwa bei der nächsten Wahl mehr Stimmen einbringen würde, sondern auch, ob sie durch die jeweils übergeordnete Rechtsstufe erlaubt oder verboten ist. Wie weit oder eng der Rahmen ist, den die übergeordnete Rechtstufe (die übergeordneten Rechtstufen) vorgibt (vorgeben), hängt nicht zuletzt auch von der Interpretation der jeweiligen Rechtsnorm ab.

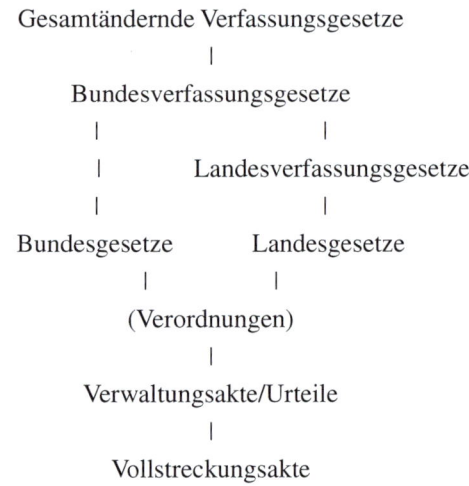

Abb 1: Stufenbau der österreichischen Rechtsordnung

Der soeben gezeigte Stufenbau der österreichischen Rechtsordnung enthält, wie deutlich ersichtlich ist, nur innerstaatliche Normen. Fraglich ist, ob auch das Europarecht in diesem Stufenbau eingeordnet werden kann, und wenn ja, auf welcher Stufe. Europäisches Recht geht nach Auffassung des Europäischen Gerichtshofs dem innerstaatlichen Recht vor. (Europäisches Recht drängt das innerstaatliche Recht nur in seiner Anwendung zurück, ohne ihm zu derogieren.) Die meisten Verfassungsrechtlerinnen und Verfassungsrechtler in Österreich vertreten dazu die Meinung, dass das Europarecht unterhalb des Ranges der gesamtändernden Verfassungsgesetze in den Stufenbau der österreichischen Rechtsordnung einzugliedern wäre. Dies begründen sie damit, dass über den Beitritt zur Europäischen Union verpflichtend eine Volksabstimmung stattfinden musste, weil dieser Beitritt eine Gesamtänderung der österreichischen Verfassungsordnung bedeutet hatte. Diese Gesamtänderung reichte aber nur so weit, als es dem sogenannten „acquis communautaire" entsprach. Unter dem „acquis communautaire" versteht man jenen Rechtsbestand des Europarechts, den es zu einem bestimmten Zeitpunkt angenommen hat, im Beispiel also zum Zeitpunkt des österreichischen Beitrittes. Jede weitere Änderung des Europarechts, die eine weitere Gesamtänderung der österreichischen Verfassung bedeuten könnte, würde daher neuerlich einer Volksabstimmung bedürfen. Ob sich freilich der Europäische Gerichtshof (EuGH) in einem Streitfall dieser Auffassung anschließen würde, bleibt offen. Möglich wäre, dass er das Europarecht dem gesamten österreichischen Recht vorordnen könnte. Welche Rechtsansicht sich dann in der Praxis durchsetzen würde, wäre wohl eine politische Frage.

Allerdings enthält der Vertrag von Lissabon in Art 4 EUV ausdrücklich das Bekenntnis der Union, die jeweilige nationale Identität ihrer Mitgliedsstaaten zu wahren, die va in ihren grundlegenden politischen und verfassungsmäßigen Strukturen zum Ausdruck kommt. Diese Bestimmung wird als unionsrechtlicher Anknüpfungspunkt dafür verstanden, dass Mitgliedstaaten einen verfassungsrechtlichen Kerngehalt bewahren können, der nicht (ohne Weiteres) vom Unionsrecht verdrängt wird (sog „integrationsfester Verfassungskern"). Diesen hätte auch der EuGH zu respektieren. Das deutsche Bundesverfassungsgericht hat bereits angedeutet, welches Schicksal Entscheidungen des EuGH haben könnten, die diesen Gedanken missachteten oder überhaupt über den Anwendungsbereich des Unionsrecht hinausgingen: Sie wären bedeutungslos („nichtig"), weil sie die Rechtsmacht des EuGH überstiegen („ultra vires" gelegen wären BVerfGE 126, 286). Das Verfassungsgericht der Tschechischen Republik hat dann auch schon in einem Fall die Entscheidung des EuGH als „ultra vires"-gelegen für bedeutungslos erklärt und seine eigene Rechtsauffassung beibehalten (Pl. ÚS 5/12). Diese Entwicklung zeigt, dass die Mitgliedstaaten bzw ihre Gerichte nicht mehr bereit sind, jede EuGH-Entscheidung hinzunehmen; die Zukunft der Union wird davon abhängen, ob es den Höchstgerichten gelingt, eine von wechselseitigem Respekt getragene Kooperation zu entwickeln.

2. Verfassungsprinzipien

Art 44 Abs 3 B-VG sieht, wie bereits erwähnt, eine verpflichtende Volksabstimmung im Fall einer „Gesamtänderung" der Bundesverfassung vor. Dies führt nunmehr zur Frage, wann eine solche „Gesamtänderung" vorliegt. Theoretisch könnte man diesen Begriff rein formal verstehen. Eine „Gesamtänderung" wäre daher dann gegeben, wenn die **gesamte** Bundesverfassung geändert oder aber neu erlassen würde. Bemerkenswerterweise hat sich die österreichische Verfassungsdogmatik zu einem solchen Verständnis nie bekannt, obwohl es historisch nahegelegen wäre, da der Begriff der „Gesamtänderung" dem Begriff der „Totalrevision" der Schweizerischen Bundesverfassung nachempfunden war. Dieser war aber immer formal verstanden worden. Demgegenüber wollte die österreichische Verfassungsdogmatik den Begriff der „Gesamtänderung" der Bundesverfassung aber von Anfang an inhaltlich verstehen.

Bereits in den ersten Lehrbüchern und Kommentaren zur österreichischen Bundesverfassung wurde der Begriff der „Gesamtänderung" mit den Artikeln 1 und 2 B-VG, und daher mit dem demokratisch-republikanischen sowie dem bundesstaatlichen Verfassungsprinzip in Verbindung gebracht. Nach den Erfahrungen des Zweiten Weltkrieges fügte man diesen beiden Verfassungsprinzipien ein drittes hinzu: das rechtsstaatliche Prinzip. Man argumentierte, dass dieses Verfassungsprinzip implizit der österreichischen Verfassungsordnung zugrunde lag, und dass es nur deshalb nicht ausdrücklich in der Verfassung genannt wurde, weil es im Wesentlichen schon in der Monarchie verwirklicht worden war. Die Verfassung von 1920 hatte demgegenüber nur jene Prinzipien deklaratorisch herausgestellt, die die österreichische Verfassungsordnung in ausdrücklichem Gegensatz zur Monarchie verankert hatte.

Diese drei Verfassungsprinzipien sind es auch, die der Verfassungsgerichtshof heute in seiner Judikatur kennt. Allerdings wurde in der Verfassungsdogmatik der Zweiten Republik eine Fülle von Verfassungsprinzipien postuliert. So beispielsweise das liberale Prinzip, das gewaltenteilende Prinzip, das Prinzip der Trennung von Staat und Kirche, das Prinzip des Rundfunkmonopols und viele andere mehr. Der Grund für die Postulierung dieser Flut von Verfassungsprinzipien lag weniger in dogmatischen, sondern mehr in politischen und soziologischen Ursachen. Der Umstand, dass eine große Koalition in der Nachkriegszeit teilweise bis zu 90 % der Abgeordneten hinter sich wusste, stellte die eigentliche Funktion des Verfassungsrechts, einen Rahmen für alltagspolitische Gesetzesentscheidungen abzugeben, infrage. Wann immer die Verfassungswidrigkeit eines Gesetzes zu befürchten war, konnte die große Koalitionsregierung mit Erfolg eine Verfassungsbestimmung vorschlagen. Dies hatte die Reaktion der Verfassungsrechtslehre zur Folge, wenigstens auf rhetorischer Ebene immer neue Verfassungsprinzipien zu „erfinden", die Schranken für den Verfassungsgesetzgeber selbst darstellen sollten. Über eine rhetorische Ebene kam dieses Unterfangen allerdings nicht hinaus.

Wenngleich man heute feststellen kann, dass der Verfassungsgerichtshof in seiner Rechtsprechung das demokratisch-republikanische Verfassungsprinzip, das bundesstaatliche Verfassungsprinzip sowie das rechtsstaatliche Verfassungsprinzip akzeptiert hat, bleibt noch immer offen, was unter den einzelnen Verfassungsprinzipien zu verstehen ist. Die entscheidende Frage ist daher, wann in einem Einzelfall eine Volksabstimmung erforderlich ist, das heißt, wann eine Verfassungsänderung ohne eine solche Volksabstimmung verfassungswidrig wäre. Der Verfassungsgerichtshof selbst hatte noch wenig Gelegenheit im Detail klarzustellen, welchen Inhalt die einzelnen Verfassungsprinzipien seiner Meinung nach tatsächlich haben. Allerdings lassen auch die wenigen Erkenntnisse des Verfassungsgerichtshofes einige Grundlinien und Grundgedanken erkennen. Bemerkenswert dabei ist, dass sowohl der Verfassungsgerichtshof als auch weite Teile der österreichischen Verfassungsdogmatik zwar einem materiellen Begriff der „Gesamtänderung" anhängen, die Verfassungsprinzipien selbst aber wiederum inhaltlich sehr formal verstehen.

Das republikanisch-demokratische Verfassungsprinzip wird in erster Linie als Schutz bestimmter Verfassungsinstitutionen und ihrer Kompetenzen verstanden. Im Mittelpunkt dieses Verfassungsprinzips stehen vor allem das österreichische Parlament und seine Gesetzgebungskompetenzen. Änderungen dieses Verfassungsprinzips werden vor allem dann angenommen, wenn die Stellung des österreichischen Parlaments, vorrangig die des Nationalrates, beziehungsweise seine Kompetenzen zur Gesetzgebung zur Diskussion stehen. In diesem Sinne war der Beitritt zur Europäischen Union deshalb eine „Gesamtänderung", weil dem österreichischen Parlament Gesetzgebungskompetenzen in großem Ausmaß genommen und auf die entsprechenden Organe der Europäischen Union übertragen wurden. Die Stellung des österreichischen Parlaments im Gesetzgebungsverfahren würde auch dann beeinträchtigt werden, wenn der Verfassungsgesetzgeber die Einführung eines echten Referendums beschließen sollte. Darunter versteht man ein direkt-demokratisches Instrument, mit dessen Hilfe das (österreichische) Volk ein Gesetz auch ohne Zustimmung oder gegen den Willen des Parlaments beschließen könnte. Ein solches Rechtsinstitut würde die Stellung des österreichischen Parlaments im Gesetzgebungsverfahren nach Ansicht sowohl vieler Autorinnen und Autoren als wohl auch des Verfassungsgerichtshofes wesentlich beeinträchtigen, weshalb es dem demokratischen Verfassungsprinzip der österreichischen Bundesverfassung widersprechen würde. Seine Einführung könnte daher nur mit einer Volksabstimmung geschehen.

Freilich mutet es merkwürdig an, wenn die Einführung weitergehender Elemente der direkten Demokratie ausgerechnet dem demokratischen Verfassungsprinzip widersprechen soll. Dies ist aber die Konsequenz der vorhin referierten Auffassung, wonach das demokratische Verfassungsprinzip bestimmte Institutionen und deren Kompetenzen schützt. Allerdings ist eine solche Auffassung nicht zwingend. Man könnte unter dem demokratischen Verfassungsprinzip auch nur den Aspekt der Legitimation von Herrschaft verstehen und insofern nur darauf bestehen, dass die Ausübung von Staatsgewalt stets durch das Volk legitimiert wird, und damit das Prinzip von seiner konkreten institutionellen Ausgestaltung lösen.

Im Bereich des bundesstaatlichen und des rechtsstaatlichen Prinzips hat der Verfassungsgerichtshof im Anschluss an entsprechende Vorarbeiten der Lehre die Auffassung entwickelt, wonach es einer Fülle von Detailänderungen bedarf, die insgesamt die Qualität einer „Gesamtänderung" ausmachen könnten. So hat man etwa in der österreichischen Verfassungsdogmatik in Zusammenhang mit dem bundesstaatlichen Verfassungsprinzip den Begriff der sogenannten „schleichenden" Gesamtänderung entwickelt. Kernstück des bundesstaatlichen Verfassungsprinzips ist die Kompetenzverteilung zwischen einem Oberstaat (dem Bund) und den einzelnen Gliedstaaten (den Ländern). Man hat sich nunmehr vorgestellt, dass die punktuelle Übertragung von Gesetzgebungskompetenzen von den Ländern auf den Bund für sich genommen bloß eine Teiländerung der Verfassung darstellt. Erst dann, wenn solche Übertragungen gehäuft vorgenommen werden, würde der Grad einer Gesamtänderung erreicht werden. Nachdem solche Übertragungen aber immer nach und nach vorgenommen wurden, sprach man konsequenterweise von einer „schleichenden" Gesamtänderung. Nahezu unmöglich war es aber, den Punkt anzugeben, an dem aus der Teiländerung eine Gesamtänderung wurde.

Dieser Grundidee bediente sich der Verfassungsgerichtshof auch bei Auslegung des rechtsstaatlichen Verfassungsprinzips. Ein Rechtsstaat garantiert jedenfalls seinen Bürgerinnen und Bürgern Rechtssicherheit und gewährt ihnen Rechtsschutz; so etwa durch die Einrichtung der Verwaltungs- und Verfassungsgerichtsbarkeit. Das Prinzip des Rechtsschutzes sah der Verfassungsgerichtshof dann gefährdet, wenn Bestimmungen in den Verfassungsrang gehoben wurden, damit der Verfassungsgerichtshof sie nicht auf ihre Verfassungswidrigkeit prüfen konnte. Dies geschah vor allem in den Achtzigerjahren des vorigen Jahrhunderts als Reaktion auf die Grundrechtsjudikatur des Gerichtshofs. Der Verfassungsgerichtshof führte damals aus, dass solche Maßnahmen, gehäuft vorgenommen, die Rechtsprechungskompetenzen des Gerichtshofs selbst aushöhlen könnten, womit das rechtsstaatliche Verfassungsprinzip verletzt würde (VfSlg 11.756/1988 ua). Diese Judikatur begegnete derselben Schwierigkeit, die bereits im Zusammenhang mit dem bundesstaatlichen Verfassungsprinzip aufgetreten war: Es war nahezu unmöglich, den Punkt anzugeben, an dem die Anhäufung solcher Maßnahmen zu einer Verletzung des rechtsstaatlichen Verfassungsprinzips geführt hätte.

Es war aber dann der Verfassungsgesetzgeber selbst, der dem Verfassungsgerichtshof Anlass gegeben hat, aus dem dargestellten Grundgedanken heraus ein Verfassungsgesetz aufzuheben. Im Zusammenhang mit dem Vergaberecht erließ der Verfassungsgesetzgeber eine Vorschrift, nach der das zu einem bestimmten Zeitpunkt in Kraft stehende gesamte Landesvergaberecht als verfassungskonform gelten sollte. Wenngleich der Verfassungsgesetzgeber nur ganz bestimmte Verfassungswidrigkeiten im Auge hatte, so musste der Verfassungsgerichtshof diese Verfassungsbestimmung so verstehen, dass in einem gesamten Rechtsbereich, nämlich dem des Landesvergaberechts, die Prüfungskompetenz des Verfassungsgerichtshofes beseitigt wurde. In diesem Akt der Verfassungsgesetzgebung erblickte der Verfassungsgerichtshof eine Verletzung des rechtsstaatlichen Verfassungsprinzips und hob das entsprechende Verfassungsgesetz tatsächlich auf (VfSlg 16.327/2001). Es hätte nämlich nur nach einer Volksabstimmung in Kraft treten dürfen. Es erscheint in diesem Zusammenhang ziemlich klar, dass für solche Verfassungsgesetze eine Volksabstimmung nie und nimmer durchgeführt werden würde. Nicht nur wegen des finanziellen Aufwandes, den eine solche Volksabstimmung mit sich bringen würde, sondern vor allem auch deswegen, weil sich eine solche Volksabstimmung schon aus politischen Gründen verbieten würde: Weder wäre wohl der Bevölkerung klarzumachen, warum es einer solchen bedürfe, noch wäre es wohl möglich, dafür zu werben: Wer könnte es denn vertreten, das rechtsstaatliche Verfassungsprinzip aushöhlen zu wollen? Damit hat der Verfassungsgerichtshof letztlich dem Verfassungsgesetzgeber effektive Schranken gesetzt.

Vor allem in der jüngeren österreichischen Verfassungsdogmatik wurde über die Frage nachgedacht, ob die Verfassungsprinzipien in jeder Hinsicht und in jede Richtung mithilfe einer Volksabstimmung abänderbar wären. Die überwiegende Zahl der österreichischen Verfassungsjuristinnen und -juristen würde diese Frage wohl bejahen. Ja, es gibt sogar Aussagen in der österreichischen Verfassungsdogmatik, die geradezu so zu verstehen sind, als ob das besonders Demokratische der österreichischen Demokratie gerade darin gelegen sei, dass man sie wieder abschaffen könne, wenn man nur das Verfahren der Gesamtänderung einhielte. Diese Form des Wertrelativismus spiegelt zwar die Auffassungen und Befindlichkeiten der politischen Parteien der Zwischenkriegszeit wider, sie folgt aber nicht notwendigerweise aus dem österreichischen Verfassungsrecht. Die entscheidende Frage, die es nämlich zu beantworten gilt, ist die, für welche Änderungen innerhalb einer Rechtsordnung man sich legitimerweise auf eine Verfassung berufen kann. Gibt eine Verfassung Rahmenbedingungen für eine Gesellschaft gleicher, freier Subjekte vor, dann können Rechtsnormen, die diese Qualität aller Menschen, nämlich gleiche, freie Subjekte zu sein, infrage stellen, nicht auf eine solche Verfassung zurückgeführt werden. Solcherart wären daher barbarische Akte, wie etwa die Einführung der Sklaverei, die Entwürdigung von Menschen auf andere Weise oder die Abschaffung der Demokratie vielleicht faktisch möglich, sie könnten aber nie die Legitimität einer Verfassung beanspruchen. So gesehen können daher auch im Wege der „Gesamtänderung" nur Änderungen der Verfassung durchgeführt werden, sie aber nicht durchbrochen werden. Mit anderen Worten: Es ist ein Unding anzunehmen, die Demokratie könne mit demokratischen Mitteln abgeschafft werden.

3. Die Organisationsstruktur des österreichischen Staates

Die Grafik (Abb 2) zeigt den strukturellen Zusammenhang der verfassungsrechtlichen Institutionen.

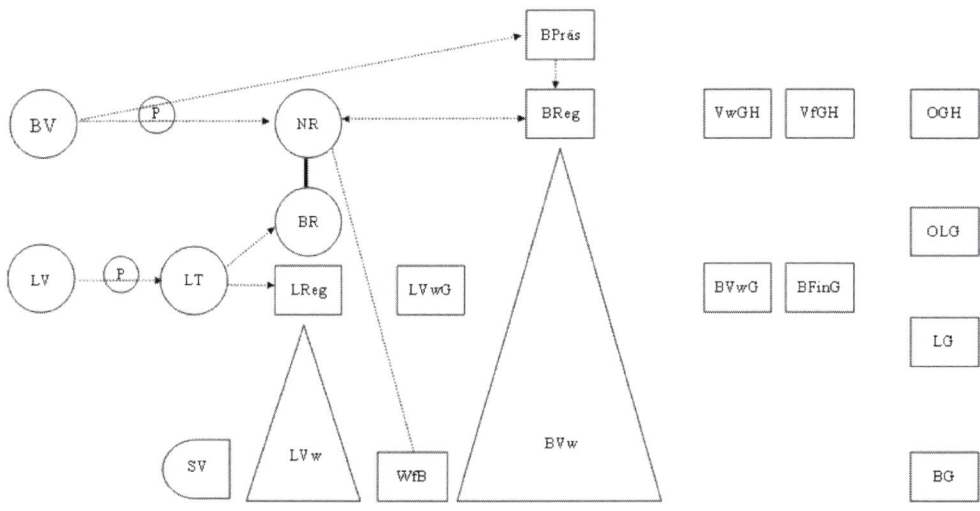

Abb 2: Die Struktur der österreichischen Verfassung

Die linke Seite des Bildes ist dabei im Wesentlichen jenen Institutionen gewidmet, die man als „government" bezeichnen könnte, und die in einem demokratischen Legitimationszusammenhang stehen. Die Legitimation dieser Institutionen wird dabei auf Wahlen zurückgeführt. Eine Ausnahme hievon stellen die Landesverwaltungsgerichte (LVwG) dar, die zusammen mit den Institutionen, die sich auf der rechten Seite des Bildes befinden, das rechtsstaatliche System der Verfassung ausmachen. Es handelt sich dabei ebenfalls um Gerichte. Diese sind nur auf Umwegen demokratisch legitimiert, indem Richterinnen und Richter von demokratisch legitimierten Organen ernannt werden. Ansonsten wird dieses System letztlich durch die richterliche Unabhängigkeit garantiert und legitimiert.

Daraus ergibt sich zunächst ein System der Gewaltengliederung. Genauer könnte man sagen, dass die österreichische Verfassung das System eines eingeschränkten Parlamentarismus verwirklicht. Im Mittelpunkt der Ausübung der Staatsgewalt steht ein durch direkte Wahlen durch das Bundesvolk (BV) legitimiertes Parlament (Nationalrat; NR), wobei die Parteien (P) als zwischen Staat und Gesellschaft stehende Kräfte den Wählerwillen kanalisieren. Die durch das Gesetzgebungsorgan Nationalrat ausgeübte Staatsgewalt wird in mehrfacher Hinsicht beschränkt. Zum einen durch einen, ebenfalls unmittelbar vom Bundesvolk gewählten, Bundespräsidenten (BPräs), der die Bundesregierung (BReg) ernennt. Die Bundesregierung ist als Spitze der Bundesverwaltung (BVerw) dem Nationalrat gegenüber verantwortlich. Damit sie das für die gesamte Bundesverwaltung auch effektiv sein kann, ist diese hierarchisch organisiert. Ausdruck dieser Hierarchie ist ein durchgehender Weisungszusammenhang. Die demokratische Legitimität wird der Verwaltung auf zweierlei Weise gegeben: Zum einen darf sie ausschließlich aufgrund der vom Parlament erlassenen Gesetze tätig werden, zum anderen ist sie diesem gegenüber verantwortlich.

Die vom Nationalrat ausgeübte Staatsgewalt ist weiters dadurch eingeschränkt, dass er im Gesetzgebungsverfahren in gewisser Weise mit dem Bundesrat (BR) zusammenwirken muss. Dieser ist dadurch demokratisch legitimiert, dass er von den einzelnen Landtagen (LT) beschickt wird, die ihrerseits wiederum vom jeweiligen Landesvolk (LV) gewählt werden, wobei auch auf dieser Ebene die Parteien (P) eine entscheidende Rolle spielen. Die Institution des Bundesrates ist, zumindest seiner Idee nach, Bestandteil des bundesstaatlichen Verfassungsprinzips, das seinerseits auch dadurch gewaltenlimitierend wirkt, als einige Gesetzgebungskompetenzen nicht durch das Bundesparlament wahrgenommen werden können, sondern durch die Landesparlamente. Diesen Landesparlamenten sind die von ihnen gewählten Landesregierungen (LReg), die ebenfalls an der Spitze einer hierarchisch organisierten Landesverwaltung (LVw) stehen, verantwortlich. Auch die Landesverwaltungen dürfen nur aufgrund der Gesetze tätig werden.

Außerhalb des durch den Weisungszusammenhang organisierten Verwaltungssystems stehen die Selbstverwaltung (SV) sowie die weisungsfreien Behörden (WfB). Die Selbstverwaltung ist dadurch charakterisiert, dass in einem autonomen Bereich Weisungen der Behörden der allgemeinen staatlichen Verwaltung unzulässig sind. Damit fehlt der Selbstverwaltung aber ein Stück demokratischer Legitimation, weil die Verwaltungsspitzen (Bundesregierung beziehungsweise Landesregierungen) für diese Verwaltungsbereiche den Parlamenten gegenüber keine Verantwortung übernehmen können. Um dieses Defizit an demokratischer Legitimität auszugleichen, ist es notwendig, dass die Organe der Selbstverwaltung durch Wahlen legitimiert werden. Dem gleichen Legitimationsdefizit unterliegen auch die weisungsfrei gestellten Behörden, für die die Verfassung aber breit gefächerte Grundlagen vorsieht. In diesem Fall wird das erwähnte Defizit dadurch ausgeglichen, dass den obersten Organen (Bundes- oder Landesregierung) ein Aufsichtsrecht zusteht und dass die Leiterin oder der Leiter der Behörde vor einen parlamentarischen Ausschuss geladen und befragt werden kann.

Im Wesentlichen werden die Institutionen des rechtsstaatlichen Verfassungsprinzips durch die Gerichtsverfassung repräsentiert. An deren Spitze befinden sich drei Höchstgerichte, die in Österreich gleichrangig nebeneinanderstehen: der Verfassungsgerichtshof (VfGH), der Verwaltungsgerichtshof (VwGH) sowie der Oberste Gerichtshof (OGH). Dem Verwaltungsgerichtshof und in erster Instanz den 9 Landesverwaltungsgerichten (LVwG) sowie dem Bundesverwaltungsgericht (BVwG) und dem Bundesfinanzgericht (BFinG) obliegt die Überprüfung der Verwaltung auf ihre Rechtmäßigkeit. Die Aufgaben des Verfassungsgerichtshofes bestehen unter anderem in der Kontrolle der erstinstanzlichen Entscheidungen der Verwaltungsgerichte (also nicht auch des Verwaltungsgerichtshofes) auf ihre Grundrechtskonformität sowie der Überprüfung der Gesetze auf ihre Verfassungsmäßigkeit und der Verordnungen auf ihre Gesetzmäßigkeit. Die Kompetenz zur Gesetzesprüfung enthält eine wesentliche gewaltenbeschränkende Wirkung im Hinblick auf die Parlamente und ist jedenfalls in den Details der Ausgestaltung nach wie vor theoretisch und politisch umstritten.

Der Oberste Gerichtshof ist als oberste Instanz in Zivil- und Strafsachen zuständig. Die Unterinstanzen bilden Oberlandesgerichte (OLG), Landesgerichte (LG) sowie Bezirksgerichte (BG). Man bezeichnet diesen Zweig der Gerichtsbarkeit als „ordentliche Gerichtsbarkeit". Der Rechtsstaat vertraut darauf, dass die richterliche Unabhängigkeit durch entsprechende fachliche Eignung ausgefüllt wird. Im Gegensatz zum Prinzip der demokratischen Legitimität enthält das rechtsstaatliche Prinzip ein Element fachlicher Legitimation. Diese fachliche Legitimation soll durch eine entsprechende Ausbildung der einzelnen Personen garantiert werden. Eine wesentliche Aufgabe der Rechtsdogmatik besteht in diesem Zusammenhang darin, richterliche Entscheidungen einer fachlichen Kritik zu unterziehen, und in diesem Sinne eine Kontrollfunktion auszuüben.

Die Analyse der dargestellten Institutionen und ihre Beziehungen zueinander stellen einen Großteil des vorliegenden Buches dar. Es fehlen in der Grafik (Abb 2) aber zwei wesentliche Bereiche. Zum einen ist das der Bereich der Grund- und Freiheitsrechte. Diese zu garantieren und auch zu sichern ist ein wesentliches Ziel einer gewaltenteilenden Verfassungsordnung. Zum anderen fehlen in dieser Grafik die Darstellung der Beziehung des Staates zur völkerrechtlichen Ebene, und vor allem seine Einbindung in die Europäische Union. Diese Darstellung hätte aber vermutlich das Bild zu unübersichtlich gemacht, und ist deshalb unterblieben. Beide Bereiche werden aber selbstverständlich im Rahmen dieses Buches auch behandelt werden. Zunächst folgt die Abhandlung dem Aufbau der vorgestellten Grafik.

III. Das Bundesparlament

Dieses Kapitel beschäftigt sich mit jenen Bereichen der Abb 3, die durch graue Unterlegungen optisch hervorgehoben sind. Dunkelgrau sind dabei jene Teile unterlegt, die näher behandelt werden, hellgrau die Symbole jener Institutionen, die für die Aufgaben oder Organisation der dunkelgrau gekennzeichneten eine Rolle spielen, ohne dass sie aber hier näher vorgestellt werden.

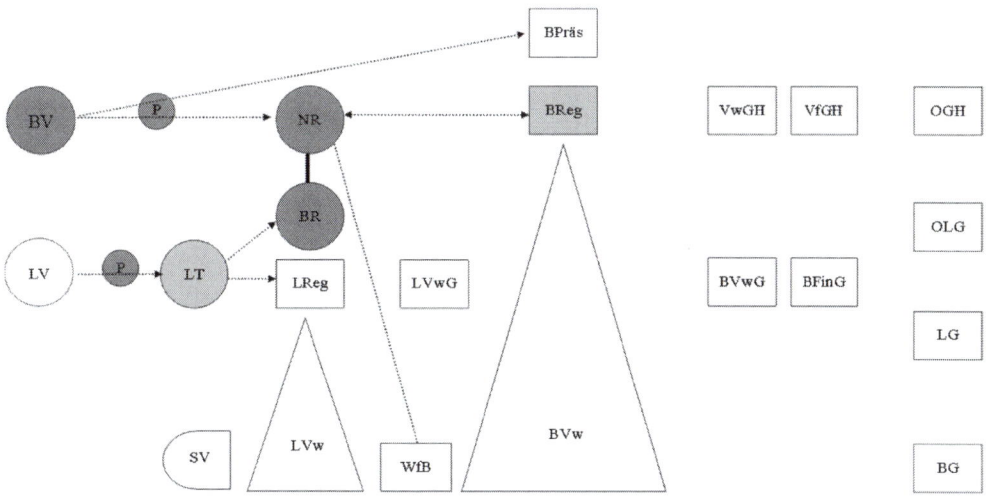

Abb 3: Die Institution des Bundesparlaments

1. Die Institution des Parlaments

Die Verfassung von 1920 stellte – zumindest idealtypisch – sowohl auf Bundesebene als auch auf Landesebene die Parlamente in den Mittelpunkt der Ausübung von Staatsgewalt. Die Herrschaft des Monarchen wurde endgültig abgelöst durch die Herrschaft des demokratischen Gesetzes. Wenngleich heute die Macht der Parlamente zum einen durch die Aufwertung des Bundespräsidenten durch die Verfassungsnovelle 1929 und zum anderen durch die Übertragung weitgehender Gesetzgebungskompetenzen auf die Europäische Union gegenüber 1920 wesentlich schwächer erscheint, stellen sie immer noch die zentralen Angelpunkte der österreichischen Politik dar. Sie sind Ausdruck des demokratischen Verfassungsprinzips insofern, als ihre Zusammensetzung auf Wahlen durch das Volk zurückzuführen ist, und sie der Idee nach dieses repräsentieren. Die österreichische Demokratie ist daher im Kern eine repräsentative. Direkt-demokratische Elemente, wie das Volksbegehren, die Volksabstimmung und die Volksbefragung, ergänzen sie bloß. Die österreichische Verfassungsrealität hat sich diesem idealtypischen Zustand nur vorsichtig angenähert. Sie ist nach wie vor von einem Machtübergewicht der Regierungen geprägt, das durch die erwähnte Novelle 1929 und den Beitritt zur Europäischen Union auch formell gestärkt wurde.

Das Bundesparlament besteht aus zwei Kammern: dem Nationalrat und dem Bundesrat. Der Nationalrat wird vom Volk direkt gewählt. Der Bundesrat wird von den Landesparlamenten beschickt. Beide wirken in der Gesetzgebung des Bundes zusammen und beiden obliegt die Kontrolle der Bundesverwaltung. Dies sind auch die beiden wesentlichen Funktionen, die

die Parlamente in Österreich ausüben: die Gesetzgebung und die Kontrolle der Vollziehung. Nationalrat und Bundesrat gemeinsam bilden die Bundesversammlung. Ihr kommen vor allem Kompetenzen im Hinblick auf den Bundespräsidenten zu (vgl unten III. 6.).

Das politische und institutionelle Übergewicht liegt beim Nationalrat. Der Bundesrat wirkt an der Bundesgesetzgebung nur mit. Für die Frage, unter welchen Bedingungen und wie die Willensbildung im Nationalrat geschieht und welche politischen Strömungen sich dort durchsetzen können, sind seine Zusammensetzung und damit das Wahlrecht von ganz entscheidender Bedeutung. Bevor die Prinzipien des Wahlrechts und das Wahlverfahren im Einzelnen behandelt werden, sei zunächst dem Umstand Aufmerksamkeit geschenkt, dass es die politischen Parteien sind, die Kandidatinnen und Kandidaten den Wählerinnen und Wählern präsentieren. Die politischen Parteien haben daher ganz entscheidenden Einfluss auf das reale Verfassungsleben.

2. Die politischen Parteien

Die wesentlichen Funktionen der politischen Parteien in repräsentativen Demokratien bestehen darin, zwischen der staatlichen Ebene (also den verfassungsmäßigen Institutionen) und der gesellschaftlichen Ebene (dem Volk) eine vermittelnde Position einzunehmen. Sie stehen solcherart, was etwa das deutsche Bundesverfassungsgericht besonders betont hat, „zwischen Staat und Gesellschaft". Ihre vordringliche Aufgabe besteht darin, die politischen Auffassungen innerhalb der Bevölkerung zu bündeln und auf diese Weise durchsetzungsfähig zu machen. Auch kommt ihnen weitgehend die Aufgabe der Personalauswahl für staatliche Funktionen zu. Wenngleich sie im Prinzip private Vereinigungen sind, erfüllen sie „öffentliche" Aufgaben, die für eine moderne repräsentative Demokratie unentbehrlich sind.

Obwohl die politischen Parteien bereits bei der Schaffung der Verfassung 1920 eine entscheidende Rolle spielten, sie also bereits damals wesentliche Akteure des politischen Geschehens waren, fanden sie nicht Eingang in die Verfassung. Das Wahlrecht kannte damals, wie übrigens auch heute, nur sogenannte Wahlparteien – ein Erbe der Monarchie. Das Gebiet der Monarchie war in eine Fülle von kleinen Wahlkreisen unterteilt, in denen im Sinne eines Mehrheitswahlrechts einzelne Personen gewählt werden konnten, die eine entsprechende Anzahl von Unterstützungsunterschriften benötigten, um überhaupt zur Wahl zugelassen zu werden. Sie bildeten zusammen mit jenen, die sie bei der Kandidatur unterstützten die Wahlparteien, deren einziger Zweck es war, sich im Wahlverfahren durchzusetzen. War das Wahlverfahren beendet, endete auch die Existenz der Wahlpartei. Dies ist im Grunde noch heute die Rechtslage nach dem österreichischen Wahlrecht. Zur Wahl treten daher nach wie vor Wahlparteien und nicht die politischen Parteien an, obwohl in den allermeisten Fällen hinter den Wahlparteien auch politische Parteien stehen. Da die Wahlparteien aber oft jene Bezeichnungen verwenden, die den Namen politischer Parteien entsprechen, ist diese Unterscheidung in der Bevölkerung kaum sinnfällig. Dies gilt jedenfalls für überregionale Wahlen. Bei Gemeinderatswahlen findet man allerdings sehr häufig Listenbezeichnungen, die nicht mit dem Namen einer politischen Partei identisch sind, sondern die etwa den Namen einer in der Gemeinde bekannten Persönlichkeit tragen.

Es besteht kein Zweifel, dass gerade in Österreich die politischen Parteien wesentlichen Einfluss auf das Verfassungsleben nehmen. So waren es denn auch die politischen Parteien, die die Unabhängigkeitserklärung 1945 unterzeichnet haben, und somit die Zweite Republik begründet haben. Es dauerte allerdings noch bis 1975, bis die politischen Parteien auch im österreichischen Verfassungsrecht verankert wurden. Bezeichnenderweise geschah dies aber nicht im Bundes-Verfassungsgesetz selbst, sondern in einem eigenen Parteiengesetz (BGBl 404/1975 idgF). Dieses regelt in seinem Art 1 die Gründung der politischen Parteien, widmet sich aber in seinen weiteren Artikeln ausschließlich der öffentlichen Parteienfinanzierung. Es war auch nicht das Ziel, den politischen Parteien eine eigene Rechtsgrundlage zu schaffen, die die Erlassung des Parteiengesetzes motiviert hat, sondern das Bedürfnis nach öffentlichen Geldern. Das Parteiengesetz wies von Anfang an eine Reihe von Schwächen auf: Weder enthielt es eine brauchbare Definition dessen, was eine politische Partei sein sollte, noch erfüllte es ordnungsrechtliche Grundbedürfnisse, wie etwa die Einrichtung eines öffentlichen Registers, dem entnommen werden konnte, welche Parteien existierten und wer ihre vertretungsbefugten Organe waren. Ein solches ist aber für den Rechtsverkehr ein wichtiges Desiderat, dem beispielsweise das Gesellschafts- und Vereinsrecht genügen (Firmenbuch bzw Vereinsregister). Auch konnte keine Einigung über den Umgang mit privaten Spenden, insbesondere Großspenden, an politische Parteien erzielt werden. Versuche, eine Offenlegungspflicht zu verankern, scheiterten immer wieder. Erst im Frühjahr 2012, nachdem eine Reihe von Korruptionsfällen in einem parlamentarischen Ausschuss behandelt wurde, waren alle politischen Widerstände gebrochen. Dies führte zu einer Reform des Parteiengesetzes (BGBl I 56/2012), wobei diesem bezeichnenderweise gleich der Langtitel „Bundesgesetz über die Finanzierung politischer Parteien" (Kurztitel: „Parteiengesetz 2012") gegeben wurde. Dabei wurden einige ordnungsrechtliche Schwächen beseitigt, die öffentliche Parteienförderung neu geregelt und – trotz Budgetknappheit und weitreichenden Sparmaßnahmen – erhöht sowie Offenlegungspflichten bzw Verbote für private Spenden normiert.

Unter einer politischen Partei ist nunmehr eine dauernd organisierte Verbindung zu verstehen, die durch gemeinsame Tätigkeit auf eine umfassende Beeinflussung der staatlichen Willensbildung abzielt, insbesondere weil sie an Wahlen zu allgemeinen Vertretungskörpern und dem Europäischen Parlament teilnimmt, und deren Satzung beim Bundesministerium für Inneres hinterlegt ist.

Die Gründung der politischen Parteien ist nach Art 1 des Parteiengesetzes grundsätzlich weiterhin frei, sofern bundesverfassungsgesetzlich nicht anderes bestimmt ist. Um eine politische Partei zu gründen, genügt es, eine Satzung zu beschließen, aus der im Wesentlichen hervorgeht, welche Organe die Partei haben soll, wobei jedenfalls ein Leitungsorgan, ein Aufsichtsorgan und eine Mitgliederversammlung vorzusehen sind, wer die Partei nach außen hin vertritt und welche Rechte und Pflichten die Mitglieder haben. Außerdem ist die Gliederung der Partei ersichtlich zu machen und es ist die Vorgangsweise bei freiwilliger Auflösung der Partei festzulegen. Diese Satzung ist bei der Bundesministerin oder dem Bundesminister für Inneres zu hinterlegen. Geschieht dies, dann erhält diese politische Partei Rechtspersönlichkeit. Die Bundesministerin bzw der Bundesminister hat den Namen der Partei und das Hinterlegungsdatum der Satzung in ein öffentlich einsehbares Verzeichnis einzutragen. Die Satzung ist außerdem im Internet zu veröffentlichen.

Die Bundesministerin oder der Bundesminister für Inneres hat nach der bisherigen Rechtsprechung des Verfassungsgerichtshofes nicht die rechtliche Möglichkeit, die Gründung einer politischen Partei zu untersagen oder auch nur festzustellen, dass der Gründungsakt nicht erfolgreich war (vgl VfSlg 9648/1983). Die alleinige Rechtsfolge eines fehlgeschlagenen Gründungsversuches ist die, dass die Partei nicht entstanden ist, also keine Rechtspersönlichkeit erhalten hat. Dies gilt daher auch dann, wenn die Gründungsfreiheit bundesverfassungsgesetzlich beschränkt ist.

Nach allgemeiner Auffassung ist das lediglich in einem Fall verwirklicht: Nach dem im Verfassungsrang stehenden Verbotsgesetz (StGBl 13/1945) ist es strafbar, sich im nationalsozialistischen Sinn wiederzubetätigen. Die Gründung einer Partei, die nationalsozialistische Ziele verfolgt, ist damit bundesverfassungsgesetzlich ausgeschlossen. Sollte daher jemand in Österreich versuchen, eine Partei zu gründen, die nationalsozialistische Ziele verfolgt, so ist ein solcher Gründungsakt immer erfolglos. Tritt eine solche Partei dennoch im Rechtsleben auf, sind alle Gerichte und Behörden gehalten, gleichsam als Vorfrage zu prüfen, ob die „Partei" Rechtspersönlichkeit hat. Wird dies verneint, dann kann diese „Partei" nicht Trägerin von Rechten und Pflichten sein und im Rechtsleben auch nicht wirksam agieren.

Der wesentliche Zweck des Parteiengesetzes war der, den politischen Parteien öffentliche Fördergelder zukommen zu lassen. Der sachliche Grund für die Parteienförderung liegt dabei darin, dass Parteien, wie bereits erwähnt, wesentliche Aufgaben für das Funktionieren einer repräsentativen Demokratie und damit das demokratische Gemeinwesen übernehmen. Die Parteienförderung wird nicht nur auf Bundesebene gewährt, sondern auch auf Landes- und Gemeindeebene. Sie ist im Verhältnis der OECD-Staaten ausnehmend großzügig bemessen. Nach dem Parteiengesetz erhalten die politischen Parteien, die in einem allgemeinen Vertretungskörper vertreten sind, jährliche Fördermittel für ihre Tätigkeit bei der Mitwirkung an der politischen Willensbildung, und zwar von Bund, Ländern und Gemeinden. Der insgesamt zur Verfügung gestellte Betrag wird nach der Anzahl der Wahlberechtigten errechnet, wobei dem Bund hierfür ein verfassungsrechtlicher Rahmen von 3,10 Euro bis maximal 11 Euro pro Wahlberechtigtem zur Verfügung steht; Länder können ihre Förderung innerhalb der doppelten Rahmenbeträge regeln. Der Bund hat zurzeit einen Betrag von 4,60 Euro für im Nationalrat vertretene Parteien und 2 Euro für im Europäischen Parlament vertretene Parteien festgelegt (BGBl I 57/2012). Aufgeteilt werden die so errechneten Fördersummen aber in unterschiedlicher Weise: Die im Nationalrat vertretenen Parteien erhalten, so sie einen „Klub" bilden (ein Zusammenschluss von mindestens fünf Abgeordneten), zunächst einen Sockelbetrag und sodann einen an der Mandatsstärke orientierten Steigerungsbetrag. Politische Parteien, die im Nationalrat nicht vertreten sind, aber bei einer Wahl mehr als 1 % der Stimmen erhalten haben, haben, so wie schon bisher, Anspruch auf eine einmalige Förderung, die allerdings nach der neuen Rechtslage verfassungsrechtlich nicht mehr gedeckt zu sein scheint. Fördermittel für die im Europäischen Parlament vertretenen Parteien sind im Verhältnis der erzielten Stimmen zu vergeben. Wahlwerbungskostenersätze, so wie sie bisher vorgesehen waren, sind unzulässig. Wahlwerbungskosten unterliegen demgegenüber einer Beschränkungspflicht.

Neben den Fördermitteln aus dem Parteiengesetz erhalten politische Parteien, die im Nationalrat vertreten sind, zumindest indirekt auch noch Förderungen nach anderen Bundesgesetzen: Nach dem Klubfinanzierungsgesetz (BGBl 156/1985 idgF) bekommen parlamentarische Klubs Zuwendungen für die Klubarbeit. Diese berechnen sich nach Gehaltsansätzen für Vertragsbedienstete des Bundes. Darüber hinaus erhalten politische Parteien, die im Nationalrat vertreten sind, Zuwendungen nach dem Gesetz zur Förderung politischer Bildungsarbeit und Publizistik (BGBl 369/1984 idgF).

Die politischen Parteien sind verpflichtet, jährlich einen Rechenschaftsbericht zu legen, der von zwei Wirtschaftsprüferinnen bzw -prüfern zu kontrollieren und dem Rechnungshof zu übermitteln ist. Dieser hat den Rechenschaftsbericht ebenfalls zu prüfen, der danach auf der Website des Rechnungshofes und der Website der politischen Partei zu veröffentlichen ist. Die politischen Parteien haben dabei insbesondere private Spenden auszuweisen: Spendet jemand einer politischen Partei in einem Jahr mehr als 3.500 Euro, so sind Name und Anschrift des Spenders auszuweisen. Spenden, die im Einzelfall 50.000 Euro übersteigen, sind sofort dem Rechnungshof zu melden und von diesem auf seiner Website zu veröffentlichen. Ähnliche Offenlegungspflichten gelten für Sponsoringbeträge ab 12.000 Euro und Einnahmen aus Inseraten ab 3.500 Euro.

Gepaart sind diese Offenlegungspflichten mit weitgehenden Annahmeverboten von anonymen Spenden (über 1.000 Euro), Bargeldspenden und anderem mehr. Unzulässige Spenden sind dem Rechnungshof zu übermitteln, der diese an Einrichtungen, die mildtätigen oder wissenschaftlichen Zwecken dienen, weiterzuleiten hat.

Erfasst werden nicht nur Spenden an die politischen Parteien selbst, sondern auch jene, die an ihre Gliederungen, ihnen nahestehende Organisationen oder einzelne Abgeordnete bzw Kandidatinnen und Kandidaten sowie wahlwerbende Parteien getätigt werden. Über die Einhaltung der – mittlerweile sehr umfangreichen – Rechenschaftspflicht wacht neben dem Rechnungshof der „Unabhängige Parteien-Transparenz-Senat", der neben Geldbußen auch Verwaltungsstrafen verhängen kann.

Bemerkenswert an der österreichischen Parteienfinanzierung bleibt aber, dass sie im Wesentlichen auf die in den Parlamenten vertretenen Parteien konzentriert ist. Dies ist beispielsweise in Frankreich anders: Dort erhalten auch politische Parteien, die außerhalb des Parlaments stehen, gewisse Zuwendungen. Die fast ausnahmslose Beschränkung auf politische Parteien, die in den Parlamenten vertreten sind, führt dazu, dass es in Österreich einen exklusiven Club von politischen Parteien gibt, die besonders gut aus öffentlichen Mitteln dotiert sind. Dies bedeutet, dass vor allem der Einstieg neuer politischer Parteien in das Parteiensystem vor besonderen wirtschaftlichen Hürden steht, und daher nur von Leuten unternommen werden kann, die über beträchtliches eigenes Vermögen verfügen. Weiters fällt auf, dass die öffentliche Parteienfinanzierung im Gegensatz etwa zur deutschen Regelung nicht durch die gesellschaftliche Rolle einer Partei begrenzt wird. Das deutsche Bundesverfassungsgericht hat in seiner Rechtsprechung zur Parteienfinanzierung nämlich festgehalten, dass die politischen Parteien in ihrer Rolle als Vermittlerinnen zwischen „Staat" und „Gesellschaft" nur soweit aus öffentlichen Mitteln finanziert werden dürfen, als sie auch aus privaten Mitteln lukrieren können. In Österreich macht demgegenüber, glaubt man den Rechenschaftsberichten, bei kleineren Parteien die öffentliche Parteienfinanzierung den Großteil der zur Verfügung stehenden Geldmittel aus. Die österreichische Politikwissenschaft hat daher zu Recht darauf hingewiesen, dass das österreichische Parteiensystem in seiner konkreten Ausprägung nur durch die Art und Weise der öffentlichen Parteienfinanzierung denkbar geworden ist. An dessen Grundsätzen hat sich auch durch die Neuregelung nichts geändert.

3. Die Wahl des Nationalrates

a. Die Grundsätze des Wahlrechts

Die Bundesverfassung regelt in ihrem Art 26 die Grundsätze des Wahlrechts relativ umfangreich. So gelten für die Wahl zum Nationalrat das allgemeine, gleiche, unmittelbare, geheime und persönliche Wahlrecht sowie der Grundsatz des Verhältniswahlrechts. Art 8 des Staatsvertrages von Wien 1955 und Art 3 des 1. ZPEMRK bestimmen darüber hinaus, dass das Wahlrecht „frei" zu sein hat.

Der Grundsatz des **allgemeinen Wahlrechts** besagt, dass alle Bürgerinnen und Bürger, wenn sie das Wahlalter erreicht haben, wählen dürfen beziehungsweise gewählt werden können. Das Recht wählen zu dürfen bezeichnet man als „aktives Wahlrecht". Das Recht gewählt zu werden nennt man „passives Wahlrecht". Das Wahlalter für das aktive Wahlrecht wird mit Vollendung des 16. Lebensjahres erreicht, jenes für das passive Wahlrecht mit Vollendung des 18. Lebensjahres. Allerdings kann jemand, der wegen bestimmter (schwerer) Straftaten zu einer Freiheitsstrafe verurteilt wurde, vom Strafgericht unter Beachtung der Umstände des Einzelfalls vom Wahlrecht für eine beschränkte Zeit ausgeschlossen werden.

Mit der Herabsetzung des Wahlalters auf das 16. Lebensjahr hat Österreich eine Vorreiterrolle übernommen. Die heute in vielen Ländern geführte Diskussion darüber reflektiert die Gefahr, dass sich die Politik hauptsächlich um die Belange der immer größer werdenden älteren Bevölkerungsgruppen kümmert und dabei jene der Jugendlichen zu kurz kommen.

Unter dem Begriff des **gleichen Wahlrechts** versteht man zunächst, dass alle Stimmen den gleichen Zählwert haben. Das bedeutet nichts anderes, als dass jede Wählerin bzw jeder Wähler über eine Stimme verfügt, die auch für eine Stimme zählt. Dies ist heute eine Selbstverständlichkeit, war aber in der Geschichte des Wahlrechts nicht immer verwirklicht. Fraglich bleibt aber, ob auch jede Stimme den gleichen Erfolgswert haben muss. Darunter versteht man, dass jede Stimme den gleichen Einfluss auf das Wahlergebnis hat. Berechnet wird der Erfolgswert so, dass man die Anzahl der Stimmen, die eine Partei erlangt hat, durch die Zahl der Mandate dividiert, die auf sie entfallen sind. Daraus kann man ablesen, wie viele Stimmen eine Partei im Durchschnitt pro Mandat benötigt hat. Betrachtet man diese Zahlen im Verlauf der österreichischen Wahlrechtsgeschichte nach dem Zweiten Weltkrieg, dann stellt man fest, dass der Erfolgswert der Stimmen in den Fünfziger- und Sechzigerjahren stark differiert hat, je nachdem ob eine Stimme einer großen oder einer kleinen Partei gegeben wurde. Das Wahlrecht hatte zunächst kleine Parteien stark benachteiligt. Sie benötigten für ein Mandat fast dreimal so viele Stimmen wie die großen Parteien.

Die Wahlrechtsreform 1970, die die SPÖ der FPÖ für die Unterstützung der Minderheitsregierung versprochen hatte, kehrte dieses Verhältnis um. Danach waren kleinere Parteien tendenziell bevorzugt. Erst die Wahlrechtsreform 1992 bewirkte durch die Einführung eines „bundesweiten Proportionalausgleichs" (siehe dazu sogleich unten, III. 3.b.) eine weitgehende Gleichstellung. Heute werden im Schnitt 25.000 bis 26.000 Stimmen benötigt, um ein Mandat zu erzielen. Diese Zahlen sind für die österreichische Innenpolitik besonders bedeutsam: Bevölkerungsgruppen, deren zahlenmäßiger Umfang wesentlich über diesen Größen liegt, haben besonderes politisches Gewicht.

Das **unmittelbare Wahlrecht** schließt ein Wahlmännersystem aus, wie es etwa bei der Wahl des Präsidenten der Vereinigten Staaten von Amerika angewendet wird. Das österreichische Volk wählt also die Abgeordneten direkt. Allerdings ist der Einfluss der Wählerinnen und Wähler darauf, welche Personen sie im Parlament vertreten, relativ gering. Im Allgemeinen haben die österreichischen Wählerinnen und Wähler nur die Möglichkeit, eine Parteiliste zu wählen. Die einzige geringfügige Einflussnahmemöglichkeit besteht darin, durch die Vergabe einer Vorzugsstimme eine Umreihung innerhalb der Liste zu bewirken und zwar dadurch, dass Kandidatinnen oder Kandidaten auf hinteren Listenplätzen vorrangig bei der Vergabe von Mandaten berücksichtigt werden, wenn sie Vorzugsstimmen zumindest im Ausmaß der Wahlzahl auf sich vereinigen. Ansonsten liegt aber die Zusammensetzung der Liste in der Hand der politischen Parteien. Nach welchen Kriterien diese sich dabei richten, ist zumeist in den Parteistatuten verankert. Der Umstand, dass die politischen Parteien die Listen zusammensetzen, bildete einen wesentlichen Eckpfeiler des österreichischen Systems der Sozialpartnerschaft, das heute ein wenig an Bedeutung eingebüßt hat, dafür aber nunmehr von der Verfassung ausdrücklich garantiert wird. Nur so konnte und kann sichergestellt werden, dass die Sozialpartner, die über eine entsprechende Verankerung in den beiden Parteien ÖVP und SPÖ verfügen, Kandidatinnen und Kandidaten auf aussichtsreichen Listenplätzen platzieren können. Dass die Sozialpartner im Parlament vertreten sind, ist aber unabdingbare Voraussetzung dafür, dass Sozialpartnerkompromisse im Vorfeld der Gesetzgebung, wie sie die österreichische Innenpolitik der Nachkriegszeit lange Jahre hindurch geprägt haben, durch das Parlament nicht mehr verändert werden. Änderungen des Wahlrechts in diesem Punkt, wie beispielsweise die gelegentlich und immer wieder artikulierte Einführung eines Persönlichkeitswahlrechts, bei dem die Bevölkerung wesentlich mehr Einfluss darauf hätte, welche Personen ein Mandat erhalten, würden das politische System in Österreich ganz entscheidend verändern (die erweiterte Möglichkeit mit der Vergabe von Vorzugsstimmen, die zu einer punktuellen Verschiebung von Kandidatinnen oder Kandidaten führen kann, führt aber nicht dazu). Müssten sich Kandidatinnen und Kandidaten nämlich grundsätzlich in Wahlkreisen bei der Bevölkerung durchsetzen, müssten sie wohl anderen Anforderungsprofilen genügen – ob dies zu positiven Veränderungen führen würde, steht freilich auf einem anderen Blatt.

Unter dem **persönlichen Wahlrecht** versteht man, dass Wählerinnen und Wähler sich bei ihrer Wahlhandlung nicht vertreten lassen können, diese also selbst vornehmen müssen. Zur Sicherung dieses Prinzips wird gefordert, dass die Wählerinnen und Wähler vor einer Wahlkommission erscheinen müssen, um ihr Wahlrecht ausüben zu können. „Fliegende" Wahlkommissionen sind eingerichtet, um kranken und bettlägerigen Personen die Ausübung des Wahlrechts zu ermöglichen. Körper- und sinnesbehinderte Personen dürfen sich aber bei Ausübung der Wahlhandlung helfen lassen.

Das **geheime Wahlrecht** verlangt, dass der Gesetzgeber sicherstellen muss, dass Dritte den Inhalt der Wahlhandlung nicht erkennen können. Dazu dient etwa die Aufstellung von Wahlzellen, oder auch die Notwendigkeit, Wahlsprengel in einer Mindestgröße vorzusehen (wenigstens 30 Personen), sodass ein Rückschluss darauf, wer welche Partei gewählt hat, unmöglich wird.

Die Kombination der Grundsätze des persönlichen und des geheimen Wahlrechts verhinderten nach Ansicht des Verfassungsgerichtshofes die (einfachgesetzliche) Einführung der Briefwahl (VfSlg 10.412/1985). Dies stellte den Gesetzgeber vor ein besonderes Problem, als der Verfassungsgerichtshof in einem späteren Erkenntnis (VfSlg 12.023/1989) befand, dass auch im Ausland lebenden Österreicherinnen und Österreichern das Wahlrecht einzuräumen sei. Schon um dies zu ermöglichen, bedurfte es der Einführung einer Art Briefwahl, wozu eine verfassungsrechtliche Grundlage erforderlich war. Im Jahr 2007 schließlich entschloss sich der Verfassungsgesetzgeber, die Briefwahl (ein in vielen Ländern übliches Instrument) ganz allgemein jenen Bürgerinnen und Bürgern zu ermöglichen, die am Wahltag voraussichtlich verhindert sein würden, ihre Stimme vor der (zuständigen) Wahlbehörde (in „ihrem" Wahllokal) abzugeben. Diese Bürgerinnen und Bürger haben die Möglichkeit, rechtzeitig vor der Wahl eine „Wahlkarte" zu erhalten. Darunter ist ein verschließbarer Briefumschlag zu verstehen, in dem sich ein verschließbares Wahlkuvert sowie der amtliche Stimmzettel befinden. Die Wahlkarte kann entweder in einem anderen Wahllokal am Wahltag abgegeben werden oder aber der Bezirkshauptmannschaft auf dem Postweg übersendet werden. Dies muss so rechtzeitig geschehen, dass die Wahlkarte dort spätestens am Wahltag vor 17 Uhr einlangt.

Der Grundsatz des **freien Wahlrechts** schließlich umfasst die Freiheit der Wahlwerbung und die Freiheit der Abstimmung. Letzteres wird durch eine Reihe von Straftatbeständen gesichert. Problematisch erscheint allerdings, dass zwar die Freiheit der Wahlwerbung staatlicherseits im Allgemeinen nicht durch Verbote beeinträchtigt wird, dass aber – von einer geringfügigen Ausnahme abgesehen – durch die staatliche Unterstützung der Wahlwerbung von politischen Parteien, die im Nationalrat vertreten sind, eine Verzerrung des Wettbewerbs eintritt.

Unter dem **Verhältniswahlrecht** oder auch Proportionalwahlsystem versteht man ein Wahlsystem, in dem die Anzahl der Mandate auf die einzelnen Parteien im Verhältnis zu den für sie abgegebenen Stimmen aufgeteilt werden sollen. Das bedeutet also zum Beispiel, dass eine Partei, die 30 % der Stimmen erhalten hat, nach Möglichkeit auch 30 % der Mandate erhält. Im Gegensatz dazu steht das Mehrheitswahlrecht. Hier gelten in den einzelnen Wahlkreisen die Kandidatinnen und Kandidaten jener Parteien als gewählt, die in diesem Wahlkreis die absolute oder manchmal auch nur relative Mehrheit erhalten haben. Jene Stimmen also die für die unterlegenen Kandidatinnen und Kandidaten abgegeben wurden, sind im Parlament dann nicht mehr repräsentiert.

Den einzelnen Wahlsystemen werden traditionellerweise unterschiedliche Vor- und Nachteile nachgesagt. So besteht der Vorteil des Verhältniswahlrechts darin, die unterschiedlichen politischen Strömungen innerhalb der Bevölkerung – und damit im Ergebnis die politischen Parteien – angemessen zu repräsentieren. Nachteilig kann sich aber auswirken, dass in einer stark zerklüfteten Parteienlandschaft unter Umständen die Regierungsbildung schwer, wenn

nicht sogar ganz unmöglich gemacht wird. Sind in einem Verhältniswahlsystem Koalitionsregierungen notwendig, dann führt dies dazu, dass kleine und kleinste Parteien unverhältnis-
mäßigen Einfluss auf die Regierung gewinnen. Dies deshalb, weil Partner einer Koalition im
Allgemeinen als gleichwertig angesehen werden müssen und weil große Parteien oftmals, um
die notwendige Unterstützung der kleineren Parteien nicht infrage zu stellen, Zugeständnisse
an deren Politik machen müssen, die weit über die zahlenmäßige Bedeutung dieser Parteien
hinausgehen.

Demgegenüber besteht der Vorteil des Mehrheitswahlsystems darin, dass sehr einfach und
rasch Mehrheiten gebildet werden können, sodass sowohl die Regierungsbildung als auch der
Regierungswechsel – und damit ein demokratisches Spiel der Kräfte – relativ einfach sind.
Von manchen wird es aber als Nachteil empfunden, dass in einem Mehrheitswahlrechtssystem
die Bevölkerung nicht angemessen repräsentiert wird. Tendenziell begünstigt das Mehrheitswahlrecht ein Zweiparteiensystem, sodass kleinere Parteien dort oftmals gar nicht entstehen
können oder aber völlig bedeutungslos bleiben bzw sich dann wieder, etwa wie in Malaysia, zu
größeren Blöcken zusammenschließen.

b. Die Grundzüge des Wahlverfahrens

Für die Durchführung des Wahlverfahrens, die näher in der Nationalratswahlordnung
(BGBl 471/1992) geregelt wird, ist zunächst maßgeblich, dass die Verfassung vorsieht, dass
das gesamte Bundesgebiet in räumlich geschlossene Wahlkreise zu teilen ist (Art 26 Abs 2
B-VG). Diese Vorschrift, die aus dem Mehrheitswahlrecht der Monarchie in die Republik
übernommen wurde, bedeutet in der Sache eine Einschränkung des Verhältniswahlrechts, das
nämlich am besten dadurch verwirklicht wird, dass das gesamte Bundesgebiet einen einzigen
Wahlkreis bildet, so wie dies mittlerweile auch für die Wahlen zum Europäischen Parlament
vorgesehen ist. Die Einteilung des Bundesgebiets in Wahlkreise wird heute durch den Wahl-
rechtsgesetzgeber dadurch konkretisiert, dass dieser neun Landeswahlkreise vorsieht. Die neun
Landeswahlkreise selbst sind wiederum in Regionalwahlkreise unterteilt, von denen es insgesamt 43 gibt. Die zu vergebenden Mandate, die zurzeit mit der Zahl 183 festgelegt sind, werden
auf die einzelnen Wahlkreise nach dem Bürgerzahlprinzip aufgeteilt. Das bedeutet, dass die
Anzahl der Bürgerinnen und Bürger, die in dem Wahlkreis ihren ordentlichen Wohnsitz haben,
für diese Aufteilung maßgeblich ist. Damit werden für die Aufteilung auch jene Bürgerinnen
und Bürger berücksichtigt, denen das aktive Wahlrecht nicht zusteht, und das sind in erster
Linie jene Personen, die das Wahlalter noch nicht erreicht haben. Diese Vorschrift, wonach
die Anzahl der Mandate auf die Wahlkreise nach dem Bürgerzahlprinzip aufzuteilen ist, war
ua auch verantwortlich dafür, dass in früheren Jahren der Erfolgswert der Stimmen so stark
differieren konnte. Dies war deshalb der Fall, weil die Ermittlung der Mandate schwergewich-
tig auf Wahlkreisebene stattfand: So konnten Parteien davon profitieren, dass in den kinder-
reichen, ländlichen Wahlkreisen verhältnismäßig weniger Stimmen für ein Mandat erforderlich
waren als in den kinderärmeren städtischen Wahlkreisen. Heute wird allerdings sowohl die
Unterteilung des Bundesgebiets in Wahlkreise, als auch die Aufteilung der Mandate nach dem
Bürgerzahlprinzip wahlarithmetisch durch den bundesweiten Proportionalausgleich im dritten
Ermittlungsverfahren (siehe dazu sogleich) nahezu vollständig neutralisiert.

Die eigentliche Wahl beginnt mit ihrer Ausschreibung. Wahlen zum Nationalrat finden im
Allgemeinen alle fünf Jahre statt. Das bedeutet, dass die Gesetzgebungsperiode – auch Le-
gislaturperiode genannt – fünf Jahre beträgt. Allerdings kann der österreichische Nationalrat
auch jederzeit seine Selbstauflösung beschließen und auf diese Weise Neuwahlen herbeiführen.
Ein rechtsvergleichender Blick nach Deutschland zeigt, dass ein solches Selbstauflösungsrecht
einem Parlament nicht notwendigerweise zustehen muss. So hat das Bonner Grundgesetz nach

den Erfahrungen der Weimarer Republik ein solches Selbstauflösungsrecht für den Bundestag nicht vorgesehen.

Durchgeführt wird die Nationalratswahl von den Wahlbehörden. Diese sind Kollegialbehörden, deren Besonderheit darin besteht, dass ihre Beisitzer von den wahlwerbenden Parteien vorgeschlagen werden. Dabei ist das Stärkeverhältnis der Parteien nach den jeweils vorangegangenen Wahlen zu berücksichtigen. Die Bedeutung dieser Vorschrift liegt darin, dass die Parteien die Verwaltung bei der Durchführung der Wahl kontrollieren, wobei sie auch die Chance erhalten, allfällige Rechtswidrigkeiten zu erkennen, um diese später allenfalls beim Verfassungsgerichtshof rügen zu können. Die wahl- und stimmberechtigten Personen werden von den Gemeinden in eine sogenannte Wählerevidenz eingetragen. Jede Staatsbürgerin bzw jeder Staatsbürger kann darin Einsicht nehmen und allenfalls Einspruch einlegen, wenn ihrer oder seiner Meinung nach Wahl- oder Stimmberechtigte zu Unrecht aufgenommen wurden bzw zu Unrecht aus der Wählerevidenz gestrichen wurden.

Voraussetzung dafür, gewählt zu werden, ist, dass die wahlwerbenden Parteien spätestens zu bestimmten Tagen vor der Wahl entsprechende Wahlvorschläge bei den Wahlbehörden eingebracht haben. Das Abstimmungsverfahren hat für das gesamte Bundesgebiet an ein und demselben Tag stattzufinden und ist an einem Sonntag oder einem anderen öffentlichen Ruhetag durchzuführen. Im Allgemeinen üben die Wählerinnen und Wähler ihr Wahlrecht dadurch aus, dass sie vor der Wahlbehörde erscheinen und dort ihre Stimme abgeben. Im Fall der voraussichtlichen Verhinderung kann von der Briefwahl Gebrauch gemacht werden.

An die erfolgte Stimmenabgabe schließt sich das Ermittlungsverfahren. Dieses erfolgt in drei Schritten. Das erste Ermittlungsverfahren findet dabei im Regionalwahlkreis statt, das zweite auf der Ebene des Landeswahlkreises. Diese beiden Ermittlungsverfahren sind heute nur noch dafür bedeutsam, ob eine Partei ein sogenanntes Grundmandat erreicht, sowie für die allerdings nach wie vor eingeschränkte Personalisierung des Wahlrechts durch die Vergabe von Vorzugsstimmen. Durchschlagen würde die Berechnung der Mandate in den ersten beiden Ermittlungsverfahren lediglich dann, wenn eine Partei dort mehr Mandate erhalten würde als im dritten Ermittlungsverfahren.

Im dritten Ermittlungsverfahren, dem sogenannten bundesweiten Proportionalausgleich, wird rechnerisch davon ausgegangen, dass das gesamte Bundesgebiet einen Wahlkreis bildet, in dem alle 183 Mandate von Neuem zu vergeben sind. Darin liegt der schon mehrfach angesprochene Grund, dass die mehrheitsfördernden Effekte sowohl der Aufteilung des Bundesgebiets in Wahlkreise als auch der Zuteilung der Mandate nach dem Bürgerzahlprinzip im Ergebnis weitgehend zunichte gemacht werden. Da eben alle 183 Mandate von Neuem aufgeteilt werden und folglich alle Stimmen, die für die einzelnen wahlwerbenden Parteien abgegeben wurden, berücksichtigt werden, fingiert man rechnerisch, dass das Bundesgebiet ein einziger Wahlkreis ist. Damit wird zwar das Verhältniswahlrecht optimal verwirklicht, die übrigen verfassungsrechtlichen Vorgaben werden aber in ihrer Auswirkung auf das Wahlergebnis stark abgeschwächt.

Am dritten Ermittlungsverfahren können nur jene Parteien teilnehmen, die wenigstens ein Grundmandat erhalten haben oder aber 4 % der Stimmen auf sich vereinigen konnten. Diese Zuteilung der Mandate auf die einzelnen Parteien geschieht nach dem d'Hondt'schen Verfahren. Dabei werden die Parteisummen, das ist die Anzahl der Stimmen, die auf die einzelnen Parteien entfallen ist, nebeneinander geschrieben. Unter diesen Zahlen wird jeweils deren Hälfte, deren Drittel, deren Viertel, deren Fünftel und so weiter notiert. Wahlzahl ist die 183 größte Zahl. Jede Partei erhält nun so viele Mandate, als die Wahlzahl in ihrer Parteisumme enthalten ist. Der Verdeutlichung dieses Verfahrens dient die folgende Tabelle, die allerdings mit einfachen Zahlen operiert.

	A-Partei	B-Partei	C-Partei	Anzahl der Mandate
GS:	10.000	5.000	3.000	bei 2: 2A oder 1A und 1B
1/2:	5.000	2.500	1.500	bei 3: 2A und 1B
1/3:	3.333,3	1.666,6	1.000	bei 4: 3A und 1B
1/4:	2.500	1.250	750	bei 5: 3A und 1B und 1C
1/5:	2.000	1.000	600	
1/6:	1.666,6	…	…	
1/7:	1.425	…	…	

GS = Gesamtzahl der abgegebenen gültigen Stimmen

Abb 4: D'Hondt'sches System

Im angenommenen Beispiel standen drei Parteien zur Wahl. Auf die A Partei entfielen dabei 10.000 Stimmen, auf die B Partei 5.000 und die C Partei 3.000. Im Sinne des Systems nach d'Hondt wurde die Gesamtsumme (GS) der Stimmen der einzelnen Parteien nebeneinander geschrieben. Darunter befindet sich jeweils die Hälfte der Zahl, das Drittel, das Viertel, das Fünftel und so weiter. Nimmt man nun an, dass in dem Verfahren zwei Mandate zu vergeben waren, dann beträgt die Wahlzahl (das ist die zweitgrößte Zahl) 5.000. In diesem Fall zeigt das Beispiel bereits eine Besonderheit: Die Zahl 5.000 findet sich in der Tabelle zweimal: Zum einen war die Gesamtsumme der für die B Partei abgegebenen Stimmen 5.000, zum anderen beträgt die Hälfte der Gesamtsumme der für die A Partei abgegebenen Stimmen ebenfalls 5.000. Auf dieser Basis ist eine eindeutige Lösung dessen, welcher Partei nun die zu vergebenden Mandate zufallen, nicht möglich. Die Nationalratswahlordnung sähe für diesen, wenngleich für Nationalratswahlen äußerst unwahrscheinlichen Fall vor, dass das Los entscheiden müsste. Daher könnte entweder die A Partei zwei Mandate bekommen, oder aber jeweils ein Mandat an die A Partei und ein Mandat an die B Partei fallen. Zugleich zeigt dieser Fall auch, dass es denkbar ist, dass der Ausgang eines Wahlverfahrens von der Gültigkeit einiger weniger Stimmen abhängen kann. Hätte in diesem Beispiel die A Partei eine Stimme weniger erhalten, wäre die Hälfte ihrer Parteisumme nicht mehr 5.000 sondern nur noch 4.999,5 und damit wäre der Fall entschieden. Ebenso entschieden wäre der Fall, wenngleich mit umgekehrten Vorzeichen, wenn die B Partei nicht 5.000 sondern nur 4.999 Stimmen erhalten hätte.

Wären in dem fiktiven Wahlverfahren drei Mandate zu vergeben gewesen, dann würde die Wahlzahl immer noch 5.000 ausmachen, weil auch die drittgrößte Zahl 5.000 beträgt, da die Zahl 5.000 in dem Schema eben zweimal vorkommt. Für diesen Fall hätte daher die A Partei zwei Mandate erhalten und die B Partei eines. Wären vier Mandate zu vergeben gewesen, wäre die Zahl 3.333,3 die Wahlzahl, womit der A Partei drei Mandate zugefallen wären und der B Partei immer noch nur eines. Die C Partei hätte überhaupt nur eine Chance auf ein Mandat, wenn wenigstens fünf Mandate zu vergeben wären. Dann ist die Zahl 3.000 als fünftgrößte Zahl die Wahlzahl, womit der C Partei ebenso ein Mandat zufiele wie der B Partei. Die A Partei erhielte wiederum drei Mandate. Das Beispiel könnte beliebig fortgesetzt werden.

Das dritte Ermittlungsverfahren bei Nationalratswahlen operiert selbstverständlich mit wesentlich größeren Zahlen, weil alle 183 Mandate zu vergeben sind, funktioniert aber im Prinzip genauso wie in diesem einfachen Beispiel beschrieben. Für den relativ unwahrscheinlichen Fall, dass das dritte Ermittlungsverfahren ergibt, dass eine Partei, berechnet auf das gesamte Bundesgebiet, weniger Mandate erhalten würde, als sie in den ersten beiden Ermittlungsverfahren erhalten hat, ist das dritte Ermittlungsverfahren nochmals durchzuführen. Dabei sind der betreffenden Partei die Mandate, die sie in den beiden ersten Ermittlungsverfahren erhalten hat, gutzuschreiben. Sodann ist das Ermittlungsverfahren nur noch mit den verbliebenen Parteien fortzusetzen, wobei selbstverständlich nicht mehr 183 Mandate vergeben werden können, sondern nur noch die um die bereits gutgeschriebenen Mandate verringerte Anzahl.

Die Rechtmäßigkeit der Wahl kann vom Verfassungsgerichtshof kontrolliert werden. Dieser kann eine allenfalls festgestellte Rechtswidrigkeit jedoch nur dann aufgreifen, wenn diese von Einfluss auf das Wahlergebnis sein konnte. Was dies unter anderem bedeutet, lässt sich anhand der Tabelle, mit der das d'Hondt'sche System (Abb 4) erläutert wurde, gut demonstrieren. Schon der erste Fall, in dem zunächst nicht eindeutig lösbar war, welcher der beiden Parteien (A Partei oder B Partei) das zweite Mandat zufallen sollte, ist dafür ein gutes Beispiel. Die Verschiebung einer einzigen Stimme von der A Partei zur B Partei oder aber die Ungültigkeit einer einzigen Stimme, die für eine der Parteien abgegeben wurde, hätte diese Frage eindeutig gelöst. Würde daher in einem Wahlanfechtungsverfahren vor dem Verfassungsgerichtshof erfolgreich dargetan werden, dass eine bestimmte Stimme der einen oder der anderen Partei rechtswidrig zugerechnet worden wäre, dann wäre diese Rechtswidrigkeit von Auswirkung auf das Wahlergebnis gewesen. In diesem Fall hätte der Verfassungsgerichtshof das Ermittlungsverfahren in diesem Umfang aufheben müssen, wodurch es zu einer neuerlichen Berechnung und Zuteilung der Mandate gekommen wäre. Wäre im selben Beispiel aber die Ungültigkeit einer für die C Partei abgegebenen Stimme geltend gemacht worden, dann wäre diese Frage, wie immer sie auch zu beurteilen gewesen wäre, nicht von Einfluss auf das Wahlergebnis gewesen und würde somit vom Verfassungsgerichtshof nicht weiterverfolgt werden. In der Realität ist es bei Nationalratswahlen unwahrscheinlich, dass allein die Gültigkeit einer Stimme Auswirkung auf das Wahlergebnis hätte. Anders kann sich dies beispielsweise auf Gemeindeebene darstellen. Es gibt aber auch im Bereich des Nationalratswahlrechts Fälle, in denen bereits die Verschiebung einiger weniger Stimmen von Auswirkung auf das Wahlergebnis sein konnte.

4. Die Rechtsstellung der Mitglieder des Nationalrates

Die besondere Rechtsstellung als Mitglied des Nationalrats beginnt mit dem Zusammentritt des neuen Nationalrats und endet im Allgemeinen mit dem Zusammentritt des nächsten Nationalrats, zu dem das Mitglied nicht mehr gewählt wurde. Ausnahmsweise kann die Rechtsstellung schon früher dadurch enden, dass der Bundespräsident den Nationalrat auflöst, der Verfassungsgerichtshof die Wahl für rechtswidrig erklärt, der Verfassungsgerichtshof auf Mandatsverlust erkennt oder das Mitglied auf das Mandat verzichtet. So kann der Verfassungsgerichtshof auf Mandatsverlust nur dann erkennen, wenn dies vom Nationalrat beantragt wird, weil das entsprechende Mitglied durch 30 Tage unentschuldigt von den Sitzungen fern geblieben ist. Eine solche Entscheidung hat der Verfassungsgerichtshof vor einiger Zeit im Fall des Abgeordneten Rosenstingl getroffen, der in Brasilien inhaftiert war (VfSlg 15.266/1998). Zwar hat der Verfassungsgerichtshof festgehalten, dass die Anhaltung in Haft das Fernbleiben von den Sitzungen des Nationalrats rechtfertigen könne, allerdings hatte der Abgeordnete die Möglichkeit, nach Österreich zurückzukehren abgelehnt. Deshalb wurde im Ergebnis auf Mandatsverlust erkannt.

Seit einiger Zeit kennt die Verfassung einen weiteren Grund, ein Mandat vorzeitig zu verlieren, wobei dieser verfassungstheoretisch, wie sich auch in internationalen Diskussionen zeigt, höchst umstritten ist. Dieser Grund hängt damit zusammen, dass es in einem parlamentarischen Regierungssystem im Prinzip unproblematisch ist, wenn Abgeordnete zugleich auch Mitglieder der Regierung sind. Es hat sich aber die Übung entwickelt, dass Abgeordnete, die zu Regierungsmitgliedern ernannt wurden, ihr Mandat zurücklegten. Schieden sie danach aus der Regierung aus, konnten sie nicht mehr in den Nationalrat zurückkehren. Um ihnen diese Möglichkeit zu eröffnen, wurde in der Verfassung eine Bestimmung eingefügt, nach der Abgeordnete, die zu Regierungsmitgliedern ernannt werden, ihr Mandat ruhen lassen können. Während dieser Zeit tritt daher die auf der Liste nächstgereihte Kandidatin oder der nächstgereihte Kandidat an die Stelle des Regierungsmitglieds in den Nationalrat ein. Verliert nun das ursprüngliche Mitglied sein Regierungsamt, so hat es die Möglichkeit, das Nationalratsmandat wieder auszuüben. In diesem Fall scheidet jenes Mitglied, das gleichsam vertretungsweise das Mandat innehatte, wieder aus. Dies hat letztlich zur Folge, dass solche Mitglieder in Wahrheit eine Art „Mitglieder zweiter Klasse" sind.

Mitglieder des Nationalrats können ansonsten aber nicht so ohne Weiteres aus ihrem Amt entfernt werden, da das Recht gewählt zu werden auch das Recht einschließt, im Parlament zu verbleiben (VfSlg 3426/1958, 3560/1959). Es gibt daher vor allem auch kein Verfahren, eine unliebsam gewordene Abgeordnete oder einen unliebsam gewordenen Abgeordneten aus dem Parlament zu entfernen. Denn die Rechtsstellung der Abgeordneten ist vom Grundsatz des **freien Mandats** geprägt (Art 56 Abs 1 B-VG). Dieser besagt zunächst nur, dass Abgeordnete an keine Wähleraufträge gebunden sind. Sinn dieses freien Mandats ist, dass die Abgeordneten des Parlaments in einer freien Diskussion, also in einem Wechsel von Rede und Gegenrede, die darauf angelegt ist, sich wechselseitig zu überzeugen, jene Lösungen finden sollen, die für das Gemeinwohl am besten sind. Dieser Grundsatz garantiert daher die Sinnhaftigkeit einer politischen Debatte. Wären die Abgeordneten im Sinne eines „gebundenen Mandats" von vornherein an bestimmte Aufträge gebunden, könnte man sich im Grunde jede Debatte ersparen und sofort abstimmen, wobei der Ausgang der Abstimmung von vornherein gewiss wäre. Außerdem könnten Abstimmungen verschleppt werden, würden Abgeordnete bei Auftauchen neuer Argumente erst mit ihrem Wahlkreis Rücksprache halten wollen oder gar müssen.

Aus der Perspektive des freien Mandats ist, nicht nur in Österreich, eine politische und verfassungsrechtliche Diskussion über die Zulässigkeit eines Phänomens entstanden, das man mit „Klubzwang", „Fraktions-" oder „Klubdisziplin" bezeichnet. Damit ist der häufig zu beobachtende Umstand gemeint, dass Abgeordnete selten über die Parteigrenzen hinweg abstimmen. Dies erweckt den Eindruck, als ob Abstimmungsergebnisse schon von vornherein feststünden, eine freie Diskussion mit dem Ziel, einander wechselseitig zu überzeugen, gar nicht stattfindet. Dabei ist zunächst zu vermerken, dass die Geschäftsordnung des Nationalrats (BGBl 410/1975 idgF) Mandatarinnen und Mandatare einer Partei, dann wenn sie die Zahl fünf erreichen oder übersteigen, gestattet, sich (freiwillig) zu einem Klub zusammenzuschließen. Parlamentarische Klubs genießen bestimmte Vorzüge: so etwa im Bereich der Finanzierung (Klubförderung), aber auch in der Ausübung geschäftsordnungsmäßiger Rechte. Diese Fraktionen oder Klubs mahnen in der Tat von ihren Mitgliedern vor allem – nach klubinternen Auseinandersetzungen – ein gleichförmiges Abstimmungsverhalten ein. Dies hat zunächst einen relativ unverdächtigen Hintergrund: nämlich gemeinsam bestimmte Ziele zu erreichen, die ein Einzelner so ohne Weiteres nicht erreichen könnte. Klubs sind daher Teams, die im Allgemeinen auch nur als Teams bestehen können und wie Teams funktionieren. Außerdem sind vor allem größere Klubs auf Arbeitsteilung angelegt. Nicht alle Abgeordnete sind Spezialistinnen oder Spezialisten in bestimmten Sachfragen; sie sind daher auf die Expertisen anderer angewiesen und dürfen daher mit Recht erwarten, dass sie diesen zum einen vertrauen können wie auch umgekehrt ihnen vertraut wird. Dies ist im Allgemeinen die Bedingung, unter der Klubs funktionieren.

In den Fünfziger- und Sechzigerjahren des vorigen Jahrhunderts etablierten die parlamentarischen Klubs allerdings einen Sanktionsmechanismus für abweichendes Verhalten, der im Ergebnis verfassungswidrig war. Von den Mandataren wurde nämlich verlangt, dass sie sogenannte Blankoverzichtserklärungen unterschreiben, die von der jeweiligen Klubleitung nur noch unter Einsetzung des Datums an die Hauptwahlbehörde gesandt werden konnten, womit die entsprechende Abgeordnete oder der entsprechende Abgeordnete im Ergebnis auf sein Mandat verzichtet hatte. Damit war es in die Hand der Klubleitung gelegt, über die Zusammensetzung des Klubs zu entscheiden und auf diesem Weg „abtrünnige" Abgeordnete aus dem Parlament zu entfernen. Eine solche Maßnahme geht aber aus der Perspektive des freien Mandats zu weit, womit dieses allerdings in ein Spannungsverhältnis zum (reinen) Listenwahlrecht gerät. Abgeordnete können zwar aus dem Klub (und aus der entsprechenden politischen Partei) ausgeschlossen werden, nicht aber aus dem Parlament. Abgeordneten ist es daher auch gestattet, freiwillig aus dem Klub auszutreten. Sie konnten sich auch einem anderen Klub anschließen oder, falls die nötige Anzahl erreicht wird, sich mit anderen Abgeordneten zu einem neuen Klub zusammenschließen. Letzteres war etwa bei der Gründung des Liberalen Forums und des „Team Stronach" der Fall. Anderes galt bei der Gründung des BZÖ: Hier verblieben die Abgeordneten, obwohl sie zum Teil aus der FPÖ ausgetreten waren, im Klub der FPÖ. Offenbar in Reaktion auf diese Ereignisse beschloss man vor dem Sommer 2013 eine Reform des Geschäftsordnungsrechts, wonach in Hinkunft Klubs nur noch im ersten Monat nach Zusammentritt eines neuen Parlaments gebildet werden dürfen (BGBl I 131/2013). Es erscheint mehr als fraglich, ob diese Neuregelung mit dem bisherigen Verständnis des „freien Mandats" kompatibel oder nicht doch verfassungswidrig ist.

Den Abgeordneten kommt sowohl bei Ausübung ihres Berufes, als auch darüber hinaus **„Immunität"** zu (Art 57 B-VG). Sinn dieser Bestimmung ist, dass Abgeordnete in bestimmten Fällen keine rechtliche Verfolgung befürchten müssen. Historisch waren diese Regelungen vor allem vor dem Hintergrund der konstitutionellen Monarchie begründet: Sie sollten die Abgeordneten vor der monarchischen Regierung und Polizeigewalt schützen. Heute wird gelegentlich argumentiert, dass diese Regelungen ihren Sinn verloren hätten, völlig abgeschafft oder doch grundlegend reformiert gehörten. In diesem Sinn wird im Parlament schon seit einiger Zeit über eine Reform debattiert. Gegen eine vollständige Abschaffung spricht aber, dass jedenfalls die Oppositionsabgeordneten, deren Hauptaufgabe darin besteht, die Regierung zu kritisieren und auf allfällige – wenngleich vielleicht auch nur angebliche – Missstände hinzuweisen, nach wie vor eines besonderen Schutzes bedürfen könnten, insbesondere, was die parlamentarische Redefreiheit angeht.

Im Einzelnen versteht man unter der „beruflichen" Immunität, dass Abgeordnete für ihr Abstimmungsverhalten niemals und für die Äußerungen im Parlament nur im Rahmen von Ordnungsmaßnahmen zur Verantwortung gezogen werden können. Außerhalb des Parlaments besteht darüber hinaus ein gewisser Schutz vor strafrechtlicher Verfolgung, insbesondere vor Hausdurchsuchungen und Verhaftungen. Sollen gegen Abgeordnete Verfolgungshandlungen gesetzt werden, dann ist in vielen Fällen die Zustimmung des Parlaments dazu erforderlich, oder aber es besteht die Möglichkeit, dass das Parlament die Verfolgungshandlungen stoppen kann. Diese Funktionen des Parlaments werden durch einen Immunitätsausschuss wahrgenommen. Im Übrigen gilt, dass wahrheitsgetreue Berichte aus dem Nationalrat grundsätzlich keiner behördlichen Verfolgung unterliegen.

Die Tätigkeit einer Abgeordneten oder eines Abgeordneten zum Nationalrat ist mit einigen anderen öffentlichen Funktionen unvereinbar, wie etwa mit dem Amt eines Bundesrats oder eines Abgeordneten zum Europaparlament, des Bundespräsidenten oder eines Mitglieds des Obersten Gerichtshofs, Verfassungsgerichtshofs, Verwaltungsgerichtshofs oder Verwaltungsgerichts. Unvereinbarkeiten bestehen auch mit bestimmten privatwirtschaftlichen Tätigkeiten. Abgeordnete erhalten (aktuell) einen Monatsbezug von EUR 8.306,90 (14-mal jährlich); dieser Betrag ist im Übrigen Ausgangspunkt für die sogenannte Gehaltspyramide, die in den 1990er-Jahren für öffentliche Funktionäre eingeführt wurde. Die österreichischen Abgeordneten gehören damit zu den bestbezahlten Europas.

5. Die Zusammensetzung und Rechtsstellung des Bundesrates

Die Mitglieder des Bundesrates werden von den Landtagen auf der Grundlage des Verhältniswahlrechts gewählt. Ihre Anzahl bestimmt sich nach den jeweiligen Ergebnissen der Volkszählung und wird vom Bundespräsidenten mit Verordnung festgelegt. Dabei hat das bevölkerungsreichste Bundesland zwölf Mitglieder zu stellen, das kleinste jedenfalls drei. Zurzeit entsendet Niederösterreich zwölf Mitglieder, Wien und Oberösterreich je elf, die Steiermark neun, Tirol fünf, Kärnten und Salzburg je vier sowie Vorarlberg und Burgenland je drei Mitglieder. Gewählt werden die entsprechenden Mitglieder jeweils im Anschluss an die Landtagswahlen. Der Bundesrat ist somit ein Gremium, das nicht zur Gänze, sondern immer nur partiell erneuert wird. In der Vorsitzführung wechseln die Bundesländer einander ab. Bis vor Kurzem galt die Regel, dass die jeweilige Listenführerin bzw der jeweilige Listenführer auch Vorsitzende(r) wurde. Nunmehr haben die Landtage das Recht, innerhalb der Listen umzureihen. Anlass für diese Regelung war ein Fall, in dem die Vorsitzführung durch einen bestimmten Bundesrat aus politischen Gründen verhindert werden sollte (vgl zu all dem Art 34–36 B-VG).

Die Mitglieder des Bundesrates genießen eine den Mitgliedern des Nationalrates vergleichbare Rechtsstellung. Auch sie üben ein freies Mandat aus. Ihre Immunität bestimmt sich nach den jeweiligen Regelungen der Landtage. Auch sie erhalten öffentliche Bezüge, wenngleich nur die Hälfte dessen, was die Abgeordneten zum Nationalrat bekommen.

Der Idee nach ist der Bundesrat bei seinen Funktionen, an der Gesetzgebung und der Vollziehung des Bundes mitzuwirken, ein Organ, das Länderinteressen verfolgen sollte. Die Praxis ist jedoch anders. In Wahrheit verläuft das Abstimmungsverhalten im Bundesrat nicht anhand von Länderinteressen, sondern anhand der Zugehörigkeit zu politischen Parteien. Bemerkenswerterweise bilden die Bundesräte einer Partei gemeinsam mit den Abgeordneten zum Nationalrat derselben Partei die parlamentarischen Klubs. Die Frage, inwieweit der Bundesrat vor allem im Gesetzgebungsverfahren seine Rechte wahrnimmt, hängt daher in erster Linie davon ab, ob die Mehrheitsverhältnisse im Bundesrat anders sind als die Mehrheitsverhältnisse im Nationalrat. Seit geraumer Zeit wird daher immer wieder über die Reform des Bundesrats diskutiert. Das Hauptproblem, warum der Bundesrat nicht in erster Linie Länderinteressen vertritt, liegt dabei darin, dass die Bundesräte sich in den Bundesländern der Bevölkerung bei Wahlen nicht stellen müssen. (Anders ist dies beispielsweise in Deutschland: Dort ist der Bundesrat eine Vertretung der Landesregierungen; die Ministerpräsidenten haben aber ein starkes Eigeninteresse daran, die Wahlen in den eigenen Ländern tunlichst wieder zu gewinnen. Es ist daher immer wieder zu beobachten, dass Länderinteressen vor Parteiinteressen gestellt werden. Deshalb wird auch in Österreich gelegentlich vorgeschlagen, aus dem Bundesrat eine Vertretung der Landesregierungen zu machen. Die Landeshauptleutekonferenz, die in wesentlich schlagkräftigerer Weise Länderinteressen vertritt, ist demgegenüber lediglich ein informelles Gremium.)

6. Die Aufgaben des Parlaments

Das Parlament hat klassischerweise zwei entscheidende Funktionen: Erstens Gesetze zu beschließen, was wohl seine wichtigste Aufgabe ist, da das Gesetz das zentrale politische Steuerungsinstrument in einer Demokratie ist. Zweitens hat es die Vollziehung zu kontrollieren. In den Bereichen, in denen die Gesetzgebungskompetenzen der Europäischen Union übertragen wurden, besteht lediglich ein Mitwirkungsrecht des Parlaments, das allerdings durch den Vertrag von Lissabon gestärkt wurde. Solche Mitwirkungsrechte können auch bei der Übertragung von Kompetenzen auf andere internationale Einrichtungen, wie etwa den ESM, vergeben werden. (Diese Aufgaben werden im Kapitel X. näher behandelt.)

a. Die Gesetzgebung

Das Gesetzgebungsverfahren besteht aus mehreren Teilschritten. Zunächst bedarf es einer Gesetzesinitiative. Danach erfolgt die Behandlung im Nationalrat, woran sich die Behandlung im Bundesrat, jedenfalls in den allermeisten Fällen, anschließt. Sodann könnte ausnahmsweise die Zustimmung aller Länder notwendig sein und weiters über den Gesetzesbeschluss eine Volksabstimmung stattfinden, was in der Zweiten Republik allerdings lediglich zweimal der Fall war. Im Regelfall wird daher sogleich nach der Behandlung im Bundesrat die Beurkundung durch den Bundespräsidenten erfolgen, welche durch den Bundeskanzler gegenzuzeichnen ist. Im Anschluss daran sind die Gesetze kundzumachen, was die zentrale rechtsstaatliche Voraussetzung für ihre Geltung ist.

Die Gesetzesinitiative kann von unterschiedlichen Seiten ausgehen. So kann der Nationalrat selbst, oder wenigstens fünf seiner Mitglieder beziehungsweise ein Ausschuss, einen Gesetzesvorschlag einbringen. Dieses Recht steht auch dem Bundesrat oder einem Drittel seiner Mitglieder zu. Weiters liegt die Gesetzesinitiative bei der Bundesregierung oder beim Volk, das im Wege eines Volksbegehrens einen Gesetzesvorschlag einbringen oder die Erlassung eines Gesetzes anregen kann.

In den meisten Fällen (in manchen Gesetzgebungsperioden waren es sogar bis zu 90 %) erfolgt die Gesetzesinitiative durch die Bundesregierung, und zwar durch sogenannte Regierungsvorlagen. Dies hängt im Wesentlichen damit zusammen, dass der für die Erarbeitung eines Gesetzesentwurfes benötigte Sachverstand sowie die legistischen Dienste bei den Bundesministerien konzentriert sind. Regierungsvorlagen, und nur Regierungsvorlagen, werden einem Begutachtungsverfahren unterworfen, in dem eine Fülle von Institutionen die Möglichkeit haben, zu den Gesetzesentwürfen Stellung zu nehmen. Unter diesen Institutionen befinden sich vor allem jene, die die auch über die Grenzen Österreichs hinaus bekannte Sozialpartnerschaft bilden (ds Wirtschaftskammern, Landwirtschaftskammern, Arbeiterkammern, Gewerkschaften). Stellungnahmen der Sozialpartner sind in diesem Verfahrensstadium von besonderer Bedeutung, erhalten sie doch dadurch Gewicht, dass die Sozialpartner mit den politischen Parteien eng verflochten sind. (In diesem Zusammenhang sei nochmals auf die Bedeutung des Einflusses der Parteien auf die Listenbildung im Rahmen des Wahlverfahrens hingewiesen.)

Allerdings hat sich dieses im Grunde großkoalitionäre Verfahren der Nachkriegszeit zu manchen Zeiten, insbesondere der blau-schwarzen oder schwarz-orangen Koalition in den Jahren 2000–2006, als Hemmschuh des Gesetzgebungsverfahrens erwiesen, oder wurde zumindest von den Regierenden als solcher betrachtet. Um den Einfluss der Sozialpartner auf das Gesetzgebungsverfahren zu verringern, hat man im Wesentlichen zwei Strategien entwickelt: Zum einen wurden die Fristen für das Begutachtungsverfahren oftmals sehr kurz gewählt (es gibt keine rechtliche Vorschrift, die für dieses Begutachtungsverfahren irgendwelche Fristen normieren würde), zum anderen wurde der Umweg über einen Antrag des Nationalrats beziehungsweise der Regierungsfraktionen gewählt. In solchen Fällen bedarf es keines Begutachtungsverfahrens. Ansonsten sind Initiativanträge des Nationalrats eher selten und an bestimmte Materien geknüpft: So geht etwa traditionellerweise das Geschäftsordnungsgesetz des Nationalrates immer auf Initiativanträge aus dem Haus zurück.

Das Initiativrecht des Volkes wird im Rahmen von Volksbegehren ausgeübt (Art 41 Abs 2 B-VG, die Durchführung wird näher im VolksbegehrenG, BGBl 344/1973, geregelt). Zur Einleitung eines Volksbegehrens bedarf es zunächst der Unterschriften eines Promilles der wahlberechtigten Bevölkerung. Sodann werden in einem Eintragungsverfahren Unterschriften für die Gesetzesinitiative gesammelt. Sie hat sich nach dem Wortlaut der Verfassung auf Angelegenheiten zu richten, die durch Bundesgesetz zu regeln sind. Die Praxis ist bei der Interpretation dieses Begriffes erfahrungsgemäß ausgesprochen großzügig. So fallen selbstverständlich auch Bundesverfassungsgesetze darunter, aber auch Aufforderungen, wie sich die österreichischen Politikerinnen und Politiker auf Brüsseler Ebene zu verhalten hätten, wurden bislang akzeptiert. In der Sache hat ein Volksbegehren entweder in die Form eines Gesetzesantrages gekleidet zu sein oder als Anregung formuliert zu werden.

Erreicht ein Volksbegehren wenigstens Unterschriften von 100.000 Stimmberechtigten oder die Unterschriften von je einem Sechstel der Stimmberechtigten dreier Bundesländer, dann ist der Nationalrat damit zu befassen. Allerdings bedeutet dies nur, dass das Volksbegehren im Nationalrat geschäftsordnungsgemäß zu behandeln ist. Es bedeutet nicht, dass daraus notwendigerweise ein Gesetz werden muss. In der Tat haben die meisten Volksbegehren der Zweiten Republik nicht zu Gesetzen geführt. Selbst dann nicht, wenn sie einen besonders hohen Grad an Unterstützung aufgewiesen haben. Interessant ist aber, dass zumeist nach Volksbegehren, die von etwa einer Million der Stimmberechtigten unterzeichnet wurden, und nicht umgesetzt wurden, die Parlamentsmehrheiten und damit die Regierung gewechselt haben. Volksbegehren können daher Indikatoren für die Unzufriedenheit der Bevölkerung mit der jeweiligen Regierungsmehrheit sein.

Seit einiger Zeit geht die politische Debatte dahin, das Instrument des Volksbegehrens zu stärken. Nach den ursprünglichen Vorschlägen sollte über Volksbegehren, die ein bestimmtes Ausmaß an Unterstützung erreicht haben, und nicht vom Parlament durch ein Gesetz verwirklicht wurden, eine Volksabstimmung abzuhalten sein. Für diesen Fall würde eine echte Volksgesetzgebung durch Referendum vorgesehen werden. Wie bereits in Kapitel II. ausgeführt, würde die herrschende Verfassungsdogmatik und wohl auch der Verfassungsgerichtshof selbst in der Einführung eines solchen Instruments eine Gesamtänderung der Bundesverfassung erblicken, die nur mit Volksabstimmung getätigt werden könnte. In jüngerer Zeit wurde dieser Vorschlag aber schon erheblich abgeschwächt: Danach soll über ein solches Volksbegehren für den Fall seiner Nichtumsetzung lediglich eine Volksbefragung durchgeführt werden, deren Ergebnis nicht rechtlich, sondern bestenfalls politisch bindet. Da dabei die Gesetzgebungskompetenz des Nationalrats nicht umgangen werden könnte, wäre eine solche Maßnahme keine Gesamtänderung und würde daher auch keiner Volksabstimmung bedürfen.

Neben dem genuin österreichischen Begutachtungsverfahren, das allerdings nur für Regierungsvorlagen gilt, gibt es im Rahmen des Europarechts insbesondere im Zusammenhang mit technischen Normen ein Notifikationsverfahren. Das bedeutet, dass vor Erlassung eines einschlägigen Gesetzes die Kommission zu befassen ist. In der österreichischen Umsetzung der einschlägigen EU-Richtlinie wird dieses Notifikationsverfahren ebenfalls nur dann vorgesehen, wenn das Gesetzgebungsverfahren auf eine Regierungsvorlage zurückzuführen ist. Dies dürfte in der Tat europarechtliche Defizite aufweisen.

Ist eine Gesetzesinitiative erfolgreich zustande gekommen, dann ist der Nationalrat zu befassen. Das Verfahren im Nationalrat findet in drei Stufen statt, die als „Lesungen" bezeichnet werden. In einer ersten Lesung wird über allgemeine Fragen debattiert und die Sache an einen Ausschuss verwiesen. Im Nationalrat sind neben dem Hauptausschuss, der spezifische Zuständigkeiten hat, die zum Teil auch schon von der Verfassung direkt vorgesehen sind, eine Fülle von sogenannten Fachausschüssen eingerichtet (zB Justizausschuss). Im Gegensatz zu Sitzungen im Plenum sind die Beratungen in den Ausschüssen im Allgemeinen nicht öffentlich. Zwar wird immer wieder darüber diskutiert, auch die Ausschusssitzungen öffentlich zu machen, doch der eigentliche Sinn, Ausschusssitzungen nicht öffentlich zu gestalten, liegt darin, effektive Arbeit leisten zu können, ohne dabei immer wieder darauf achten zu müssen, wie manche Aussagen oder Statements in der Öffentlichkeit verstanden werden würden. Während also die Reden im Plenum zumeist dazu dienen, die Öffentlichkeit und damit die eigene Klientel von Wählerinnen und Wählern anzusprechen, erhofft man sich von den nicht öffentlichen

Ausschusssitzungen eine stärkere Sacharbeit. Diese wird im Übrigen dadurch unterstützt, dass bei den Ausschussberatungen häufig Vertreterinnen und Vertreter der Ministerialbürokratie sowie externe Fachleute hinzugezogen werden.

In einer zweiten Lesung im Plenum erfolgt die General- und Spezialdebatte. Die dritte Lesung ist im Allgemeinen nur noch für die Abstimmung vorgesehen. Dabei divergieren die Abstimmungserfordernisse je nach Art des Gesetzes. Für ein einfaches Gesetz bedarf es der einfachen Mehrheit und der Anwesenheit von lediglich einem Drittel der Abgeordneten (Art 31 B-VG). Für ein Verfassungsgesetz sind eine Zweidrittelmehrheit und die Anwesenheit von mindestens der Hälfte der Abgeordneten erforderlich (Art 44 Abs 1 B-VG). Darüber hinaus sieht die Verfassung gelegentlich besondere Fälle vor, in denen das Quorum für Verfassungsgesetze einzuhalten ist, obwohl es sich nicht um Verfassungsgesetze handelt, wie zB bei der Geschäftsordnung des Nationalrates. Werden die Beschlusserfordernisse erreicht, dann liegt im Ergebnis ein „Beschluss des Nationalrats" vor.

Der Nationalratsbeschluss ist nunmehr im Bundesrat zu behandeln, wenn diesem entweder ein Einspruchs- oder Zustimmungsrecht zusteht. In der überwiegenden Zahl der Fälle kommt dem Bundesrat ein Einspruchsrecht zu. In einigen wenigen Fällen muss er jedoch dem Gesetzesbeschluss zustimmen. Dies ist beispielsweise dann der Fall, wenn der Gesetzesbeschluss des Nationalrates eine Einschränkung der Zuständigkeiten der Länder vorsieht oder eine Veränderung der Einrichtung des Bundesrats selbst zum Gegenstand hat. Allerdings gibt es auch Fälle, in denen dem Bundesrat überhaupt kein Mitwirkungsrecht zusteht. Das wichtigste Beispiel in diesem Zusammenhang ist wohl das Budgetgesetz des Bundes.

Kommt dem Bundesrat kein Zustimmungs-, sondern nur ein Einspruchsrecht zu, dann kann er das Gesetzgebungsverfahren lediglich verzögern, einen Gesetzesbeschluss im Ergebnis aber nicht verhindern. Der Einspruch des Bundesrates, den dieser innerhalb von acht Wochen erheben kann, bedeutet nämlich nur, dass der Nationalrat das Gesetz nochmals beschließen muss. Zwar soll er sich der Idee nach mit den Argumenten des Bundesrates auseinandersetzen, er kann aber wieder zum selben Ergebnis gelangen und in diesem Fall einen Beharrungsbeschluss fassen. Allerdings bedarf es dazu der Anwesenheit von mindestens der Hälfte der Mitglieder. Freilich könnte der Bundesrat die achtwöchige Frist auch untätig verstreichen lassen, oder aber einen Einspruchsverzicht abgeben. In jedem Fall geht das Gesetzgebungsverfahren weiter. Zu Ende wäre es auf dieser Stufe nur, wenn der Bundesrat in einem Fall, in dem ihm diese Kompetenz zukäme, die Zustimmung verweigern würde.

Wie bereits erwähnt, erfüllt der Bundesrat seine verfassungsrechtliche Funktion, die Interessen der Länder in der Bundesgesetzgebung zu vertreten, in der Praxis nicht. Anstatt diese Institution entsprechend zu reformieren, sieht die Verfassung in manchen Fällen vor, dass Gesetze nur mit Zustimmung der Länder verabschiedet werden können, wie beispielsweise bei der Übertragung von Zuständigkeiten der Landesverwaltungsgerichte auf das Bundesverwaltungsgericht. In einem solchen Fall ist nach dem Abschluss des Verfahrens im Bundesrat der Gesetzesbeschluss allen Ländern (Ämtern der Landesregierung) zuzustellen. Der Landeshauptmann hat dann binnen acht Wochen mitzuteilen, ob das jeweilige Land zustimmt oder widerspricht, wobei Schweigen als Zustimmung gilt (Art 42a B-VG). Wenn auch nur ein Land widerspricht, kommt das Gesetz nicht zustande.

Sollte es sich bei dem Gesetzesbeschluss um eine Gesamtänderung der Bundesverfassung handeln (siehe dazu oben II. 2.), dann wäre nunmehr an dieser Stelle des Verfahrens verpflichtend eine Volksabstimmung abzuhalten (obligatorische Volksabstimmung, Art 44 Abs 3 B-VG). Dasselbe würde für den Fall gelten, dass der Nationalrat die Abhaltung einer Volksabstimmung beschließen würde. Ist der in Rede stehende Gesetzesbeschluss auf die Erlassung eines „einfachen Gesetzes" gerichtet, dann kann die Mehrheit der Mitglieder des Nationalrates eine Volksabstimmung verlangen (Art 43 B-VG). Handelt es sich bei dem Gesetz um ein Verfassungsgesetz, dann genügt bereits das Verlangen eines Drittels der Mitglieder des Nationalrates (oder des Bundesrates), um eine Volksabstimmung durchzuführen (fakultative Volksabstimmung, Art 44 Abs 3 B-VG). In jedem Falle hätte der Bundespräsident die Volksabstimmung anzuordnen (ihre Durchführung wird im Volkabstimmungsgesetz, BGBl 79/1973, näher geregelt).

Ein Gesetz käme jetzt nur noch zustande, wenn bei der Volksabstimmung eine Mehrheit erzielt würde. Wäre eine solche nicht erreicht worden, würde das Gesetzgebungsverfahren auf dieser Stufe enden. Fraglich, und in der österreichischen Verfassungsdogmatik umstritten ist, ob – vom Fall der Gesamtänderung selbstverständlich abgesehen – das Gesetzgebungsverfahren neuerlich in Gang gesetzt werden könnte und nunmehr ohne Beschluss auf oder Verlangen nach einer Volksabstimmung erfolgreich zu Ende geführt werden könnte. Die überwiegende Meinung bejaht dies. Inwieweit eine solche Vorgangsweise politisch sehr klug wäre, steht allerdings auf einem anderen Blatt. (Um lediglich die Meinung des Volkes zu erheben, steht heute ein weiteres Instrument der direkt-demokratischen Beteiligung der Bevölkerung zur Verfügung, nämlich die Volksbefragung [Art 49b B-VG]. Eine solche kann der Nationalrat über Angelegenheiten von grundsätzlicher und gesamtösterreichischer Bedeutung beschließen, wenn zu deren Regelung der Bundesgesetzgeber zuständig ist. Eine Volksbefragung hat in Österreich auf Bundesebene erst einmal stattgefunden, und zwar im Jänner 2013 über die Beibehaltung der allgemeinen Wehrpflicht oder die Einführung eines Berufsheers. Nähere Regelungen über die Durchführung einer Volksbefragung finden sich im Volksbefragungsgesetz, BGBl 356/1989.)

Hat die Volksabstimmung zu einem positiven Ergebnis geführt, dann ist der Gesetzesbeschluss nunmehr vom Bundespräsidenten zu beurkunden. Da aber, wie gesagt, Volksabstimmungen in Österreich äußerst selten sind, genau genommen gab es in der Zweiten Republik lediglich zwei (jene über die Inbetriebnahme des Atomkraftwerks Zwentendorf, eine fakultative Volksabstimmung, und jene über den Beitritt Österreichs zur Europäischen Union, nach herrschender Ansicht eine obligatorische), erfolgt die Beurkundung durch den Bundespräsidenten im Regelfall direkt nach Abschluss des Verfahrens im Bundesrat (auch das Erfordernis der Zustimmung aller Länder besteht nur in Ausnahmefällen) beziehungsweise, wenn dem Bundesrat kein Mitwirkungsrecht zukommt, im Nationalrat.

Der Bundespräsident hat zu beurkunden, dass das Gesetz „verfassungsgemäß zustande gekommen" ist (Art 47 Abs 1 B-VG). Diese Formulierung der Verfassung hat eine Diskussion darüber ausgelöst, wie weit der Beurteilungsspielraum des Bundespräsidenten bei Beurkundung eines Gesetzes ist. Dabei sind zwei Eckpunkte klar: Zum einen ist unbestritten, dass der Bundespräsident zu prüfen hat, ob die Verfahrensregelungen eingehalten wurden, also beispielsweise, ob tatsächlich eine Abstimmung stattgefunden hat („formelles" Prüfungsrecht). Zum anderen hat der Bundespräsident keine politische Mitwirkungsbefugnis. Er kann also einen Gesetzesbeschluss nicht verhindern, wenn er aus politischen Gründen der Auffassung ist, dass das Gesetz besser nicht erlassen werden sollte. (Im Unterschied dazu hat etwa der amerikanische Präsident das Recht, gegen ein Gesetz ein Veto einzulegen.)

Umstritten ist aber, ob der Bundespräsident ein Gesetz inhaltlich auf seine Verfassungsmäßigkeit prüfen darf und für den Fall, dass er das Gesetz für verfassungswidrig hält, die Unterschrift verweigern kann. Gelegentlich wird die Auffassung vertreten, dass dem Bundespräsidenten ein volles materielles Prüfungsrecht zusteht, während manche Autorinnen und Autoren dem Bundespräsidenten lediglich das Recht zugestehen, bei besonders gravierenden Verfassungsverletzungen, etwa solchen, die die Menschenwürde beeinträchtigten oder das Funktionieren des demokratischen Prozesses infrage stellten, seine Unterschrift zu verweigern.

Wie immer dieser Streit dogmatisch entschieden werden müsste, kann ganz allgemein festgehalten werden, dass die Verfassung für seine Lösung kein adäquates Verfahren bereitgestellt hat. Sollte die Bundespräsidentin bzw der Bundespräsident nämlich ihre bzw seine Unterschrift verweigern, so hätte lediglich die Bundesversammlung die Möglichkeit, wenn sie der Auffassung ist, sie bzw er hätte dies zu Unrecht getan, die Bundespräsidentin bzw den Bundespräsidenten vor dem Verfassungsgerichtshof wegen Verletzung der Verfassung anzuklagen. Zutreffendenfalls hätte der Verfassungsgerichtshof auf Amtsverlust zu entscheiden. Ein rechtsvergleichender Blick nach Deutschland zeigt im Übrigen, dass Verfassungen durchaus Verfahren vorsehen können, in denen der beschriebene Konflikt angemessen behoben werden kann. Verweigert der deutsche Bundespräsident die Unterschrift unter ein Gesetz, was gelegentlich der Fall ist, dann kann der Bundestag das Bundesverfassungsgericht in einem sogenannten Organstreitverfahren anrufen. Das Bundesverfassungsgericht würde dann entscheiden, ob die Verweigerung der Unterschrift zu Recht oder zu Unrecht erfolgte, mit dem Ergebnis, dass der Bundespräsident die Unterschrift allenfalls nachzuholen hätte.

Nun mag sich zwar das Fehlen eines adäquaten Streitentscheidungsverfahrens als Indiz dafür deuten lassen, dass die Verfassung nicht davon ausgegangen ist, dem Bundespräsidenten käme ein (volles) materielles Prüfungsrecht zu, die Verfassungspraxis weist aber mittlerweile in eine andere Richtung. Lange Zeit hindurch hatten die Bundespräsidenten ein solches Prüfungsrecht nicht in Anspruch genommen, bis um die Jahreswende 2008/09 der amtierende Bundespräsident seine Unterschrift unter eine Gewerberechtsnovelle verweigerte, die eine rückwirkende (Verwaltungs-)Strafbestimmung enthielt, was offenkundig gegen Art 7 EMRK verstieß. Die einzige Konsequenz bestand darin, dass das Parlament seinen Beschluss ohne die inkriminierte Rückwirkung wiederholte. Das Fehlen eines adäquaten Streitbeilegungsverfahrens hatte hier geradezu den umgekehrten Effekt: Es wäre politisch völlig undenkbar, einen Bundespräsidenten anzuklagen, der gerade die Verletzung von Menschenrechten verhindert hat. Im Ergebnis räumt daher die skizzierte Verfassungsrechtlage dem Bundespräsidenten eine erhebliche Machtfülle ein, die ihre Grenzen erst dort erfährt, wo eine Anklage auf Amtsverlust politisch durchsetzbar ist.

Hat der Bundespräsident den Gesetzesbeschluss beurkundet, so ist dieser vom Bundeskanzler gegenzuzeichnen, womit dieser die politische Verantwortung übernimmt. Sodann obliegt es dem Bundeskanzler, das Gesetz kundzumachen. Bis zum 31. Dezember 2003 geschah dies in Form eines gedruckten Bundesgesetzblatts. Abgesehen davon, dass das Gesetz anderes bestimmen konnte, trat ein Gesetz nach Ablauf des Tages in Kraft, in dem das entsprechende Stück des Bundesgesetzblatts herausgegeben und versendet worden war. Die elektronische Kundmachung der Bundesgesetze unter der Adresse: „www.ris.bka.gv.at" stellte in jedem Fall ein Service des Bundeskanzleramts dar. Authentisch war allein die Publikation im gedruckten Bundesgesetzblatt. Seit 1997 war das Bundesgesetzblatt im Übrigen in drei Teile gegliedert. Im Teil I. wurden im Wesentlichen Bundesgesetze abgedruckt, im Teil II. Verordnungen und im Teil III. Staatsverträge. Korrekt zitiert wird daher ein Gesetz seither nicht nur mit der entsprechenden Nummer und dem Jahrgang, zum Beispiel: BGBl 1013/1994, sondern unter Angabe des entsprechenden Teils, der Nummer und des Jahrgangs: BGBl I 2/1997 (die Zitierweise BGBl I 1997/2 ist jedoch ebenso zulässig).

Seit 1. 1. 2004 erfolgt die authentische Publikation der Bundesgesetze (und anderer Rechtsvorschriften) ausschließlich in elektronischer Form. Sie können unter der genannten Adresse im Internet abgerufen werden. Dabei ist zu beachten, dass lediglich eine der angebotenen Versionen die authentische Fassung darstellt. Hat man die Seite des Rechtsinformationssystems des Bundes geöffnet, kann man über den Link „Bundesgesetzblätter authentisch ab 2004" und entsprechenden Suchfunktionen zum gewünschten Gesetz gelangen. Der weitere Weg soll anhand eines Beispiels näher verdeutlicht werden, wobei das gesuchte Gesetz das Budgetbegleitgesetz 2006 ist. Hat man es gefunden, dann erscheint folgende Seite:

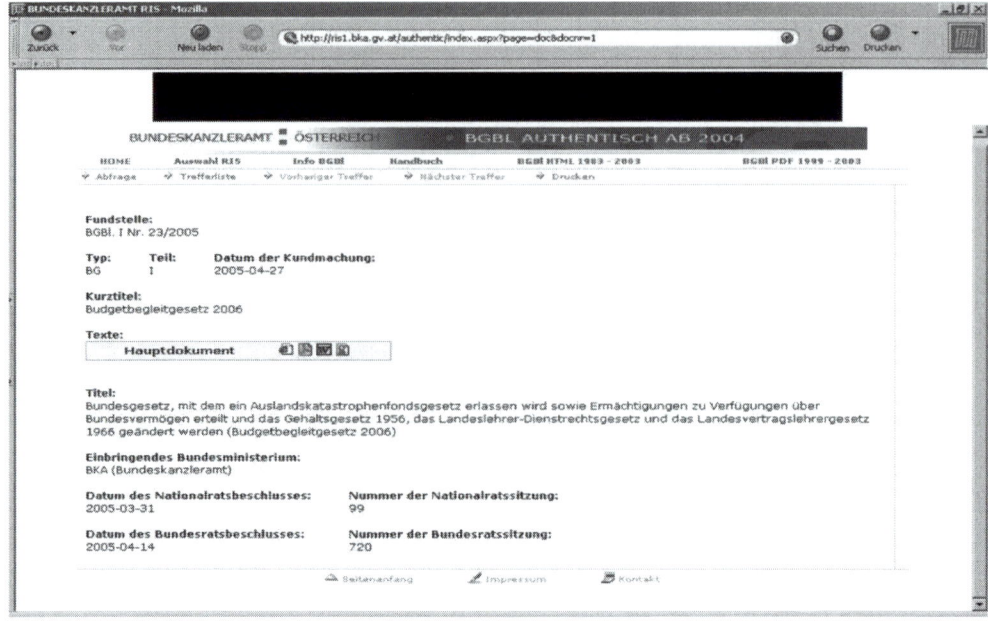

Abb 5: Elektronische Kundmachung

In der Zeile „Hauptdokument" befinden sich vier Symbole, die für unterschiedliche Textversionen stehen. Es ist nunmehr wichtig zu wissen, dass sich lediglich hinter dem vierten Symbol, das das Zeichen eines Siegels oder Schlosses trägt, die authentische Version des Gesetzestextes verbirgt. Klickt man auf dieses Symbol, dann wird eine Sicherheitsprüfung durchgeführt und auf dem Bildschirm erscheint, wenn diese erfolgreich war, folgendes Sicherheitszertifikat:

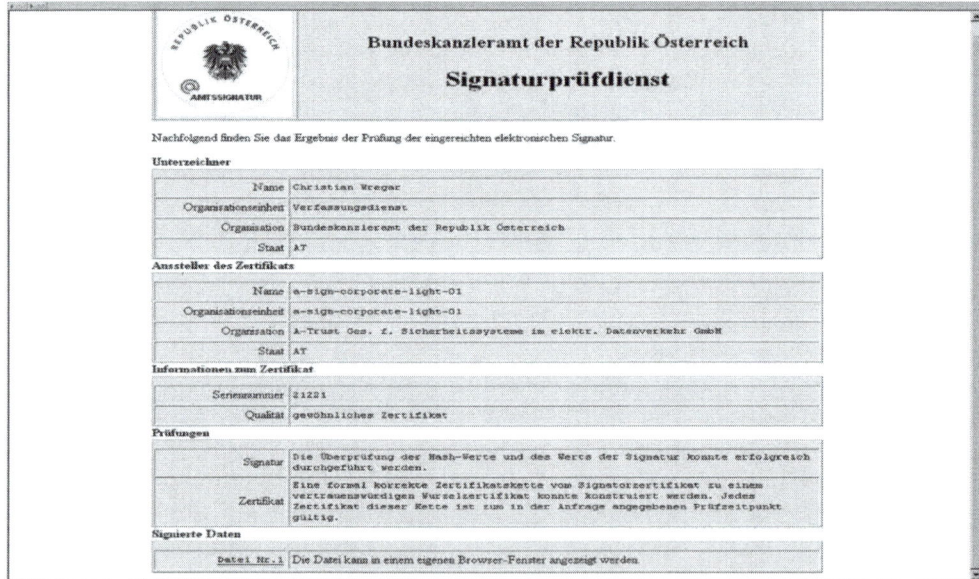

Abb 6: Elektronische Kundmachung

Die wesentliche Aussage dieses Zertifikates besteht darin, dass der Text von einem Mitarbeiter bzw einer Mitarbeiterin des Bundeskanzleramts elektronisch signiert wurde, und dass dieses Zertifikat in einer ununterbrochenen Reihenfolge von Zertifikaten auf ein Wurzelzertifikat zurückgeführt werden kann. Das bedeutet in der Sache, dass die Signatur authentisch ist. Klickt man nunmehr auf die Schaltfläche „Datei Nr. 1", dann gelangt man zum eigentlichen Gesetzestext:

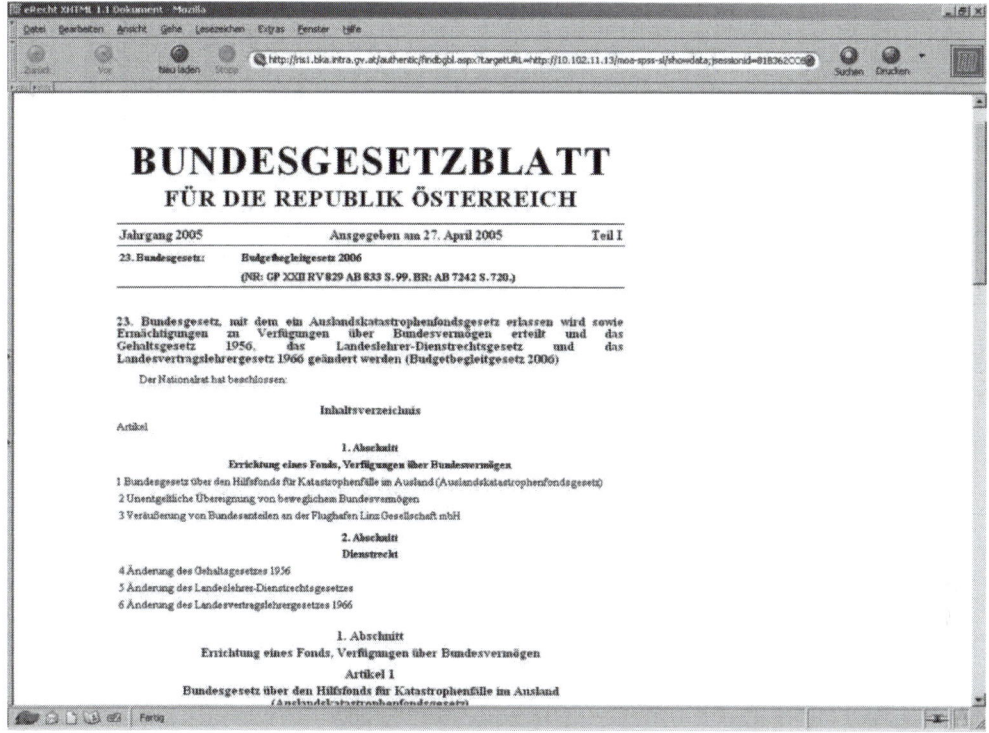

Abb 7: Elektronische Kundmachung

Gesetze treten nunmehr im Regelfall mit Ablauf des Tages in Kraft, an dem der Zugang im Internet zum ersten Mal bereitgehalten wurde. Im Übrigen gilt, dass Verlautbarungen im elektronischen Bundesgesetzblatt allgemein zugänglich sein müssen und in ihrer kundgemachten Form vollständig und auf Dauer ermittelbar sein müssen. Allerdings bedeutet „auf Dauer" nicht, dass der Zugang tatsächlich ununterbrochen gewährleistet sein muss. Zeiten, in denen etwa der Server gewartet wird oder die Software auf den neuesten Stand gebracht wird, sind davon ausgenommen. Sollten allerdings die Gesetze dauernd unzugänglich geworden sein, dann gilt, dass sie in herkömmlicher Weise zu publizieren sind. Wie dies allerdings in der Praxis geschehen soll, ist mehr als fraglich: In der bisherigen Form war Zeitpunkt der Kundmachung der Ablauf des Tages, an dem das jeweilige Stück des Bundesgesetzblatts herausgegeben und **versendet** wurde. Diese Regel setzte aber voraus, dass es Stellen gab, an die das Bundesgesetzblatt versendet werden konnte. Dies waren die Abonnenten des authentischen Textes, die es aber heute nicht mehr gibt.

b. Die Kontrolle der Vollziehung

aa. Die rechtliche und politische Kontrolle der Verwaltung

Die zweite wichtige Funktion des Parlaments ist die Kontrolle der Verwaltung. Diese ist ein wichtiges Element im demokratischen Staatsaufbau der Republik, weil es die Verwaltung unter eine demokratische Kontrolle stellt. In der Sache bedeutet sie, dass die Spitze der Bundesverwaltung, das ist die Bundesregierung, dem Parlament gegenüber rechtlich und politisch verantwortlich ist. Im Rahmen der rechtlichen Kontrolle kann der Nationalrat Mitglieder der Bundesregierung vor dem Verfassungsgerichtshof anklagen, wenn er der Auffassung ist, sie hätten schuldhaft die Gesetze verletzt. Die politische Kontrolle geht freilich weiter und hat in erster Linie nicht Rechtsverletzungen zum Gegenstand, sondern die Frage, ob die Amtsführung des jeweiligen Regierungsmitglieds oder der Bundesregierung insgesamt vor der Öffentlichkeit im Lichte allgemeiner Moral- und Sittlichkeitsvorstellungen verantwortet werden kann. Auslegungsfragen des Gesetzesvollzugs können somit ebenso thematisiert werden wie allfällige Missstände. Die Mitglieder der Bundesregierung sind dabei nicht nur für eigenes Verhalten verantwortlich, sondern für ihren gesamten Vollzugsbereich. Damit sie dies auch sein können, gesteht ihnen die Verfassung eine Weisungsbefugnis zu, mit der sie das gesamte Verwaltungshandeln in ihrem Vollzugsbereich beeinflussen können. Nur auf diese Art kann das jeweilige Mitglied der Bundesregierung sinnvollerweise die Verantwortung für das gesamte Verwaltungshandeln seines Vollzugsbereiches übernehmen.

Dem Parlament steht zur Geltendmachung der politischen Verantwortung eine Reihe von Kontrollmitteln zur Verfügung. Zentrales Element ist dabei das Fragerecht (Interpellationsrecht, Art 52 Abs 1 B-VG; die nähere Ausgestaltung findet sich im Geschäftsordnungsgesetz des Nationalrats). Es existiert zurzeit in zwei Formen: dem klassischen Fragerecht und der Fragestunde. Im Rahmen des klassischen Fragerechts können schriftliche Anfragen an die Bundesregierung oder einzelne ihrer Mitglieder gerichtet werden, die binnen zweier Monate zu beantworten sind. Unter bestimmten Voraussetzungen kann eine solche Frage auch als „dringliche Anfrage" gestellt werden, was bedeutet, dass über sie noch in derselben Sitzung eine Debatte stattzufinden hat. Das Recht der Abgeordneten, solche Anfragen zu unterstützen, ist zahlenmäßig beschränkt. Für eine solche Anfrage ist wenigstens die Unterschrift von fünf Abgeordneten nötig. Im Rahmen der Fragestunde, die in der Regel zu Beginn jeder Sitzung stattfindet, kann jede/r Abgeordnete kurze mündliche Anfragen an die Mitglieder der Bundesregierung stellen, allerdings maximal nur vier Fragen pro Monat. Die Mitglieder der Bundesregierung sind im Allgemeinen zur Antwort verpflichtet; wird die Antwort verweigert, so ist dies zu begründen, wobei sich das Mitglied der Bundesregierung etwa auf die Amtsverschwiegenheit oder den Datenschutz berufen kann. Eine Kontrolle darüber, ob die Begründung ausreicht, obliegt den Anfragenden nicht. Sie können das Ausbleiben der Antwort lediglich politisch verwerten. Der gesamte Sinn des Fragerechts liegt daher darin, bestimmte Umstände, die von den Fragenden als wichtig empfunden werden, „öffentlich" zu machen. Dabei ist zu beachten, dass dieses Fragerecht zwar einer Minderheit von Abgeordneten zusteht, dass es aber kein Oppositionsrecht ist. Entsprechende Fragen aus den Regierungsfraktionen können daher der Regierung auch die Möglichkeit einer publikumswirksamen Selbstdarstellung geben.

Seit der Verfassungsnovelle 2008 (BGBl I 2/2008) können parlamentarische Ausschüsse, sofern dies in ihren sachlichen Zuständigkeitsbereich fällt, Leiter von weisungsfreien Organen herbeiziehen und diese zu allen Gegenständen der Vollziehung befragen. Seither unterliegen auch weisungsfreie Behörden einer gewissen politischen Kontrolle. Für die Gerichte gilt dies selbstverständlich nicht.

Weiters steht dem Parlament ein Resolutionsrecht zu (Art 52 Abs 1 B-VG). Damit kann es Wünsche über die Ausübung der Vollziehung zum Ausdruck bringen. Diese sind allerdings rechtlich nicht verbindlich. Der Nationalrat kann überdies Untersuchungsausschüsse einsetzen (Art 53 B-VG), deren Aufgabe es ist, bestehende Missstände innerhalb der Vollziehung des Bundes festzustellen. Gerichte und andere Behörden sind verpflichtet, dem Ersuchen eines Untersuchungsausschusses zur Beweiserhebung Folge zu leisten und ihre Akten vorzulegen. Die Einsetzung des Untersuchungsausschusses ist, was immer wieder kritisiert wird, in Österreich ein Mehrheitsrecht. Trotzdem hat es in den 1980er-Jahren und im ersten Jahrzehnt dieses Jahrhunderts einige Untersuchungsausschüsse gegeben, die so manches Fehlverhalten ans Tageslicht gebracht haben.

Das schärfste Kontrollmittel, das dem Parlament zur Verfügung steht, ist das Misstrauensvotum (Art 74 B-VG). Mit diesem wird einzelnen Mitgliedern der Bundesregierung oder ihr in ihrer Gesamtheit, bescheinigt, dass sie das Vertrauen des Parlaments nicht (mehr) genießt. Die rechtliche Konsequenz daraus hat der Bundespräsident zu ziehen und das jeweilige Mitglied oder die gesamte Bundesregierung zu entlassen. Dieses Kontrollmittel steht der Parlamentsmehrheit zu, was auch gar nicht anders möglich wäre. Es ist daher kein Kontrollinstrument, das die Minderheit gegenüber der Mehrheit ausspielen könnte, und es ist deshalb nur konsequent, dass im Allgemeinen Misstrauensvoten, die von Minderheitsfraktionen beantragt werden, von den Mehrheitsfraktionen zurückgewiesen werden. Damit ist dieses Kontrollinstrument aber nicht sinnlos. Seine staatsrechtliche Funktion entfaltet es nicht im Gegenüber von Mehrheit und Minderheit, sondern im Gegenüber von Parlament und Bundespräsident. Es sichert rechtlich den politischen Einfluss des Parlaments auf die Regierungsbildung, und ist damit staatsrechtlich ein besonders bedeutsames Instrument (siehe dazu näher Kapitel IV.).

Einer besonderen Kontrolle des Nationalrats unterliegen ferner die Staatspolizei und Geheimdienste. Unter „Staatspolizei" versteht die Verfassung Maßnahmen, die dem Schutz der verfassungsmäßigen Einrichtungen und ihrer Handlungsfähigkeit dienen. Unter „Geheimdienste" werden nachrichtendienstliche Maßnahmen zur Sicherung der militärischen Landesverteidigung begriffen. Zur Durchführung der Kontrolltätigkeit wählen die zuständigen Ausschüsse des Nationalrates ständige Unterausschüsse, die von den zuständigen Bundesministerinnen und Bundesministern Auskünfte und Einsichten in die einschlägigen Unterlagen verlangen dürfen.

Betrachtet man die dem Parlament zur Verfügung gestellten Kontrollmittel, dann fällt insbesondere vor einem rechtsvergleichenden Hintergrund auf, dass im österreichischen Parlamentsrecht die parlamentarische Opposition keine große Rolle spielt. Dies hat vor allem historische Gründe: In einer Zeit der großen Koalitionsregierungen, in denen die Regierungsfraktionen über 90 % der Abgeordneten hinter sich wussten, fand parlamentarische Opposition nicht zwischen Mehrheits- und Minderheitsfraktionen statt, sondern im Rahmen der Mehrheitsfraktionen selbst, die durchaus heterogen zusammengesetzt waren. Freilich spielte sich diese „Opposition" nicht in der Öffentlichkeit, sondern hinter den geschlossenen Türen der Klubräume ab. Die Einstellung zu Minderheiten- und Oppositionsrechten änderte sich erst, als die großen Parteien selbst die Erfahrung der Oppositionsrolle machen mussten. Trotzdem hat die Opposition in Österreich im Verfassungs- und Parlamentsrecht wenig Beachtung gefunden. Dies ist insofern bemerkenswert, als in manchen Verfassungsordnungen die Opposition ein eigenes Verfassungsorgan ist. Tatsächlich ist die Opposition für das Funktionieren eines parlamentarischen Regierungssystems und insbesondere für die Kontrolle der Regierung ein wesentliches Element. Eine gute Opposition zwingt die Regierung zur besonderen öffentlichen Begründung ihres Programms und vermag damit die Regierung auch in ihren Vorhaben zu beschränken.

bb. Parlamentarische Genehmigungen

Zu den Kontrollrechten im weitesten Sinne (die Bundesverfassung spricht übrigens in allen Fällen von der „Mitwirkung des Parlaments an der Vollziehung des Bundes") gehören auch jene Fälle, in denen das Parlament am Abschluss von Staatsverträgen (Art 50 B-VG) mitwirkt und den Bundeshaushalt (Art 51 ff B-VG) genehmigt. In beiden Fällen werden formelle Gesetze erlassen. Es hat allerdings historische Gründe, dass sie nicht im Rahmen der Gesetzgebung des Bundes geregelt sind. Der Abschluss von Staatsverträgen war in der Monarchie die Prärogative des Monarchen, und erst in der Republik musste eine Struktur gefunden werden, in der das Parlament in dieses Verfahren eingegliedert werden konnte (vgl dazu Näheres in Kapitel IX.). Das "Budgetgesetz" wurde in der Monarchie seiner Rechtsnatur nach nicht als Gesetz angesehen, weil es keine Außenwirkung (keine Wirkung gegenüber Bürgerinnen und Bürgern) hatte. Man sprach in diesem Zusammenhang auch von einem „Verwaltungsakt in Gesetzesform". So gilt auch heute noch, dass Steuern nicht auf der Grundlage des Budgetgesetzes, sondern nach Maßgabe der betreffenden Steuergesetze eingehoben werden müssen und Zahlungen, die in Erfüllung einer Rechtspflicht geleistet werden müssen, nicht mit Hinweis auf die mangelnde Bedeckung verweigert werden können. Die Mitwirkung des Parlaments am Budget ist im Übrigen eine der historischen Wurzeln des Parlamentarismus, die vor allem darin bestanden hatte, die Geldbeschaffung des Monarchen für die Kriegsführung zu kontrollieren.

Aus der Zeit der Monarchie, genauer aus dem Ende des 18. Jahrhunderts, stammte auch die Technik der Budgeterstellung und des Budgetvollzugs, die man als „Kameralistik" bezeichnete. Ein so erstelltes Budget gab einen guten Überblick über die Einnahmen und Ausgaben der jeweiligen Gebietskörperschaft, verriet aber nichts über die tatsächlichen Kosten einer Verwaltungseinheit und auch nichts darüber, was mit den einzelnen Finanzmitteln tatsächlich erreicht wurde. Die Aufspaltung der Ausgaben in besondere „Budgetansätze", die gegenseitig nicht oder nur eingeschränkt verrechenbar („virement-fähig") waren und der Grundsatz der Einjährigkeit, wonach nicht verwendete Finanzmittel am Jahresende endgültig verfielen, was zu einer besonderen Ausgabenfreudigkeit mancher Verwaltungsstellen kurz vor Jahresende führte und damit einen gegenteiligen Spareffekt hatte, waren weitere Probleme, die das Budgetrecht als nicht mehr zeitgemäß erscheinen ließen. Auch stand das geschilderte Budgetrecht der stärkeren Ökonomisierung der öffentlichen Verwaltung entgegen, der sich der österreichische Verfassungsgesetzgeber – ohnehin relativ spät – nicht verschließen wollte.

Durch die Verfassungsnovelle 2008 (BGBl I 1/2008) wurde eine Reform des Budgetrechts auf den Weg gebracht, die in zwei Etappen (2009 und 2013) zu einer völligen Neuordnung des Budgetrechts geführt hat, womit die Steuerungsfähigkeit des Budgets verbessert und die europäischen Vorgaben in die österreichische Verfassung integriert werden sollten.

Die verfassungsrechtlichen Zielsetzungen des Bundeshaushalts bestehen in der Erreichung eines gesamtwirtschaftlichen Gleichgewichts, und das meint ein ausgewogenes Verhältnis zwischen hohem Beschäftigungsstand, hinreichend stabilem Geldwert, der Sicherung des Wachstumspotenzials und der Wahrung des außenwirtschaftlichen Gleichgewichts, sowie darin, nachhaltig geordnete Haushalte anzustreben. Dabei haben Bund, Länder und Gemeinden eine Koordinierungspflicht (Art 13 Abs 2 B-VG). Außerdem ist bei der Haushaltsführung die tatsächliche Gleichstellung von Frauen und Männern zu verwirklichen („Gender-Budgeting", Art 13 Abs 3 B-VG).

Die Verpflichtung zu Nachhaltigkeit resultiert (auch) aus den europarechtlichen Vorgaben und dabei zunächst jedenfalls aus den Konvergenzkriterien des Maastricht-Vertrages. Nach Art 126 AEUV haben die Mitgliedstaaten übermäßige öffentliche Defizite zu vermeiden, was von der Kommission überwacht wird. Dabei gelten Referenzkriterien, die das öffentliche Defizit und den öffentlichen Schuldenstand, beides gemessen am Bruttoinlandsprodukt, betreffen. Die Referenzwerte wurden im Protokoll Nr 80 festgelegt und betragen für das Nettodefizit maximal 3 % und den öffentlichen Schuldenstand maximal 60 % des Bruttoinlandsprodukts. Da sich die Maastricht-Kriterien nicht nur auf das Budget des Bundes, sondern auf den gesamtstaatlichen Haushalt beziehen, sind auch die Budgets der Länder (und Gemeinden) in die Rechnung einzubeziehen, was die Koordinierungspflicht erklärt. Damit sichergestellt werden kann, dass die Maastricht-Kriterien insgesamt erfüllt werden, haben Bund und Länder einen Konsultationsmechanismus vereinbart und Stabilitätspakte geschlossen. Die genannten Kriterien sind im Übrigen durch den Vertrag über die Stabilität, Koordinierung und Steuerung der Wirtschaft („Fiskalpakt") präzisiert und zum Teil verschärft worden, insbesondere was die Überwachungsmaßnahmen angeht. Es scheint so zu sein, als ob das Nachhaltigkeitskriterium im Zweifel alle anderen Zielsetzungen zurückdrängen kann, was den Entscheidungsspielraum der nationalen Parlamente erheblich einengt.

Die Budgetgesetzgebung erfolgt seit der Verfassungsnovelle 2008 in zwei Stufen. Zunächst hat die Bundesregierung jährlich bis 30. April den Entwurf eines Bundesfinanzrahmengesetzes vorzulegen. Darin sind für die folgenden vier Jahre Ausgabenhöchstbeträge für verschiedene Bereiche der staatlichen Aufgabenbesorgung, die in „Rubriken" zusammengefasst werden (beispielsweise Rubrik 0,1: „Recht und Sicherheit"), festzulegen. Damit wird eine vierjährige Budgetplanung normiert, die, da sie im jeweils folgenden Jahr geändert werden kann, das Konzept einer „rollierenden" Planung verwirklicht.

Das Budgetfinanzgesetz, für das die Bundesregierung spätestens zehn Wochen vor Beginn des folgenden Finanzjahres (di das folgende Kalenderjahr) einen Entwurf vorzulegen hat, darf die Obergrenzen des Bundesfinanzrahmengesetzes weder überschreiten noch zu ihrer Überschreitung ermächtigen. Ausnahmen bestehen nur in besonderen Notfällen.

Es stellt eine Besonderheit der Budgetgesetzgebung dar, dass sowohl das Bundesfinanzrahmengesetz als auch das Bundesfinanzgesetz grundsätzlich auf einer Regierungsvorlage basieren müssen. Lediglich dann, wenn die Bundesregierung säumig ist, kann der Nationalrat aus eigener Initiative tätig werden. Kommt auch so ein neues Bundesfinanzrahmengesetz oder Bundesfinanzgesetz nicht zustande, gelten die Obergrenzen des letzten Bundesfinanzrahmengesetzes bzw die Bestimmungen des letzten Bundesfinanzgesetzes („Budgetprovisorium").

Das Bundesfinanzgesetz ist nach den näheren Regelungen des Bundeshaushaltsgesetzes (BHG) zu erstellen, wobei man bis 2013 das alte kameralistische Konzept beibehalten hatte. Die Umstellung auf das neue, wirkungsbezogene Modell erfolgte erstmals mit dem Budget 2013. An die Stelle der herkömmlichen, nur teilweise virementfähigen Budgetansätze treten „Globalbudgets", die den jeweiligen (unterhalb der Rubriken) in „Untergliederungen" erfassten Einheiten zugewiesen werden (die Rubrik 0,1 "Recht und Sicherheit" erfasst 13 Untergliederungen, wie beispielsweise „1-Präsidentschaftskanzlei, 2-Bundesgesetzgebung" usw). „Globalbudgets" werden für einen „sachlich zusammengehörenden Verwaltungsbereich, in dem Mittelverwendungen und Mittelaufbringungen für ein gleich gerichtetes Leistungsspektrum zusammengefasst sind" (§ 24 BHG), vorgesehen. Je nachdem können einer Untergliederung ein oder mehrere Globalbudgets zugewiesen werden.

An die Stelle der bisher geübten Gegenüberstellung von Einnahmen und Ausgaben tritt ein Ergebnisvoranschlag (eine Gewinn- und Verlustrechnung), ein Finanzierungsvoranschlag (eine Geldflussrechnung) und endlich eine Vermögensrechnung, die der Bilanz entspricht. Anhand dieses Rechnungswesens lassen sich beispielsweise die gesamten Aufwendungen im Bereich einer „Untergliederung", also etwa auch der anteilsmäßige Einsatz längerfristiger Investitionsmittel – im Ausmaß der jährlichen Abschreibung – darstellen. Dieses war bislang nicht möglich.

Darüber hinaus haben die einzelnen „Untergliederungen" für jedes ihnen zugewiesene Globalbudget die „Wirkungsziele" sowie die Maßnahmen anzugeben, mit denen diese erreicht werden sollen. Ferner soll der „Erfolg" definiert und Kriterien genannt werden, wonach seine Erreichung gemessen werden kann (die am besten in „Kennzahlen" ausgedrückt werden sollen). Dass dies im staatlichen Bereich (so wie im Allgemeinen bei Non-Profit-Organisationen) nicht so einfach ist und dass das System sich erst in einem Anfangsstadium befindet, soll am Beispiel der Untergliederung „Präsidentschaftskanzlei" kurz erörtert werden (vgl dazu Bundesvoranschlag 2013, BGBl I 103/2013).

Die Wirkungsziele sind im Wesentlichen mit den verfassungsmäßigen Aufgaben identisch. So nimmt der Bundespräsident etwa eine Fülle von administrativen Rechtsakten – wie etwa die Unterfertigung von Gesetzesbeschlüssen – vor. In diesem Zusammenhang ist es schwierig, Erfolgskriterien festzulegen: So hängt die Anzahl der vorgelegten Beschlüsse gar nicht von ihm ab; auch die Dauer der Prüfung, ob das Gesetz verfassungskonform zustande gekommen ist, hängt ua von der Komplexität des Verfahrens ab und ist daher kein brauchbarer Gradmesser. Anderes kann aber beispielsweise für die Zahl der internationalen Begegnungen gelten: In diesem Fall hat man sich vorgenommen, wie schon 2011 34 solcher Begegnungen zu organisieren und durchzuführen: Die Zahl „34" dient dabei als Kennzahl, an der man die Erreichung der selbst gesteckten Ziele überprüfen kann.

Nun kann man sich freilich ein elaboriertes System von Kennzahlen vorstellen – aber das könnte auch eine Frage einer entsprechenden Weiterentwicklung sein, für die jedenfalls einmal ein Anfang gesetzt wurde.

c. Der Rechnungshof und die Volksanwaltschaft

Der Nationalrat wird bei seiner Tätigkeit, die Verwaltung zu kontrollieren, von zwei Organen unterstützt, die organisatorisch bei ihm angelagert sind, nämlich dem Rechnungshof (Art 121–128 B-VG; nähere Regelungen finden sich im Rechnungshofgesetz, BGBl 144/1948 idgF) und der Volksanwaltschaft (Art 148a–148j B-VG; nähere Bestimmungen werden durch das Volksanwaltschaftsgesetz, BGBl 433/1982 idgF, geschaffen). „Organisatorisch angelagert" bedeutet dabei, dass der Nationalrat den entscheidenden Einfluss auf die Organisation der beiden Einrichtungen hat. Allerdings agieren Rechnungshof und Volksanwaltschaft nicht nur als Hilfsorgane des Nationalrats. So wird der Rechnungshof gleichermaßen für die Landtage tätig. Allerdings hindert das die Länder nicht daran, eigene Landesrechnungshöfe einzurichten. Für die Volksanwaltschaft gilt, dass es den Ländern freisteht, die Volksanwaltschaft des Bundes anzuerkennen oder aber eigene Landesvolksanwälte zu schaffen. Vorarlberg und Tirol haben eigene Volksanwaltschaften eingerichtet, die übrigen Bundesländer haben die Bundesvolksanwaltschaft auch für ihren Bereich anerkannt.

aa. Der Rechnungshof

Der Rechnungshof besteht aus einer Präsidentin oder einem Präsidenten und einer Anzahl von Mitarbeiterinnen und Mitarbeitern, die sie oder ihn bei ihrer oder seiner Tätigkeit unterstützen. Die Präsidentin oder der Präsident des Rechnungshofes wird vom Nationalrat auf Vorschlag des Hauptausschusses auf zwölf Jahre gewählt. Sie oder er ist abwählbar, eine Wiederwahl ist unzulässig. Die Mitarbeiterinnen und Mitarbeiter des Rechnungshofes werden vom Bundespräsidenten auf Vorschlag und unter Gegenzeichnung der Rechnungshofpräsidentin oder des Rechnungshofpräsidenten ernannt. Zu den Aufgaben des Rechnungshofes zählen ua die Gebarungskontrolle, die Erstellung des Bundesrechnungsabschlusses und die Einkommensfeststellung nach den Bestimmungen des Bundesverfassungsgesetzes über die Begrenzung der Bezüge öffentlicher Funktionäre.

Die Gebarungskontrolle erfasst die Überprüfung jedes Verhaltens innerhalb der zu prüfenden Einrichtungen, das finanzielle Auswirkungen hat. Geprüft werden die gesamte Staatswirtschaft des Bundes, der Länder und der Gemeinden über 10.000 Einwohner. Darüber hinaus unterliegen zahlreiche Rechtsträger der Kontrolle des Rechnungshofes, weil sie entweder mit öffentlichen Mitteln oder mit Geldern, die ihnen aus gesetzlich vorgeschriebenen Beiträgen zukommen, wirtschaften oder weil sie von Bundes- oder Landesorganen maßgeblich beeinflusst werden. Dazu zählen etwa Stiftungen, Fonds und Anstalten, die von Organen des Bundes oder von Personen verwaltet werden, die hiezu von Organen des Bundes bestellt wurden oder Unternehmen, an denen der Rechnungshofkontrolle unterliegende Rechtsträger in einem entsprechenden Ausmaß beteiligt sind oder diese sonst durch finanzielle, wirtschaftliche oder organisatorische Maßnahmen tatsächlich beherrschen. Gegenstand der Rechnungshofkontrolle ist aber etwa auch die Gebarung öffentlich-rechtlicher Körperschaften mit Mitteln des Bundes, die Gebarung der Sozialversicherungsträger, der gesetzlichen beruflichen Vertretungen und des ORF.

In Angelegenheiten der Bundesgebarung und der Gebarung jener gesetzlichen beruflichen Interessenvertretungen, die in den Vollzugsbereich des Bundes fallen, wird der Rechnungshof als Organ des Nationalrats tätig. In den Angelegenheiten der Länder- und Gemeindegebarung und der gesetzlichen beruflichen Vertretung, soweit sie in die Vollziehung der Länder fallen, hingegen als Organ des betreffenden Landtages. Die Prüfungsinitiative geht zunächst vom Rechnungshof selbst aus, der sich ein eigenes Prüfungsprogramm vornimmt. Er kann aber auch von bestimmten Stellen zu einer entsprechenden Prüfung aufgefordert werden. Auf Bundesebene sind dies der Nationalrat oder wenigstens 20 seiner Abgeordneten, die Bundesregierung oder einzelne Bundesministerinnen oder Bundesminister. Auf Landesebene ist dies der Landtag, jene Anzahl der Abgeordneten, die die Landesverfassung dazu bestimmt oder die Landesregierung.

Die Kriterien, die der Rechnungshof bei seiner Prüfung anzulegen hat, sind die Übereinstimmung der Gebarung mit den bestehenden Vorschriften sowie die Grundsätze der Sparsamkeit, Wirtschaftlichkeit und Zweckmäßigkeit. Die zuletzt genannten Grundsätze sind vor etwas mehr als einem Jahrzehnt darüber hinaus besonders bedeutsam geworden. Sie sind verfassungsrechtliche Anknüpfungspunkte für jene theoretischen und politischen Strömungen, die heute eine stärkere Ökonomisierung der Verwaltung, und das bedeutet eine Ausrichtung nach den Kriterien der Effektivität und Effizienz, fordern (New Public Management – NPM).

In Konsequenz seiner Prüfungstätigkeit verfasst der Rechnungshof einen Prüfungsbericht, der der jeweiligen Gesetzgebungskörperschaft zuzuleiten ist. Es ist Aufgabe des Nationalrats oder der jeweiligen Landtage, die notwendigen Folgerungen aus den Feststellungen des Rechnungshofes zu ziehen. Das bedeutet, dass sich auch aus einem negativen Prüfungsbericht des Rechnungshofes für die entsprechende Stelle unmittelbar keine rechtlichen Folgen ableiten. Gleichwohl besitzt der Rechnungshof de facto eine Autorität, die insbesondere die Verwaltungsstellen zumeist dazu verhält, gerügtes Verhalten nach Möglichkeit von sich aus abzustellen. Dies auch deshalb, weil Feststellungen von Mängeln durch den Rechnungshof in der Tagespresse als zutreffende Kritik dargestellt werden. Über Streitfragen, ob der Rechnungshof zur Prüfung einer bestimmten Einrichtung zuständig ist, entscheidet der Verfassungsgerichtshof.

bb. Die Volksanwaltschaft

Die Volksanwaltschaft, die 1977 nach dem schwedischen Vorbild des „ombudsman" geschaffen wurde, ist ein Kollegialorgan, das aus drei Mitgliedern besteht. Diese Mitglieder werden vom Nationalrat aufgrund eines Gesamtvorschlags des Hauptausschusses gewählt, wobei die drei mandatsstärksten Parteien das Recht haben, je ein Mitglied zu nominieren Diese Zahl und der Bestellmodus sind darauf zurückzuführen, dass 1977 nur drei Parteien im Parlament vertreten waren. Erst ein Mehrparteienparlament benötigte eine Regel für den Fall, dass zwei oder mehr Parteien mit der gleichen Anzahl von Abgeordneten vertreten sind: Bei Mandatsgleichstand entscheidet nunmehr über das dritte Mitglied die Anzahl der bei der Wahl erzielten Stimmen. Die Funktionsperiode dauert sechs Jahre, wobei eine einmalige Wiederwahl zulässig ist. Die Aufgaben der Volksanwaltschaft sind „ressortmäßig" aufgeteilt. Ein Mitglied führt jeweils den Vorsitz, der jährlich wechselt.

Die Volksanwaltschaft überprüft tatsächliche oder behauptete Missstände in der Verwaltung des Bundes einschließlich dessen Tätigkeit als Träger von Privatrechten und geht dabei insbesondere von ihr vermuteten Verletzungen von Menschenrechten nach. Gegenüber den Gerichten kommt ihr nur eine eingeschränkte Kontrolle zu: Bei behaupteter Säumnis eines Gerichts kann sie einen Fristsetzungsantrag stellen und allenfalls disziplinäre Maßnahmen gegen den säumigen Richter bzw die säumige Richterin anregen.

Unter einem Missstand ist generell mehr zu verstehen als bloß eine Rechtswidrigkeit. Darunter fällt jeder nach allgemeiner Anschauung kritikwürdige Zustand, insbesondere jede Art der „unkorrekten" Verwaltungsführung. Die Volksanwaltschaft wird entweder aufgrund einer Beschwerde tätig, die von jeder oder jedem eingebracht werden kann, die oder der von dem Missstand betroffen ist, und wenn ein Rechtsmittel zu dessen Beseitigung nicht oder nicht mehr zur Verfügung steht. Daneben kann die Volksanwaltschaft auch von Amts wegen tätig werden.

Verwaltungsbehörden sind verpflichtet, der Volksanwaltschaft Auskünfte zu erteilen und Akteneinsicht zu gewähren. Aufgrund der Beweiserhebung erlässt die Volksanwaltschaft eine Empfehlung an die Verwaltung. Diese hat binnen acht Wochen entweder der Empfehlung zu entsprechen und der Volksanwaltschaft dies mitzuteilen oder zu begründen, warum der Empfehlung nicht entsprochen wird. Ein rechtlich schärferes Instrument steht der Volksanwaltschaft allerdings gegenüber Verordnungen zu: Diese kann sie vom Verfassungsgerichtshof prüfen lassen. Ansonsten hat die Volksanwaltschaft ihre Wahrnehmungen entweder in einem jährlichen Bericht zusammenzufassen und diesen dem Nationalrat und dem Bundesrat zu übermitteln, oder aber auch sofort Bericht zu erstatten. Es ist nunmehr deren Aufgabe, auf allfällige Missstände entweder durch Gesetzesänderungen oder durch die Geltendmachung der Verantwortung der Regierung zu reagieren.

Zum Schutz und zur Förderung von Menschenrechten hat die Volksanwaltschaft Kommissionen sowie, zu ihrer Beratung, einen Menschenrechtsbeirat einzusetzen. Die Volksanwaltschaft bzw die von ihr eingesetzten Kommissionen sind beispielsweise berechtigt Gefängnisse zu besuchen und zu überprüfen, Polizeieinsätze zu beobachten und begleitend zu überprüfen sowie Behindertenheime zu kontrollieren.

Über Meinungsverschiedenheiten zwischen der Bundesregierung oder einer Bundesministerin bzw einem Bundesminister auf der einen Seite und der Volksanwaltschaft auf der anderen über die Auslegung der gesetzlichen Bestimmungen, die die Zuständigkeit der Volksanwaltschaft regeln, entscheidet der Verfassungsgerichtshof.

7. Die Bundesversammlung

Die Bundesversammlung (Art 38–40 B-VG) vereinigt die Mitglieder des Nationalrats und die Bundesräte. Der Vorsitz in der Bundesversammlung wird abwechselnd vom Präsidenten des Nationalrates und dem Präsidenten des Bundesrates geführt. Ihre wesentlichen Aufgaben liegen in der Angelobung des Bundespräsidenten und in der allfälligen Geltendmachung seiner Verantwortung: So hätte die Bundesversammlung eine Volksabstimmung zur Absetzung des Bundespräsidenten anzuordnen, zu einer allfälligen behördlichen Verfolgung des Bundespräsidenten ihre Zustimmung zu erteilen, sowie über eine Anklageerhebung gegen den Bundespräsidenten vor dem Verfassungsgerichtshof zu entscheiden. Im Übrigen ist die Bundesversammlung zuständig, Kriegserklärungen zu beschließen.

IV. Der Bundespräsident

Das folgende Kapitel beschäftigt sich mit dem Amt des Bundespräsidenten und dessen Stellung zu anderen Staatsorganen, also den folgenden grau unterlegten Teilen des Bildes, das den Staatsaufbau Österreichs zeigt. (Die Symbole für Nationalrat und Bundesregierung sind dabei deshalb hellgrau unterlegt, weil die Einrichtungen selbst hier nicht näher behandelt werden.)

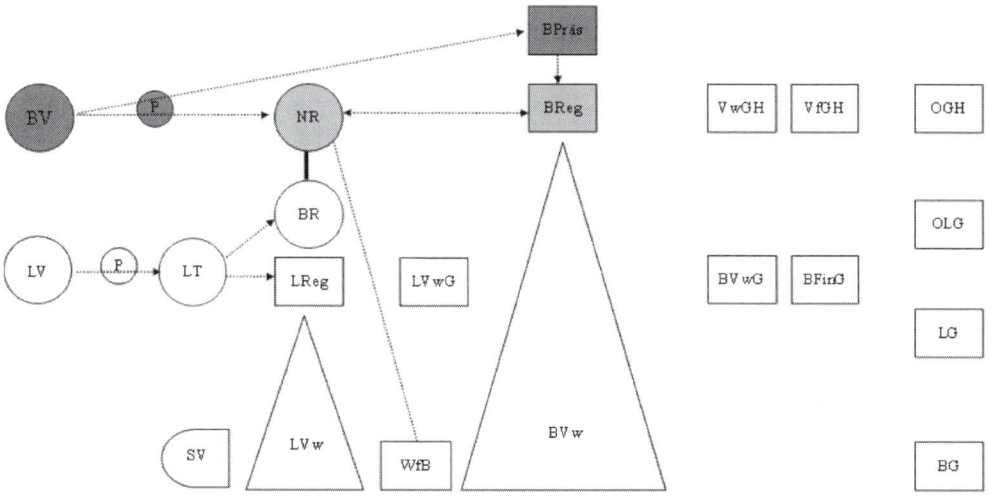

Abb 8: Die Institution des Bundespräsidenten

1. Wahl, Amt und Stellung des Bundespräsidenten

Der Bundespräsident ist neben dem Nationalrat das zweite Staatsorgan auf Bundesebene, das vom Volk direkt gewählt wird. Allerdings wurde diese Direktwahl erst durch die Verfassungsnovelle 1929 eingeführt. Bis zu diesem Zeitpunkt wurde der Bundespräsident von der Bundesversammlung gewählt. Mit der Einführung der Direktwahl wurde das Amt mit Kompetenzen versehen, die dem Bundespräsidenten auch ein stärkeres politisches Gewicht gaben. Man erhoffte sich von einem gestärkten Bundespräsidenten eine Beruhigung der innenpolitischen Situation Österreichs, die von bewaffneten Auseinandersetzungen zwischen den unterschiedlichen weltanschaulichen Kräften geprägt war und schließlich in bürgerkriegsartige Zustände mündete. Allerdings war die Stärkung der Stellung des Bundespräsidenten politisch stark umstritten: Während die Sozialdemokratie auf ein starkes Parlament setzte, wollten konservative Kräfte am liebsten die Monarchie wieder einführen. Was bei diesem Streit herauskam, war ein Kompromiss. Die Stellung des Bundespräsidenten wurde aufgewertet, blieb allerdings hinter der Stellung beispielsweise des amerikanischen Präsidenten weit zurück. Man charakterisiert Österreich daher seit der Verfassungsnovelle 1929 als eine parlamentarische Demokratie mit Einschlägen einer Präsidentschaftsrepublik. Die historischen Hoffnungen an das Amt des Bundespräsidenten erfüllten sich, wie die Geschichte lehrt, nicht. Vielleicht auch deshalb, weil erst *Theodor Körner* 1951 der erste Bundespräsident war, der tatsächlich vom Volk gewählt wurde.

Die Stellung des Bundespräsidenten im Staatsgefüge weist einige Besonderheiten auf. Zum einen ist der Bundespräsident „Staatsoberhaupt". In dieser Funktion vertritt er die Republik nach außen und symbolisiert die Einheit des Staates. Innenpolitisch besteht seine wichtigste Aufgabe darin, das Funktionieren und das Zusammenspiel der Staatsgewalten beziehungsweise der einzelnen Staatsorgane (der Parlamente, der obersten Verwaltungsorgane und der Gerichte), vor allem in Zeiten politischer Unbeständigkeit, zu sichern. In diesem Zusammenhang wurden im Amt des Bundespräsidenten eine Reihe von Kompetenzen vereinigt, die früher dem Monarchen zustanden. In diesem Sinne steht der Bundespräsident über den einzelnen Staatsgewalten, denen gegenüber ihm eine Reihe von Aufgaben zukommt (vergleiche dazu Abb 9). Auf der anderen Seite ist der Bundespräsident aber insofern selbst in die Staatsfunktionen eingegliedert, als ihn die Verfassung unter den „obersten Verwaltungsorganen" anführt. Seine Akte sind daher rechtlich als Akte einer Verwaltungsbehörde zu klassifizieren (vergleiche dazu Kapitel VIII.).

Gewählt wird die Bundespräsidentin oder der Bundespräsident zunächst auf sechs Jahre. Eine Wiederwahl für die unmittelbar folgende Funktionsperiode ist nur einmal zulässig (Art 60 Abs 5 B-VG). Dieser etwas komplizierte Satz der Verfassung bedeutet, dass jemand durch zwei Funktionsperioden, das heißt also insgesamt durch zwölf Jahre hindurch, das Amt des Bundespräsidenten bekleiden kann. Sodann wäre für wenigstens eine Funktionsperiode eine andere Person zu wählen, die diese Funktionsperiode allerdings nicht einmal beenden müsste, worauf die erstgenannte Person bei den darauf folgenden Wahlen wieder kandidieren und gewählt werden könnte, und zwar wiederum zweimal hintereinander. Für die Wahl durch das Bundesvolk gelten dieselben Wahlgrundsätze wie bei den Wahlen zum Nationalrat, jedoch mit der Einschränkung, dass es sich bei der Wahl zum Bundespräsidenten klarerweise nicht um ein Verhältniswahlrecht handelt. Die Bundespräsidentin oder der Bundespräsident wird mit absoluter Mehrheit gewählt, sodass allenfalls eine Stichwahl notwendig ist, wenn nicht eine Kandidatin oder ein Kandidat bereits im ersten Wahlgang die absolute Mehrheit der abgegebenen Stimmen auf sich vereinigt. Aktiv wahlberechtigt sind alle Österreicherinnen und Österreicher, die am Wahltag das 16. Lebensjahr vollendet haben. Passiv wahlberechtigt ist, wer das Wahlrecht zum Nationalrat besitzt und mit Ablauf des Wahltages das 35. Lebensjahr vollendet hat. Die Verfassung 1920 sah vor, dass „Mitglieder regierender Häuser oder solcher Familien, die ehemals regiert hatten" vom passiven Wahlrecht ausgeschlossen waren. Damit sollte vor allem eine Restauration der (Habsburg-)Monarchie verhindert werden. Diese Bestimmung wurde 2011 (BGBl I 43/2011) als nicht mehr zeitgemäß, aber wohl auch unter dem Eindruck einer möglichen Klage von Mitgliedern der Habsburger Familie vor dem EGMR aufgehoben.

Das, was die rechtliche Stellung des Bundespräsidenten wesentlich von der rechtlichen Stellung eines Monarchen unterscheidet, ist der Umstand, dass der Bundespräsident in Ausübung seines Amtes verantwortlich ist. Der Bundespräsident genießt Immunität, die aber mit Zustimmung der Bundesversammlung aufgehoben werden kann. Die Bundesversammlung ist es auch, die ein Verfahren zur Geltendmachung entweder der politischen oder der rechtlichen Verantwortlichkeit des Bundespräsidenten einleiten kann. Politisch verantwortlich ist der Bundespräsident dem Volk gegenüber. Seine Absetzung bedarf daher einer Volksabstimmung, die von der Bundesversammlung auf Antrag des Nationalrats beschlossen werden kann. Geht diese Volksabstimmung positiv aus, ist der Bundespräsident abgesetzt. Geht sie hingegen negativ aus, bedeutet sie eine Wiederwahl des Bundespräsidenten (die Amtszeit darf in diesem Fall trotzdem zwölf Jahre nicht übersteigen) und zugleich die Auflösung des Nationalrats, der die Absetzung des Bundespräsidenten beantragt hatte. Die rechtliche Verantwortlichkeit kann von der Bundesversammlung durch eine Anklage des Bundespräsidenten vor dem Verfassungsgerichtshof wegen schuldhafter Verletzung der Bundesverfassung geltend gemacht werden. Der Verfassungsgerichtshof kann für den Fall, dass er den Bundespräsidenten für schuldig befindet, auf Amtsverlust und sogar auf zeitweiligen Verlust der politischen Rechte erkennen.

Mit dem Amt des Bundespräsidenten ist die Ausübung einer anderen Funktion unvereinbar. Der Bundespräsident darf daher während seiner Amtszeit keinem allgemeinen Vertretungskörper angehören und auch sonst keinen Beruf ausüben. Dafür steht ihm nach der durch das Bundesbezügegesetz (BGBl I 119/2001 idgF) geschaffenen Einkommenspyramide das höchste Einkommen eines öffentlichen Funktionärs zu.

Vertreten wird der Bundespräsident im Verhinderungsfall (wozu auch ein Auslandsaufenthalt, nicht jedoch ein Aufenthalt in einem anderen EU-Staat zählt) durch den Bundeskanzler, wenn die Verhinderung bis zu 20 Tage dauert. Dauert die Verhinderung länger, ist das Amt dauernd erledigt (wenn der Bundespräsident zB verstirbt), oder wurde eine Volksabstimmung zu seiner Absetzung anberaumt, dann wird der Bundespräsident durch die drei Präsidenten des Nationalrats als Kollegium vertreten.

2. Aufgaben und Kompetenzen des Bundespräsidenten

Die Aufgaben des Bundespräsidenten werden von der Verfassung abschließend umschrieben. Es obliegt ihm die Vertretung der Republik nach außen, wozu auch gehört, Staatsverträge abzuschließen. Inwieweit dabei das Parlament mitwirkt, wird in Kapitel IX. näher beschrieben. Der Bundespräsident steht, wie bereits angedeutet, in gewisser Weise über den drei Staatsfunktionen Gesetzgebung, Verwaltung und Gerichtsbarkeit. Ihm kommen Zuständigkeiten im Hinblick auf alle diese drei Staatsfunktionen zu, was die folgende Grafik verdeutlichen soll:

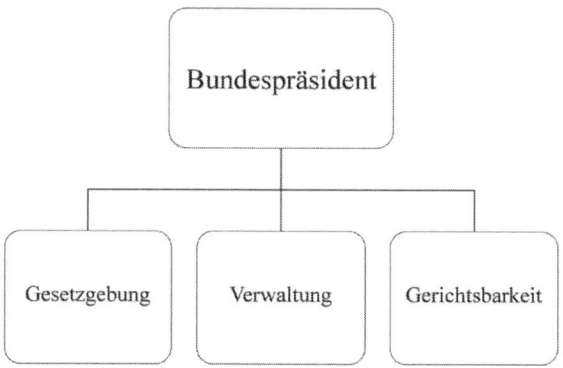

Abb 9: Die Stellung des Bundespräsidenten im Staatsgefüge

Im Bereich der Staatsfunktion Gesetzgebung steht dem Bundespräsidenten die Einberufung des neu gewählten Nationalrats zu. Er ist auch befugt, den Nationalrat aufzulösen, darf dies aber nur einmal aus demselben Grund tun. Für den Fall, dass der Nationalrat aufgelöst ist, steht ihm ein Notverordnungsrecht zu. Bei der Erlassung eines Gesetzes wirkt der Bundespräsident dadurch mit, dass er das verfassungsmäßige Zustandekommen des Gesetzes zu beurkunden hat, und dass er im seltenen Fall einer Volksabstimmung eine solche anzuordnen hat (vergleiche dazu näher Kapitel III.).

Zur Staatsfunktion Verwaltung zählen die Zuständigkeiten des Bundespräsidenten zur Ernennung und zur Entlassung des Bundeskanzlers und auf dessen Vorschlag aller übrigen Mitglieder der Bundesregierung, sowie die Angelobung der Regierung. Weiters hat er eine Vertreterin oder einen Vertreter für eine verhinderte Bundesministerin oder einen verhinderten Bundesminister zu bestellen. Er führt den Oberbefehl über das Bundesheer, ernennt die Bundesbeamten und Offiziere, verleiht Amtstitel, schafft und verleiht Berufstitel und gewährt Ehrenrechte.

Im Bereich der Staatsfunktion Gerichtsbarkeit steht ihm insbesondere die Ernennung der Mitglieder des Verfassungsgerichtshofes und des Verwaltungsgerichtshofes und die Ernennung von Richterinnen und Richtern im Rahmen der ordentlichen Gerichtsbarkeit sowie der Verwaltungsgerichtsbarkeit des Bundes zu. Auch zählt es zu seinen Aufgaben, Erkenntnisse des Verfassungsgerichtshofes zu vollstrecken. Im Rahmen des Strafprozesses steht ihm das typischerweise Monarchen zugestandene Recht zu, Strafprozesse niederzuschlagen und das Gnadenrecht auszuüben.

Der Bundespräsident kann allerdings bestimmte Aufgaben delegieren; so etwa im Rahmen der Ernennung von Beamtinnen und Beamten und Richterinnen und Richtern. Im Allgemeinen ist der Bundespräsident in der Ausübung seiner Kompetenzen an Vorschläge gebunden. Diese stammen im Regelfall von der Bundesregierung oder dem von ihr ermächtigten Bundesminister. Die Bundesregierung beziehungsweise der ermächtigte Bundesminister können ihrerseits an Vorschläge anderer Stellen gebunden werden. Dies ist beispielsweise im Rahmen der Ernennung von Mitgliedern des Verwaltungsgerichtshofs der Fall. Keines Vorschlags bedarf es allerdings bei der Ernennung und der Entlassung des Bundeskanzlers beziehungsweise bei der Entlassung der gesamten Bundesregierung. Mit Ausnahme des Akts der Entlassung des Bundeskanzlers beziehungsweise der gesamten Bundesregierung werden Akte des Bundespräsidenten gegengezeichnet, und zwar vom Bundeskanzler oder dem zuständigen Bundesminister. Diese übernehmen damit die parlamentarische Verantwortung für die Akte des Bundespräsidenten, der ja selbst dem Parlament gegenüber nicht verantwortlich ist.

3. Das staatsrechtliche Verhältnis zwischen dem Bundespräsidenten, der Bundesregierung und dem Nationalrat

Die wohl bedeutendsten innenpolitischen Kompetenzen des Bundespräsidenten, die diesem ein entscheidendes politisches Gewicht vermitteln können, sind die Ernennung (und allenfalls die Entlassung) des Bundeskanzlers sowie die Möglichkeit, den Nationalrat aufzulösen und in dieser Zeit mithilfe des Notverordnungsrechts zu regieren. Da die Ernennung des Bundeskanzlers keines Vorschlags bedarf, ist der Bundespräsident bei der Auswahl der Person rechtlich frei; sie muss lediglich das passive Wahlrecht zum Nationalrat besitzen. Dass Bundespräsidenten im Regelfall die Vorsitzenden der mandatsstärksten Partei mit der Regierungsbildung betrauen, ist ebenso reine Usance wie, dass die Bundesregierung nach der Neuwahl des Nationalrats ihren Rücktritt anbietet. Allerdings muss jeder Bundeskanzler und seine Regierung vom Vertrauen des Nationalrats getragen sein. Mithilfe des Misstrauensvotums (vergleiche dazu Kapitel III.) kann der Nationalrat den Bundespräsidenten mehr oder weniger zwingen, den Bundeskanzler oder die Regierung insgesamt zu entlassen.

Dass dieser Zwang nicht unmittelbar wirken muss, liegt darin begründet, dass der Bundespräsident im Fall des politischen Konflikts mit dem Nationalrat auch noch die Möglichkeit besitzt, diesen aufzulösen, wodurch es zu Neuwahlen kommt. Erhält die vom Bundespräsidenten gewünschte Regierung durch die Neuwahlen die erforderliche Mehrheit, dann hätte sich der Bundespräsident politisch durchgesetzt. Im anderen Fall würde ein vermutlich neuerliches Misstrauensvotum den Bundespräsidenten verpflichten, die Regierung zu entlassen. Denn es ist ihm verwehrt, den Nationalrat ein zweites Mal aus demselben Grund aufzulösen. Sollte er sich dennoch weigern, die Regierung zu entlassen, dann müsste die Bundesversammlung die politische und allenfalls rechtliche Verantwortung des Bundespräsidenten geltend machen. Sollte dieses Verfahren in eine Volksabstimmung über die Absetzung des Bundespräsidenten münden, werden wieder zwei Ausgänge denkbar: Zum einen könnte das Volk für die Absetzung des Bundespräsidenten votieren, zum anderen aber könnte der Bundespräsident eine Mehrheit hinter sich versammeln, wodurch er als wieder gewählt gelten würde und der Nationalrat neuerlich aufgelöst würde.

Die Verfassung enthält somit recht komplizierte Regelungen, wie ein potenzieller politischer Konflikt zwischen dem Nationalrat und dem direkt gewählten Bundespräsidenten aufgelöst werden müsste. In jedem Fall würde die Verantwortung in die Hände des Volkes gelegt werden, das entweder im Rahmen einer Neuwahl oder im Rahmen eines Verfahrens zur Absetzung des Bundespräsidenten entscheiden müsste. Die rechtspolitische Bedeutung hinter dieser komplizierten Regelung, bei der im Allgemeinen weder das Parlament noch der Bundespräsident wissen, wer von ihnen sich im Konfliktfall durchsetzen würde, liegt darin, dass ein solcher Konflikt tunlichst vermieden wird. Freilich, wenn das Volk sich nicht entscheiden könnte, wäre die Verfassungskrise prolongiert. In einem solchen Falle wäre aber zu fragen, ob die österreichische Gesellschaft überhaupt noch bereit wäre, im Rahmen dieser Verfassungsordnung zu leben. Für einen solchen Fall kann eine Verfassung keine Vorsorge treffen. Denn jede Verfassung ist darauf angewiesen, dass sie gewollt und mit entsprechendem Leben erfüllt wird.

V. Der Bundesstaat

1. Begriff und Funktion

Das folgende Kapitel beschäftigt sich mit dem Umstand, dass es in Österreich nicht nur einen Rechtsträger (den Bund) gibt, dem Gesetzgebungs- und Vollzugskompetenzen zukommen, sondern dass sich dazu Landesgesetzgeber und neun Landesverwaltungen sowie neun Landesverwaltungsgerichte hinzugesellen. Auf der Grafik (Abb 10) ist dieser Umstand dadurch verdeutlicht, dass sie neben dem Bundesparlament die Ebene der Landesparlamente und neben der Bundesverwaltung die Einrichtung der Landesverwaltung zeigt. Die Grafik symbolisiert dabei bloß die „Ebene" der Landesgesetzgebung und Landesverwaltung und enthält nicht alle neun Landesparlamente und Landesverwaltungen. Die in diesem Kapitel vor allem interessierende Frage ist die, wie die Grenze zwischen der Sphäre des Bundes und der der Länder verläuft. Dies lässt sich auf der Grafik am besten durch eine horizontale Linie darstellen. Außerdem beschäftigt sich das folgende Kapitel mit der Einrichtung der Landesparlamente und der Wahl durch das Landesvolk, weshalb deren Symbole dunkelgrau unterlegt sind. Die Landesverwaltungsgerichte, die ab 1. 1. 2014 ihre Arbeit aufnehmen werden, werden hingegen im Rahmen der Staatsfunktion „Gerichtsbarkeit" dargestellt und sind daher hellgrau unterlegt (siehe dazu Kapitel IX.). Ebenso hellgrau unterlegt sind die Träger der Landesverwaltung; sie werden im Kapitel VI. behandelt.

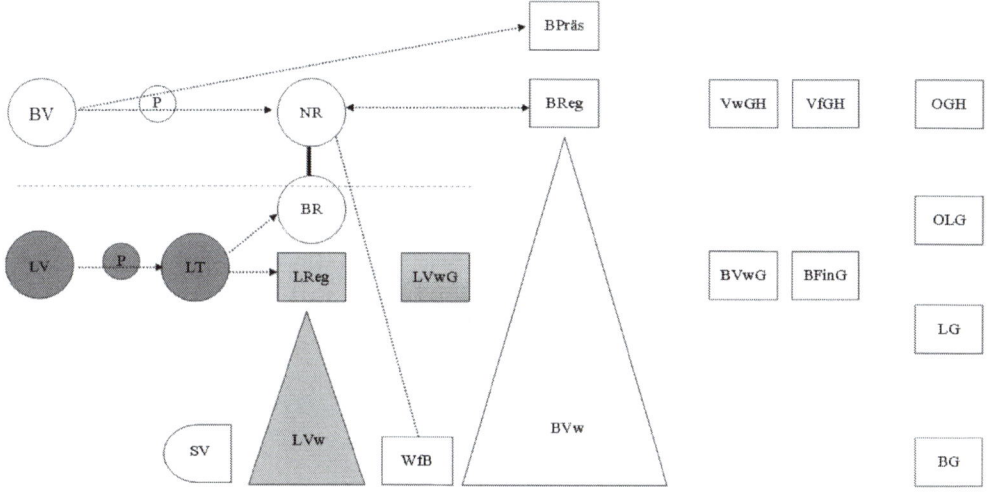

Abb 10: Bundesstaatliche Grenzziehung und Landesgesetzgebung

Der Umstand, dass man in Österreich eine Bundes- und eine Landesebene vorfindet, ist Ausdruck seiner Bundesstaatlichkeit. Unter einem Bundesstaat versteht man einen Staat, in dem die Staatsfunktionen zwischen einem Oberstaat und Gliedstaaten aufgeteilt sind, wobei aber beide autonome Staatsgewalt ausüben. (Im Unterschied dazu wird in der Staatslehre von einem „dezentralisierten Einheitsstaat" gesprochen, wenn **eine** Staatsgewalt partiell auf regionale Untergliederungen übertragen wird, und von einem „Staatenbund", wenn es sich um einen Zusammenschluss souveräner Staaten auf völkerrechtlicher Grundlage handelt.) Diese Aufteilung der Staatsgewalten hat einen gewaltenlimitierenden Effekt: Wer die Wahlen zum

Nationalrat gewinnt, erhält damit nicht die Kompetenz zur Erlassung aller (einfachen) Gesetze in Österreich, sondern nur zu jenen, die in die Zuständigkeit des Bundes fallen.

Die Verfassung geht von einer grundsätzlichen Gleichwertigkeit von Bund und Ländern aus, insbesondere was den Charakter ihrer Staatlichkeit betrifft. So enthält sie beispielsweise keinen Grundsatz, wonach Bundesrecht dem Landesrecht automatisch vorgeht (etwa nach dem Satz: „Bundesrecht bricht Landesrecht"; die österreichische Verfassungsordnung geht demgegenüber von einer prinzipiellen Gleichwertigkeit von Bund und Ländern aus. Über allfällige Streitfragen, die aus der Kompetenzverteilung entstehen könnten, soll der Verfassungsgerichtshof entscheiden. In diesem Grundgedanken liegt die Wurzel für die Einführung der Verfassungsgerichtsbarkeit in Österreich). Trotz dieser prinzipiellen Gleichwertigkeit ist die österreichische Bundesstaatlichkeit, gemessen an den Kompetenzen, die den Ländern zustehen, schwach ausgeprägt. Der österreichische Bundesstaat ist ein Kompromiss zwischen den beiden großen politischen Lagern, von denen das eine (sozialdemokratische) einen zentralisierten Einheitsstaat wollte und das andere eine möglichst starke föderale Struktur. Es liegt in der Natur des Kompromisses, dass das Ergebnis der Debatte in einer schwachen föderalen Struktur gemündet ist. Wie die Diskussionen im Verfassungskonvent gezeigt haben, dürfte die Frage nach der föderalen Struktur Österreichs nach wie vor zwischen den Parteien äußerst umstritten sein.

Da sowohl der Oberstaat (Bund) als auch die Gliedstaaten (Länder) unabgeleitete Staatsgewalt besitzen, hat es sich die Verfassungsdogmatik gelegentlich zur Aufgabe gemacht, die drei Elemente des Staates im Sinne der klassischen Staatsdefinition – Staatsgebiet, Staatsvolk und Staatsgewalt – für beide Ebenen aufzuspüren. Das Bundesgebiet wird in seinen Grenzen nach außen durch völkerrechtliche Verträge, vor allem den Staatsvertrag von St. Germain und den Staatsvertrag von Wien festgelegt. Die Grenzen der Länder gehen auf die Grenzen der Kronländer zurück. Sollen sie geändert werden, bedarf es paktierter Gesetze, das heißt übereinstimmender Gesetze des Bundes und der beteiligten Länder. Allerdings kann ein solches Bundesgesetz nur zustande kommen, wenn wenigstens die Hälfte der Mitglieder des Nationalrats anwesend ist und eine Zweidrittelmehrheit erzielt wird. Diese merkwürdige Bestimmung spiegelt das österreichische Verständnis von „Verfassungsbereinigung" wider. Bis 2008 waren für die besprochenen Grenzänderungen nämlich paktierte Verfassungsgesetze erforderlich. Um die Anzahl der Verfassungsgesetze zu reduzieren, wurde für diese Fälle auf ein formales Verfassungsgesetz verzichtet – inhaltlich sollte sich doch nichts am Erfordernis einer Verfassungsmehrheit ändern. Das „Staatsvolk" wird durch jene Bürgerinnen und Bürger gebildet, die die österreichische Staatsbürgerschaft besitzen. In diesem Sinne existierte von Anbeginn an eine einheitliche österreichische Staatsbürgerschaft; Staatsbürgerinnen und Staatsbürger, die in einem Bundesland ihren Hauptwohnsitz haben, sind dessen „Landesbürgerinnen" und „Landesbürger". In diesem Sinne mag man von einem „Bundesvolk" und einem „Landesvolk" sprechen.

Die Staatsgewalt ist auf beiden Ebenen, sowohl der Bundesebene als auch der Landesebene, verfasst: Neben der Bundesverfassung existieren daher neun Landesverfassungen. Da die Bundesverfassung relativ detaillierte Vorgaben für die Landesverfassungen enthält, war man lange Zeit hindurch der Auffassung, die Landesverfassungen seien nichts anderes als Ausführungsgesetze zur Bundesverfassung. Erst mit dem Erstarken des Selbstbewusstseins der Länder in den letzten 30 Jahren hat sich diese Auffassung geändert und mit ihr auch die Praxis der Landesverfassungsgesetzgebung. Heute spricht man von einer „relativen Verfassungsautonomie der Länder" und meint damit, dass die Landesverfassungen zwar die Vorgaben der Bundesverfassung zu beachten haben, dort aber, wo die Bundesverfassung keine oder keine konkrete Vorgabe enthält, eigenständige Regelungen enthalten können. In diesem Sinne haben Landesverfassungen beispielsweise eigene Grundrechtsbestimmungen oder eine Sozialstaatsklausel normiert. Freilich können sich derartige inhaltliche Vorgaben in den Landesverfassungen nur auf die Landesgesetzgebung beziehen.

Die österreichische Bundesstaatstheorie hat neben der Unterscheidung zwischen Bundes- und Landesverfassung noch eine dritte „Ebene" der Verfassung angenommen, die gleichsam die beiden Ebenen Bund und Länder miteinander verklammert und als „Gesamtverfassung" bezeichnet wurde. (Dies hat allerdings nichts mit den Begriffen der „Gesamtänderung" und den Verfassungsprinzipien zu tun.) Inhalt dieser Gesamtverfassung sind etwa die Bestimmungen, mit denen die Kompetenzen zwischen Bund und Ländern verteilt werden und die Einrichtung der gemeinsamen Organe, wie etwa des Verwaltungsgerichtshofs, des Verfassungsgerichtshofs oder des Rechnungshofs. Wenngleich diese Theorie einen gewissen Erklärungswert für die Struktur des österreichischen Bundesstaates besitzt, ebnet sie die begriffliche Unterscheidung zwischen Bundesstaat und dezentralisiertem Einheitsstaat insofern ein, als die Bundes- und Landesverfassungen dann nur noch als Ausdifferenzierung der Gesamtverfassung erscheinen. Im Übrigen spiegelt sich der Unterschied auch nicht in den Erzeugungsbedingungen von Verfassungsrecht wider: Bundesverfassungsrecht wird nicht systematisch anders erzeugt, wenn es sich um Inhalte handelt, die als Bestandteile der Gesamtverfassung gelten. Lediglich bei Einschränkungen der Zuständigkeiten der Länder und bei Änderungen der Rechtsstellung des Bundesrates selbst hat dieser ein erhöhtes Mitwirkungsrecht, in manchen Fällen ist auch die Zustimmung aller Länder erforderlich (vgl Kapitel III.).

2. Die Kompetenzverteilung

a. Aufgaben und Grundsätze der Kompetenzverteilung

Das Kernstück eines jeden Bundesstaates liegt in der Aufteilung der Staatsfunktionen, also in der Kompetenzverteilung. Das Recht der Kompetenzverteilung ist im Allgemeinen sehr kompliziert und Auslegungsfragen sind häufig stark umstritten. Dabei entsteht sehr rasch der Eindruck, Kompetenzfragen seien in erster Linie „technische" Fragen, deren Lösung eher langweilig ist. Freilich stecken hinter den Auseinandersetzungen um die Kompetenzen handfeste politische Machtfragen. Dabei kann es politisch ebenso interessant sein eine Kompetenz zu haben, wie auch, sie nicht zu haben. Dies hängt davon ab, welche Gestaltungsmöglichkeiten man in den einzelnen Gebieten hat. Zuständigkeiten, die unpopuläre Maßnahmen verlangen, sieht man lieber in den Händen der jeweils gegenbeteiligten Gebietskörperschaft. Jene Zuständigkeiten, die einem die Möglichkeit geben zu tun, was man tun möchte, akzeptiert man gerne. Oftmals, und das sollte auch nicht übersehen werden, entscheidet die Frage, welche Gebietskörperschaft zuständig ist, auch die Frage nach den Inhalten der zu setzenden Rechtsnorm. Dies insbesondere dann, wenn die politischen Machtverhältnisse im Bund und dem jeweiligen Land unterschiedlich sind.

Die österreichische Bundesverfassung sieht nach dem Text der Verfassung eine Aufteilung der Staatsfunktionen „Gesetzgebung" und „Vollziehung" vor. Unter „Vollziehung" wird sowohl die Verwaltung als auch die Gerichtsbarkeit begriffen. Traditionell liegt aber bei der „Gerichtsbarkeit" ein deutliches Übergewicht aufseiten des Bundes, der lange Zeit diese Staatsfunktion, jedenfalls in ihrem formellen Sinn, alleine ausgeübt hat. Erst durch die Einführung der Landesverwaltungsgerichte haben die Länder Anteil an dieser Staatsfunktion. Unberührt von der Kompetenzverteilung bleibt die Stellung von Bund und Ländern als Träger von Privatrechten (Art 17 B-VG). Diese Bestimmung ist für die österreichische Verfassungs- und Verwaltungsrechtsordnung besonders bedeutsam. Sie konstituiert nämlich die Gebietskörperschaften Bund und Land als volle Privatrechtssubjekte. Dies ist eine besondere Eigentümlichkeit der österreichischen Verfassungsordnung. Sie bedeutet, dass weder der Bund noch die Länder an die Kompetenzverteilung gebunden sind, wenn und solange sie in den Formen des Privatrechts agieren. Eine solche Regelung ist, wie rechtsvergleichende Betrachtungen zeigen, keineswegs selbstverständlich.

Welche Auswirkung diese Bestimmung auf die österreichische Rechtsordnung hat, kann an einem Beispiel gezeigt werden, das sich des Rechtsvergleichs mit Deutschland bedient. Im Jahre 1960 versuchte man in Deutschland ein zweites Fernsehprogramm auf Bundesebene zu schaffen. Träger dieses Programms sollte eine „Deutschland-Fernsehen-GmbH" sein, in der die Bundesrepublik (der Bund) Mehrheitsgesellschafter war. Das Bundesverfassungsgericht hielt dies mit der deutschen Kompetenzordnung für unvereinbar, weil das Betreiben von Rundfunksendungen im Rahmen einer staatlichen Aufgabe nicht dem Bund, sondern den Ländern zustünde (BVerfGE 12, 205). In Österreich hätte sich, abgesehen von der Frage der konkreten Aufteilung der Kompetenzen, dieses Problem allein schon deshalb nicht gestellt, weil die Beteiligung an einer GmbH privatrechtlicher Natur ist und daher von der Kompetenzverteilung ausdrücklich ausgenommen wurde. Deshalb konnte sich auch in Österreich eine umfangreiche Verwaltung in den Formen des Privatrechts (die sogenannte „Privatwirtschaftsverwaltung"), mit allen daraus resultierenden Problemen entwickeln (vgl dazu Kapitel VIII.).

Tatsächlich aufgeteilt werden daher im Ergebnis die Kompetenzen zur Gesetzgebung und die Kompetenzen der Hoheitsverwaltung und die der Verwaltungsgerichtsbarkeit. Diese Aufteilung nimmt grundsätzlich der Bundesverfassungsgesetzgeber vor. Der Bundesverfassungsgesetzgeber besitzt daher die Kompetenz, über die Kompetenzen zu verfügen. Man spricht in diesem Zusammenhang davon, dass dem Bundesverfassungsgesetzgeber die Kompetenz-Kompetenz zukommt. Es gibt allerdings auch Fälle, in denen der Bundesgesetzgeber die Kompetenz-Kompetenz besitzt. Dies ist beispielsweise im Rahmen der Finanzverfassung der Fall.

Das österreichische Kompetenzrecht unterscheidet zwischen einer allgemeinen Kompetenzverteilung und der Verteilung von Kompetenzen für besondere Rechtsbereiche, wie beispielsweise dem Finanzwesen, dem Schulwesen oder dem Vergaberecht. Ziel der Kompetenzverteilung ist es, bestimmte Regelungsbereiche, auch „Kompetenzmaterien" genannt, der Gesetzgebung oder Vollziehung entweder des Bundes oder der Länder zuzuweisen. Auf diese Weise kann geklärt werden, welchem Gesetzgeber beispielsweise die Regelung des Gewerberechts oder des Baurechts zufällt und welche Gebietskörperschaft diese Regelungen zu vollziehen hat.

b. Die „allgemeine" Kompetenzverteilung

Bei Zuweisung einzelner Kompetenzmaterien im Rahmen der allgemeinen Kompetenzverteilung geht die Verfassung nicht so vor, dass sie die einzelnen Kompetenzmaterien auflistet und dann entscheidet, wessen Gesetzgebungs- oder Vollzugsbereich sie zugeordnet werden, sondern sie unterscheidet vier Haupttypen der Kompetenzzuordnung, und zwar jene Fälle, in denen

- die Gesetzgebung und die Vollziehung Bundessache (Art 10 B-VG),
- die Gesetzgebung Bundessache und die Vollziehung Landessache (Art 11 B-VG),
- die Grundsatzgesetzgebung Bundessache, die Ausführungsgesetzgebung und die Vollziehung Landessache (Art 12 B-VG)
- die Gesetzgebung und die Vollziehung Landessache (Art 15 B-VG) sind.

Die einzelnen Materien werden durch die Verfassung diesen Haupttypen der Kompetenzverteilung zugeordnet. Dabei ist die Auflistung der Bundeskompetenzen im Rahmen der allgemeinen Kompetenzverteilung taxativ, das heißt abschließend, geregelt. Art 15 B-VG bestimmt, dass alle Kompetenzen, die nicht ausdrücklich dem Bund zugewiesen wurden, bei den Ländern verbleiben. Diese Anordnung, die eine Art Generalklausel für die Länder bedeutet, erweckt den Eindruck einer besonders länderfreundlichen Form der Kompetenzverteilung. Wahr ist demgegenüber aber, dass das Schwergewicht der Regelungszuständigkeiten eindeutig beim Bund liegt. Die meisten und inhaltlich bedeutendsten Angelegenheiten fallen nämlich unter Art 10 B-VG. In Art 10 B-VG finden sich so bedeutsame Materien wie etwa die äußeren Angelegenheiten, das Zivilrechtswesen, nahezu das gesamte Sicherheitswesen, die Angelegenheiten des Gewerbes und der Industrie, das Verkehrswesen bezüglich der Eisenbahnen und der Luftfahrt, das Kraftfahrwesen, das Forstwesen und das Wasserrecht, weite Teile des Arbeitsrechts, das Sozialversicherungswesen, das Gesundheitswesen, militärische Angelegenheiten und vieles andere mehr. Darüber hinaus ist die Geschichte des Kompetenzrechts, mit wenigen Ausnahmen, auch die Geschichte der Übertragung von zusätzlichen Kompetenzen auf den Bund. Grenzen dafür können sich allenfalls aus dem bundesstaatlichen Verfassungsprinzip ergeben; die österreichische Verfassungsdogmatik hat in diesem Zusammenhang bereits von einer „schleichenden" Gesamtänderung der Bundesverfassung gesprochen (vergleiche dazu Kapitel II.).

In die Gesetzgebung des Bundes und die Vollziehung der Länder fallen beispielsweise das Staatsbürgerschaftsrecht und die Straßenpolizei. Bemerkenswert ist in diesem Zusammenhang, dass bei Vollziehung der Straßenpolizei Bundesbehörden, nämlich die Landespolizeidirektionen, mitwirken. Hiezu bedarf es einer übereinstimmenden Gesetzgebung von Bund und Ländern, einer sogenannten „paktierten" Gesetzgebung. Die Grundsatzgesetzgebung steht dem Bund etwa im Bereich des Rechts der Heil- und Pflegeanstalten und des Pflanzenschutzes zu. Erlässt der Bund ein Grundsatzgesetz, so sind die Länder verpflichtet, entsprechende Ausführungsgesetze zu erlassen. Besteht keine grundsätzliche Regelung des Bundes, so dürfen die Länder die Angelegenheit selbst regeln.

Zu den Angelegenheiten der Landesgesetzgebung zählen etwa das Baurecht, das Jagdrecht und das Gemeindeorganisationsrecht. Wenn es zur Regelung des Gegenstandes erforderlich ist, dürfen die Länder ausnahmsweise auch zivil- und strafrechtliche Regelungen erlassen.

Die Zuweisung der einzelnen Kompetenzmaterien zu den Typen der Kompetenzverteilung erfolgt exklusiv. Das bedeutet, dass nach dem Konzept der Bundesverfassung die Zuständigkeit für eine bestimmte Materie ausschließlich und eindeutig festgelegt wird. Es ist nach dem österreichischen Kompetenzrecht grundsätzlich nicht denkbar, dass für eine bestimmte Materie sowohl der Bund als auch das Land zuständig sein könnten. Manche Bundesstaaten, wie im Übrigen auch die Europäische Union, kennen demgegenüber sogenannte „konkurrierende" Kompetenzen. Das bedeutet, dass in einem Regelungsbereich sowohl der Oberstaat als auch die Gliedstaaten Regelungen setzen dürfen, und zwar zumeist abhängig davon, welche Bedeutung die zu regelnden Fragen für die Allgemeinheit haben. Im Rahmen solcher Kompetenzen gilt dann beispielsweise das Subsidiaritätsprinzip, das besagt, dass die jeweils kleinere Einheit zur Regelung zuständig ist, sofern die Regelung nicht auf der höheren Ebene zu treffen ist, weil das für die Allgemeinheit aus Gründen der Bedeutung der Angelegenheit, der Wirtschaftlichkeit, der Effektivität oder Ähnlichem günstiger ist. Die österreichische Kompetenzverteilung kennt ein solches Subsidiaritätsmoment nur in den wenigen Fällen der „Bedarfsgesetzgebung". So werden beispielsweise im Rahmen des Verwaltungsverfahrens und des Verwaltungsstrafrechts Angelegenheiten zur Bundessache, wenn ein Bedürfnis nach Erlassung einheitlicher Vorschriften besteht. Von diesen wenigen Ausnahmen abgesehen ist die österreichische Bundesverfassung von einer starren, statischen Zuweisung von Materien zu den jeweiligen Gesetzgebungs- und Vollzugskompetenzen geprägt.

Dies verhindert nicht, dass sich in der Verfassungsdogmatik Kompetenzmaterien konstruieren lassen, die teilweise dem Bund und teilweise den Ländern zufallen. Man nennt solche

Materien „Querschnittsmaterien". Diese Querschnittsmaterien sind Kompetenztatbestände, die die Verfassung selbst nicht kennt, sondern die eine Schöpfung der Rechtsdogmatik oder Rechtspolitik sind. So kann man sich etwa fragen, welche Gebietskörperschaften in Österreich zur Regelung von Fragen des „Umweltschutzes" oder der „Raumordnung" zuständig sind. Die Verfassung kennt weder den Kompetenztatbestand „Umweltschutz" noch den Kompetenztatbestand „Raumordnung". Es lässt sich aber feststellen, dass einzelne Materien, die dem Bund zugewiesen sind, Elemente des Umweltschutzes und der Raumordnung enthalten. Jene Elemente, die nicht dem Bund zugewiesen wurden, verbleiben konsequenterweise bei den Ländern. Konstruiert man daher einen Kompetenztatbestand „Umweltschutz", so liegt dieser quer zur Kompetenzverteilung und bildet damit dogmatisch eine „Querschnittsmaterie".

Manche Regelungsbereiche werden vom Kompetenzrecht nicht ausdrücklich erwähnt. So geht man etwa davon aus, dass der Gesetzgeber, der zuständig ist, eine bestimmte Materie zu regeln, auch zuständig ist, die nötigen Verfahrensbestimmungen zu erlassen. Die vorhin erwähnte Kompetenz zur Erlassung einheitlicher Vorschriften setzt eben den Bedarf danach voraus; ist dieser nicht gegeben, steht die Regelung des Verfahrens dem Materiengesetzgeber kraft „Adhäsion" zu.

Auch wenn die Verfassungsordnung die einzelnen Kompetenzmaterien exklusiv entweder dem Bund oder den Ländern zuspricht, so bedeutet das nicht, dass nicht im Einzelfall mehrere Regelungen, die noch dazu von unterschiedlichen Gebietskörperschaften stammen, auf einen Sachverhalt anzuwenden sein können. Dies ist deshalb so, weil die Verfassung abstrakte Kompetenzmaterien aufteilt, nicht aber festlegt, wer zur Regelung welchen Sachverhalts zuständig ist. Eine solche verfassungsrechtliche Regelung wäre im Übrigen sowohl unmöglich als auch unsinnig. Es kann daher sein, dass auf ein bestimmtes Vorhaben sowohl baurechtliche als auch gewerberechtliche Regelungen Anwendung finden. Es kann aber auch vorkommen, dass diese Regelungen Anforderungen an dieses Vorhaben stellen, die nicht zugleich miteinander erfüllbar sind. In diesen Fällen muss mittels Auslegung ermittelt werden, wie weit die Regelungskompetenzen der jeweiligen Gebietskörperschaften reichen.

c. Die Auslegung der Kompetenzbestimmungen

Zur Auslegung der Kompetenzbestimmungen hat sich in Österreich eine Methode entwickelt, die für das Verständnis der österreichischen Verfassungsordnung von besonderer Bedeutung ist, weil sie gelegentlich auch als allgemeine Methode der Verfassungsinterpretation propagiert wurde. In dieser Auslegungsmethode zeigen sich die spezifischen Charakteristika der österreichischen Verfassungsordnung vor dem Hintergrund des politischen Systems. Gemeint ist die Versteinerungsdoktrin, die vielerorts auch als „Versteinerungstheorie" bezeichnet wird und eine österreichische Besonderheit darstellt. Verständlich wird diese Art der Verfassungsinterpretation, die vor allem in der Zeit nach 1945 besondere Bedeutung erlangt hat, vor dem Hintergrund zweier Umstände. Zum einen betonte die Verfassungsdogmatik (und Judikatur) die Anknüpfung an der Verfassungsrechtslage der Zeit vor 1934 und zum anderen rückte der Kompromisscharakter des österreichischen Verfassungsrechts besonders in den Vordergrund: Der Zeitpunkt, an dem sich die beiden weltanschaulich so unterschiedlichen, für die Zukunft aber zur Zusammenarbeit verpflichteten politischen Lager geeinigt hatten, erlangte besondere Bedeutung für die Verfassungsinterpretation. Ein Abgehen von diesem erzielten Kompromiss sollte daher nicht durch (phantasievolle) juristische Interpretation, sondern nur durch neuerliche Einigung der politischen Lager – und das heißt durch eine neuerliche Verfassungsbestimmung – möglich sein. Da aufgrund der maßgeblichen politischen Einigung die Kompetenzverteilung endgültig erst am 1. 10. 1925 in Kraft treten konnte, wurde dieses Datum entscheidender Anknüpfungspunkt für die Interpretation der Kompetenztatbestände.

Der Inhalt der Kompetenzbestimmungen ist nach Maßgabe der Versteinerungsdoktrin anhand der unterverfassungsgesetzlichen Rechtsordnung zu ermitteln, die zum Zeitpunkt des Inkrafttretens der Kompetenzbestimmungen, das ist also im Regelfall der 1. 10. 1925, bestanden hat. Dies soll an einem Beispiel kurz erläutert werden. Wenn etwa der Gewerberechtsgesetzgeber des Jahres 1994 die gewerberechtliche Betriebsanlagenbewilligung auch für Sägewerke einführen wollte, wenn diese in der Form von landwirtschaftlichen Nebenerwerbsbetrieben geführt wurden, so stellte sich die Frage, ob der Kompetenztatbestand „Angelegenheiten des Gewerbes" solches erlaubte. In Konsequenz der Versteinerungsdoktrin ist der Begriff „Angelegenheiten des Gewerbes" anhand der einfachgesetzlichen Rechtslage zum Zeitpunkt des 1. 10. 1925 zu interpretieren. Die einfachgesetzliche Rechtslage zum erwähnten Zeitpunkt gibt daher dem Kompetenztatbestand seinen Inhalt und seine Grenzen.

Eine Analyse der Rechtslage zum 1. 10. 1925 ergibt zunächst, dass an diesem Tag die Gewerbeordnung aus 1859 in Kraft war. Das Kundmachungspatent zur Gewerbeordnung 1859 nahm landwirtschaftliche Nebenerwerbsbetriebe von der Geltung dieser Gewerbeordnung aus. In Konsequenz der Versteinerungsdoktrin liegt es nunmehr, diese Einschränkung des einfachen Gesetzes als Inhalt des Kompetenztatbestandes festzuschreiben. Daher hatte der Kompetenztatbestand „Angelegenheiten des Gewerbes" zum 1. 10. 1925 nicht den Inhalt, landwirtschaftliche Nebenerwerbsbetriebe dem Gewerberecht zu unterstellen. Aus diesem Grund durfte auch der Gewerberechtsgesetzgeber des Jahres 1994 dies nicht tun. Die vom Gesetzgeber vorgesehene Einbeziehung von Sägewerken, die in der Form von landwirtschaftlichen Nebenerwerbsbetrieben geführt wurden, in das gewerbliche Betriebsanlagenrecht widersprach damit der Kompetenzverteilung und war im Ergebnis verfassungswidrig (vergleiche dazu VfSlg 14.187/1995).

Wie bereits erwähnt, nimmt eine Auslegungsmethode, die den Gesetzgeber bewusst auf den historischen Rechtsinhalt festlegt, in Kauf, dass Gegenwartsprobleme nicht oder nur unzureichend gehört werden können, bzw ihre Lösungen auf einen neuerlichen Akt der Verfassungsgesetzgebung warten müssen. Es darf dann aber auch nicht verwundern, dass die österreichische Verfassung, insbesondere das Kompetenzrecht, immer wieder geändert oder ergänzt werden musste. Die zum Teil heftig beklagte Flut von Verfassungsbestimmungen war auch dem herrschenden Verfassungsverständnis geschuldet.

Allerdings haben die Verfassungsdogmatik und die Verfassungsgerichtsbarkeit dem Umstand, dass eine Versteinerungsdoktrin in ihrer reinen Form, so wie sie an dem Beispiel soeben erläutert wurde, den Gesetzgeber ausschließlich auf das historische Regelungsmaterial verpflichtet und damit zeitgemäße Lösungen selbst in Grenzbereichen unmöglich machen könnte, Rechnung getragen. Die Versteinerungsdoktrin wurde nämlich um den Aspekt der sogenannten „intrasystematischen Fortentwicklung" erweitert. Danach ist es bei der Interpretation des Kompetenztatbestandes erlaubt, über die durch die vorgefundenen historischen Regelungen gezogenen Grenzen dann hinauszugehen, wenn sich die beabsichtigte Neuregelung in irgendeiner Weise auf Teile des vorgefundenen historischen Rechtsmaterials zurückführen lässt, sei dies durch allfällige Ähnlichkeiten, sei dies aufgrund von Regelungszwecken oder Regelungsinteressen, die in historischen Regelungen verwirklicht wurden und die auch die beabsichtigte Neuregelung verwirklicht.

Als Beispiel mag dafür wiederum eine Regelung aus der Gewerbeordnung dienen, nach der durch entsprechende Verordnungen verboten werden kann, bestimmte Automaten, die vornehmlich Zuckerwerk und Ähnliches enthalten, im Umkreis von Schulen oder von Bushaltestellen, die hauptsächlich von Kindern benutzt werden, aufzustellen. Zweck der Regelung ist, Kinder vor unüberlegten Geldausgaben zu schützen. Auch für diese Regelung stellte sich die Frage, ob der Gewerberechtsgesetzgeber zu ihrer Erlassung zuständig gewesen ist. Im Sinne der Versteinerungsdoktrin war wiederum nach dem Regelungsstand zum 1. 10. 1925 zu fragen.

Es konnte festgestellt werden, dass die Gewerbeordnung 1859 keine vergleichbaren Bestimmungen enthielt. In konsequenter Anwendung der Versteinerungsdoktrin alleine hätte daher diese Regelung als kompetenzrechtswidrig eingestuft werden müssen. Das Institut der intrasystematischen Fortentwicklung führte aber zu einem anderen Ergebnis. Es war nämlich bereits für 1925 nachzuweisen, dass im Rahmen des Gewerberechts Verbote normiert waren, an Jugendliche Alkohol auszuschenken. Das Gewerberecht hatte 1925 daher bereits das Regelungsinteresse des Jugendschutzes zum Gegenstand. In Fortentwicklung dieses Regelungsinteresses war der Gesetzgeber des Jahres 1973 berechtigt, das Verbot des Aufstellens von Automaten im Rahmen der Gewerbeordnung zu regeln (vergleiche dazu VfSlg 10.050/1984).

Argumentationen, die sich auf die intrasystematische Fortentwicklung berufen, sind nicht immer leicht nachzuvollziehen. Dies liegt daran, dass in ihnen ein dezisionistisches Moment enthalten ist. So wird in diesem Zusammenhang nie begründet, auf welcher Abstraktionsstufe die Formulierung des Regelungsinteresses erfolgt, das dann intrasystematisch weiterentwickelt werden kann. Im diskutierten Beispiel kommt es nämlich entscheidend darauf an, ob das Regelungsinteresse ganz allgemein mit „Jugendschutz" oder aber, was für das Verbot des Alkoholausschanks wohl in erster Linie gegolten haben wird, mit „Schutz der Jugendlichen vor Gesundheitsgefährdungen" umschrieben wird. Im zweiten Falle, also einer tieferen Abstraktionsebene, würde auch die intrasystematische Fortentwicklung dazu führen, dass die getroffene Regelung des Verbots der Automatenaufstellung, das vom Interesse getragen war, Kinder vor unüberlegten Geldausgaben zu schützen, vom Kompetenztatbestand „Angelegenheiten des Gewerbes" nicht erfasst gewesen wäre. Formuliert man das Regelungsinteresse jedoch auf einer höheren Abstraktionenstufe, nämlich schlechthin dem Jugendschutz, dann kann man mithilfe der intrasystematischen Fortentwicklung die Kompetenzkonformität der fraglichen Regelung beweisen. Es gibt in der Tat Fälle, in denen der Verfassungsgerichtshof die intrasystematische Fortentwicklung so weit geführt hat, dass von der eigentlichen Versteinerung nicht mehr viel zu sehen war.

Noch stärker auf die dahinter stehenden Regelungsinteressen stellt jene Auslegungsmethode der Kompetenzbestimmungen ab, die als Gesichtspunktedoktrin beschrieben werden kann. Danach ist es möglich, dass ein Sachverhalt aus unterschiedlichen Gesichtspunkten regelungsbedürftig sein kann. Diese Auslegungsvariante führt nun zu dem bereits angesprochenen möglichen Problem, dass auf ein Vorhaben mehrere Regelungen Anwendung finden können, wobei deren Anforderungen miteinander nicht zugleich erfüllbar sind. So sind beispielsweise für den Bau einer Eisenbahntrasse jene Vorschriften maßgeblich, die sich auf den Kompetenztatbestand „Eisenbahnwesen" stützen können. Daneben können aber auch Regelungen Anwendung finden, die sich aus dem Kompetenztatbestand „Naturschutz" ableiten lassen (der Kompetenztatbestand „Naturschutz" besteht in dieser Form nicht in der Verfassung; er gehört ganz allgemein zu jenen Bereichen, die nach Art 15 B-VG den Ländern verblieben sind). Aus diesem Umstand kann ein Regelungskonflikt folgen, wenn beispielsweise die Festlegung einer Eisenbahntrasse nach den Bestimmungen des Eisenbahnrechts durch das Naturschutzrecht konterkariert werden könnte.

Für solche Konflikte hat der Verfassungsgerichtshof den Gedanken des Berücksichtigungsgebots entwickelt. Aus der Idee, dass auch die bundesstaatliche Kompetenzverteilung die Einheit der österreichischen Rechtsordnung nicht infrage zu stellen vermag, verbietet sich eine Inanspruchnahme der Kompetenzen, die die Regelungsinteressen der jeweils gegenbeteiligten Gebietskörperschaft zunichtemachen würde. Die Grenzen der Kompetenztatbestände sind daher in einer Weise zu ziehen, dass die Kompetenzen der anderen Gebietskörperschaft berücksichtigt werden. Unter dem Kompetenztatbestand „Naturschutz" dürfen daher nicht Regelungen getroffen werden, die mögliche Vorhaben, zu deren Regelung der Bund zuständig ist, praktisch vereiteln würden. Auf der anderen Seite dürften unter dem Kompetenztatbestand „Eisenbahnwesen" nicht Regeln erlassen werden, die jede landesgesetzliche Bemühung um den Naturschutz zunichtemachten.

d. Die „besondere" Kompetenzverteilung – die Finanzverfassung

Neben der allgemeinen Kompetenzverteilung trifft die Bundesverfassung besondere Regelungen für spezifische Rechtsgebiete. Dazu zählen etwa das Schulwesen, das Vergaberecht und die Finanzverfassung. Letztere ist für die bundesstaatliche Rechtsordnung von besonderer Bedeutung, entscheidet sich doch in ihrem Rahmen, welche Gebietskörperschaft primär über die Steuergelder verfügt. Für Österreich lässt sich feststellen, dass in der Tat der Bund jene Gebietskörperschaft ist, dem nicht nur die meisten Steuereinnahmen zufließen, sondern der es auch aufgrund der Regelungstechnik der Finanzverfassung in der Hand hat, darüber zu entscheiden, welche Gebietskörperschaft über welche Finanzmittel verfügt. Dies ist mit ein Grund, warum der österreichische Bundesstaat verhältnismäßig schwach ausgeprägt ist, und warum die entscheidenden Kompetenzen dem Bund zustehen. Größere Vorhaben kann nämlich nur jene Gebietskörperschaft verwirklichen, die auch über die entsprechenden Finanzmittel verfügt.

Das Finanz-Verfassungsgesetz (F-VG, BGBl 45/1948 idgF) kennt bestimmte Typen von Abgaben, nach denen sich die Zuständigkeit zur Gesetzgebung und Vollziehung richtet. Aufgabe des Bundesgesetzgebers ist es nunmehr, die einzelnen Abgaben den entsprechenden Typen zuzuordnen, womit er über die Zuständigkeit zur Gesetzgebung und Vollziehung bestimmt (er besitzt also in diesem Zusammenhang die Kompetenz-Kompetenz). Das Bundesgesetz, in dem diese Zuordnung – periodisch – vorgenommen wird, ist das Finanzausgleichsgesetz. Freilich gehen der Erlassung dieses Gesetzes eine Fülle von Verhandlungen mit den Ländern voraus, und der Bund ist bei Erlassung dieses Gesetzes auch in gewisser Weise an die Verhandlungsergebnisse gebunden.

3. Die Gesetzgebung der Länder

Die Gesetzgebung der Länder wird durch die Landtage ausgeübt. Diese werden vom Landesvolk (das sind all jene österreichischen Staatsbürgerinnen und Staatsbürger, die ihren Hauptwohnsitz im betreffenden Bundesland haben) nach den gleichen Grundsätzen, die für die Wahlen zum Nationalrat gelten, gewählt. Die Landesverfassungen dürfen dabei die Bedingungen zu den Landtagswahlen nicht enger ziehen als sie für die Wahlen zum Nationalrat festgelegt sind. (Das bedeutet etwa, dass für die Landtagswahlen kein höheres Wahlalter gelten kann als für die Nationalratswahlen; allerdings könnte der Landesverfassungsgesetzgeber vorsehen, dass auch jüngere Personen wahlberechtigt sind.) Nähere Bestimmungen werden in den Landesverfassungen und in den Landtagswahlordnungen getroffen.

Für die Mitglieder des Landtags gelten die gleichen Immunitätsbestimmungen wie für die Mitglieder des Nationalrats. Für die Erlassung eines Landesgesetzes bedarf es eines Beschlusses des Landtags. Die Frage der Beurkundung und Gegenzeichnung ist von den Landesverfassungen zu regeln; das Landesgesetz hat durch den Landeshauptmann im Landesgesetzblatt kundgemacht zu werden.

Während die Länder über die Institution des Bundesrats an der Bundesgesetzgebung beteiligt sind, wirkt umgekehrt der Bund an der Landesgesetzgebung durch die Bundesregierung mit. Diese Mitwirkung, die früher ganz allgemein galt, ist seit der Verfassungsnovelle 2012 (BGBl I 51/2012) auf einige wenige Fälle beschränkt. Mitwirkungsrechte gibt es etwa bei

Landesgesetzen, mit denen Landes- bzw Gemeindeabgaben geregelt werden, gegen die die Bundesregierung zur Wahrung von Bundesinteressen einen Einspruch erheben kann. Landesgesetzen, mit denen die Organisation der Behörden der allgemeinen staatlichen Verwaltung geändert oder Bundesorgane zur Mitwirkung an der Landesvollziehung berufen werden sollen, muss die Bundesregierung im Allgemeinen zustimmen.

4. Die Kooperation im Bundesstaat

Die Aufteilung der Kompetenzen zwischen Bund und Ländern bringt es mit sich, dass in manchen Angelegenheiten zur Erzielung sinnvoller Ergebnisse die Zusammenarbeit entweder zwischen Bund und Ländern oder den Ländern untereinander notwendig sein kann. Dafür steht den Gebietskörperschaften das Instrument zur Verfügung, untereinander Vereinbarungen über Angelegenheiten ihres jeweiligen Wirkungsbereichs zu schließen. Zum Abschluss solcher „Gliedstaatsverträge" sind aufseiten des Bundes je nach Gegenstand entweder die Bundesregierung oder einzelne Bundesminister ermächtigt. Wer vonseiten der Länder abschlussbefugt ist, bestimmt die jeweilige Landesverfassung. Soll durch solche Verträge auch die Gesetzgebung des Bundes gebunden werden, bedarf es einer entsprechenden Genehmigung durch den Nationalrat unter Mitwirkung des Bundesrats. Im Großen und Ganzen sind die Gliedstaatsverträge völkerrechtlichen Verträgen nachempfunden; abgesehen davon, dass für Vereinbarungen der Länder untereinander die Landesverfassungen anderes bestimmen können, sind die Grundsätze des völkerrechtlichen Vertragsrechts auch auf die Gliedstaatsverträge anzuwenden. Anders als dies bei Staatsverträgen der Fall ist, kann durch Gliedstaatsverträge kein unmittelbar anwendbares Recht erzeugt werden (vergleiche zu den völkerrechtlichen Verträgen näher Kapitel IX.).

VI. Die Organisation der Bundes- und Landesverwaltung

Gegenstand des folgenden Kapitels ist die Bundes- und Landesverwaltung, die auf der nachfolgenden Grafik (Abb 11) von den dunkelgrau hinterlegten Symbolen repräsentiert wird. Dargestellt werden jeweils die obersten Organe, das sind die Bundesregierung und die Landesregierung (der Bundespräsident als oberstes Verwaltungsorgan war bereits Gegenstand des IV. Kapitels), und die Strukturen des Verwaltungsaufbaus auf Bundes- und Landesebene, sowie die Einrichtung weisungsfreier Behörden.

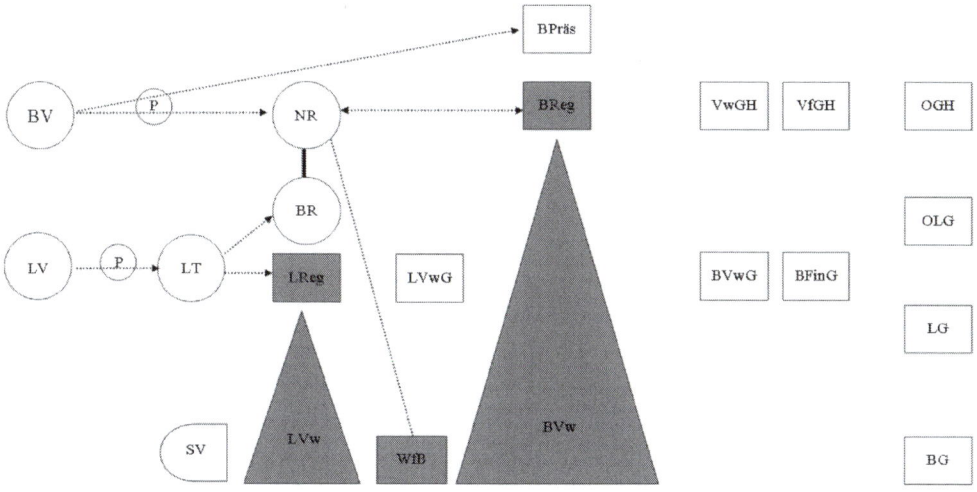

Abb 11: Bundes- und Landesvollziehung

1. Organisationsrechtliche Grundbegriffe

Um die Organisation der öffentlichen Verwaltung besser zu verstehen, ist es notwendig, sich einiger Grundbegriffe des Organisationsrechts zu vergewissern. Die Organisationslehre des Verwaltungsrechts knüpft zunächst an die Lehre von der juristischen Person an. Rechtsordnungen, die dem Grundsatz der Menschenwürde verpflichtet sind, betrachten alle Menschen (natürliche Personen) als Trägerinnen oder Träger von Rechten und Pflichten und damit als Rechtssubjekte. In diesem Sinne kann in einem Fallbeispiel die Rede davon sein, dass die Person A berechtigt ist, von der Person B einen bestimmten Geldbetrag zu erhalten und die Person B verpflichtet ist, der Person A diese Summe auch zu bezahlen.

Die Rechtsordnungen anerkennen allerdings nicht nur die Rechtssubjektivität von Menschen. Sie schreiben diese Fähigkeit, Trägerin von Rechten und Pflichten zu sein, auch Gebilden zu, die man „juristische Personen" nennt. So können sich zum Beispiel Menschen zu einem Verein zusammenschließen. Ein solcher Verein kann dann selbst Zurechnungspunkt von Berechtigungen und Verpflichtungen sein, die von den Berechtigungen und Verpflichtungen seiner Mitglieder streng zu unterscheiden sind. In diesem Sinne kann man dann beispielsweise sagen, dass das Mitglied A verpflichtet ist, dem Verein einen bestimmten Mitgliedsbeitrag zu bezahlen und dass der Verein berechtigt ist, diesen zu fordern. „Der Verein" ist dabei selbst Zurechnungspunkt für die entsprechenden Berechtigungen und Verpflichtungen. Die genannte Verpflichtung des Mitglieds zur Bezahlung des Beitrags besteht daher rechtlich nicht gegenüber jedem Einzelnen der anderen Mitglieder (es kann daher nicht ein beliebiges anderes Mitglied das Mitglied A bei Säumigkeit der Beitragsleistung klagen), sondern gegenüber dem Verein als Gesamtheit. Es gibt eine Reihe von Theorien, die das Phänomen der juristischen Person erklären wollen, auf die hier aber nicht näher eingegangen wird. Wesentlich erscheint aber, dass Gebilde, die als juristische Personen anerkannt werden, eigene Interessen verfolgen können, die von den Interessen der einzelnen Mitglieder unterschieden werden müssen.

Die Rechtsordnung kann nun unterschiedliche Anknüpfungspunkte dafür wählen, wann sie einem Gebilde Rechtspersönlichkeit verleiht. Im Beispiel des Vereins ist es eine Personengemeinschaft oder ein Personenverband. Die Rechtsordnung kann diese Eigenschaft auch einer Sachgesamtheit verleihen, worunter Anstalten und Fonds fallen. Der Unterschied zwischen diesen beiden besteht darin, dass Anstalten Einrichtungen sind, mit denen Sachen oder Dienstleistungen für Benutzerinnen und Benutzer zur Verfügung gestellt werden, und Fonds Einrichtungen zur Verwaltung von Geldmitteln oder anderen Vermögenswerten. Juristische Personen können auf einem privatrechtlichen Willensakt beruhen: Dann sind sie juristische Personen des Privatrechts. Da allerdings die Rechtssubjektivität etwas ist, was juristischen Personen von der Rechtsordnung ausdrücklich verliehen wird, können sich Bürgerinnen und Bürger nicht zu beliebigen juristischen Personen zusammenschließen oder solche gründen, sondern müssen dafür strenge gesetzliche Vorgaben erfüllen. Juristische Personen können auch durch einen öffentlich-rechtlichen Rechtsakt begründet werden: Dann sind sie juristische Personen des öffentlichen Rechts.

Eine juristische Person, die ja ein gedankliches Gebilde beziehungsweise ein durch die Rechtsordnung geschaffener Anknüpfungspunkt für Rechte und Pflichten ist, ist nicht in der Lage, selbst zu handeln (und damit etwa konkrete Berechtigungen oder Verpflichtungen einzugehen). Sie benötigt dafür Organe. Alle juristischen Personen handeln also durch ihre Organe. In den Satzungen der juristischen Personen ist daher vorzusehen, wer ihre Organe sind und wie sie bestellt werden. Manchmal wird sprachlich noch unterschieden zwischen dem „Organ" als dauerhafte Einrichtung beziehungsweise als Bündel von Befugnissen und dem „Organwalter" als konkrete physische Person, die die Organstellung bekleidet. So können etwa die Statuten des im Beispiel genannten Vereins vorsehen, dass dieser einen „Vorsitzenden" hat, der ihn nach außen vertritt. In diesem Sinn ist „der Vorsitzende" eine dauerhafte Einrichtung, mit der bestimmte Befugnisse verbunden sind. Die Person X, die zur Vorsitzenden oder zum Vorsitzenden gewählt wird, ist dann nur „Organwalter" genauso wie die Person Y, die nach Ende der Amtszeit der Person X in das Amt gewählt wird. Handeln die Organe nun für diese juristische Person, dann berechtigen und verpflichten sie nicht sich selbst, sondern die juristische Person. Diese ist dann die Trägerin dieser Rechte und Pflichten oder kurz „der Rechtsträger". Hatte daher etwa die oder der Vorsitzende eines Vereins in dessen Namen ein Lokal für die jährliche Vereinsversammlung gemietet und bleibt die Zahlung der Miete aus, dann kann dafür primär nicht die oder der Vorsitzende in Anspruch genommen werden, sondern es haftet der Verein (was allerdings nicht ausschließt, dass die oder der Vorsitzende dem Verein einen allfälligen Schaden, den dieser durch ihre oder seine Handlung erleidet, ersetzen muss).

Die Organisation der staatlichen Verwaltung baut auf diesen Vorstellungen auf. Auch „der Staat" ist eine juristische Person; da Österreich ein Bundesstaat ist, gibt es nicht nur eine juristische Person, sondern den Bund und neun Länder, welche gleichermaßen juristische Personen des öffentlichen Rechts sind. Sie sind ebenso wie die Gemeinden „Gebietskörperschaften", weil ihre Anordnungsbefugnisse bzw die Ausübung öffentlicher Gewalt alle Personen betreffen kann, die sich in einem bestimmten Gebiet aufhalten und weil ihnen jene Personen angehören, die ein bestimmtes Naheverhältnis zu diesem Gebiet haben. Daneben gibt es noch eine Reihe anderer öffentlich-rechtlicher Körperschaften, die den Kreis ihrer Angehörigen nach anderen Merkmalen, beispielsweise beruflichen, abgrenzen (so gehören etwa einer Rechtsanwaltskammer, die eine solche Körperschaft öffentlichen Rechts darstellt, nur Personen an, die eine bestimmte berufliche Stellung erlangt haben). Körperschaften des öffentlichen Rechts sind übrigens im Regelfall Zwangsverbände: Ihnen gehört man kraft gesetzlicher Regelung an oder man wird gezwungen, ihnen beizutreten, wenn man eine bestimmte Tätigkeit ausüben will. Wer etwa in Österreich studieren möchte, ist gezwungen, der Österreichischen Hochschülerschaft beizutreten. Neben den öffentlich-rechtlichen Körperschaften existieren auch öffentlich-rechtliche Anstalten und Fonds. Sie alle sind Rechtsträger und benötigen Organe, die für sie handeln.

Man kann alle diese Organe als „Verwaltungsorgane" bezeichnen. Jene Organe, die durch ein Gesetz die Rechtsmacht eingeräumt bekommen haben, Hoheitsakte zu setzen (vgl dazu Kapitel VIII.), bezeichnet man als „**Behörden**". „Behörden" sind dabei nicht notwendig räumliche Einheiten; ihre Mitarbeiterinnen und Mitarbeiter können auf mehrere Gebäude verteilt sein. Es ist auch denkbar, dass in einem Amtsgebäude Mitarbeiterinnen und Mitarbeiter, die in benachbarten Dienstzimmern arbeiten, jeweils unterschiedlichen Behörden angehören. Was die Einheit der Behörde ausmacht, sind allein die organisatorischen Beziehungen. Für die Bürgerinnen und Bürger nach außen sichtbar werden diese zumeist durch die Verwendung eines gemeinsamen Briefkopfes.

Da die staatliche Verwaltung von mehreren Verwaltungsorganen durchgeführt wird, was für Österreich schon ein Blick auf die Grafik (Abb 11) zeigt, ist es wichtig zu beachten, dass diese jeweils nur für bestimmte Sachfragen beziehungsweise nur für einen bestimmten räumlichen Bereich zuständig sind. Man spricht in diesem Zusammenhang von der **„sachlichen"** **und „örtlichen" Zuständigkeit** eines Verwaltungsorgans. Überschreitet ein Verwaltungsorgan seinen Zuständigkeitsbereich, dann knüpft die Rechtsordnung daran bestimmte Folgen (etwa, dass solche Akte unbeachtlich sind oder dass sie angefochten und behoben werden können). Verwaltungsorgane können von sich aus ihre Zuständigkeiten nicht auf andere Verwaltungsorgane übertragen, außer die Möglichkeit der sogenannten „**Delegation**" wäre ihnen ausdrücklich gesetzlich eingeräumt. Die Rechtsordnung kennt Fälle, in denen die Zuständigkeit eines Verwaltungsorgans ohne dessen Willen auf ein anderes übergehen kann; diesen Zuständigkeitsübergang nennt man „**Devolution**". Verwaltungsorgane können entweder **monokratisch** oder **kollegial** eingerichtet werden. Von einem monokratischen Organ spricht man dann, wenn die rechtsrelevanten Entscheidungen von einer einzigen Person getroffen werden, also die Willensbildung einer einzigen Person maßgeblich ist. Ein Kollegialorgan liegt dann vor, wenn eine Entscheidung aus einer gemeinschaftlichen Willensbildung mehrerer Personen erwächst. Bei der Beurteilung, ob es sich um ein monokratisches Organ oder ein Kollegialorgan handelt, ist belanglos, wie viele Personen an der Entscheidung tatsächlich mitgewirkt haben. So ist der Bundesminister ein monokratisches Organ, auch wenn an dem von ihm erlassenen Bescheid ein ganzes Ministerium mitgewirkt haben mag. Denn maßgeblich für die Entscheidung ist allein der Wille des Bundesministers. Ihm wird diese Entscheidung zugerechnet, auch wenn er sie vielleicht in der Praxis gar nicht selbst getroffen hat, sondern eine von ihm ermächtigte Mitarbeiterin oder ein von ihm ermächtigter Mitarbeiter des Bundesministeriums, der Bundesminister sich dabei also vertreten hat lassen.

2. Das Weisungsprinzip

Art 20 B-VG bestimmt, dass unter der Leitung der obersten Organe des Bundes und der Länder ihnen untergeordnete Organe die Verwaltung führen. Damit wird schon von Verfassung wegen ein Anordnungszusammenhang von den obersten Verwaltungsorganen über alle

Organisationsstufen hinweg bis in die unterste Ebene der Verwaltungsorganisation konstituiert. Dadurch wird unterhalb der obersten Organe eine hierarchische Organisation geschaffen, die auch deshalb in der Grafik (Abb 11) durch ein Dreieck dargestellt ist. Das Mittel dieser Anordnungsbefugnisse ist die „Weisung".

Die Weisung ist nichts anderes als eine Anordnung (ein Befehl) eines Verwaltungsorgans an ein anderes. Durch die Weisung wird lediglich die Organstellung des Angewiesenen berührt, nicht aber in die subjektiven Rechte des jeweiligen Organwalters eingegriffen. Man spricht auch davon, dass die Weisung keine „Außenwirkung" hat. Sie ist eine rein verwaltungsinterne Norm. Sie kann an einen individuellen oder generellen Adressatenkreis gerichtet sein. Im zweiten Fall nennt man eine solche Weisung auch „Verwaltungsverordnung". Im Sprachgebrauch der Verwaltungsbehörden werden Weisungen auch oft als „Erlässe" bezeichnet. Mithilfe von generellen Weisungen oder Verwaltungsverordnungen werden allgemeine Auslegungsfragen oder Ermessensübungen der Verwaltung gesteuert. Individuelle Weisungen gehören zum alltäglichen Bürobetrieb von Verwaltungsbehörden und enthalten beispielsweise Anordnungen, welcher Akt von wem zu erledigen ist. (Vergleiche zur Abgrenzung der Weisung von anderen Handlungsformen der Verwaltung auch die Ausführungen in Kapitel VIII.)

Der tiefere, verfassungstheoretische Sinn dieses Weisungsprinzips liegt aber darin, die parlamentarische Kontrolle der Verwaltung effektiv zu ermöglichen. Wie bereits dargestellt, sind die einzelnen Bundesministerinnen und Bundesminister sowie die Bundesregierung dem Parlament gegenüber politisch wie rechtlich verantwortlich. Das Gleiche gilt für die Landesregierung gegenüber dem jeweiligen Landtag. Damit die einzelnen Regierungsmitglieder die Verantwortung für ihren jeweiligen Vollzugsbereich tatsächlich übernehmen können, müssen sie über eine entsprechende Einflussmöglichkeit verfügen. Etwaige Missstände innerhalb eines Vollzugsbereichs können nur dann dem jeweiligen Regierungsmitglied zum Vorwurf gemacht werden, wenn dieses die Möglichkeit besitzt, solche Missstände auch abzustellen. Das Mittel dazu ist die Weisung. In diesem Sinne soll das Weisungsprinzip die Gesetzestreue der Verwaltung garantieren. Das Weisungsprinzip stellt also einen demokratischen Verantwortungszusammenhang her.

Mittlerweile bestehen aber so zahlreiche Ausnahmen von diesem ursprünglichen Modell der Verfassung, dass man sich fast schon fragen kann, ob der weisungsgebundene Vollzug überhaupt noch den Regelfall ausmacht. Abgesehen davon, dass weisungsfreie Behörden jederzeit durch ein besonderes Verfassungsgesetz vorgesehen werden können, kennt Art 20 Abs 2 B-VG seit der Verfassungsnovelle 2008 (BGBl I 2/2008) eine Fülle von Zwecken, zu denen der (einfache) Bundes- und Landesgesetzgeber weisungsfreie Behörden einrichten darf (sie werden in der Abb 11 durch das Symbol „WfB" dargestellt). Ebenfalls außerhalb des Weisungszusammenhanges stehen die Selbstverwaltungsbehörden (dargestellt durch das Symbol „SV"), die ebenfalls mit der Verfassungsnovelle 2008 (BGBl I 2/2008) eine ausdrückliche verfassungsrechtliche Grundlage erhalten haben. Bis dahin gab es eine solche nur für die Gemeinden, die Einrichtung anderer war aber vom Verfassungsgerichtshof ausdrücklich akzeptiert worden.

Besondere Aufmerksamkeit hat die Rechtsdogmatik der gesetzwidrigen Weisung, vor allem jener, die politisch motiviert ist, gewidmet. Dabei ist festzuhalten, dass Verwaltungsorgane auch eine gesetzwidrige Weisung befolgen müssen, allerdings räumen ihnen die einschlägigen gesetzlichen Vorschriften ein, eine schriftliche Ausfertigung der Weisung zu verlangen. Darüber hinaus sieht schon die Verfassung vor, dass Verwaltungsorgane Weisungen, die entweder von einem unzuständigen Organ erteilt wurden oder deren Befolgung gegen strafgesetzliche Vorschriften verstoßen würde, ablehnen können.

Es kann im Einzelfall schwierig sein festzustellen, welches Verwaltungsorgan zur Erteilung einer Weisung „zuständig" ist. Dies hängt damit zusammen, dass sich der Weisungszusammenhang und damit die Über- und Unterordnung von Verwaltungsorganen nicht nur nach organisatorischen Zusammenhängen, sondern auch nach der Art der Verwaltungstätigkeit richten kann. Es kann also sein, dass ein Verwaltungsorgan mehrere übergeordnete Organe hat, je nachdem, in welchem Vollzugsbereich es tätig wird. Dies wird sich am leichtesten bei den Bezirksverwaltungsbehörden zeigen lassen (siehe dazu unten VI. 4.).

In der österreichischen Verfassungsdogmatik existieren mehrere Vorschläge, was unter einer „strafgesetzlichen Vorschrift" im Sinne des Art 20 Abs 1 B-VG zu verstehen ist. Sicher zählen dazu die Vorschriften des Strafgesetzbuches, also des gerichtlichen Strafrechts. Fraglich ist dabei allerdings schon, ob auch die sogenannten „echten Beamtendelikte", das ist beispielsweise der Amtsmissbrauch, dazugezählt werden sollen. Dies wird im Allgemeinen bejaht. Nicht unter den Begriff „strafgesetzliche Vorschriften" fallen allerdings nach überwiegender Meinung die Verwaltungsstraftatbestände. Die Chauffeurin oder der Chauffeur einer Bundesministerin oder eines Bundesministers beispielsweise, die oder der angewiesen wird, ein geltendes Tempolimit nicht zu beachten, muss eine solche Weisung befolgen, solange dadurch lediglich ein Verwaltungsstraftatbestand erfüllt wird. Reicht das Verhalten allerdings in den Bereich des gerichtlichen Strafrechts, dann kann die oder der Bedienstete die Befolgung der Weisung nicht nur ablehnen, sondern sie oder er muss dies auch tun. Durchgesetzt wird die Befolgung der Weisungen im Übrigen mithilfe des Disziplinarrechtes.

3. Die obersten Organe des Bundes

Zu den obersten Organen des Bundes zählt Art 19 B-VG den Bundespräsidenten, die einzelnen Bundesminister sowie die Staatssekretäre. Da dem Bundespräsidenten aufgrund seiner besonderen staatsrechtlichen Stellung bereits ein eigenes Kapitel gewidmet wurde (siehe Kapitel IV.), beschäftigt sich der folgende Abschnitt ausschließlich mit den anderen genannten Organen. Sie werden in der Grafik (Abb 11) durch das Symbol „BReg" verkörpert (auch wenn die Staatssekretäre formal nicht zur Bundesregierung zählen).

Aus dem Begriff des „obersten Organs" hat der Verfassungsgerichtshof einige verfassungsrechtliche Anforderungen abgeleitet, die mit dieser Stellung unmittelbar verbunden sind. Oberste Organe sind zwar selbst weisungsberechtigt, können aber rechtlich an keine Weisungen gebunden werden (anderes gilt allerdings für Staatssekretäre: Sie sind den jeweiligen Ministerinnen und Ministern zur Unterstützung beigegeben und an – allerdings ausschließlich – deren Weisung gebunden). Weiters dürfen ihre Entscheidungen nicht der Rechtmäßigkeitskontrolle anderer Verwaltungsorgane unterworfen sein. Wo dies ausnahmsweise gewünscht wird, bedürfte es einer verfassungsgesetzlichen Ermächtigung. Oberste Organe dürfen bei ihren Entscheidungen auch nicht an das Einvernehmen mit anderen Stellen gebunden werden, außer es würde sich dabei selbst um oberste Organe handeln: So sehen viele Gesetze vor, dass gewisse Vollzugshandlungen von zwei oder mehreren Bundesministern im Einvernehmen zu setzen sind. Verfassungsgesetzlich können freilich auch von dem in Rede stehenden Verbot Ausnahmen verfügt werden.

Der Bundeskanzler wird durch den Bundespräsidenten bestellt. Auf seinen Vorschlag werden alle übrigen Mitglieder der Bundesregierung vom Bundespräsidenten ernannt. Hatte nach der ursprünglichen Verfassungsrechtslage der Bundespräsident im Fall der zeitweiligen Verhinderung eines Mitglieds der Bundesregierung eine Vertretung zu bestellen, so sorgt heute das betreffende Regierungsmitglied selbst für seine Stellvertretung; dies ist lediglich dem Bundespräsidenten und dem Bundeskanzler zur Kenntnis zu bringen. Diese Kenntnisnahme entfällt sogar dann, wenn eine Vertretung notwendig wird, weil sich das betreffende Regierungsmitglied in einem anderen Mitgliedstaat der Europäischen Union aufhält. Ebenso unbürokratisch kann das Stimmrecht im Kollegialorgan Bundesregierung einem anderen Bundesminister übertragen werden, sofern dieser nicht schon zwei Stimmen führt. Auch seine Vertretung im Rat der Europäischen Union kann das jeweilige Regierungsmitglied selbst besorgen.

Das Amt des Bundeskanzlers oder des Bundesministers endet mit der Entlassung durch den Bundespräsidenten, wobei die Entlassung einzelner Bundesministerinnen und Bundesminister auf Vorschlag der Bundeskanzlerin bzw des Bundeskanzlers zu geschehen hat. Weiters endet das Amt durch Amtsenthebung nach einem erfolgreichen Misstrauensvotum oder bei freiwilliger Demission des Mitglieds.

Der Bundeskanzler, der Vizekanzler und die einzelnen Bundesminister bilden die Bundesregierung. Diese ist als Kollegialorgan eingerichtet. Die Bundesminister sind monokratische Organe. Die Geschäfte, die die Bundesregierung als Kollegium zu besorgen hat, sind eher allgemeiner und strategischer Natur: So beschließt die Bundesregierung über Gesetzesvorlagen, über die Anordnung der Wahl des Nationalrats und der Wahl des Bundespräsidenten, in den noch verbliebenen Angelegenheiten der Mitwirkung an der Landesgesetzgebung, über Anträge an den Verfassungsgerichtshof zur Einleitung von sogenannten abstrakten Normenkontrollverfahren (siehe zu diesem Begriff näher Kapitel XI. 5.) und anderes mehr. Selten ist die Bundesregierung dazu berufen, als Kollegialorgan Vollzugsakte zu setzen.

Beschlüsse der Bundesregierung kommen nur zustande, wenn sie in Anwesenheit von mehr als der Hälfte ihrer Mitglieder (vergleiche dazu Art 69 B-VG) einstimmig gefasst werden. Das Erfordernis der Einstimmigkeit lässt sich der Verfassung nicht unmittelbar entnehmen; da es für das Kollegialorgan Bundesregierung keine Geschäftsordnung gibt, würde eigentlich nach einer vom Verfassungsgerichtshof angewandten „Grundregel" das Beschlusserfordernis der einfachen Mehrheit gelten. Dennoch wird aber aus historischen Erwägungen – die Geschäftsordnung der Staatsregierung 1919 kannte das Prinzip der Einstimmigkeit – vertreten, dass Beschlüsse der Bundesregierung einstimmig zu fassen sind. Der politische Sinn dieser Einstimmigkeitsregel liegt wohl darin, in Koalitionsregierungen, bei denen ein Partner über mehr Mitglieder verfügt als der andere, zu verhindern, dass der an Mitgliedern stärkere Partner den Schwächeren überstimmen kann (was allerdings bei „kleineren" Koalitionsregierungen dem wesentlich kleineren Koalitionspartner einen überproportionalen Einfluss auf die Regierung sichert).

Die Vollzugskompetenzen obliegen in überwiegender Zahl den einzelnen Bundesministern. Der örtliche Wirkungsbereich der Bundesminister erstreckt sich zwar auf das gesamte Bundesgebiet, der sachliche Wirkungsbereich ist allerdings auf bestimmte Aufgaben beschränkt. Eine derartige arbeitsteilige Aufgliederung von Verwaltungsaufgaben bezeichnet man als Ressortsystem. Zu ihrer Unterstützung stehen den Bundesministerinnen und Bundesministern die Bundesministerien zur Verfügung. Deren Anzahl und Wirkungsbereich lässt sich dem Bundesministeriengesetz (BGBl 76/1986 idgF) entnehmen. Die innere Gliederung der Bundesministerien wird in einer Geschäftseinteilung getroffen, die von der jeweiligen Bundesministerin oder dem jeweiligen Bundesminister erlassen wird. Diese Geschäftseinteilung ist rechtlich gesehen eine Verwaltungsverordnung. Ein Bundesministerium muss zwingend in Sektionen und diese wiederum in Abteilungen gegliedert werden. Abteilungen können in Referate unterteilt werden, mehrere Abteilungen können zu einer Gruppe zusammengefasst werden. Man nennt diese Gliederungsebene in Anlehnung an die Betriebswirtschaftslehre „Linie". Zur unmittelbaren Unterstützung steht der Bundesministerin bzw dem Bundesminister ein Ministerbüro zu, das man, ebenfalls in der Begrifflichkeit der Betriebswirtschaftslehre beziehungsweise Verwaltungslehre, als Stabsstelle bezeichnet. Man spricht daher in der Verwaltungslehre davon, dass die Bundesministerien nach dem Stab-Linien-System gegliedert sind.

Der wesentliche Unterschied zwischen den beiden Einrichtungen, der Stabsstelle und der Linie, bestand traditionell darin, dass das Ministerbüro aus wenigen, zumeist engsten Vertrauten der Ministerin oder des Ministers gebildet wurde, die auch im Normalfall mit ihnen aus dem Amt ausschieden (außer sie wurden von ihren Nachfolgern übernommen), während die Linien traditionell aus Beamtinnen und Beamten oder – in zunehmendem Ausmaß – Vertragsbediensteten (vergleiche dazu unten VI. 8.) bestanden, die ihre Positionen über mehrere Legislaturperioden hinaus bekleideten. Bundesministerinnen und Bundesminister hatten daher vergleichsweise wenig Einfluss auf die personelle Zusammensetzung ihrer Ministerien. Aus diesem Grund konnte die Möglichkeit, eine Geschäftsordnung zu erlassen, mit der wenigstens in Maßen Umstrukturierungsmaßnahmen vorgenommen werden konnten, ein besonders wichtiges politisches Instrument darstellen, mit dem sich entsprechende Einflussmöglichkeiten sichern ließen. Da in zunehmendem Ausmaß Leistungsfunktionen nur noch befristet vergeben werden (können), beginnt sich dieser Unterschied zu relativieren, womit der Politik ein noch größerer Einfluss auf die Bürokratie ermöglicht wird.

4. Die Organe der Länder

Das oberste Organ der Landesverwaltung ist die Landesregierung. Sie ist vom Landtag zu wählen und besteht aus dem Landeshauptmann, der erforderlichen Anzahl von Stellvertretern und Landesräten, deren Anzahl in den Landesverfassungen festgelegt wird. Als oberstes Organ besitzt die Landesregierung eben jene Rechtsstellung, die schon in Zusammenhang mit der Bundesregierung beschrieben wurde. Sie kann weder an Weisungen noch an die Willenserklärungen anderer Stellen gebunden werden.

Die Landesregierung ist ein Kollegialorgan, allerdings können einzelne Mitglieder (die Landesräte) mit der selbstständigen Besorgung bestimmter Aufgaben betraut werden. Die Einführung eines Ressortsystems auch für die Landesregierung muss in den Landesverfassungen vorgesehen sein, was auch tatsächlich der Fall ist.

Der Landeshauptmann führt den Vorsitz in der Landesregierung, vertritt das Land nach außen, hat die Landesgesetze kundzumachen und ist Vorstand des Amts der Landesregierung. Schon allein dadurch kommt ihm eine gewisse hervorgehobene Stellung im Rahmen der Landesregierung zu, in der er ansonsten aber nur „primus inter pares" ist. Die besondere Bedeutung des Landeshauptmanns erklärt sich allerdings im Hinblick auf seine Stellung im Rahmen der mittelbaren Bundesverwaltung (siehe dazu sogleich VI.5.)

Unterstützt wird die Landesregierung beziehungsweise der Landeshauptmann oder die einzelnen Landesräte bei der Besorgung ihrer Aufgaben durch das Amt der Landesregierung. Dieses ist, ebenso wie die Bundesministerien, ein Hilfsapparat, der unter der Leitung des Landeshauptmanns steht. (Die Leitung des „inneren Dienstes" des Amts der Landesregierung obliegt einem Landesamtsdirektor.) Das Amt der Landesregierung gliedert sich in Abteilungen, die nach Bedarf in Gruppen zusammengefasst werden können. Das Nähere bestimmt auch hier eine Geschäftsordnung, die vom Landeshauptmann mit Zustimmung der Landesregierung erlassen wird. Soweit Geschäfte der mittelbaren Bundesverwaltung betroffen sind (vergleiche dazu sogleich Punkt 5.), ist außerdem die Zustimmung der Bundesregierung erforderlich. Obwohl das Amt der Landesregierung als Hilfsapparat konzipiert ist, kann es – überraschenderweise – ausnahmsweise in landesgesetzlichen Vorschriften als Behörde vorgesehen werden. Allerdings darf ihm diese Kompetenz nur unterhalb der Landesregierung zustehen.

Auf der Verwaltungsebene unterhalb der Landesregierung können eine Reihe von Landesbehörden eingerichtet werden, deren wichtigste die Bezirksverwaltungsbehörden sind. Sie sind entweder als Bezirkshauptmannschaften eingerichtet oder, als Organe von Städten mit eigenem Statut, als Magistrate. Die Bezirksverwaltungsbehörden sind monokratisch organisiert. An der Spitze der Bezirkshauptmannschaft steht ein Bezirkshauptmann, der von der Landesregierung ernannt wird und dem die Entscheidungen zugerechnet werden. Die Bezirkshauptmannschaft ist sozusagen nur das Hilfsorgan des Bezirkshauptmanns. Bemerkenswert ist, dass die Bezirksebene die einzige ist, auf der keine Wahlen stattfinden. Eine alte politische Forderung geht dahin, die Verfassung entsprechend abzuändern. Diese ist allerdings noch nie verwirklicht worden. Die Bezirksverwaltungsbehörde ist in einer Vielzahl von Angelegenheiten der Bundes- wie auch der Landesverwaltung, jedenfalls in allen Fällen, in denen keine besonderen Vollzugsorgane eingerichtet sind, die zur Vollziehung zuständige Verwaltungsbehörde. Die Bezirksverwaltungsbehörde gehört, ebenso wie die Landesregierung, der Landeshauptmann und im Übrigen auch die Bundesminister und die Bundesregierung zu den Behörden der allgemeinen staatlichen Verwaltung.

Dass die Bezirksverwaltungsbehörden im Bereich der Landesvollziehung der Landesregierung untergeordnet sind, bedeutet, dass die Landesregierung ein Weisungsrecht in allen Angelegenheiten der Landesverwaltung gegenüber den Bezirksverwaltungsbehörden besitzt. Dieses Verhältnis kann in einem einfachen grafischen Schema so dargestellt werden:

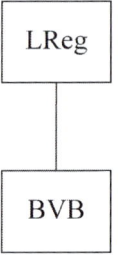

Abb 12: Landesverwaltung

Die senkrechte Linie symbolisiert in diesem Bild den Weisungszusammenhang. Die Landesregierung ist in der Terminologie des Verwaltungsorganisations- und des Verwaltungsverfahrensrechts in den Angelegenheiten der Landesverwaltung die „sachlich in Betracht kommende Oberbehörde" gegenüber der Bezirksverwaltungsbehörde. Die sachlich in Betracht kommende Oberbehörde ist also jene Behörde, die, im Regelfall mit dem Instrument der Weisung, auf die Entscheidungen der Unterbehörden Einfluss nehmen kann. In einigen Fällen (§ 68 AVG) ist sie auch berechtigt, Bescheide der Unterbehörde aufzuheben.

5. Die mittelbare und die unmittelbare Bundesverwaltung

Die Angelegenheiten der Vollziehung des Bundes, das sind jene Angelegenheiten, die dem Bund nach Art 10 B-VG auch zur Vollziehung zugewiesen wurden, fallen nach Art 102 B-VG entweder in die unmittelbare oder in die mittelbare Bundesverwaltung. Unter einer unmittelbaren Verwaltung versteht man, dass ein Rechtsträger seine Aufgaben durch seine eigenen Organe besorgt. Mittelbare Verwaltung liegt dann vor, wenn sich ein Rechtsträger zur Besorgung seiner Aufgaben der Organe anderer Rechtsträger bedient. Diese Organe der anderen Rechtsträger werden dann für den ursprünglichen Rechtsträger tätig, das heißt, sie können ihn berechtigen und verpflichten. Mittelbare Bundesverwaltung bedeutet daher, dass der Bund sich bei Besorgung seiner Verwaltungsaufgaben der Organe anderer Rechtsträger bedient. Die österreichische Bundesverfassung versteht allerdings unter „mittelbarer Bundesverwaltung" eine ganz besondere Form der mittelbaren Verwaltung des Bundes: Sie meint die Vollziehung des Bundes durch Landesbehörden, konkret durch den Landeshauptmann und die ihm unterstellten Behörden, das sind im Regelfall die Bezirksverwaltungsbehörden (soweit etwa Landespolizeidirektionen in erster Instanz mit der Vollziehung betraut sind, unterstehen auch diese in den Angelegenheiten der mittelbaren Bundesverwaltung dem Landeshauptmann).

Im Bereich der unmittelbaren Bundesverwaltung ist der Bund frei, eigene Bundesbehörden vorzusehen und einzurichten. Ein Beispiel für unmittelbare Bundesverwaltung ist die Finanzverwaltung. Diese wird, im Lichte der Reform durch das Abgabenänderungsgesetz 2003, BGBl I 124/2003, in Unterordnung unter den Bundesminister für Finanzen von den Finanzämtern besorgt. Für die Frage, welche Angelegenheiten in mittelbarer und welche in unmittelbarer Bundesverwaltung zu vollziehen sind, sieht Art 102 B-VG folgende Grundregel vor: Grundsätzlich sind alle Angelegenheiten der Bundesvollziehung im Wege der mittelbaren Bundesverwaltung zu besorgen, außer die entsprechenden Angelegenheiten werden in Abs 2 des Art 102 B-VG ausdrücklich genannt. In diesen Fällen kann der Bund die Angelegenheiten in unmittelbarer Bundesverwaltung besorgen, er ist dazu aber nicht verpflichtet: Er kann stattdessen den Landeshauptmann mit der Vollziehung des Bundes beauftragen. Sollen in Angelegenheiten, die nicht in Abs 2 des Artikels 102 B-VG genannt sind, Bundesbehörden eingerichtet werden, dann kann dies nur mit Zustimmung der beteiligten Länder geschehen.

Entscheidend für das Modell der mittelbaren Bundesverwaltung im Sinne der österreichischen Bundesverfassung ist, dass der Landeshauptmann auf der Ebene des Landes die Aufgaben der Bundesverwaltung besorgt. Der Landeshauptmann ist dabei dem jeweils sachlich zuständigen Bundesminister untergeordnet; dieser Bundesminister hat daher gegenüber dem Landeshauptmann ein Weisungsrecht. In einer einfachen Grafik lässt sich daher das System der mittelbaren Bundesverwaltung in Österreich wie folgt darstellen:

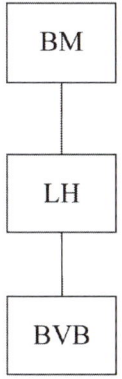

Abb 13: Mittelbare Bundesverwaltung

Die senkrechten Linien in diesem Bild symbolisieren wiederum den Weisungszusammenhang; der Bundesminister ist als oberstes Organ zugleich die höchste sachlich in Betracht kommende Oberbehörde. Der Landeshauptmann ist sachlich in Betracht kommende Oberbehörde gegenüber den Bezirksverwaltungsbehörden in Angelegenheiten der mittelbaren Bundesverwaltung (das bedeutet also, dass die Bezirksverwaltungsbehörden schon wenigstens zwei unterschiedliche sachlich in Betracht kommende Oberbehörden kennen: Im Bereich der Landesvollziehung ist es, wie vorhin gezeigt, die Landesregierung, im Bereich der mittelbaren Bundesverwaltung der Landeshauptmann). Welche Behörde im Rahmen der mittelbaren Bundesverwaltung tatsächlich zur Wahrnehmung einer Aufgabe bzw zur Erlassung eines Bescheides zuständig ist, bestimmt das jeweilige Gesetz. Je nach Bedeutung der Angelegenheit und allenfalls der regionalen Auswirkung der Entscheidung kann dies die Bezirksverwaltungsbehörde, der Landeshauptmann und in besonderen Fällen sogar der Bundesminister selbst sein.

Die Geschäftsordnung der Landesregierung kann vorsehen, dass Angelegenheiten der mittelbaren Bundesverwaltung wegen ihres sachlichen Zusammenhangs mit Angelegenheiten der Landesverwaltung von jenen Mitgliedern der Landesregierung besorgt werden, die für die betreffenden Angelegenheiten der Landesverwaltung zuständig sind. Allerdings erfolgt die Besorgung dieser Aufgaben im Namen des Landeshauptmanns. Der Landeshauptmann hat in diesen Angelegenheiten gegenüber den Mitgliedern der Landesregierung ein Weisungsrecht. Dadurch wird der Landeshauptmann, der im Rahmen der Landesregierung den Vorsitz führt, ansonsten aber ein gleichgestelltes Mitglied ist, gegenüber den Mitgliedern der Landesregierung in bestimmten Fragen weisungsberechtigt. Dieses Weisungsrecht gegenüber den Mitgliedern der Landesregierung räumt ihm eine besondere Stellung innerhalb der Landesregierung ein und trägt zum besonderen politischen Gewicht des Landeshauptmanns bei.

In der Debatte um die österreichische Bundesstaatsreform wurde vorgeschlagen, die mittelbare Bundesverwaltung, so wie sie heute besteht, aufzulösen und die Angelegenheiten dem Bereich der Landesvollziehung zu überantworten. Den Bundesministerinnen und Bundesministern sollte dann nur noch ein Aufsichtsrecht zukommen. Diese Reform hätte freilich auch Konsequenzen für die rechtliche Stellung des Landeshauptmanns. Sie ist, wie auch andere Teile der Bundesstaatsreform, bis heute nicht umgesetzt worden.

6. Die Sicherheitsverwaltung

Die besonderen Strukturen der Sicherheitsverwaltung, die eine Mischung aus unmittelbarer und mittelbarer Bundesverwaltung darstellen, gehen auf eine, vermutlich zunächst als provisorisch gedachte, Organisation zurück, die nach dem Zweiten Weltkrieg durch das Behörden-Überleitungsgesetz geschaffen wurde, als man die Kompetenzen der Reichsstatthalter „auf dem Gebiet des öffentlichen Sicherheitswesens" auf neu geschaffene Sicherheitsdirektionen in Unterordnung unter die beim Bundesministerium für Inneres (damals noch: Staatsamt für Inneres) eingerichtete Generaldirektion für öffentliche Sicherheit übertragen hatte (vergleiche dazu § 15 Behörden-Überleitungsgesetz, StGBl 94/1945). Im Jahre 1991 wurde dann dieses Organisationsmodell in die Verfassung selbst übernommen und mit den Artikeln 78a bis 78d in den Text der Bundesverfassung eingefügt. Mit der Verfassungsnovelle 2012 (BGBl I 49/2012) wurde dann die Organisation der Sicherheitsbehörden neu geregelt.

Oberste Sicherheitsbehörde ist demnach der Bundesminister für Inneres. Die Generaldirektion für öffentliche Sicherheit bildet eine Sektion dieses Ministeriums. Dem Bundesminister nachgeordnet sind die Landespolizeidirektionen, von denen es in jedem Bundesland eine gibt, und bei denen es sich trotz dieser Bezeichnung organisatorisch um Bundesbehörden handelt. Ihnen untergeordnet sind die Bezirksverwaltungsbehörden, die in den meisten Gebieten die zuständigen Sicherheitsbehörden sind. In manchen Gemeinden freilich ist die Landespolizeidirektion die zuständige Sicherheitsbehörde – dies wird in § 8 des Sicherheitspolizeigesetzes (SPG, BGBl 566/1991 idgF) näher geregelt; für Wien sieht dies allerdings schon die Verfassung selbst vor. Nach § 8 SPG besteht eine Zuständigkeit der jeweiligen Landespolizeidirektion darüber hinaus zurzeit für die Gemeindegebiete von Eisenstadt, Rust, Graz, Leoben, Innsbruck, Klagenfurt, Villach, Linz, Steyr, Wels, Salzburg, St. Pölten, Wiener Neustadt, Schwechat sowie die im Gebiet der Gemeinden Fischamend, Klein-Neusiedl und Schwadorf gelegenen Teile des Flughafens Wien-Schwechat. Das Organisationsmodell der Sicherheitsverwaltung kann daher in einer einfachen Grafik wie folgt dargestellt werden, wobei die vertikalen Linien wiederum die existierenden Weisungszusammenhänge symbolisieren (beachtenswert ist, dass die Bezirksverwaltungsbehörden einer weiteren sachlich in Betracht kommenden Oberbehörde, nämlich den Landespolizeidirektionen nachgeordnet sind):

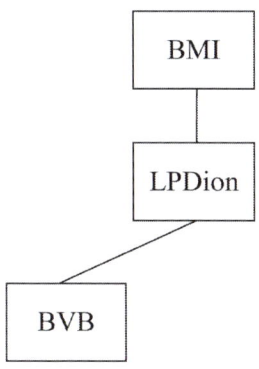

Abb 14: Sicherheitsverwaltung

Die Sicherheitsbehörden bedienen sich bei Besorgung ihrer Aufgaben eines „Wachkörpers", der Bundespolizei. „Wachkörper" sind bewaffnete oder uniformierte oder sonst nach militärischem Muster eingerichtete Formationen, denen Aufgaben polizeilichen Charakters übertragen sind. Angehörige der Bundespolizei werden für die Sicherheitsbehörden tätig und nehmen demnach bei der Besorgung dieser Sicherheitsaufgaben keine eigene Behördenzuständigkeit wahr.

Die Sicherheitsbehörden sind zur Besorgung der Sicherheitsverwaltung zuständig. Der Begriff der Sicherheitsverwaltung wird im Sicherheitspolizeigesetz näher definiert. Die Sicherheitsverwaltung besteht danach aus der Sicherheitspolizei, dem Pass- und Meldewesen, der Fremdenpolizei, der Überwachung des Eintritts in das Bundesgebiet und des Austritts aus ihm, dem Waffen-, Munitions-, Schieß- und Sprengmittelwesen sowie aus dem Pressewesen und den Vereins- und Versammlungsangelegenheiten. Bei den genannten Aufgaben handelt es sich um eine Reihe von polizeilichen Tätigkeiten.

Unter dem Begriff „**Polizei**" in einem materiellen, das heißt Verwaltungstätigkeiten beschreibenden Sinn, werden jene Aufgaben der Verwaltung erfasst, die typischerweise „Gefahrenabwehr" zum Gegenstand haben. Es kann sich dabei um die Abwehr von allgemeinen, im Sinne von unspezifizierbaren Gefahren handeln, die für Leib, Leben und Eigentum der Menschen drohen. Das Aufgabengebiet der allgemeinen Gefahrenabwehr wird mit dem Begriff der „Sicherheitspolizei" erfasst. Kompetenzrechtlich wird diese mit den Begriffen der „Aufrechterhaltung der öffentlichen Ruhe, Ordnung und Sicherheit sowie der ersten allgemeinen Hilfeleistungspflicht" (Art 10 Abs 1 Z 7 B-VG) umschrieben. Das Sicherheitspolizeigesetz regelt näher, wie diese Aufgaben zu besorgen sind. Die Sicherheitspolizei ist dann eine bloß

„örtliche", wenn sie im überwiegenden Interesse einer bloß örtlichen Gemeinschaft gelegen ist und diese auch geeignet ist, von ihr besorgt zu werden. Die Aufgaben der örtlichen Sicherheitspolizei werden von der Gemeinde wahrgenommen (vgl dazu Kapitel VII.). Dazu zählen etwa die Festlegung von Haustorsperren oder das Einschreiten gegen ungebührliche Lärmerregung. Nähere Regelungen treffen die Landespolizeigesetze oder die Gemeinden im Rahmen des selbstständigen Verordnungsrechts. Die örtliche Sicherheitspolizei ist damit von der Zuständigkeit der Behörden der Sicherheitsverwaltung ausgenommen.

Die Abwehr von Gefahren, die sich hingegen einer bestimmten Verwaltungsmaterie zuordnen lassen, sind Tätigkeiten, die man mit dem Begriff der Verwaltungspolizei umschreibt. In diesem Sinne gibt es eine Fülle von verwaltungspolizeilichen Vorschriften, die dem Begriff der Verwaltungspolizei zurechenbar sind; typisch gewerbepolizeilicher Art sind etwa die Bestimmungen über die Genehmigung von gewerblichen Betriebsanlagen, typisch baupolizeilicher Art sind jene Regelungen in den Bauordnungen der Länder, die die Errichtung von Bauwerken einer Bewilligungspflicht unterwerfen oder Bestimmungen über den Abbruch von einsturzgefährdeten Bauwerken kennen. Die Gefahrenabwehr wird sowohl präventiv als auch repressiv betrieben. In präventiver Hinsicht sind vor allem Genehmigungs- oder Untersagungsvorbehalte (oder manchmal auch nur reine Meldepflichten) genuin polizeiliche Maßnahmen. In repressiver Hinsicht zählen dazu Beseitigungsaufträge, Verwaltungsstrafen oder, insbesondere bei Gefahr im Verzug, Maßnahmen unmittelbarer verwaltungsbehördlicher Befehls- und Zwangsgewalt (vgl dazu Kapitel VIII.).

Das Sicherheitspolizeigesetz weist der Sicherheitsverwaltung eine Reihe von verwaltungspolizeilichen Aufgaben zu, und zwar jene, die in § 2 Abs 2 neben der Sicherheitspolizei genannt sind und vorhin wiedergegeben wurden. Die Behörden der Sicherheitsverwaltung werden in einem organisatorischen oder formellen Sinn als „Polizei" verstanden. Aus dem soeben Ausgeführten folgt aber, dass nicht alle Maßnahmen der Verwaltungspolizei den Sicherheitsbehörden übertragen wurden, dass also nicht die gesamte Polizei in materiellem Sinn von der Polizei in formellem Sinn besorgt wird.

7. Die Militärverwaltung

Militärische Angelegenheiten sind nicht nur nach Art 10 B-VG Bundessache in Gesetzgebung und Vollziehung, sie können gemäß Art 102 B-VG auch unmittelbar von Bundesbehörden besorgt werden. Art 79 B-VG sieht die Einrichtung eines Bundesheers vor. Grundsätzlich bestehen zwei Möglichkeiten, die Stellung des Militärs (Bundesheers) im System der Staatsgewalten zu organisieren. Entweder kann das Heer weitgehend isoliert und unabhängig von der übrigen Staatsorganisation eingerichtet werden, so wie es zu Zeiten der Monarchie der Fall war. Zum anderen kann das Heer als Teil der allgemeinen Verwaltung des Staates und in gleicher Weise wie diese rechtlich konstruiert werden. Die republikanische Verfassung hat sich für den zweiten Weg entschieden. Das bedeutet beispielsweise, dass der Oberbefehl über das Bundesheer vom Bundespräsidenten geführt wird und damit nicht von einem Militärorgan.

Über den Einsatz des Heeres können nur politische Verantwortungsträger verfügen. Die Verfügungsbefugnis ist aufgeteilt zwischen dem Bundespräsidenten und dem jeweils zuständigen Bundesminister. Die Verfügungsbefugnisse des Bundespräsidenten beschränken sich allerdings auf ganz wenige im Wehrgesetz (BGBl I 146/2001 idgF) vorgesehene Fälle. Die wesentliche Verfügungsbefugnis liegt daher beim zuständigen Bundesminister, der sich dabei im Rahmen einer ihm von der Bundesregierung erteilten Ermächtigung bewegt. Die Befehlsgewalt über das Bundesheer und damit die Kompetenz, den Heeresangehörigen Weisungen zu erteilen, liegt beim zuständigen Bundesminister, zurzeit beim Bundesminister für Landesverteidigung. Die Abgrenzung der drei Leitungsbefugnisse – Oberbefehl, Verfügungsbefugnis und Befehlsgewalt – ist im Detail schwierig.

Die Eingliederung des Bundesheeres in die übrige Verwaltungsorganisation zeigt sich auch daran, dass die Akte, die von Heeresangehörigen gesetzt werden können, sich in das System der Verwaltungshandlungen (siehe dazu näher Kapitel VIII.) eingliedern lassen. So ist der militärische Befehl im Regelfall nichts anderes als eine Weisung, der Einberufungsbefehl nichts anderes als ein Bescheid und einzelne Handlungen sind als Ausübung unmittelbarer verwaltungsbehördlicher Befehls- und Zwangsgewalt zu deuten.

Die Aufgaben des Bundesheeres bestehen nicht nur in der militärischen Landesverteidigung. Darüber hinaus kann das Bundesheer von den zivilen Verwaltungsorganen auch zum Schutz der verfassungsmäßigen Einrichtungen und ihrer Handlungsfähigkeit sowie der demokratischen Freiheiten der Bevölkerung, zur Aufrechterhaltung der Ordnung und Sicherheit im Inneren überhaupt sowie zur Hilfeleistung bei Unglücksfällen außergewöhnlichen Umfangs herangezogen werden. Weitere Aufgaben des Bundesheeres, wie zum Beispiel die Entsendung des Bundesheeres in Krisenregionen, werden durch Bundesverfassungsgesetze geregelt. Grundsätzliche Angelegenheiten der Heeresorganisation, so weit sie nicht ohnehin gesetzlich vorgesehen sind, bestimmt die Bundesregierung, im Übrigen ist dafür der Bundesminister für Landesverteidigung zuständig.

8. Die dienstrechtliche Stellung der Organwalter

Art 20 B-VG bestimmte in seiner ursprünglichen Fassung für lange Zeit, dass unter der Leitung der obersten Organe des Bundes und der Länder die Verwaltung von „auf Zeit gewählten Organen" oder „ernannten berufsmäßigen Organen" geführt werden sollte. Die Verfassung sah an dieser Stelle einen Dualismus von politischen Funktionären, das sind die auf Zeit gewählten Organe, und Beamten vor. Interessanterweise kamen „Vertragsbedienstete" in der ursprünglichen Fassung des Art 20 B-VG gar nicht vor. Dass es sie dennoch geben durfte, wurde der Verfassung lediglich unterstellt. Es hatte sie 1920 bereits gegeben und die Verfassung hatte sie nicht ausdrücklich verpönt.

Der wesentliche Unterschied zwischen Beamtinnen und Beamten und Vertragsbediensteten lag und liegt darin, dass das Dienstverhältnis ersterer öffentlich-rechtlicher Natur ist und mit Bescheid begründet wird. Das Dienstverhältnis der Vertragsbediensteten ist demgegenüber privatrechtlich organisiert und findet seine Grundlage im Abschluss eines Dienstvertrages. Das öffentlich-rechtliche Dienstverhältnis ist im Prinzip unkündbar. Es kann vonseiten der Beamtinnen und Beamten jederzeit durch Austritt gelöst werden, vonseiten der Gebietskörperschaft allerdings nur im Wege eines Disziplinarverfahrens. Das Disziplinarrecht ist im Übrigen auch das Instrument, um die Weisungsbindung der Beamtinnen und Beamten durchzusetzen. Beamtinnen und Beamte werden nach Erreichen der Altersgrenze mit Bescheid in den Ruhestand versetzt, sie bleiben aber „Beamte" und insbesondere auch dem Disziplinarrecht unterworfen.

Im Zuge der Ökonomisierungsbestrebungen innerhalb der Verwaltungsorganisation wurde das Rechtsinstitut des Berufsbeamtentums zugunsten des flexibleren Instituts der Vertragsbediensteten zurückgedrängt. In den meisten Verwaltungsbereichen soll es in Hinkunft nur noch Vertragsbedienstete geben und keine Beamtinnen und Beamten mehr. Um dieser Entwicklung auch auf Verfassungsebene Rechnung zu tragen, wurden mit der Verfassungsnovelle 2008 (BGBl I 2/2008) auch die Vertragsbediensteten als „vertraglich bestelltes Organ" ausdrücklich in den Art 20 B-VG aufgenommen. Die weitgehende Ersetzung von Beamtinnen und Beamten durch Vertragsbedienstete kann auch einen Einfluss auf das Verhältnis zwischen Verwaltung und Gesetzgebung haben. Die österreichische Bundesverfassung hat die Verwaltung der Gesetzgebung untergeordnet. Mit anderen Worten, der Einfluss der (Partei-)Politik auf die Verwaltung ist relativ hoch. Das Institut des Berufsbeamtentums, das der einzelnen Beamtin und dem einzelnen Beamten jedenfalls Kündigungsschutz vermittelte, konnte in diesem Zusammenhang durchaus eine gewaltenlimitierende Funktion ausüben. Ähnliches wird von Vertragsbediensteten nicht im selben Ausmaß zu erwarten sein.

9. Die Beleihung

Unter einer „Beleihung" versteht man die Übertragung von Aufgaben der Hoheitsverwaltung auf natürliche oder juristische Personen des Privatrechts, die diese Aufgaben dann im eigenen Namen und in eigener Verantwortung besorgen. Sie sind damit in einem funktionellen Sinn Behörden, ohne aber in den Organisationsapparat des Staates eingegliedert zu sein. Die Beleihung ist demnach auch eine Form der mittelbaren Verwaltung. Die österreichische Bundesverfassung kennt das Rechtsinstitut der Beleihung nicht ausdrücklich. Allerdings geht man davon aus, dass dieses Rechtsinstitut von der Verfassung gleichsam vorausgesetzt war, da es bereits 1920 Beleihungsverhältnisse gegeben hat und nicht angenommen wurde, dass die Verfassung diese beseitigen wollte. Es ist daher nach wie vor grundsätzlich möglich, Private mit der Besorgung hoheitlicher Aufgaben zu betrauen.

Allerdings sind einer solchen Betrauung verfassungsrechtliche Grenzen gesetzt: Sie muss dem allgemeinen Sachlichkeitsgebot entsprechen und in diesem Zusammenhang auch ökonomisch vernünftig sein, es dürfen lediglich einzelne Aufgaben übertragen werden und der Beliehene muss einem obersten Organ der Verwaltung unterstellt sein, das dem Parlament politisch und rechtlich verantwortlich ist. Außerdem dürfen keine Aufgaben aus dem Kernbereich der Verwaltung an Private übertragen werden. Zu diesem Kernbereich der Verwaltung gehören zum Beispiel die Ausübung von Strafgewalt, die Vorsorge für die Sicherheit nach innen und nach außen oder außenpolitische Kompetenzen (vgl dazu VfSlg 14.473/1996; 16.995/2003).

Klassische Beispiele für Beleihungen findet man etwa im Fall der Österreichischen Nationalbank, der besondere behördliche Befugnisse, die heute beispielsweise durch § 4 des Devisengesetzes 2004, BGBl I 123/2003, geregelt sind, übertragen wurden, oder der Notare, die die Befugnis eingeräumt bekommen haben, öffentliche Urkunden auszustellen. Polizeibefugnisse werden etwa durch private Jagd- und Fischereiaufsichtsorgane ausgeübt. Darüber hinaus lassen sich noch eine Fülle weiterer Beispiele finden, wie etwa die Organisation der Parkraumüberwachung in Wien oder die Ausstellung von Begutachtungsplaketten für Kraftfahrzeuge.

Umstritten ist, ob Beliehene den Weisungen der obersten Organe unterworfen sind. Der Verfassungsgerichtshof verlangt dies im Allgemeinen. Unabhängig davon, wie der Streit im Einzelnen zu entscheiden ist, muss jedenfalls klar sein, dass eine solche Weisungsbindung gegenüber Privaten nicht in gleicher Weise durchsetzbar ist wie gegenüber Verwaltungsbeamtinnen und -beamten. Dort stellt das Dienstrecht und vor allem das Disziplinarrecht geeignete Mittel bereit, die Weisungsbindung effektiv zu gestalten. Derartige Instrumente stehen aber gegenüber Privaten nicht zur Verfügung. Als Sanktion für die Nichtbefolgung von Weisungen käme allenfalls die Rücknahme der Beleihung infrage, die aber den obersten Verwaltungsbehörden dann nicht offensteht, wenn die Beleihung kraft Gesetzes erfolgte. Insofern ist also der Weisungszusammenhang zwischen den obersten Organen und Beliehenen auf jeden Fall abgeschwächt.

Die Debatte um die Grenzen der Beleihung hat sich in den letzten Jahren vor allem im Zusammenhang mit der sogenannten Privatisierung von Verwaltungsaufgaben in besonderer Weise entwickelt. „Privatisierung" kann dabei Unterschiedliches bedeuten. Zum einen kann darunter verstanden werden, dass der Staat bestimmte Aufgaben überhaupt nicht mehr besorgt, sondern sie voll und ganz Privaten überlässt. Diese Aufgaben werden dann auch mit den Mitteln des Privatrechts besorgt, eine staatliche oder öffentlich-rechtliche Ingerenz liegt dann nicht mehr vor. Andererseits können staatliche Aufgaben dadurch „ausgegliedert" werden, dass hoheitliche Befugnisse, wie eben im Fall der Beleihung, auf private Rechtsträger übertragen werden. Man verspricht sich durch eine derartige Vorgangsweise im Allgemeinen eine Entlastung der öffentlichen Haushalte. Ergebnis einer solchen Beleihung ist jedenfalls, dass die staatliche Verantwortung für die Aufgabenbesorgung vermindert wird: Wie gezeigt, ist in jedem Fall, selbst dann wenn man die Weisungsbindung der Beliehenen bejaht, der Weisungszusammenhang abgeschwächt, womit auch die Verantwortung der obersten Organe den Parlamenten gegenüber in der Sache deutlich reduziert wird. Wenn man bedenkt, welche Bedeutung dem Weisungszusammenhang für die Sicherung des demokratischen Verantwortungszusammenhangs der Verwaltung beigemessen wird, dann ist verständlich, warum der Verfassungsgerichtshof dem Rechtsinstitut der Beleihung Grenzen gezogen hat.

10. Weisungsfreie Bundes- und Landesorgane

Wie die Grafik (Abb 2), deren Strukturen den Ausführungen dieses Buches zugrunde liegen, deutlich macht, gibt es heute breit gefächerte Möglichkeiten, Aufgaben der Bundes- und Landesverwaltung außerhalb des Weisungszusammenhanges, und damit außerhalb der diesen symbolisierenden Dreiecke oder Pyramiden vorzusehen. Grundlage für die Einrichtung weisungsfreier Behörden („WfB") ist der, mit der Verfassungsnovelle 2008 (BGBl I 2/2008) neu gefasste Art 20 Abs 2 B-VG. Er kennt eine Fülle von Zwecken, zu denen solche weisungsfreien Behörden durch den einfachen Gesetzgeber vorgesehen werden dürfen. Weiters können auf Grundlage der Verfassung Selbstverwaltungseinrichtungen („SV") eingerichtet werden. Schließlich können Behörden weiterhin auch durch besonderes Verfassungsgesetz weisungsfrei gestellt werden (so zB der Unabhängige Parteien-Transparenz-Senat). Da den Selbstverwaltungsbehörden ein eigener Abschnitt gewidmet wird (Kapitel VII.), werden im Folgenden jene Behörden näher vorgestellt, die auf der Grundlage des Art 20 Abs 2 B-VG eingerichtet werden dürfen.

Ursprünglich war die Verfassung sehr restriktiv, was die Möglichkeiten betraf, Verwaltungsbehörden aus dem Weisungszusammenhang zu entlassen. Entweder bedurfte es einer eigenen Verfassungsbestimmung, oder der Behörde hatte wenigstens ein Richter anzugehören und sie war – ähnlich wie ein Gericht – zur Entscheidung von Streitfällen zuständig (sogenannte „Kollegialbehörden mit richterlichem Einschlag"). Sowohl der Verfassungsgesetzgeber als auch der einfache Gesetzgeber, zum Teil durch menschenrechtliche Anforderungen gezwungen (Art 6 EMRK), neigten aber dazu, immer mehr solcher Behörden vorzusehen. Weitergehende Verpflichtungen, die sich aus dem Unionsrecht ergaben, machten eine Neuordnung der Materie, schon aus Sicht des Verfassungsrechts, dringend erforderlich.

In diesem Sinne sieht Art 20 Abs 2 B-VG heute eine Vielzahl von Zwecken vor, zu denen auf einfachgesetzlicher Grundlage weisungsfreie Behörden vorgesehen werden dürfen. Beispielsweise ist dies für Organe möglich, die Sachverständigengutachten abgeben, die die Wahrung der Gesetzmäßigkeit der Verwaltung kontrollieren („Rechtsschutzbeauftragte"), Schieds-, Vermittlungs- und Interessenvertretungsaufgaben wahrnehmen, den Wettbewerb sichern sollen uvam. Ferner können solche Behörden weisungsfrei gestellt werden, wenn dies durch das Unionsrecht geboten ist. Darüber hinaus kann auch der Landesverfassungsgesetzgeber weitere Kategorien weisungsfreier Behörden schaffen. „Kollegialbehörden mit richterlichem Einschlag" gibt es hingegen nicht mehr. Sie fielen der Verwaltungsgerichtsbarkeitsreform zum Opfer und werden mit Wirksamkeit vom 1. 1. 2014 aufgelöst.

Als Ausgleich für den Entfall des Weisungsrechts und damit des demokratischen Verantwortungszusammenhanges ist allerdings ein Aufsichtsrecht der obersten Organe (Bundesminister oder Landesregierung) vorzusehen, das jedenfalls das Recht dieser enthält, sich über alle Gegenstände der Geschäftsführung unterrichten zu lassen. In bestimmten Fällen hat es auch das Recht zu umfassen, weisungsfreie Organe aus „wichtigen Gründen" abzuberufen. Darüber hinaus haben die sachlich zuständigen Ausschüsse des Nationalrats das Recht (Art 52 Abs 1a B-VG), die Leiterin oder den Leiter einer weisungsfreien Einrichtung vor den Ausschuss zu laden und sie oder ihn zu den Gegenständen der Geschäftsführung zu befragen. Dieses – dem englischen Parlamentsrecht – entlehnte Instrument bietet also einen gewissen Ersatz für die parlamentarische Kontrolle der Regierung bzw der jeweiligen Bundesministerin oder des jeweiligen Bundesministers, die oder der mangels Weisungsberechtigung die parlamentarische Verantwortung nicht (in vollem Umfang) übernehmen kann. Aus bundesstaatlichen Erwägungen gilt dieses Zitationsrecht – entgegen dem überschießenden Wortlaut der Verfassung – wohl nur gegenüber Leiterinnen oder Leitern von Bundeseinrichtungen.

VII. Selbstverwaltung

1. Begriff und Arten

Unter „Selbstverwaltung" versteht man die weisungsfreie Besorgung von öffentlichen Aufgaben durch eigene Rechtsträger. Diese Rechtsträger sind daher von Bund und Land zu unterscheiden; sie sind Körperschaften des öffentlichen Rechts und mit Zwangsmitgliedschaft ausgestattet. Sie besorgen öffentliche Aufgaben, wobei sie dies auch mit den Mitteln der Hoheitsverwaltung (siehe dazu näher Kapitel VIII.) tun. Sie sind dabei nicht an die Weisungen der Behörden der allgemeinen staatlichen Verwaltung gebunden. In der nachstehenden Grafik (Abb 15) sind Selbstverwaltungseinrichtungen mit dem – dunkelgrau unterlegten – Symbol „SV" dargestellt. Wie deutlich zu sehen ist, liegen sie neben den, die Bundes- und Landesverwaltung symbolisierenden Dreiecken, da sie aus dem Weisungszusammenhang herausfallen.

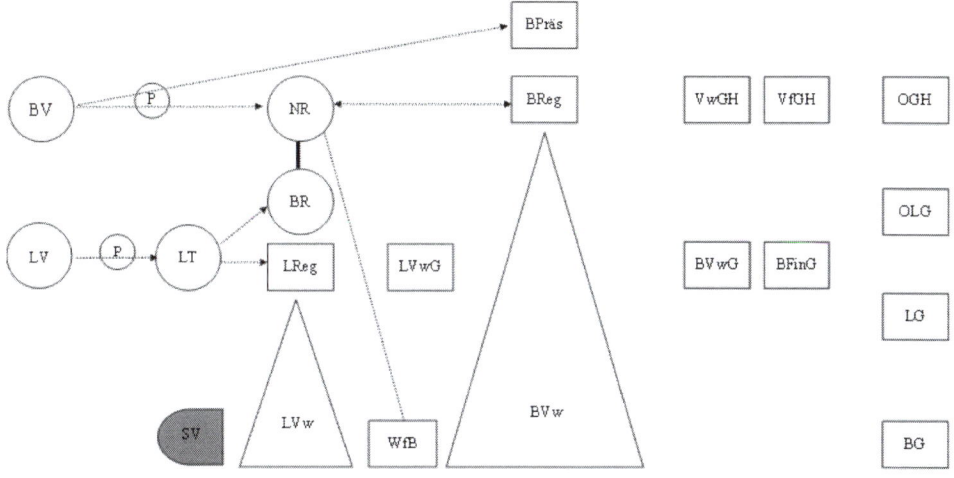

Abb 15: Selbstverwaltung

Das Herausfallen aus dem Weisungszusammenhang stellt, wie bereits mehrfach betont, ein besonderes Problem im Hinblick auf die demokratische Verantwortlichkeit der Verwaltungsträger dar. Wenngleich an die Stelle des fehlenden Weisungsrechts ein Aufsichtsrecht zu treten hat, das von den Behörden der staatlichen Verwaltung ausgeübt wird, haben die Organe von Selbstverwaltungseinrichtungen noch in besonderer Weise demokratisch legitimiert zu sein. Sie haben aus – direkten oder indirekten – Wahlen durch die Mitglieder des Selbstverwaltungskörpers hervorzugehen. (Dass die Organe von Selbstverwaltungskörpern auf diese Weise demokratisch legitimiert sind, wird in der Abbildung 15 durch den Halbkreis, der das Symbol „SV" auf der linken Seite umgibt, dargestellt.)

Jenen Bereich, in dem die Selbstverwaltungseinrichtungen hoheitliche Aufgaben weisungsfrei besorgen, nennt man auch ihren „eigenen Wirkungsbereich". Daneben erfüllen Selbstverwaltungseinrichtungen oftmals auch Aufgaben in einem sogenannten „übertragenen Wirkungsbereich". In diesem Falle sind ihre Organe an die Weisungen der Behörden der allgemeinen staatlichen Verwaltung gebunden. Diese Begrifflichkeit führt manchmal deshalb zu Verwirrungen, weil auch der eigene Wirkungsbereich einer Selbstverwaltungseinrichtung erst durch ein Gesetz begründet werden muss. In diesem Sinne spricht man manchmal davon, dass Aufgaben einer Selbstverwaltungseinrichtung in den eigenen Wirkungsbereich durch ein Gesetz „übertragen" werden. Auch wenn daher alle Aufgaben einem Selbstverwaltungskörper „übertragen" werden müssen, so ist dennoch zu unterscheiden, ob sie dem eigenen oder dem übertragenen Wirkungsbereich zugewiesen werden.

Alle Aufgaben, die von Selbstverwaltungskörpern besorgt werden, fallen nach der verfassungsrechtlichen Verteilung der Vollzugskompetenz (siehe dazu Kapitel V.) entweder in den Vollzugsbereich des Bundes oder in den Vollzugsbereich der Länder. Das ändert zwar nichts an dem Umstand, dass Selbstverwaltung genuin keine Bundes- oder Landesverwaltung darstellt, weil Selbstverwaltungseinrichtungen eigene Rechtsträger sind, es führt aber dazu, dass die Aufgaben, die von Selbstverwaltungseinrichtungen tatsächlich besorgt werden, entweder dem Vollzugsbereich des Bundes oder der Länder zugerechnet werden können.

Die Verfassung selbst kannte ausdrücklich für lange Zeit nur eine einzige Form der Selbstverwaltung, nämlich die territoriale Selbstverwaltung der Gemeinde, die dem Grunde nach schon in der Monarchie festgelegt war. Über die Zulässigkeit anderer Selbstverwaltungseinrichtungen, die es aber in reichem Maß gab (zB die gesetzlichen Berufsvertretungen wie Wirtschafts- und Arbeiterkammern, die Kammern freier Berufe oder die Sozialversicherungsträger), wurden ausführliche Debatten geführt, die schließlich vom Verfassungsgerichtshof in dem Sinn entschieden wurden, dass Selbstverwaltungseinrichtungen grundsätzlich vorgesehen werden dürfen (VfSlg 8215/1977). Mit der Verfassungsnovelle 2008 (BGBl I 2/2008) wurden dann die Grundsätze der Rechtsprechung des Verfassungsgerichtshofes in den Text der Verfassung (Art 120a–120c B-VG) übernommen. Zugleich wurde die Institution der Sozialpartnerschaft, die bis dahin weitgehend im verfassungsfreien Raum agierte, in der Verfassung festgeschrieben.

Die Charakterisierung Österreichs als „Kammer- und Verbändestaat", die in der österreichischen Staatsrechtslehre wiederholt getroffen wurde, spiegelt die reale Situation wider. Dabei darf allerdings nicht übersehen werden, dass die Einrichtung von Selbstverwaltungsträgern einen spezifisch gewaltenlimitierenden Sinn verfolgt, schränkt sie doch die Reichweite der Bundes- und Landesverwaltung ein. Ebenso nüchtern muss man aber feststellen, dass das Problem von Selbstverwaltungseinrichtungen insbesondere dann, wenn es sich um relativ kleine Personengemeinschaften handelt, darin besteht, dass die handelnden Personen einander in den unterschiedlichsten sozialen Rollen begegnen und eine Trennung dieser Rollen nicht immer stattfindet, was zur Konsequenz haben kann, dass darunter die Gleichförmigkeit der Vollziehung des Rechts leidet. Wenn beispielsweise in kleinen Gemeinden die Beziehung zwischen Bürgermeisterin oder Bürgermeister und Antragstellerin oder Antragsteller in einem Bauverfahren durch intensive soziale Beziehungen überlagert wird, können manchmal Zweifel an der Gleichförmigkeit der Rechtsanwendung angebracht sein. „Sachnähe" des Entscheidungsorgans mag den Vorteil genießen, dass ein besonderes Verständnis der sozialen Umstände in den Entscheidungsvorgang mit einfließt, mag aber manchmal auch zu besonderer Unsachlichkeit führen.

2. Die Gemeinde

a. Begriff und Rechtsstellung

Die Rechtsstellung der Gemeinde ist bereits in der Bundesverfassung relativ ausführlich geregelt. Sie ist als Gebietskörperschaft (zu diesem Begriff vergleiche Kapitel VI.) eingerichtet und daher mit Rechtspersönlichkeit ausgestattet, wobei ihr – so wie dem Bund und den Ländern – die volle Privatrechtsfähigkeit zukommt. Sie ist, zum Unterschied von anderen Selbstverwaltungseinrichtungen, nicht nur mit der weisungsfreien Besorgung von hoheitlichen Aufgaben betraut, sondern sie genießt auch ein subjektives Recht auf Selbstverwaltung, das sie vor dem Verfassungsgerichtshof und vor dem Verwaltungsgerichtshof durchsetzen kann.

b. Organisation und Organe

Zur Regelung der Organisation der Gemeinden ist der Landesgesetzgeber zuständig. Diese organisationsrechtlichen Bestimmungen findet man in den Gemeindeordnungen der Länder (in Vorarlberg heißt die Gemeindeordnung „Gemeindegesetz", für Wien gilt in diesem Zusammenhang Besonderes, siehe dazu unten d.). Gemeinden, die wenigstens 20.000 Einwohner haben, kann auf Antrag durch Landesgesetz mit Zustimmung der Bundesregierung ein eigenes Statut verliehen werden. Sie werden „Städte mit eigenem Statut" oder auch „Statutarstädte" genannt. Der entscheidende Unterschied zu anderen Gemeinden liegt darin, dass Städte mit eigenem Statut neben den Aufgaben der Gemeindeverwaltung auch die Aufgaben der Bezirksverwaltung zu besorgen haben (siehe dazu schon Kapitel VI.). In diesem Zusammenhang ist darauf hinzuweisen, dass einzelne Gemeindeordnungen vorsehen, dass Gemeinden die Bezeichnung „Marktgemeinde" oder „Stadtgemeinde" verliehen werden kann. Letztere sind daher auch „Städte", besitzen aber kein eigenes Statut im Sinne der Bundesverfassung. Für sie gelten daher nicht die Regeln über Städte mit eigenem Statut und sie dürfen daher auch nicht mit Statutarstädten verwechselt werden.

Bei der Regelung der Organisation der Gemeinden sind dem Landesgesetzgeber wichtige und wesentliche Vorgaben durch die Bundesverfassung gemacht worden. Als Organe der Gemeinde sind nämlich jedenfalls folgende vorzusehen:

- der Gemeinderat
- der Gemeindevorstand, bei Stadtgemeinden auch Stadtrat, bei Städten mit eigenem Statut Stadtsenat genannt
- der Bürgermeister
- das Gemeindeamt.

Der Gemeinderat ist von den Wahlberechtigten nach denselben Grundsätzen, die auch für die Wahlen zum Nationalrat gelten, zu wählen. In den Wahlordnungen der Gemeinden dürfen die Bedingungen des aktiven und passiven Wahlrechts im Übrigen nicht enger gezogen sein als in der Wahlordnung zum Landtag (und dort dürfen sie nicht enger gezogen werden als in der Nationalratswahlordnung). Wahlberechtigt sind neben den österreichischen Staatsbürgerinnen und Staatsbürgern, die in der Gemeinde den Hauptwohnsitz haben, jedenfalls auch die Staatsbürgerinnen und Staatsbürger von Mitgliedstaaten der Europäischen Union unter den von den Landesgesetzen näher festzulegenden Bedingungen. Der Gemeinderat ist der allgemeine Vertretungskörper der Gemeinde und damit gleichsam das „Gemeindeparlament". Allerdings ist zu beachten, dass der Gemeinderat ein Verwaltungsorgan ist, er also Verordnungen und Bescheide erlassen kann (siehe dazu Kapitel VIII.), dass ihm aber keine Gesetzgebungsbefugnisse zustehen.

Der Gemeindevorstand ist ein Kollegialorgan, das sich im Verhältnis der Mandatsstärke der im Gemeinderat vertretenen Wahlparteien zusammensetzt. Seine Kompetenzen werden näher durch die Gemeindeordnungen festgelegt. Der Bürgermeister wird entweder durch den Gemeinderat oder, abhängig von einer entsprechenden Regelung der Landesverfassung, direkt von den zum Gemeinderat wahlberechtigten Bürgerinnen und Bürgern gewählt. Auch seine Kompetenzen im eigenen Wirkungsbereich werden näher durch die Gemeindeordnung bestimmt. Im Normalfall ist der Bürgermeister in den Angelegenheiten des eigenen Wirkungsbereichs (siehe sogleich c.) erste Instanz, der Instanzenzug geht an den Gemeinderat oder an den Gemeindevorstand. Dies ist nach Wirksamwerden der Einrichtung der Verwaltungsgerichte I. Instanz der einzige noch verbliebene Instanzenzug im Rahmen eines Verwaltungsverfahrens.

Unterstützt werden die Organe der Gemeinde bei der Besorgung ihrer Aufgaben durch ein Gemeindeamt (auch „Stadtamt", bei Städten mit eigenem Statut „Magistrat" genannt). Lediglich für die Magistrate der Städte mit eigenem Statut, die also zugleich die Funktion einer Bezirksverwaltungsbehörde haben, sieht die Verfassung vor, dass zum Leiter eines solchen Magistrats ein rechtskundiger Verwaltungsbeamter als Magistratsdirektor zu bestellen ist.

c. Der eigene Wirkungsbereich

Der eigene Wirkungsbereich eines Selbstverwaltungskörpers und damit auch der Gemeinde ist jener, in dem die Gemeinde ihre Aufgaben weisungsfrei besorgt. Zum eigenen Wirkungsbereich der Gemeinde zählen nach Art 118 Abs 2 B-VG alle Angelegenheiten, die im ausschließlichen oder überwiegenden Interesse der in der Gemeinde verkörperten örtlichen Gemeinschaft gelegen sind und die geeignet sind, durch die Gemeinschaft innerhalb ihrer örtlichen Grenzen besorgt zu werden. Es sind also zwei Kriterien, auf die es in diesem Zusammenhang ankommt: das Kriterium des ausschließlichen oder überwiegenden Interesses und das der Eignung. Angelegenheiten, die diese Kriterien erfüllen, sind nicht schon von Verfassung wegen von der Gemeinde im eigenen Wirkungsbereich zu vollziehen. Sie müssen durch den zuständigen Gesetzgeber ausdrücklich als solche bezeichnet werden. Es bedarf daher jeweils eines Bundes- oder Landesgesetzes, das die jeweilige Angelegenheit dem eigenen Wirkungsbereich der Gemeinde zuweist. Rechtstechnisch geschieht dies im Allgemeinen so, dass in den Vollzugsklauseln der Materiengesetze jene Bestimmungen aufgeführt werden, die derartige Angelegenheiten betreffen, und dann angeordnet wird, dass diese im eigenen Wirkungsbereich der Gemeinde zu vollziehen sind. Welche Behörden dann tatsächlich zuständig sind, die entsprechenden Rechtsakte zu setzen, ergibt sich aus den jeweiligen Gemeindeordnungen.

Die Kriterien des „ausschließlichen oder überwiegenden Interesses" und der „Eignung" stellen auf eine abstrakte und nicht auf jede konkrete Gemeinde ab. Daher kann es sein, dass manche Gemeinden, etwa aufgrund ihrer Kleinheit, faktisch nicht in der Lage sind, die ihnen übertragenen Aufgaben durchzuführen. Dies hat sich in den letzten Jahren vor allem vor dem Ökonomisierungsdruck, dem die öffentliche Verwaltung unterliegt, noch weiter verschärft. Zur Lösung bieten sich im Wesentlichen zwei Möglichkeiten an: zum einen die Zusammenlegung von Klein- und Kleinstgemeinden, die manchmal aber an politischen Widerständen scheitert. Zum anderen bietet die Verfassung die Möglichkeit, dass Gemeinden sich zu Gemeindeverbänden zusammenschließen und Aufgaben solcherart gemeinsam besorgen können. Dies kann sogar über Landesgrenzen hinweg geschehen.

Art 118 Abs 3 B-VG zählt eine Reihe von Angelegenheiten demonstrativ (das bedeutet: beispielhaft und damit nicht abschließend) auf, die von der Gemeinde im eigenen Wirkungsbereich zu vollziehen sind. Dazu gehört etwa die örtliche Sicherheitspolizei, die örtliche Straßenpolizei, die örtliche Marktpolizei, die Sittlichkeitspolizei, die örtliche Baupolizei und vieles andere mehr. Für die Beantwortung der Frage, wo die Grenzen beispielsweise der örtlichen Sicherheitspolizei liegen, das heißt, was alles unter den Begriff der örtlichen Sicherheitspolizei fällt und damit nicht der allgemeinen Sicherheitspolizei zuzurechnen ist, sind die Kriterien des überwiegenden Interesses und der Eignung heranzuziehen. Unter den Tatbestand „örtliche Sicherheitspolizei" fällt daher die Abwehr jener allgemeinen Gefahren, die im überwiegenden Interesse der örtlichen Gemeinschaft liegt und auch geeignet ist, von ihr besorgt zu werden. Ein typisches Beispiel in diesem Zusammenhang ist die Bekämpfung der Lärmerregung (vergleiche dazu schon Kapitel VII.). Sollte der Bundes- oder Landesgesetzgeber diese Abgrenzung in rechtswidriger Weise zuungunsten der Gemeinde vorgenommen haben, dann bewirkt das subjektive Recht auf Selbstverwaltung, dass die Gemeinde ein solches Gesetz vor dem Verfassungsgerichtshof bekämpfen könnte.

Ein besonderes Instrument steht der Gemeinde im eigenen Wirkungsbereich dadurch zur Verfügung, dass ihr das Recht eingeräumt ist, sogenannte „ortspolizeiliche Verordnungen" zu erlassen. Eine solche Verordnung dient der Abwehr unmittelbar zu erwartender oder bestehender, das örtliche Gemeinschaftsleben störender Missstände. Mit einer solchen Verordnung kann ein bestimmtes Verhalten mit einer Verwaltungsstrafe bedroht werden. Eine ortspolizeiliche Verordnung darf allerdings nicht gegen bestehende Gesetze und Verordnungen des Bundes und des Landes verstoßen. Mit solchen Verordnungen können beispielsweise Haustorsperren vorgesehen oder festgelegt werden, zu welchen Zeiten das Rasenmähen mit motorbetriebenen Rasenmähern verboten ist. Zu beachten ist, dass das ortspolizeiliche Verordnungsrecht nur so lange der Gemeinde zusteht, als die Angelegenheit nicht durch ein Bundes- oder Landesgesetz geregelt wurde. Zwar kann die Gemeinde in solchen ortspolizeilichen Verordnungen Verwaltungsstrafen androhen, sie kann sie aber nicht im eigenen Wirkungsbereich verhängen. Nach ständiger Rechtsprechung des Verfassungsgerichtshofs erfüllt nämlich die Durchführung eines Verwaltungsstrafverfahrens nicht die Kriterien des überwiegenden Interesses und der Eignung (VfSlg 5579/1967 ua). Die Interessen der Strafverfolgung werden vom Verfassungsgerichtshof als überörtliche eingestuft. (In der Praxis bedeutet dies, dass solche Verwaltungsstrafverfahren entweder von Bezirksverwaltungsbehörden oder aber von den Gemeinden im „übertragenen Wirkungsbereich" geführt werden. Zum übertragenen Wirkungsbereich siehe sogleich d.)

Als Surrogat für das fehlende Weisungsrecht steht den Behörden der allgemeinen staatlichen Verwaltung ein Aufsichtsrecht über die Gemeinde dahingehend zu, dass diese bei der Besorgung des eigenen Wirkungsbereichs die bestehenden Gesetze und Verordnungen nicht verletzt und insbesondere ihren Wirkungsbereich nicht überschreitet, sowie ihre gesetzlich obliegenden Aufgaben erfüllt. Art 119a B-VG sieht dazu eine Fülle von Aufsichtsmitteln vor, die den Behörden dabei zur Verfügung stehen. Dem Land obliegt dabei die Kontrolle der Gemeindegebarung auf ihre Sparsamkeit, Wirtschaftlichkeit und Zweckmäßigkeit. (Dieses Aufsichtsrecht des Landes besteht neben der Rechnungshofkontrolle.) Darüber hinaus obliegt die gesetzliche Regelung des Aufsichtsrechts dem Bundes- oder dem Landesgesetzgeber je nachdem, aus wessen Vollzugsbereich die Angelegenheit stammt, die die Gemeinde im eigenen Wirkungsbereich zu besorgen hat. Diesen Gesetzen ist auch insbesondere zu entnehmen, welches die zuständige Aufsichtsbehörde ist. Der Bund hat zur Regelung dieser Angelegenheiten das Bundes-Gemeindeaufsichtsgesetz (BGBl 123/1967) erlassen.

Zu den in Art 119a B-VG angeführten Aufsichtsmitteln zählen etwa die Verpflichtung der Gemeinde, der Aufsichtsbehörde die verlangten Auskünfte zu erteilen und Prüfungen an Ort und Stelle vornehmen zu lassen. Verordnungen, die die Gemeinde im eigenen Wirkungsbereich erlässt, sind der Aufsichtsbehörde mitzuteilen, die gesetzwidrige Verordnungen aufzuheben hat, wobei sie der Gemeinde die Gründe hierfür mitzuteilen hat. Einzelne Maßnahmen können an die Genehmigung der Aufsichtsbehörde gebunden werden, in Fällen unbedingter Notwendigkeit kann die Ersatzvornahme als Aufsichtsmittel in Anspruch genommen werden. Als schärfstes Aufsichtsmittel kann die Auflösung des Gemeinderats vorgesehen werden. An die Stelle des Aufsichtsmittels der „Vorstellung", die von jemandem, der sich durch einen letztinstanzlichen Bescheid einer Gemeinde in einer Angelegenheit des eigenen Wirkungsbereichs in seinen Rechten verletzt erachtete, ergriffen werden konnte, tritt mit dem 1. 1. 2014 die Beschwerde an das Verwaltungsgericht I. Instanz.

Die in Art 119a B-VG genannten Aufsichtsmittel sind nach der ständigen Rechtsprechung des Verfassungsgerichtshofs nicht abschließend gefasst. Die Länder und auch der Bund können weitere Aufsichtsmittel vorsehen.

d. Der übertragene Wirkungsbereich

In den sogenannten übertragenen Wirkungsbereich werden der Gemeinde Aufgaben überantwortet, die sie in Bindung an die Weisungen der Behörden der allgemeinen staatlichen Verwaltung zu besorgen hat. Dies geschieht wiederum durch den zuständigen Bundes- oder Landesgesetzgeber. Besorgt werden diese Aufgaben vom Bürgermeister. Zur Durchsetzung der Weisungen stehen dem Landeshauptmann, wenn es sich um Aufgaben der Bundesvollziehung handelt, beziehungsweise der Landesregierung, wenn es sich um Aufgaben der Landesvollziehung handelt, bei vorsätzlichen oder grob fahrlässigen Handlungen der Bürgermeisterin bzw des Bürgermeisters das Recht zu, diesen seines Amtes für verlustig zu erklären.

e. Die Bundeshauptstadt Wien

Die Bundeshauptstadt Wien genießt verfassungsrechtlich insofern eine Sonderstellung, als sie nicht nur Gemeinde, sondern zugleich auch Bundesland ist. Dabei fallen in Wahrheit drei Verwaltungsebenen in eine zusammen: nämlich die der Gemeinde, die der Bezirksverwaltung und die des Landes. Ausdrücklich bestimmt die Bundesverfassung, dass der Wiener Gemeinderat auch die Funktion des Landtages, der Stadtsenat auch die Funktion der Landesregierung, der Bürgermeister auch die Funktion des Landeshauptmanns, der Magistrat auch die Funktion des Amtes der Landesregierung und der Magistratsdirektor auch die Funktion des Landesamtsdirektors innehat. Da die Stadt Wien aber eine Stadt mit eigenem Statut ist, werden die Angelegenheiten der Bezirksverwaltung auch durch die Gemeindeorgane erledigt. Der Wiener Bürgermeister erfüllt daher auch die Funktion des Bezirkshauptmanns, der Wiener Magistrat auch die Funktion der Bezirkshauptmannschaft. An der Wiener Stadtverfassung lässt sich diese Mehrgleisigkeit deutlich ablesen: Sie ist im ersten Teil eine Gemeindeordnung, und zwar genau genommen das Statut einer Statutarstadt, und im zweiten Teil eine Landesverfassung.

Aufgrund des Umstandes, dass drei Verwaltungsebenen in eine zusammenfallen, gelten eine Reihe von Sonderbestimmungen. Diese verhindern aber im Ergebnis nicht, dass der gewaltenlimitierende Effekt der gemeindlichen Selbstverwaltung in Wien stark zurückgedrängt wird.

3. Andere Selbstverwaltungseinrichtungen

Wie eingangs dieses Kapitels bereits erwähnt, enthielt die Verfassung lange Zeit keine ausdrückliche Grundlage für sonstige Selbstverwaltungseinrichtungen. Zum Teil wurde ihre tatsächliche Existenz aus den Kompetenzbestimmungen gerechtfertigt (solches galt beispielsweise für die Notariatskammer, vgl VfSlg 6767/1972), ehe der Verfassungsgerichtshof in einem Erkenntnis aus 1977 (VfSlg 8215) befand, dass Selbstverwaltungseinrichtungen grundsätzlich zulässig seien, weil sie „im Organisationsplan der Bundesverfassung" angelegt waren. Für die Einrichtung sonstiger Selbstverwaltungskörper galten die Grundsätze des Gemeinderechts analog.

Mit der Verfassungsnovelle 2008 (BGBl I 2/2008) wurde die „sonstige Selbstverwaltung" ausdrücklich in der Verfassung verankert und die Rechtsprechung des Verfassungsgerichtshofs kodifiziert, ohne dass danach ein besonderer Bedarf bestanden hätte. Nach Art 120a B-VG kann der einfache Gesetzgeber Personen zu Selbstverwaltungskörpern zusammenfassen, damit sie – in einem eigenen Wirkungsbereich – öffentliche Aufgaben weisungsfrei besorgen. Diese Aufgaben müssen die bereits aus dem Gemeinderecht bekannten Kriterien erfüllen, also im ausschließlichen oder überwiegenden Interesse der Personengemeinschaft gelegen und geeignet sein, von ihr besorgt zu werden. Neben dem eigenen Wirkungsbereich kann – ebenso wie im Gemeinderecht – auch ein übertragener Wirkungsbereich festgelegt werden, in dem die Aufgabenbesorgung weisungsgebunden erfolgt. Für die zwangsweise zusammengefassten Personen bringt die Einrichtung des Selbstverwaltungskörpers im Allgemeinen die Verpflichtung mit sich, Mitgliedsbeiträge zu zahlen.

An die Stelle des fehlenden Weisungsrechts tritt auch bei sonstigen Selbstverwaltungseinrichtungen ein Aufsichtsrecht, das sich jedenfalls auf die Rechtmäßigkeit der Verwaltungsführung erstreckt, im Bedarfsfall aber auch auf die Zweckmäßigkeit erstrecken kann. Um den fehlenden demokratischen Verantwortungszusammenhang auszugleichen, hat die Organkreation von Selbstverwaltungskörpern demokratischen Grundsätzen zu entsprechen. Diese sehr vorsichtige Formulierung der Verfassung verschleiert den Umstand, dass nicht bei allen Selbstverwaltungskörpern die Organe von den Mitgliedern gewählt werden: Bei den Sozialversicherungsanstalten ist die Organkreation stark mediatisiert.

Der wahre politische Grund für die ausdrückliche Verantwortung der „sonstigen Selbstverwaltung" dürfte in der Schaffung eines Rahmens bestanden haben, innerhalb dessen die Sozialpartnerschaft in der Verfassung festgeschrieben werden konnte. Nach Art 120a Abs 2 B-VG anerkennt „die Republik" nunmehr die Rolle der Sozialpartner und fördert den sozialpartnerschaftlichen „Dialog" durch die Einrichtung von Selbstverwaltungskörpern. Diese Bestimmung kann als verfassungsrechtliche Bestandsgarantie für die Wirtschafts-, Landwirtschafts- und Arbeiterkammern gelesen werden. In diesen Einrichtungen, die sich eindeutig parteipolitisch zuordnen lassen, ist nahezu die gesamte erwerbsfähige Bevölkerung (Ausnahmen bilden die öffentlich Bediensteten sowie die freien Berufe) erfasst und – unbeschadet der persönlichen politischen Präferenz – zur Beitragszahlung verpflichtet. Dem Konfliktlösungsmodell der Sozialpartnerschaft (dem als weiterer Partner der österreichische Gewerkschaftsbund angehört, der aber seiner Rechtsnatur nach ein privater Verein ist) wurden nachhaltige Verdienste für die wirtschaftliche Prosperität des Landes, vor allem in der Nachkriegszeit, zugeschrieben. Der Entwicklung eines lebhaften Parlamentarismus stand es aber immer auch im Wege.

Die verfassungsrechtliche Verankerung geschah zu einem Zeitpunkt, in dem politische Forderungen nach Abschaffung der Zwangsmitgliedschaft laut geworden waren. Damit wird es jedoch künftigen Generationen erschwert, andere Konfliktlösungsmodelle zu finden.

VIII. Verwaltungshandeln

1. Grundsätze des Verwaltungshandelns

a. Das Legalitätsprinzip

Gemäß Art 18 B-VG darf die gesamte staatliche Verwaltung nur aufgrund der Gesetze ausgeübt werden. Diese Verfassungsbestimmung verfügt die Bindung der staatlichen Verwaltung an das Gesetz in zweierlei Hinsicht: Zum einen normiert sie einen **Vorrang des Gesetzes**. Das bedeutet, dass kein Akt der staatlichen Verwaltung in Widerspruch zur Gesetzgebung stehen darf. Zum anderen und darüber hinaus enthält sie auch einen **Vorbehalt des Gesetzes**. Das bedeutet, dass die gesamte staatliche Verwaltung nur auf Grundlage einer gesetzlichen Ermächtigung tätig werden darf. Gibt es eine solche nicht, dann gibt es auch keine rechtlichen Möglichkeiten für die Verwaltung, (hoheitliche) Akte zu setzen.

Dieses „strenge" Legalitätsprinzip hat zunächst und in erster Linie eine Bedeutung für das Verfassungssystem. Es unterstellt nämlich die gesamte staatliche Verwaltung dem Willen des Parlaments. Die Verwaltung der demokratischen Republik darf überhaupt nur auf Grundlage des Gesetzes tätig werden, womit sie eine zur Gänze von der Gesetzgebung abhängige Staatsfunktion wird. Geringfügige Ausnahmen davon bestehen nur dort, wo die Verfassung unmittelbar die Verwaltung zu Handlungen ermächtigt, wie dies beispielsweise für die Erlassung verfassungsunmittelbarer Verordnungen der Fall ist.

Demgegenüber war die monarchische Verwaltung nur punktuell an die Gesetze gebunden. Sie konnte – nach der Verfassung 1867 – gestützt auf das Prinzip der monarchischen Legitimation, wenn sie nicht in Grundrechte eingriff, auch ohne gesetzliche Grundlage handeln, durfte dabei allerdings nicht gegen Gesetze verstoßen, hatte sich also insofern im Rahmen der Gesetze zu bewegen.

Das Legalitätsprinzip hat aber auch einen rechtsstaatlichen Gehalt. Dadurch, dass die Verwaltung ausschließlich an die Gesetze gebunden ist, soll ihr Handeln für die Bürgerinnen und Bürger vorhersehbar und berechenbar sein. Zusätzlich dazu wird den Bürgerinnen und Bürgern auch die Möglichkeit eröffnet, rechtswidrige Verwaltungshandlungen, so sie in ihre Rechtspositionen eingreifen, vor den Verwaltungsgerichten anzufechten (siehe dazu Kapitel XI.).

Damit das Legalitätsprinzip die beiden geschilderten Funktionen auch erfüllen kann, ist es erforderlich, dass die Gesetze selbst die Voraussetzungen des Verwaltungshandelns inhaltlich regeln. Ein Gesetz, das sich ausschließlich in dem Rechtssatz erschöpfen würde, dass die Verwaltung tun dürfe, was immer ihr zu tun beliebt, würde zwar in formaler Hinsicht auch eine Grundlage für das Verwaltungshandeln abgeben, aber sichtlich das Ziel des Legalitätsprinzips, die Verwaltung sowohl dem Willen des demokratischen Gesetzgebers zu unterwerfen als auch ihr Verhalten für die Bürgerinnen und Bürger berechenbar zu machen, verfehlen. Eine solche Regelung, die eine Delegation der wesentlichen Aufgaben des Parlaments an die Verwaltung in der Form eines Gesetzes (formalgesetzliche Delegation) enthielte, wäre offenkundig verfassungswidrig.

Fraglich und in der österreichischen Verfassungsdogmatik im Detail umstritten ist freilich, wie viel an materiellen Determinanten ein Gesetz tatsächlich enthalten muss. Der Verfassungsgerichtshof hat in seiner ständigen Rechtsprechung dazu festgehalten, dass Gesetze „hinreichend bestimmt" sein müssen. Untersucht man die Rechtsprechung des Verfassungsgerichtshofs daraufhin, was unter dem Terminus „hinreichend bestimmt" zu verstehen sei, dann erhält man als Antwort durchgängig die Aussage, dass ein Gesetz dann hinreichend bestimmt sei, wenn es dem Verfassungsgerichtshof (und auch dem Verwaltungsgerichtshof – neuerdings wohl auch den Verwaltungsgerichten I. Instanz) ermöglicht werde, das behördliche Verhalten anhand des Gesetzes zu überprüfen (zB VfSlg 11.499/1987). Eine solche Definition mündet allerdings in einem Zirkel: Denn ermöglicht wird die Überprüfung des behördlichen Verhaltens dann, wenn das Gesetz hinreichend bestimmt ist. Im Ergebnis bedeutet also diese Aussage, dass ein Gesetz hinreichend bestimmt ist, wenn es hinreichend bestimmt ist. Oder, so könnte man sagen, „hinreichend bestimmt" ist ein Gesetz dann, wenn es der Verfassungsgerichtshof dafür hält.

Vor dem Hintergrund dieser Forderung nach hinreichender Bestimmtheit hat sich eine umfangreiche Judikatur entwickelt, die in sehr kasuistischer, das heißt, einzelfallbezogener, Weise Gesetzesbestimmungen daran gemessen hat. Judikaturlinien lassen sich in diesem Zusammenhang schwer ziehen und es entsteht durchaus der Eindruck, dass der Verfassungsgerichtshof zu manchen Zeiten einen strengeren Maßstab angelegt hat als zu anderen. Im Mittelpunkt der Debatte steht dabei vor allem der sogenannte „unbestimmte Gesetzesbegriff". Darunter versteht man Gesetzesbegriffe, deren Inhalt in besonderer Weise offen ist beziehungsweise über deren Bedeutung man intensiver streiten kann. Solche Begriffe finden sich typischerweise in Technikgesetzen, wenn etwa vom „Stand der Wissenschaft und Technik" die Rede ist, nach dem Vorhaben zu beurteilen sind, oder in Wirtschaftsgesetzen, wenn etwa von „volkswirtschaftlichen" Gründen gesprochen wird, die die Verwaltung zu bestimmten Maßnahmen ermächtigen. Solche Wendungen, wie aber auch etwa der Begriff der „Billigkeit" oder der „Standespflichten" sind im besonderen Maße interpretationsbedürftig. Der Verfassungsgerichtshof hat dazu in ständiger Rechtsprechung ausgeführt, dass jedenfalls alle „Interpretationsmethoden" heranzuziehen sind, um die fraglichen Begriffe auszulegen, bevor entschieden werden kann, ob die gesetzliche Determinierung ausreicht oder nicht (vgl VfSlg 8395/1978 ua). Es muss daher die Verwendung der genannten Begriffe noch lange nicht dem Bestimmtheitsgebot des Art 18 B-VG widersprechen.

Lässt sich aber nach Heranziehung aller Interpretationsmethoden der Sinn eines Gesetzes noch immer nicht ausmachen, dann verstößt es gegen das Bestimmtheitsgebot. Dies gilt vor allem dann, wenn für die Ermittlung des Gesetzesinhalts geradezu „archivarischer Fleiß" vonnöten ist (VfSlg 13.740/1990) oder aber vom Gesetzesanwender, wie sich der Verfassungsgerichtshof an anderer Stelle ausgedrückt hat, eine gewisse „Lust am Lösen von Denksportaufgaben" verlangt wird (VfSlg 12.420/1990).

Die Verfassungsrechtslehre hat darauf hingewiesen, dass die Frage nach der inhaltlichen Bestimmtheit von Gesetzen nicht in jedem Fall mit ein und demselben Maßstab gelöst werden könne. Es käme nämlich auf das jeweils zu regelnde Sachgebiet, auf die zu regelnde Verwaltungsmaterie an, wie groß der Grad an inhaltlicher Bestimmtheit für das Verwaltungshandeln sein könne. So könne in Verwaltungsmaterien, die eine besondere Flexibilität der Verwaltung erfordern (wie beispielsweise in Wirtschaftsgesetzen, aber auch in Technikgesetzen) nicht derselbe Grad an Determinierung verlangt werden, wie in anderen Bereichen. In diesem Sinne sei von einem „differenzierten Legalitätsprinzip" auszugehen. Eines intensiveren Grades an inhaltlicher Determinierung bedürfen dabei allerdings jene Regelungen, die in besonderer und typischer Weise in Grundrechte eingreifen. (Der Verfassungsgerichtshof hat gelegentlich in diesem Zusammenhang die besondere gesetzliche Determinierung von „eingriffsnahen Gesetzen" gefordert; vergleiche dazu VfSlg 10.737/1985; 11.455/1987. Ein allgemeines Gebot kann der Rechtsprechung des Verfassungsgerichtshofs dazu allerdings nicht entnommen werden.)

Vor dem Hintergrund des Legalitätsprinzips wurde in der österreichischen Verfassungsdogmatik die Frage diskutiert, ob gesetzliche Bestimmungen, die die Verwaltung durch Zielvorgaben determinieren, dem Bestimmtheitsgebot entsprechen. Solche Vorschriften findet man vor allem im Planungsrecht. So ist beispielsweise der Verlauf einer Bundesstraße so festzulegen, dass unter anderem die Wirtschaftlichkeit des Bauvorhabens, eine möglichst hohe Umweltverträglichkeit, die gefahrlose Benützung und eine möglichst geringe Beeinträchtigung der Nachbarn gesichert sind (vergleiche dazu §§ 4, 7 und 7a Bundesstraßengesetz 1971). Aufgabe des zuständigen Bundesministers ist es nunmehr, all diese Ziele bestmöglich zu verwirklichen, wobei Zielkonflikte geradezu vorprogrammiert sind. Der entscheidende Punkt dieser „finalen" Determinierung liegt darin, dass durch die Aufnahme immer weiterer Ziele (und damit eines höheren Determinierungsgrades im klassischen Sinn) der Handlungsspielraum der Verwaltung größer wird, weil sich tendenziell immer mehr Zielkonflikte ergeben. Der Verfassungsgerichtshof hat gegen manche Stimmen der Lehre auch solche Gesetze, die die Verwaltung durch Zielvorgaben determinieren, als mit Art 18 B-VG für vereinbar erachtet (VfSlg 8280/1978 ua). (Hätte er dies nicht getan, wären manche Verwaltungsbereiche kaum einer gesetzlichen Regelung zugänglich.) Er hat allerdings in diesen Fällen besonderes Augenmerk auf das Verfahren gelegt. Insbesondere sind Verwaltungsbehörden im Rahmen von Planungsgesetzen aufgerufen, entsprechende Sachverständigengutachten einzuholen beziehungsweise Anhörungsverfahren durchzuführen, deren Ergebnisse bei der Lösung von Zielkonflikten nachvollziehbar zu berücksichtigen sind.

Verkompliziert wird die Rechtslage rund um die Bindung der Verwaltung an das Gesetz dadurch, dass die Verfassung an einer Stelle zu erkennen gibt, dass eine durchgängige strikte Bindung der Verwaltung an das Gesetz, die in Wahrheit schon aus sprachlichen Gründen wegen der Unschärfe der Begriffsbildung nicht möglich ist, gar nicht erforderlich sein muss. In Zusammenhang mit der Verwaltungsgerichtsbarkeit wird seit jeher bestimmt, dass die nachprüfende Kontrolle der Gerichte sich nicht auch darauf beziehen darf, wie die Behörde einen ihr durch das Gesetz eingeräumten Ermessensspielraum genutzt hat, solange sie dieses Ermessen „im Sinne des Gesetzes" ausgeübt hat. Die Verfassung beschränkt damit nicht nur von vornherein die Reichweite der gerichtlichen Überprüfung des Verwaltungshandelns, sondern gibt auch zu erkennen, dass trotz Geltung des Legalitätsprinzips von strengen, bindenden Regeln im Einzelfall abgesehen werden kann.

Historisch gesehen geht diese Bestimmung auf die Anfänge der Verwaltungsgerichtsbarkeit zurück. Die Verrechtlichung der Verwaltung und damit die inhaltliche Kontrolle des Verwaltungshandelns durch Verwaltungsgerichte sollte dort haltmachen, wo der – damals monarchischen – Verwaltung „Ermessen" eingeräumt wurde. Der Sinn dieser Bestimmung erklärt sich auch aus der Skepsis einer monarchischen Verwaltung gegenüber der gerichtlichen Kontrolle. Man kann sich daher heute fragen, ob eine solche Ermessensbestimmung überhaupt in die Rechtsordnung eines Staates passt, der auch ein Rechtsstaat sein möchte: Ein solcher überließe es den Gerichten, die Grenzen ihrer Kontrolle festzulegen. Wann das Gesetz der Verwaltung ein solches Ermessen einräumt, ist im Übrigen durch Interpretation der entsprechenden Gesetzesbestimmungen zu eruieren. In der Verwaltungsrechtslehre hat man mehrere Arten des Ermessens unterschieden: das Handlungsermessen, das Auswahlermessen und das Planungsermessen. Von Handlungsermessen spricht man dann, wenn es in das Ermessen der Verwaltungsbehörde gestellt ist, eine Handlung überhaupt vorzunehmen, beim Auswahlermessen geht es um die Frage, welches von mehreren gesetzlich vorgesehenen Mitteln die Verwaltung wählt, und beim Planungsermessen um die Lösung der bereits vorhin erwähnten Zielkonflikte.

Jedenfalls hat die Ausübung des Ermessens im Sinne des Gesetzes zu erfolgen. Das bedeutet, dass die Verwaltungsbehörde jene Aspekte darlegen können muss, die sie zu einer Entscheidung in die eine oder andere Richtung bewogen haben. Diese Aspekte müssen im Gesetz Deckung finden. Ob dies der Fall ist oder nicht, kann von den Verwaltungsgerichten auch überprüft werden. Mehr noch: Da die Verwaltungsgerichte im Regelfall in der Sache selbst entscheiden sollen (und nicht nur wie früher der Verwaltungsgerichtshof, der Bescheide bloß aufheben konnte), werden verwaltungsbehördliche und gerichtliche Ermessensübung in

Zukunft ineinander übergehen. Ferner ist zu beachten, dass die klassischen Ermessenslehren heute von der Grundrechtsdogmatik (siehe dazu Kapitel XII.) überlagert werden. In vielen Fällen, in denen das Verwaltungshandeln gesetzlich nicht bindend geregelt wird, hat die Verwaltung bei Ausübung des Ermessens auf Grundrechtspositionen Rücksicht zu nehmen und diese entsprechend zu beachten. Dies kann dazu führen, dass eine gesetzliche Ermessensregelung im Einzelfall der Verwaltung gar keine Freiräume eröffnet.

Betrachtet man die Auswirkungen des Legalitätsprinzips, so wie es in der österreichischen Verfassungsdogmatik und vor allem auch vom Verfassungsgerichtshof verstanden wird, in rechtsvergleichender Hinsicht, dann kann man im Ergebnis feststellen, dass der österreichische Gesetzgeber durchaus mehr an inhaltlichen Vorgaben für die Verwaltung zu normieren hat, als das in anderen Staaten mitunter der Fall ist. Dies ließe sich an einer Fülle von Beispielen demonstrieren; so finden sich etwa in Deutschland etliche Bestimmungen des Straßenverkehrsrechts in einer Verordnung (die Straßenverkehrsordnung ist in Deutschland eine Verordnung auf Grundlage des Straßenverkehrsgesetzes), die in Österreich Inhalt des Gesetzes selbst sind und die unter Zugrundelegung des Verständnisses des Legalitätsprinzips hierzulande jedenfalls in einem Gesetz geregelt werden müssen.

b. Amtsverschwiegenheit und Auskunftspflicht

Art 20 Abs 3 B-VG bestimmt, dass alle mit Aufgaben der Bundes-, Landes- und Gemeindeverwaltung betrauten Organe sowie die Organe anderer Körperschaften des öffentlichen Rechts grundsätzlich zur Verschwiegenheit über alle ihnen ausschließlich aus ihrer amtlichen Tätigkeit bekannt gewordenen Tatsachen verpflichtet sind, wenn deren Geheimhaltung in bestimmten öffentlichen Interessen oder im überwiegenden Interesse der Parteien geboten ist. Andererseits verlangt Art 20 Abs 4 B-VG, dass eben dieselben Organe über Angelegenheiten ihres Wirkungsbereichs Auskunft zu erteilen haben, soweit eine gesetzliche Verschwiegenheitspflicht dem nicht entgegensteht.

Die Verpflichtung Auskünfte zu erteilen, wird näher durch das Auskunftspflichtgesetz des Bundes (BGBl 287/1987 idgF) beziehungsweise die Auskunftspflichtgesetze der Länder geregelt (wobei dem Bund die Regelung der Grundsätze vorbehalten ist). Das Auskunftspflichtgesetz des Bundes gilt dabei für die Organe des Bundes, sowie jene Organe von Selbstverwaltungseinrichtungen, deren Regelung in Gesetzgebung und Vollziehung Bundessache ist, die Auskunftspflichtgesetze der Länder für die Organe der Länder, Gemeinden und der übrigen Selbstverwaltungseinrichtungen. Alle diese Auskunftspflichtgesetze sehen ein subjektives Recht der Bürgerinnen und Bürger auf Erteilung von Auskünften vor. Bürgerinnen und Bürgern, denen die verlangte Auskunft nicht gegeben wird, können über diesen Umstand einen Bescheid verlangen, der zu begründen hat, warum die Auskunft nicht erteilt werden konnte. Dieser Bescheid ist beim Verwaltungsgerichtshof anfechtbar. Ein verfassungsgesetzlich gewährleistetes Recht auf Erteilung der Auskunft besteht nach der Rechtsprechung des Verfassungsgerichtshofs allerdings nicht (VfSlg 12.838/1991).

2. Die Hoheitsverwaltung

a. Begriff

Die Handlungen der Verwaltungsbehörden, mit denen sie ihre Aufgaben erfüllen, können **ihrer Form** nach in **Hoheitsakte** und **Privatrechtsakte** unterschieden werden. Man bezeichnet jene Verwaltung, die sich der Hoheitsakte bedient, Hoheitsverwaltung, jene, die in den

Rechtsformen des Privatrechts agiert, Privatrechtsverwaltung oder auch Privatwirtschaftsverwaltung. Die Differenzierung geschieht daher nicht nach dem Inhalt des Verwaltungshandelns, sondern ausschließlich nach seiner Rechtsform. Die Unterscheidung ist in mehrfacher Hinsicht von Bedeutung. Sie hat ua Auswirkungen auf Fragen des Rechtsschutzes, des Haftungsrechts, der verfassungsrechtlichen Vorgaben, insbesondere des Kompetenzrechts aber auch der inhaltlichen Bindung des Verwaltungshandelns; so wurde und wird zum Teil noch immer darüber diskutiert, ob das Legalitätsprinzip überhaupt für die Privatwirtschaftsverwaltung gilt und ob bzw inwiefern diese der Grundrechtsbindung unterliegt.

Die Abgrenzung zwischen diesen beiden Handlungsformen ist durchaus schwierig, schon allein deshalb, weil die Rechtsordnung den Begriff der „Hoheitsverwaltung" nicht kennt, sondern mehr oder weniger voraussetzt oder impliziert. Mit dem Terminus „Hoheitsverwaltung" versucht daher in erster Linie die Verwaltungsrechtswissenschaft Phänomene des Verwaltungshandelns zu erfassen, zu kategorisieren und zu systematisieren. Aus den Perspektiven, aus denen die Unterscheidung bedeutsam wird, sind daher durchaus unterschiedliche begriffliche Abgrenzungen von der Lehre und von der Rechtsprechung entwickelt worden. Auszulegen sind die verfassungsgesetzlichen Begriffe der „Verordnung", des „Bescheides", der „Ausübung unmittelbarer verwaltungsbehördlicher Befehls- und Zwangsgewalt" und der „Weisung". Dies sind die hoheitlichen Akte, die die Verfassung für das Handeln von Verwaltungsbehörden in typisierender Weise vorsieht. Im Zusammenhang mit der Regelung der Amtshaftung (siehe dazu unten VIII. 4.) ist der von der Verfassung gebrauchte Begriff „in Vollziehung der Gesetze" von den ordentlichen Gerichten zu interpretieren. Daneben gibt der Begriff der „bürgerlichen Rechtssache" in § 1 Jurisdiktionsnorm (RGBl 111/1895 idgF) den Wirkungsbereich der Zivilgerichtsbarkeit vor, der damit den Rechtsweg nur für privatrechtliche Handlungen der Verwaltung eröffnet. Diese Begriffe sind aber in ihren Randbereichen unscharf; sie hinterlassen einige Grauzonen, in denen die Zuordnung einzelner Verwaltungshandlungen zum Bereich des Hoheitlichen oder des Privatrechtlichen diskutierbar bleibt.

Freilich versucht die österreichische Verwaltungsrechtswissenschaft, das Gemeinsame der in der Verfassung vorgegebenen typisierten Hoheitsakte herauszustellen und damit auch das spezifisch Hoheitsrechtliche zu erfassen. Sie knüpfte dabei vielfach begrifflich an den Vorstellungen der Monarchie an, in der die Ausübung der Hoheitsgewalt gleichbedeutend mit der Ausübung monarchischer Hoheitsgewalt war. Maßgeblich für das Verhältnis zwischen dem Monarchen und den Bürgerinnen und Bürgern war die Über- und Unterordnung, mit anderen Worten das Untertanenverhältnis. Hoheitsgewalt konnte also überall dort vermutet werden, wo die Verwaltung in typisch obrigkeitsstaatlicher Manier durch einseitigen Rechtsbefehl die Rechtsverhältnisse der Bürgerinnen und Bürger gestaltete. Verwaltungsaktdefinitionen, die aus diesen Zeiten stammen, sprechen ganz offen von obrigkeitlichen Anordnungsbefugnissen der Verwaltung gegenüber den Untertanen.

Auch wenn sich vielleicht gelegentlich im einen oder anderen Fall in der österreichischen Verwaltungsrealität Mentalitäten nachweisen lassen sollten, die einem solchen Untertanenverhältnis huldigen, haben solche Vorstellungen im Verwaltungsrecht eines demokratischen Staatswesens nichts verloren. Die Übernahme wohlfahrtsstaatlicher Aufgaben und ihre Regelung im öffentlichen Recht haben darüber hinaus dem hoheitlichen Verwaltungshandeln Bereiche erschlossen, in denen es nicht vordringlich darum geht, den Bürgerinnen und Bürgern gegenüber mit Befehlsgewalt aufzutreten. Freilich: Geblieben ist, dass über öffentlich-rechtliche Rechtsverhältnisse von Verwaltungsbehörden einseitig (und das heißt: ohne Zustimmung der betroffenen Bürgerinnen und Bürger) abgesprochen werden kann und dass auch in einer Republik öffentliche Interessen gegen den Willen der Betroffenen und mit Zwangsmaßnahmen durchgesetzt werden können.

Dreh- und Angelpunkt dafür ist aber nicht eine Unterordnung der Bürgerinnen und Bürger unter die Verwaltung, sondern das demokratische Gesetz, das ein Verwaltungsorgan mit der Rechtsmacht betraut, ein öffentlich-rechtliches Rechtsverhältnis einseitig zu gestalten, indem Rechte und Pflichten der Bürgerinnen und Bürger festgelegt oder auch nur festgestellt werden. Daraus folgen zunächst einmal zwei wichtige Einsichten: Es ist Aufgabe des Gesetzgebers zu entscheiden, ob das Rechtsverhältnis zwischen dem Staat und den Bürgerinnen und Bürgern hoheitlicher oder privatrechtlicher Natur sein soll, ob die Verwaltungsorgane also hoheitliche Befugnisse erhalten oder nicht. Ob das im Einzelfall geschehen ist, ist Aufgabe der Interpretation des jeweiligen Gesetzes. (In den allermeisten Fällen wird dies auch nicht besonders schwierig sein – das Gesetz kann etwa selbst von der Erlassung eines Bescheides sprechen, es kann ein Verwaltungsorgan berufen, zu entscheiden, zu verfügen, festzustellen, zu bewilligen, zu genehmigen, zu untersagen uvam.) Allerdings ist der Gesetzgeber dabei nicht völlig frei: Bestimmte Staatsaufgaben werden nur in den Formen der Hoheitsverwaltung zu erledigen sein, insbesondere dann, wenn sie mit manifesten Grundrechtseingriffen verbunden sind. Es ist etwa unvorstellbar, dass eine Festnahme im Privatrechtsweg geschieht.

Behördliche Kompetenzen sind jedenfalls ausdrücklich oder in eindeutig erschließbarer Weise einzuräumen: Hat der Gesetzgeber dies unterlassen, dann stehen solche Kompetenzen den Verwaltungsorganen nicht zu und sie können allenfalls auf privatrechtliche Instrumente zurückgreifen. Allerdings ist mit der Nichteinräumung von hoheitlichen Entscheidungskompetenzen noch nicht entschieden, dass das Rechtsverhältnis zwischen dem Staat und den Bürgerinnen und Bürgern privatrechtlicher Natur ist, solange es in einer öffentlich-rechtlichen Vorschrift geregelt ist. Es kann sich bei Akten der Verwaltungsorgane nämlich durchaus auch um Akte handeln, die der sogenannten „schlichten" Hoheitsverwaltung zurechenbar sind. Ein Beispiel dafür wurde in diesem Buch schon erörtert: Nach dem Parteiengesetz ist der Bundesminister für Inneres zuständig, Statuten neu gegründeter Parteien entgegenzunehmen; es kommt ihm aber nach ausdrücklicher Rechtsprechung des Verfassungsgerichtshofes keine Kompetenz zu, in diesem Zusammenhang einen Bescheid zu erlassen. Trotzdem wird wohl kaum jemand auf die Idee kommen, die Tätigkeit des Bundesministers in diesem Zusammenhang der „Privatwirtschaftsverwaltung" zuzuordnen: Aufgrund der Nahebeziehung zur Hoheitsverwaltung und der Abwesenheit jeglicher gesetzgeberischer Intention, eine privatrechtliche Regelung zu treffen, des Vergleichs mit dem Vereinsrecht, das als Ordnungsrecht auch hoheitsrechtlicher Natur ist, sowie des Umstandes, dass genuin öffentliche Interessen vollzogen werden, wird man diese Tätigkeiten im Ergebnis der Hoheitsverwaltung zurechnen.

In diesem Sinne kann es Tätigkeiten geben, die zwar keine Verwaltungsakte darstellen, die aber aufgrund ihres Naheverhältnisses zu Verwaltungsakten, ihrer Struktur, ihrer Vergleichbarkeit mit anderen Rechtsgebieten oder weil sie im Dienste von genuin ordnungsstaatlichen Interessen stehen, der Hoheitsverwaltung zugerechnet werden. Sie können dann aus der Perspektive des Amtshaftungsrechts auch als Tätigkeiten „in Vollziehung der Gesetze" erscheinen, die bei Zufügung von Schäden entsprechende Ersatzpflichten nach dem Amtshaftungsrecht auslösen können (siehe dazu unten VIII. 4.). Damit sind freilich nur einige Probleme umschrieben, die sich bei der Abgrenzung zwischen Hoheitsverwaltung und Privatwirtschaftsverwaltung stellen (zur Privatwirtschaftsverwaltung vergleiche näher unten VIII. 3.).

Die österreichische Verfassungs- und Verwaltungsrechtsordnung kennt keinen allgemeinen Begriff des Verwaltungsakts oder der hoheitlichen Verwaltungshandlungen, sondern lediglich bestimmte formalisierte Typen. Dazu zählen die Verordnung, der Bescheid, die Ausübung unmittelbarer verwaltungsbehördlicher Befehls- und Zwangsgewalt sowie die Weisung. Die drei erstgenannten Akte haben besondere Bedeutung für das Rechtschutzsystem: Im Allgemeinen sind nur sie von den Verwaltungsgerichten bzw dem Verfassungsgerichtshof (im Fall der Verordnungen) überprüfbar. Das österreichische Rechtssystem gewährt Rechtsschutz gegen die hoheitlich handelnde Verwaltung zwingend nur gegen bestimmte, im Hinblick auf den Rechtsschutz typisierte Verwaltungsakte. Mit anderen Worten: Die österreichische Rechtsordnung gewährleistet Rechtsschutz gegen verwaltungsbehördliches Handeln im Regelfall nur dann, wenn die Verwaltungsbehörde entweder eine Verordnung erlassen hat, einen Bescheid erlassen muss – dann besteht Rechtschutz gegen den erlassenen Bescheid sowie für den Fall, dass die Verwaltungsbehörde die Bescheiderlassung pflichtwidrig unterlässt – oder einen Akt in Ausübung unmittelbarer verwaltungsbehördlicher Befehls- und Zwangsgewalt gesetzt hat. Allerdings kann der Gesetzgeber dieses System erweitern, indem er in besonderen Fällen eine Beschwerdemöglichkeit gegen sonstiges „Verhalten einer Verwaltungsbehörde in Vollziehung der Gesetze" (so beispielsweise in § 88 SPG) oder das „Verhalten eines Auftraggebers" in den Angelegenheiten des öffentlichen Auftragswesens vorsieht. (Erweiterungsmöglichkeiten bestehen auch im öffentlichen Dienstrecht.)

Soweit die österreichische Verwaltungsrechtswissenschaft diese typisierten Verwaltungsakte mit einem allgemeinen Verwaltungsaktbegriff konfrontiert, den sie zumeist der deutschen Rechtsordnung entnimmt, tut sie dies, um nachzuweisen, dass das österreichische Rechtsschutzsystem durchaus lückenhaft ist. Weder knüpft der Rechtsschutz nämlich an einen allgemeinen Verwaltungsaktbegriff an, noch ist er von einem solchen, wie dies mittlerweile in Deutschland der Fall ist, überhaupt losgelöst. In rechtsvergleichender Perspektive lässt sich daher sagen, dass das österreichische Rechtsschutzsystem des öffentlichen Rechts noch sehr archaisch organisiert ist, woran sich auch durch die Verwaltungsgerichtsbarkeitsreform – entgegen früheren Entwürfen – nichts geändert hat. Aus der Perspektive des Rechtsschutzes ist es daher unumgänglich zu wissen, wann eine Verordnung, ein Bescheid oder die Ausübung unmittelbarer verwaltungsbehördlicher Befehls- und Zwangsgewalt vorliegt.

b. Die Typen des hoheitlichen Verwaltungshandelns

aa. Die Verordnung

Unter Verordnung versteht man einen generellen Rechtsakt einer Verwaltungsbehörde. Mit dem Begriffsmerkmal „generell" wird die Verordnung von „individuellen" Rechtsakten abgegrenzt. Maßstab für diese Abgrenzung ist die Umschreibung des Adressatenkreises. Wird der Adressatenkreis nach Gattungsmerkmalen erfasst, dann handelt es sich um einen generellen Rechtsakt und damit um eine Verordnung. Zu unterscheiden ist weiters zwischen sogenannten Rechtsverordnungen und Verwaltungsverordnungen. Rechtsverordnungen haben Außenwirkung, während Verwaltungsverordnungen nur für den internen Bereich der Verwaltung Gültigkeit haben. Sie richten sich ausschließlich an die nachgeordneten Verwaltungsorgane in ihrer Eigenschaft als Verwaltungsorgan. Das bedeutet, dass Verwaltungsverordnungen, die auch „generelle Weisungen" genannt werden, nicht Rechte von Bürgerinnen und Bürgern zum Gegenstand haben dürfen. Diese Außenwirkung, die eine Rechtsverordnung von einer Verwaltungsverordnung unterscheidet, darf man aber nicht räumlich verstehen. Entscheidend ist nämlich, ob durch den Rechtsakt in die Rechtssphäre Dritter eingegriffen wird. Es können daher Rechtsakte, die sich an Bedienstete wenden, diese entweder bloß in ihrer Organstellung betreffen (dann haben sie in diesem Sinn keine Außenwirkung) oder aber auch deren subjektive Rechtssphäre betreffen. In diesem Fall handelt es sich ebenfalls um Rechtsverordnungen.

Schon Art 18 Abs 2 B-VG ermächtigt die Verwaltungsbehörden, auf Grundlage der Gesetze in ihrem Wirkungsbereich Verordnungen zu erlassen. Diese verfassungsgesetzliche Bestimmung dient jeder Verwaltungsbehörde direkt als Ermächtigung zur Erlassung sogenannter

Durchführungsverordnungen. Einer zusätzlichen speziellen gesetzlichen Ermächtigung bedarf es dafür nicht. Die wesentliche Aufgabe einer Durchführungsverordnung besteht darin, den gesetzlichen Inhalt näher zu präzisieren. Schranken für die Erlassung von Durchführungsverordnungen können allenfalls im Gesetz selbst liegen: So kann beispielsweise eine gebotene Abwägung von Interessen im Einzelfall nicht durch Verordnungen generalisiert werden.

Neben dem Typus der Durchführungsverordnung gibt es auch verfassungsunmittelbare Verordnungen, das sind solche, die direkt auf der Grundlage eines Verfassungsgesetzes erlassen werden dürfen. Dazu bedarf es im Einzelfall einer entsprechenden verfassungsgesetzlichen Ermächtigung. Man kann diese verfassungsunmittelbaren Verordnungen in die Gruppe der gesetzesvertretenden und der gesetzesergänzenden Verordnungen einteilen, je nachdem, ob sie an die Stelle eines Gesetzes treten oder ob sie die durch einfache Gesetze geschaffene Rechtslage lediglich ergänzen.

Verordnungen sind, damit sie überhaupt Bestandteil der Rechtsordnung eines Rechtsstaates werden können, kundzumachen. Das Verwaltungsrecht kennt eine Fülle von Regeln, nach denen dies zu geschehen hat. So bestimmt etwa das Bundesgesetzblattgesetz (BGBl I 100/2003), dass Entschließungen des Bundespräsidenten, Verordnungen der Bundesregierung oder einzelner Bundesminister im Bundesgesetzblatt (Teil II) kundzumachen sind. Für Verordnungen der Landesregierung oder des Landeshauptmanns sehen die einschlägigen Landesgesetze oftmals die Kundmachung im Landesgesetzblatt vor. Darüber hinaus kennen die Verwaltungsvorschriften eine Reihe besonderer Kundmachungsformen: Verordnungen können in Zeitungen, einschlägigen Fachzeitschriften oder sonst in geeigneter Weise verlautbart werden; nach der Straßenverkehrsordnung beispielsweise werden im Allgemeinen, freilich nicht nur, Verordnungen mit Verkehrszeichen oder Bodenmarkierungen kundgemacht. Sollte sich keine gesetzliche Regelung finden, nach der die Verordnung zu verlautbaren ist, dann gilt, dass sie zumindest ortsüblich kundzumachen ist. Verordnungen, die nicht gehörig kundgemacht sind, sind von den Gerichten und vom Verwaltungsgerichtshof nicht zu beachten; der Verfassungsgerichtshof hat jedoch auch nicht gehörig kundgemachte Verordnungen aufzuheben. Damit er dies tun kann, müssen sie als Verordnungen aber überhaupt erst entstanden sein. Da in einem Rechtsstaat nicht publizierte Akte keine Geltung haben können, bedarf es daher eines Mindestmaßes an Publizität, damit eine Verordnung Bestandteil der Rechtsordnung werden kann.

Für die Erlassung von Verordnungen gibt es keine generellen Verfahrensbestimmungen. In den besonderen Verwaltungsvorschriften kann allerdings geregelt werden, dass für die Erlassung der entsprechenden Verordnungen sehr wohl Verfahrensvorschriften einzuhalten sind. In diesem Zusammenhang können Anhörungsrechte normiert werden, die Notwendigkeit der Einholung von Sachverständigengutachten vorgesehen werden und im Einzelfall auch Begründungspflichten angeordnet werden. Die Nichteinhaltung solcher Verfahrensvorschriften kann die Verordnung rechtswidrig machen.

Rechtsschutz gegen Verordnungen bietet der Verfassungsgerichtshof (siehe dazu näher Kapitel XI. 5.); Verordnungen, die unmittelbar in die Rechtssphäre der Betroffenen eingreifen, können im Wege des Individualantrages angefochten werden.

bb. Der Bescheid

Der Bescheid ist ein individueller hoheitlicher Akt einer Verwaltungsbehörde, mit dem einseitig Rechte und Pflichten von Bürgerinnen und Bürgern verbindlich festgelegt oder festgestellt werden. Am Begriff des Bescheides knüpft das öffentlich-rechtliche Rechtsschutzsystem schon aus historischer Perspektive in besonderer Weise an. Die Anfechtungsmöglichkeit von Bescheiden sowohl vor dem Verwaltungsgerichtshof als auch vor dem Verfassungsgerichtshof war schon 1920 vorgesehen, während etwa der Begriff der Ausübung unmittelbarer verwaltungsbehördlicher Befehls- und Zwangsgewalt erst 1975 in die Verfassung aufgenommen wurde. Davor waren solche Akte vom Verfassungsgerichtshof unter den verfassungsgesetzlichen Begriff des Bescheides subsumiert worden. Auch die Möglichkcit, Vcrordnungen mit einem Individualantrag anzufechten, wurde erst 1975 vorgesehen. Bis zu diesem Zeitpunkt mussten Verordnungen, die ähnlich wie Bescheide wirkten, als sogenannte „verschleierte Verfügung in Verordnungsform" in Bescheide umgedeutet werden, um sie anfechtbar zu machen. Der Bescheid spielte und spielt auch noch heute daher im österreichischen Verwaltungsrecht eine ganz besondere Rolle.

Abgesehen von dem bereits diskutierten Kriterium der Hoheitlichkeit, die letztlich in einer besonderen vom Gesetzgeber eingeräumten Rechtsmacht liegt, ist für den Begriff des Bescheides wesentlich, dass es sich im Vergleich zur Verordnung um einen individuellen Akt handelt. Bescheide werden daher an einen individuell bestimmten Personenkreis gerichtet (Bescheidadressaten). Weiters ist entscheidend, dass Bescheide normative Akte sind. Sie greifen in die Rechtssphäre der Bürgerinnen und Bürger ein, indem sie etwa Leistungen vorschreiben (Leistungsbescheide), Rechtsverhältnisse gestalten (Rechtsgestaltungsbescheide) oder Rechte und Pflichten feststellen (Feststellungsbescheide). Da Bescheide in die Rechtssphäre der Bürgerinnen und Bürger eingreifen, haben sie in diesem Sinn auch Außenwirkung und unterscheiden sich dadurch von den Weisungen. Akte von Verwaltungsbehörden, die keinen normativen Inhalt haben, sind keine Bescheide und können infolgedessen auch nicht gerichtlich überprüft werden.

Dass Bescheide öffentlich-rechtliche Rechtsverhältnisse verbindlich regeln, bedeutet, dass ihr normativer Inhalt der Rechtskraft fähig ist. Das heißt, dass die Entscheidung endgültig werden kann und dass das, was angeordnet wurde, auch tatsächlich gilt. Dies kann sowohl zum Nachteil als auch zum Vorteil der Bürgerinnen und Bürger gereichen. Ist ein Bescheid, mit dem eine Bürgerin oder ein Bürger etwa zur Zahlung eines bestimmten Geldbetrages verpflichtet wurde, rechtskräftig geworden, dann bedeutet dies, dass der Anspruch einzulösen ist und allenfalls auch im Wege der Vollstreckung durchgesetzt werden kann. Wurde einer Bürgerin oder einem Bürger mit einem Bescheid eine Berechtigung eingeräumt und wurde dieser Bescheid rechtskräftig, dann bedeutet dies, dass die Bürgerin oder der Bürger sich auch darauf verlassen kann, dass sie oder er diese Berechtigung auch tatsächlich ausüben darf. (Allerdings kennt das Verwaltungsrecht auch Durchbrechungen dieser „Rechtskraft".)

Da der Bescheid der zentrale Verwaltungsakt ist, um den sich das österreichische verwaltungsgerichtliche Rechtsschutzinstrumentarium gruppiert, wird es weiter von Bedeutung sein, was die Verwaltungsgerichte unter einem „Bescheid" verstehen werden. Der Verfassungsgerichtshof hat bisher in seiner Rechtsprechung zwischen dem verfassungsrechtlichen Bescheidbegriff und jenem des AVG unterschieden, wobei ersterer weiter war: Ein Bescheid lag für ihn immer schon dann vor, wenn eine Erledigung gegenüber individuell bestimmten Personen eine Verwaltungsangelegenheit in einer der Rechtskraft fähigen Weise regelte. Es bleibt abzuwarten, wie die ab 1. 1. 2014 agierenden Verwaltungsgerichte diese Frage beantworten und/ oder ob der Verfassungsgerichtshof ihnen gegenüber diese Ansicht durchsetzen wird. Im Sinne des Allgemeinen Verwaltungsverfahrensgesetzes ist ein Bescheid ein Verwaltungsakt, der besonderen Formerfordernissen genügen muss. Im Allgemeinen werden Bescheide schriftlich erlassen oder mündlich verkündet, wobei aber darüber eine Niederschrift aufzunehmen ist. Ein schriftlich erlassener Bescheid muss idealerweise folgende Bestandteile haben: Er muss ausdrücklich als Bescheid bezeichnet sein, er muss die Bezeichnung der Behörde, die ihn erlassen hat, tragen, er muss die Angabe des Adressaten aufweisen, der Text muss sich in den „Spruch", der die Regelung oder Feststellung enthält, die mit dem Bescheid getroffen wird, die „Begründung" und die „Rechtsmittelbelehrung" gliedern. Weiters muss er ein Datum enthalten sowie die Unterschrift desjenigen, der ihn genehmigt hat.

Freilich geht die Rechtsordnung nicht davon aus, dass ein Bescheid nur dann ein gültiger Bescheid ist, wenn alle genannten Elemente auch tatsächlich vorzufinden sind. Sie akzeptiert vielmehr, dass der Verwaltungsbehörde auch Fehler unterlaufen können, die allerdings im Ergebnis nichts daran ändern sollen, dass ein gültiger Bescheid vorliegt, der auch trotz seines Mangels verbindlich werden kann. Welche Mängel dies sind, hat die Rechtsordnung im Rahmen eines sogenannten „Fehlerkalküls" festgelegt. Dies tut sie, indem die Rechtsfolgen für das Fehlen bestimmter Merkmale festgelegt werden, wobei diese Rechtsfolgen nicht in der Nichtigkeit des Aktes bestehen. Im Umkehrschluss lassen sich dann die unverzichtbaren Bestandteile ermitteln. Freilich ist das kein rein logisches, sondern ein wertendes Verfahren: Legt die Rechtsordnung keine Folgen für das Fehlen eines bestimmten Merkmales fest, dann ist dieses im Lichte der geregelten Mängelfolgen zu bewerten – dies kann zum Ergebnis haben, dass eine bestimmte Voraussetzung für unverzichtbar gehalten oder aber ihr Fehlen als unbeachtlich eingestuft wird.

Unverzichtbare Bestandteile sind die Bezeichnung der Behörde, die Bezeichnung des Adressaten, der Spruch und im Regelfall die Unterschrift. Fehlt die Bezeichnung der Behörde, die den Bescheid erlassen hat, dann kann der Akt keinem bestimmten Rechtsträger zugeordnet werden, weil man nicht weiß, welches Organ ihn erlassen hat. Fehlt die Bezeichnung des Adressaten, dann weiß man nicht, in wessen Rechtssphäre der Bescheid eingreifen soll und wem gegenüber er verkündet werden muss bzw wem er zuzustellen ist. Einer dieser beiden Publikationsakte (Zustellung oder Verkündung) ist aber erforderlich, damit ein Bescheid Bestandteil der Rechtsordnung werden kann. Auch Bescheide sind daher in einem Rechtsstaat keine geheimen Rechtsakte, sondern bedürfen einer gewissen Publizität. Fehlt ein normatives Element – wird also beispielsweise nichts verfügt, angeordnet oder kein Recht festgestellt – dann liegt ebenfalls kein Bescheid vor. Bescheide sind eben auch Normen und bedürfen daher eines solchen Elements, das im „Spruch" eines Bescheides zum Ausdruck gebracht wird. So lässt sich demnach formulieren, dass es notwendigerweise eines „Spruchs" bedarf, damit überhaupt von einem Bescheid die Rede sein kann. Mit Ausnahme von Bescheiden, die informationsunterstützt verarbeitet wurden, muss der Rechtsakt auch von einer dazu ermächtigten Person unterschrieben werden. Die Originalunterschrift muss sich dabei nicht auf der Ausfertigung des Bescheides befinden, die der Bürgerin oder dem Bürger zugestellt wird. Es genügt, wenn sich diese Unterschrift im Akt befindet.

Fehlt also eines dieser essenziellen Elemente, hat das zur Konsequenz, dass es sich nicht um einen Bescheid handelt. Es liegt dann ein Nicht-Bescheid oder ein absolut nichtiger Bescheid vor. In der österreichischen Verwaltungsrechtslehre wird darüber hinaus diskutiert, ob auch noch inhaltliche Mängel, wenn sie offenkundig und besonders schwer sind, dazu führen, dass ebenfalls kein Bescheid vorliegt. Fehlen andere der genannten Bescheidelemente, dann sieht die Rechtsordnung bestimmte Rechtsfolgen vor, die von der Unbeachtlichkeit des Mangels bis zur Aufhebbarkeit des Bescheides reichen. Von besonderer Bedeutung mag in diesem Zusammenhang das Fehlen der Bezeichnung „Bescheid" sein. Auch dann, wenn diese Bezeichnung fehlt, kann es sich um einen gültigen Bescheid handeln. Es kommt dann darauf an, ob man der Verwaltungsbehörde unterstellen konnte, dass sie ein Verwaltungsrechtsverhältnis verbindlich regeln wollte, also den Willen hatte, einen Bescheid zu erlassen. Es kommt in der Praxis tatsächlich vor, dass manchmal Bescheide in die Form von „Mitteilungen" gekleidet sind.

Bescheide sind – mit Ausnahme von erstinstanzlichen Bescheiden im Rahmen des eigenen Wirkungsbereichs von Gemeinden (siehe oben, Kapitel VII.2.), gegen die nach wie vor die Berufung zulässig ist – ab 1. 1. 2014 ausschließlich mit Beschwerde bei einem Verwaltungsgericht anfechtbar. Gegen die Entscheidung des Verwaltungsgerichts steht entweder in bestimmten Fällen die Revision an den Verwaltungsgerichtshof oder die Beschwerde an den Verfassungsgerichtshof offen (vergleiche dazu Kapitel XI.).

cc. Die Ausübung unmittelbarer Befehls- und Zwangsgewalt

Neben dem Bescheid als zentralem Element des öffentlich-rechtlichen Rechtsschutzsystems kennt die Verfassung heute als weiteren typisierten Verwaltungsakt die Ausübung unmittelbarer verwaltungsbehördlicher Befehls- und Zwangsgewalt. „Unmittelbar" sind diese Akte deshalb, weil kein Verwaltungsverfahren durchgeführt wird und kein Bescheid erlassen wird, bevor sie gesetzt werden. Es handelt sich bei diesen Verwaltungsakten um sofortige Zugriffsakte von Verwaltungsorganen. Typischerweise fallen darunter Festnahmen, Anhaltungen, die Abnahme von Gegenständen, die Sperrung von Gebieten, aber auch die Behandlung von festgenommenen Personen, wenn sie über die mit der Festnahme notwendig verbundenen Maßnahmen hinausgehen, uvam. Verwaltungsorgane müssen zu ihrer Setzung ausdrücklich gesetzlich ermächtigt sein. Wird ein Bescheid vor oder auch erst nach der Amtshandlung erlassen, so handelt es sich im Ergebnis nicht (mehr) um die Ausübung unmittelbarer Befehls- und Zwangsgewalt. Das Merkmal der verwaltungsbehördlichen Befehls- und Zwangsgewalt fehlt beispielsweise dann, wenn der Akt durch einen richterlichen Befehl gedeckt ist, soweit das Verwaltungsorgan diesen nicht überschreitet.

Auch die Akte unmittelbarer Befehls- und Zwangsgewalt, die in der österreichischen Verwaltungsrechtsdogmatik auch „faktische Amtshandlungen", „Akte des sofortigen Polizeizwangs" oder „verfahrensfreie Verwaltungsakte" genannt werden, enthalten ein normatives Element, das sich im Ausdruck „Befehl" widerspiegelt. Ein solcher Akt liegt nur dann vor, wenn durch ihn einseitig in die Rechtssphäre der Betroffenen eingegriffen wird. Das Begriffselement des „Zwanges" meint in diesem Zusammenhang ausschließlich physischen Zwang, also die Anwendung von Körperkraft (oder Waffengewalt). Ein solcher physischer Zwang muss allerdings nicht tatsächlich ausgeübt werden: Es genügt, dass die Betroffenen objektiv damit rechnen mussten, dass im Fall der Leistung von Widerstand gegen die angeordnete Amtshandlung physische Zwangsgewalt ausgeübt werden würde. MaW: Wer festgenommen wird und bereits die Anordnung seiner Festnahme widerstandslos hinnimmt, kann diese dennoch als Akt der Ausübung von Befehls- und Zwangsgewalt anfechten, auch wenn physische Gewalt gegen ihn gar nicht ausgeübt wurde. Die betreffende Person konnte wohl damit rechnen, dass im Fall ihres Widerstandes Körpergewalt angewendet werden würde. Lässt die konkrete Situation aber erkennen, dass es sich um keine Festnahme, sondern um eine unverbindliche Einladung handelt, dann kann jemand, der dieser freiwillig folgt, sich nicht auf die Ausübung von Befehls- und Zwangsgewalt berufen.

Akte verwaltungsbehördlicher Befehls- und Zwangsgewalt sind ab 1. 1. 2014 vor den Verwaltungsgerichten bekämpfbar. Gegen ihre Entscheidung steht allenfalls die Revision an den Verwaltungsgerichtshof oder die Beschwerde an den Verfassungsgerichtshof offen (vgl dazu Kapitel XI.).

c. Grundbegriffe des Verwaltungsverfahrens

aa. Begriff und Rechtsgrundlagen

In ihrem Bemühen, die Rechtsordnung begrifflich zu durchdringen und darzustellen, unterscheidet die Rechtswissenschaft zwischen Normen des materiellen Rechts und Normen des formellen Rechts. Unter materiellem Recht versteht sie dabei jenen Bereich des Rechts, in dem Rechte und Pflichten der Einzelnen geregelt werden. Das formelle Recht dient hingegen der Durchsetzung des materiellen Rechts, es enthält also Regeln, wie bei der Durchsetzung des Rechts vorzugehen ist und welche Organe dafür zuständig sind. Das materielle Verwaltungsrecht enthält daher jene Bestimmungen, nach denen, bezogen auf die einzelnen Gebiete des Verwaltungsrechts, Berechtigungen und Verpflichtungen der Bürgerinnen und Bürger festgelegt werden. Das formelle Verwaltungsrecht bestimmt hingegen, wer zur Durchsetzung des materiellen Verwaltungsrechts zuständig ist (Organisationsrecht) und wie dabei vorzugehen ist (Verfahrensrecht). Die Verwaltungsgesetze gliedern sich aber nicht notwendigerweise nach diesen Kriterien: Es gibt daher Materiengesetze, die neben den materiellen Rechtsvorschriften auch organisationsrechtliche und verfahrensrechtliche Bestimmungen enthalten. Wie bereits im Zusammenhang mit der Erörterung der Kompetenzverteilung ausgeführt wurde, ist zur Erlassung verfahrensrechtlicher Bestimmungen primär der jeweilige Materiengesetzgeber zuständig, weil das Verfahrensrecht als Annexmaterie gilt.

Besteht allerdings ein Bedürfnis nach Erlassung einheitlicher Vorschriften (Art 11 Abs 2 B-VG), dann kann der Bundesgesetzgeber das Verwaltungsverfahren sowie die allgemeinen Bestimmungen des Verwaltungsstrafrechts, das Verwaltungsstrafverfahren und die Verwaltungsvollstreckung bundesgesetzlich regeln (vgl dazu schon Kapitel V.). Dies hat der Bund auch tatsächlich mit der Erlassung des Einführungsgesetzes zu den Verwaltungsverfahrensgesetzen (EGVG, BGBl 50/1991 idgF), des allgemeinen Verwaltungsverfahrensgesetzes (AVG, BGBl 51/1991 idgF), des Verwaltungsstrafverfahrensgesetzes (VStG, BGBl 52/1991 idgF) und des Verwaltungsvollstreckungsgesetzes (VVG, BGBl 53/1991 idgF) getan. Die Regelungen der Verwaltungsverfahrensgesetze gehen inhaltlich auf das Jahr 1925 zurück. Die rechtlichen Anforderungen an ein Verwaltungsverfahren wurden zunächst vom Verwaltungsgerichtshof der Monarchie in Analogie zu den Zivilverfahrensgesetzen entwickelt und vom Gesetzgeber im Jahr 1925 kodifiziert. Dies ist insofern bemerkenswert, als im Jahr 1925 die österreichischen Verwaltungsverfahrensgesetze vor allem im deutschen Sprachraum eine besondere rechtspolitische Leistung darstellten. Die Verwaltungsverfahrensgesetze regeln, wie bei Erlassung eines Bescheides vorzugehen ist, welche Rechtsmittel ergriffen werden können und wie allenfalls ein rechtskräftiger Bescheid zwangsweise durchgesetzt werden kann. Die österreichischen Verwaltungsverfahrensgesetze sind demnach ausschließlich auf die Erlassung eines Bescheides konzentriert, was im Lichte moderner Entwicklungen des Verwaltungsrechts durchaus als anachronistisch empfunden werden kann.

bb. Der Gang des Verfahrens nach dem AVG

Welche Behörden das AVG auf welche Verfahren anzuwenden haben, bestimmen die Einführungsgesetze zu den Verwaltungsverfahrensgesetzen. Welche Behörde allerdings zur Durchführung eines konkreten Verfahrens zuständig ist, lässt sich dem AVG und dem EGVG nicht entnehmen. Diese Fragen werden in den jeweiligen Materiengesetzen geregelt. Nur subsidiär, das heißt also aushilfsweise, wenn sich im Materiengesetz keine Regelungen dazu finden, können die Bestimmungen der §§ 2 und 3 AVG herangezogen werden. Die Unzuständigkeit einer Behörde ist von dieser in jedem Stadium des Verfahrens von Amts wegen wahrzunehmen, so wie auch die mögliche Befangenheit eines Verwaltungsorgans von Amts wegen wahrzunehmen ist, und das betreffende Verwaltungsorgan von sich aus für seine Vertretung zu sorgen hat. Befangen ist ein Verwaltungsorgan dann, wenn durch seine besondere Beziehung zu dem zur Entscheidung anstehenden Fall zu befürchten ist, dass es parteilich agieren könnte (§ 7 AVG listet die entsprechenden Gründe auf).

Gleichgültig, ob ein Verfahren von Amts wegen oder auf Antrag einzuleiten ist, grundsätzlich gilt in beiden Fällen, dass die Behörde von sich aus, also ebenfalls von Amts wegen, den Sachverhalt zu ermitteln hat, der ihrer Entscheidung zugrunde zu legen ist. In verfahrensrechtlicher Terminologie nennt man dies „**Offizialmaxime**" (im Unterschied zum „Dispositionsgrundsatz", der es mehr oder weniger in die Hand der Parteien legt, einem Entscheidungsorgan einen Sachverhalt zu präsentieren und sich dabei um die entsprechenden Beweise zu kümmern). Mit der Offizialmaxime ist auch der Grundsatz der „materiellen Wahrheit" verbunden, der besagt, dass die Verwaltungsbehörde den Sachverhalt vollständig zu ermitteln hat und die Parteien des Verfahrens daher nicht befugt sind, bestimmte Sachverhaltselemente außer Streit zu stellen.

Weiters wird das Ermittlungsverfahren vom Grundsatz der „**arbiträren Ordnung**" bestimmt, der besagt, dass die Verwaltungsbehörde selbst den Gang des Ermittlungsverfahrens festlegt und auch darüber entscheidet, welche Beweise aufgenommen werden. Zwar können die Parteien Anträge auf Erhebung bestimmter Beweise stellen, die Verwaltungsbehörde ist daran allerdings nicht gebunden. Sie kann demgegenüber alle Beweise erheben, die ihr dienlich erscheinen. Das AVG nennt in diesem Zusammenhang einige mögliche Beweismittel: So können Urkunden herangezogen werden, Zeugen sowie die Beteiligten vernommen werden, amtliche und nicht amtliche Sachverständige mit der Erstellung eines Gutachtens beauftragt oder ein Augenschein vorgenommen werden. Für ihre Bewertung gilt der **Grundsatz der freien Beweiswürdigung**.

Einer der wichtigsten Grundsätze des Ermittlungsverfahrens, der im Sinne eines fairen Verfahrens der wohl wichtigste überhaupt ist, ist der **Grundsatz des Parteiengehörs**. Parteien des Verfahrens sind zu allen wesentlichen Punkten zu hören, es ist ihnen also Gelegenheit einzuräumen, Stellungnahmen abzugeben. Nur die Parteien des Verfahrens haben darüber hinaus das Recht, in die Akten Einsicht zu nehmen, den das Verfahren abschließenden Bescheid zugestellt zu erhalten und allenfalls gegen ihn Rechtsmittel zu ergreifen sowie die Entscheidungspflicht der Behörde geltend zu machen. Die **Parteistellung** ist daher eine für das Verwaltungsverfahren zentrale Rechtsposition.

§ 8 AVG bestimmt, dass Partei eines Verwaltungsverfahrens ist, wer an der Sache „vermöge eines Rechtsanspruches oder eines rechtlichen Interesses beteiligt" ist. Damit verweist das AVG auf die in der Sache anzuwendenden materiellen Rechtsvorschriften. Es ist daher Aufgabe des Gesetzgebers, im Rahmen der Regelung einzelner Verwaltungsmaterien festzulegen, welche Interessen von Personen als rechtliche Interessen anerkannt werden. Dies geschieht in manchen Gesetzen dadurch, dass ausdrücklich verfügt wird, wer in welchem Verfahren Parteistellung genießt. Manchmal räumen Gesetze die Parteistellung nur in Hinblick auf bestimmte Fragen ein: So wird etwa in den Bauordnungen der Länder festgelegt, in welchen Fragen Nachbarinnen und Nachbarn eines zur Bebauung anstehenden Grundstücks Parteistellung haben. Manchmal allerdings muss die Parteistellung durch Interpretation des Gesetzes ermittelt werden. Dabei kommt es darauf an, ob sich den zu vollziehenden gesetzlichen Vorschriften entnehmen lässt, dass und welche Personen ein hinlänglich konkretisiertes Interesse an der Verwaltungssache haben. So könnte etwa einer gesetzlichen Bestimmung, nach der eine Verwaltungsbehörde eine Tätigkeit dann untersagen darf, wenn sie die Gesundheit bestimmter Personen gefährdet, entnommen werden, dass diese Personen Parteistellung in dem Verfahren zur Untersagung der Tätigkeit genießen. Der Verwaltungsgerichtshof lässt sich bei der Auslegung solcher Bestimmungen von dem Gedanken leiten, dass in einem Rechtsstaat die Interessen der Bürgerinnen und Bürger nicht primär von den Verwaltungsbehörden wahrgenommen werden sollen, sondern von diesen selbst. In Zweifelsfällen führt diese Rechtsprechung daher konsequenterweise dazu, dass eine Parteistellung der Betroffenen anzunehmen ist.

In der Sache fällt also die Annahme einer Parteistellung mit der Annahme von subjektiven öffentlichen Rechtspositionen zusammen. Manche Verwaltungsgesetze formulieren daher die ausdrückliche Einräumung von Parteistellungen auch so, dass sie einzelnen Personen bestimmte subjektive öffentliche Rechte einräumen. Wenngleich derartige Rechte durch den Gesetzgeber vorzusehen sind, so ist er bei ihrer Festlegung nicht vollkommen frei: Er ist an die

Grundrechte, insbesondere an den Gleichheitssatz gebunden (vergleiche zu den Grundrechten Kapitel XII.). Die Parteistellung im Verwaltungsverfahren wirkt im Übrigen rechtlich in die Anfechtung von Bescheiden vor den Verwaltungsgerichten hinein: Im Allgemeinen sind nur jene Personen anfechtungsberechtigt, die auch Parteien des Verwaltungsverfahrens waren.

Im Rahmen des Ermittlungsverfahrens kann die Behörde auch die Durchführung einer „**mündlichen Verhandlung**" vorsehen. Darunter versteht man die Zusammenkunft zwischen der Behörde und allen mit der Sache in Zusammenhang stehenden Personen (allenfalls auch Zeugen und Sachverständige) zur Erörterung der Sach- und Rechtsfragen. Ziel einer mündlichen Verhandlung ist es, dass alle Parteien und Beteiligten in kontradiktorischer Form ihre Standpunkte artikulieren können, dass allenfalls Interessen ausgeglichen werden können und möglicherweise ein „Konsens" hergestellt werden kann. Die Durchführung einer mündlichen Verhandlung liegt im Allgemeinen im Ermessen der Behörde, doch können gesetzliche Vorschriften und grundrechtliche Vorgaben (Art 6 EMRK, vergleiche dazu Kapitel XII.) sie dazu zwingen. Mit der mündlichen Verhandlung ist eine Präklusionswirkung verbunden: Einwendungen müssen spätestens bis zum Schluss der mündlichen Verhandlung vorgebracht werden, andernfalls geht die Parteistellung verloren.

Ist das Ermittlungsverfahren abgeschlossen, dann ist den Parteien noch die Möglichkeit einzuräumen, zum Ergebnis der Beweisaufnahme Stellung zu nehmen (was selbstverständlich nur dann Sinn macht, wenn ihrem Antrag nicht vollinhaltlich entsprochen wird). Erst dann kann der Bescheid erlassen werden. „Erlassen" wird ein Bescheid entweder durch mündliche Verkündung oder, im Regelfall, durch Zustellung der schriftlichen Ausfertigung nach den Regeln des Zustellgesetzes (BGBl 200/1982 idgF). In manchen Verwaltungsbereichen, wie beispielsweise in der Finanzverwaltung, kann die Zustellung auch auf elektronischem Weg erfolgen.

Gegen einen solchen Bescheid kann ab 1. 1. 2014 im Regelfall innerhalb von vier Wochen Beschwerde an das zuständige Verwaltungsgericht erhoben werden. Die Beschwerde ist jedoch bei der Bescheid erlassenden Behörde einzubringen, die dann die Möglichkeit hat, in einer „Beschwerdevorentscheidung" nochmals zu entscheiden. Gegen eine solche Beschwerdevorentscheidung kann dann ein Vorlageantrag eingebracht werden, aufgrund dessen die Verwaltungsbehörde die Beschwerde und den Vorlageantrag dem Verwaltungsgericht vorzulegen hat. Ein direkter Zugang zum Verwaltungsgericht besteht jedoch nicht (siehe dazu näher Kapitel XI.). Lediglich im Gemeinderecht gibt es heute noch die Möglichkeit, in den Angelegenheiten des eigenen Wirkungsbereiches gegen den – dann erstinstanzlichen Bescheid – Berufung zu erheben. Erst gegen den Berufungsbescheid kann dann Beschwerde an das zuständige Verwaltungsgericht erhoben werden.

Für Verfahren im eigenen Wirkungsbereich der Gemeinde gilt daher weiter, was bisher allgemein galt und noch bis zum 31. 12. 2013 gilt: Den Parteien steht gegen den erstinstanzlichen Bescheid das Recht zu, binnen zweier Wochen Berufung zu erheben. Diese ist bei der Behörde, die den erstinstanzlichen Bescheid erlassen hat, einzubringen (wird sie fälschlicherweise bei der Rechtsmittelbehörde eingebracht, so schadet dies allerdings nicht). Wird die Berufungsfrist versäumt, so steht in bestimmten Fällen die Möglichkeit der Wiedereinsetzung in die versäumte Frist zur Verfügung. Die Berufung hat im Allgemeinen aufschiebende Wirkung, das bedeutet also, dass die durch den Bescheid verfügten Rechtswirkungen vorläufig noch nicht eintreten und allfällige Leistungen, die mit dem Bescheid vorgeschrieben wurden, noch nicht zu tätigen sind. Allerdings kann die aufschiebende Wirkung der Berufung durch eine Bestimmung des anzuwendenden Materiengesetzes ausgeschlossen sein oder von der bescheiderlassenden Behörde dann ausgeschlossen werden, wenn ein solcher Ausschluss im überwiegenden öffentlichen Interesse oder dem Interesse einer Partei gelegen ist.

Die Berufung kann von der Behörde, die den Bescheid erlassen hat, binnen zweier Monate durch eine Berufungsvorentscheidung erledigt werden. Dabei kann die Berufung als unzulässig oder verspätet zurückgewiesen werden, oder der Bescheid inhaltlich in jede Richtung abgeändert oder aufgehoben werden. Jede Partei des Verfahrens kann dann binnen zweier weiterer Wochen nach Zustellung der Berufungsvorentscheidung bei der Behörde den Antrag stellen, dass die Berufung der Berufungsbehörde zur Entscheidung vorgelegt wird. Wird ein solcher Antrag gestellt, dann tritt mit Einlangen des Antrages die Berufungsvorentscheidung außer Kraft. Die Berufungsbehörde kann ihrerseits die Berufung wegen Unzulässigkeit oder Verspätung zurückweisen oder in der Sache selbst in jede Richtung entscheiden. Sie hat grundsätzlich auch notwendige Ergänzungen des Ermittlungsverfahrens selbst vorzunehmen. Nur dann, wenn die Sachverhaltsermittlungen der erstinstanzlichen Behörde so mangelhaft waren, dass eine neuerliche Durchführung einer mündlichen Verhandlung notwendig wird, kann die Berufungsbehörde den angefochtenen Bescheid aufheben und die Sache zur neuerlichen Verhandlung an die untere Instanz zurückverweisen.

Wurde gegen den Bescheid innerhalb der vorgesehenen Frist keine Beschwerde (bzw im eigenen Wirkungsbereich der Gemeinde keine Berufung) erhoben, dann wird der Bescheid rechtskräftig. Das bedeutet, dass gegen ihn kein ordentliches Rechtsmittel mehr zulässig und dass sein Inhalt verbindlich ist.

Die Rechtskraft von verwaltungsbehördlichen Bescheiden kann allerdings aus mehreren Gründen durchbrochen werden. So kann aus den näher im Gesetz (§ 69 AVG) beschriebenen Umständen das Verfahren wieder aufgenommen werden. Während die Wiederaufnahme des Verfahrens und die vorhin schon erwähnte Wiedereinsetzung in den vorigen Stand Rechtsbehelfe sind, die auch im Zivilverfahren zur Verfügung stehen, kennt das Verwaltungsverfahren eine besondere Abänderung und Aufhebung von Bescheiden von Amts wegen. Nach § 68 AVG können Bescheide, aus denen niemandem ein Recht erwachsen ist, von der Behörde, die diesen Bescheid erlassen hat oder von der sachlich in Betracht kommenden Oberbehörde jederzeit aufgehoben oder abgeändert werden. Bescheide, aus denen hingegen bereits jemandem ein subjektives Recht erwachsen ist (mit denen beispielsweise eine Berechtigung verliehen wurde), können nur unter bestimmten Umständen nachträglich aufgehoben oder abgeändert werden. So können die (letztinstanzliche) Behörde oder die sachlich in Betracht kommende Oberbehörde einen Bescheid insoweit abändern, als dies zur Beseitigung von Lebens- oder Gesundheitsgefährdungen oder zur Abwehr schwerer volkswirtschaftlicher Schäden notwendig und unvermeidlich ist. Dabei ist aber mit möglichster Schonung erworbener Rechte vorzugehen. Darüber hinaus kann ein Bescheid von der sachlich in Betracht kommenden Oberbehörde für nichtig erklärt werden, wenn der Bescheid von einer unzuständigen Behörde oder von einer nicht richtig zusammengesetzten Kollegialbehörde stammt, wenn ein strafgesetzwidriger Erfolg herbeigeführt würde, wenn der Bescheid tatsächlich undurchführbar ist oder sonst an einem durch Gesetz ausdrücklich mit Nichtigkeit bedrohten Fehler leidet. (Da eine solche Nichtigerklärung nur durch die sachlich in Betracht kommende Oberbehörde erfolgen kann, folgt daraus, dass Bescheide oberster Verwaltungsorgane nicht für nichtig erklärt werden können.)

Bemerkenswerterweise verwendet die österreichische Verwaltungsrechtsdogmatik in Zusammenhang mit Bescheiden den Begriff der „Rechtskraft", wie er vor allem in der Zivilprozessdogmatik entwickelt worden ist. Dies, obwohl das Verwaltungsverfahrensrecht eine Reihe von Gründen kennt, aus denen heraus diese Rechtskraft durchbrochen werden kann, die dem Zivilverfahrensrecht absolut fremd sind. Hinzu tritt, dass neben den im AVG genannten Gründen der Rechtskraftdurchbrechung die Materiengesetze je nach der Erforderlichkeit des zugrunde liegenden Gegenstandes weitere Formen der Rechtskraftdurchbrechung kennen. Dies hängt damit zusammen, dass in vielen Bereichen „Bescheide" Berechtigungen vermitteln können, die im

Lichte neuerer Entwicklungen, seien diese wirtschaftlicher oder technischer Natur, einschränkbar oder sonst wie veränderbar sein müssen. Die deutsche Verwaltungsrechtsdogmatik verwendet demgegenüber, um deutlich zu machen, dass Verwaltungsentscheidungen nicht in derselben Weise rechtskräftig werden wie Entscheidungen von Gerichten, den Begriff der „Bestandskraft".

Das AVG bietet auch Schutz gegen die Untätigkeit der Behörde. Dieser gilt allgemein noch bis zum 31. 12. 2013, dann aber nur noch im eigenen Wirkungsbereich der Gemeinde. In allen anderen Angelegenheiten wird dieser Schutz ab 1. 1. 2014 von den Verwaltungsgerichten gewährt. Grundsätzlich gilt, dass die Behörde das Verfahren möglichst effektiv und effizient, also möglichst ökonomisch zu führen hat und daher auch unverzüglich zu entscheiden hat. Entscheidet eine Behörde eine Verwaltungssache nicht innerhalb von sechs Monaten und trifft sie daran ein überwiegendes Verschulden, so geht die Zuständigkeit zur Entscheidung auf Antrag der Partei (Devolutionsantrag) auf die sachlich in Betracht kommende Oberbehörde über. Für die Oberbehörde beginnt die Entscheidungsfrist mit dem Tag des Einlangens des Devolutionsantrags zu laufen. Die erwähnte Sechsmonatsfrist des AVG ist zum einen eine Höchstfrist, was bedeutet, dass die Behörde sich nicht grundsätzlich sechs Monate für die Entscheidung Zeit nehmen kann. Zwar kann davor kein Devolutionsantrag gestellt werden, eine Verzögerung des Verfahrens durch die Behörde kann aber dennoch Schadenersatzansprüche auslösen. Zum anderen ist die Sechsmonatsfrist des AVG nur der Regelfall: In Materiengesetzen können andere Entscheidungsfristen vorgesehen werden. Wird in Hinkunft die zweitinstanzliche Gemeindebehörde in einer Angelegenheit des eigenen Wirkungsbereichs oder jede andere Behörde säumig, so steht die Säumnisbeschwerde an das zuständige Verwaltungsgericht offen (vgl Kapitel XI.).

Auch wenn das AVG zurzeit noch das „Rückgrat" der Verwaltungsverfahren in Österreich bilden mag, darf nicht übersehen werden, dass es in vielen Fällen von spezialgesetzlichen Bestimmungen überlagert wird. Dort, wo österreichische Behörden Unionsrecht zu vollziehen haben, sind auch unionsrechtliche Verfahrensbestimmungen zu beachten. So gibt es beispielsweise unionsrechtliche Verfahren für die Zulassung von Produkten, die zwar vor einer nationalen Behörde beginnen, dann aber europäische Behörden, Agenturen und alle anderen Mitgliedstaaten involvieren. Auf Unionsebene wird an einer Kodifikation der Verwaltungsverfahren noch gearbeitet. Abzusehen ist allerdings, dass es in manchen Bereichen anderen Prinzipien und Traditionen folgen wird als das österreichische AVG. So folgt etwa der unionsrechtliche Parteienbegriff eher dem französischen, der mehr auf die faktische Betroffenheit als auf die Beeinträchtigung von Rechtspositionen abstellt.

cc. Die Verhängung von Verwaltungsstrafen

Das Verwaltungsstrafrecht spielt in Österreich eine verhältnismäßig große Rolle. Eine Fülle von Delikten, die anderswo der förmlichen Strafgerichtsbarkeit unterliegen, wird in Österreich „lediglich" als Verwaltungsübertretung verfolgt und geahndet. Dies hat nicht nur traditionelle Gründe, sondern ist auch ein Ergebnis der sogenannten „Entkriminalisierungspolitik" der 1970er-Jahre. Das Unwerturteil, das auch mit Verwaltungsstrafen verbunden ist, hat nicht dasselbe Gewicht wie das einer gerichtlichen Verurteilung. Auch stigmatisieren Verwaltungsstrafen nicht im selben Ausmaß. Dafür hat man teilweise Strafdrohungen vorgesehen, die einem gerichtlichen Strafverfahren durchaus adäquat gewesen wären. Der Verfassungsgerichtshof hat diesen Entkriminalisierungstendenzen insofern Einhalt geboten, als er festgehalten hat, dass Delikte, deren Strafdrohung eine gewisse Höhe übersteigt, notwendigerweise von Gerichten geahndet werden müssen (VfSlg 12.151/1989).

Dennoch können in Österreich relativ hohe Verwaltungsstrafen verhängt werden. Dies hängt damit zusammen, dass im Verwaltungsstrafrecht das Kumulationsprinzip gilt: Hat jemand durch verschiedene Taten mehrere Verwaltungsübertretungen begangen oder hat er durch eine Tat mehrere Delikte verwirklicht, dann sind die zu verhängenden Strafen nebeneinander zu verhängen, und das bedeutet im Fall von Geldstrafen, zusammenzurechnen. Im österreichischen Verwaltungsstrafrecht können auch Freiheitsstrafen verhängt werden und zur Sicherung der Strafverfolgung dürfen Personen auch festgenommen werden. Dies dann, wenn sie von Organen des öffentlichen Sicherheitsdienstes auf frischer Tat betreten werden und einer der in § 35 VStG genannten Festnahmegründe vorliegt. Das österreichische Verwaltungsstrafverfahren unterliegt aus allen diesen Gründen auch den Garantien der Menschenrechtskonvention (vergleiche dazu Kapitel XI.).

Verwaltungsstrafen werden entweder nach Durchführung des ordentlichen Verfahrens unter Wahrung des Parteiengehörs, wobei der Beschuldigte jedenfalls Parteistellung im Sinne des AVG genießt, mit Straferkenntnis verhängt. In bestimmten Fällen kann aber die Behörde in einem abgekürzten Verfahren durch Strafverfügung oder Anonymverfügung entscheiden. Gegen eine Strafverfügung kann binnen zweier Wochen nach deren Zustellung Einspruch erhoben werden. Ein solcher setzt die Strafverfügung außer Kraft und führt zur Einleitung des ordentlichen Verfahrens. Die Anonymverfügung spielt heute eine große Rolle im Verkehrsstrafrecht: Sie wird dem Halter eines Kraftfahrzeuges zugestellt, ohne dass ein konkreter Täter (in diesem Fall die Lenkerin oder der Lenker) ausgeforscht wird. Die Anonymverfügung muss überhaupt nicht bekämpft werden; sie wird gegenstandslos, wenn nicht innerhalb von vier Wochen nach Ausfertigung die Einzahlung des Strafbetrags mittels des beigefügten Belegs oder in der sonst vom Gesetz vorgesehenen Form (§ 49a VStG) erfolgt. Die Behörde beginnt sodann mit der Ausforschung des Täters. Eine weitere besondere Form der Verhängung einer Verwaltungsstrafe ist die Organstrafverfügung, die von besonders geschulten Organen der öffentlichen Aufsicht unter bestimmten Voraussetzungen erteilt werden kann. Sie muss ebenfalls nicht bekämpft werden, es genügt, sie nicht zu akzeptieren beziehungsweise die darin vorgesehene Geldstrafe nicht zu begleichen. Die Konsequenz daraus ist, dass eine entsprechende Anzeige bei der Behörde erfolgt.

Verwaltungsstrafen dürfen nicht mehr verhängt werden, wenn sie verjährt sind. Dabei sind drei Fälle zu unterscheiden: Schon die verwaltungsstrafrechtliche Verfolgung einer Person ist unzulässig, wenn gegen sie innerhalb von sechs Monaten, nachdem die strafbare Tätigkeit abgeschlossen worden ist oder das strafbare Verhalten aufgehört hat, keine Verfolgungshandlung gesetzt wurde. Sind seit diesem Zeitpunkt der Beendigung der Tat drei Jahre vergangen, dürfen Straferkenntnisse nicht mehr gefällt werden. Sind seit der Verhängung der Strafe drei Jahre vergangen, dann darf ein Straferkenntnis nicht mehr vollstreckt werden. (Zeiten eines Verfahrens vor dem Verfassungsgerichtshof, vor dem Verwaltungsgerichtshof oder vor dem Europäischen Gerichtshof sind dabei nicht einzurechnen.)

dd. Die Vollstreckung von Bescheiden

Ist ein Bescheid rechtskräftig geworden, der die Bescheidadressatin oder den Bescheidadressaten zu einer bestimmten Leistung verpflichtet, und wird diese Leistung nicht erbracht, dann kann diese Leistung erzwungen werden, mit anderen Worten also, die aus dem Bescheid resultierende Verpflichtung kann zwangsweise durchgesetzt werden. Diese zwangsweise Durchsetzung einer mit Bescheid auferlegten Verpflichtung nennt man „Vollstreckung" eines Bescheides. Sie folgt den Regeln des Verwaltungsvollstreckungsgesetzes (VVG).

Vollstreckungsbehörde ist im Regelfall die Bezirksverwaltungsbehörde. Ihr stehen, je nachdem um welche Art von Leistung es sich handelt, zu der die Bescheidadressatin oder der Bescheidadressat verpflichtet wurde, mehrere Vollstreckungsmittel zur Verfügung. Die Behörde ist in jedem Fall verpflichtet, bei Vollstreckung eines Bescheides verhältnismäßig vorzugehen, das heißt, sie darf jeweils nur das gelindeste noch zum Ziel führende Zwangsmittel anwenden. Geldleistungen können entweder durch Gerichte oder durch die Verwaltungsbehörde selbst eingetrieben werden. Dabei ist die Exekutionsordnung anzuwenden. Als Vollstreckungsmittel kommen daher beispielsweise die Pfändung und Verwertung von unbeweglichen und beweglichen Sachen infrage. Ist die Bescheidadressatin oder der Bescheidadressat zu Handlungen verpflichtet worden, die sie oder er nur selbst erbringen kann (unvertretbare Leistungen), dann können Beugestrafen verhängt werden (Geld- und Freiheitsstrafen). Für den Fall, dass die Leistung auch von Dritten erbracht werden kann, kann die Ersatzvornahme auf Kosten der Bescheidadressatin bzw des Bescheidadressaten vorgesehen werden.

Die Vollstreckung wird auf der Grundlage eines Vollstreckungstitels (das ist der rechtskräftige Bescheid) mit einer Vollstreckungsverfügung angeordnet. Diese Vollstreckungsverfügung ist nach ständiger Rechtsprechung des Verfassungsgerichtshofes ein Bescheid. Sollten sich die Verwaltungsgerichte dieser Rechtsansicht anschließen, müsste in Hinkunft die Beschwerde dagegen an das zuständige Verwaltungsgericht zulässig sein.

3. Die Privatwirtschaftsverwaltung

Mit dem Begriff der Privatwirtschaftsverwaltung oder, besser eigentlich, Privatrechtsverwaltung werden jene Handlungen der Verwaltungsorgane verstanden, die in den Rechtsformen des Privatrechts gesetzt werden. Auch diese Umschreibung betrifft, worauf schon eingangs dieses Kapitels hingewiesen wurde, nicht den Inhalt des Verwaltungshandelns. sondern allein dessen Rechtsform. Die Inhalte können daher auch recht unterschiedlich sein: Der Ankauf einer Computeranlage zur Unterstützung der Büroarbeit oder zur Umsetzung von Projekten des E-Government, der Bau eines neuen Amtsgebäudes gehört ebenso dazu wie die Führung eines Wirtschaftsbetriebs, die Verwaltung von Anteilen an einer Aktiengesellschaft oder die Einräumung eines Darlehens beziehungsweise die schenkungsweise Überlassung eines Geldbetrages unter dem Titel der „Subvention". Dass die Privatwirtschaftsverwaltung in Österreich zu einem besonderen Problem geworden ist, hängt zum einen damit zusammen, dass die österreichische Bundesverfassung die Gebietskörperschaften als volle Privatrechtssubjekte jenseits der Kompetenzverteilung konstituiert, was von vornherein einen Weg geöffnet hat, die Bindungen der Kompetenzverteilung dadurch zu umgehen, dass man Verwaltungsaufgaben in den Formen des Privatrechts betrieben hat. Zum anderen dürfte es auch damit zusammenhängen, dass in einem Kleinstaat wie Österreich das öffentliche Beschaffungswesen wirtschaftlich gesehen von besonderer Bedeutung ist. Die Verstaatlichungsgesetze der Zweiten Republik, mit denen wesentliche Unternehmungen im Bereich des Bankensektors und der Industrie vergesellschaftet wurden, dürften ein Übriges dazu beigetragen haben.

Mit der „Flucht ins Privatrecht" konnte man aber nicht nur die Kompetenzverteilung umgehen, sondern zunächst auch alle Bindungen, die sich sonst für die öffentliche Verwaltung der Verfassung entnehmen ließen. Dazu zählen das öffentlich-rechtliche Rechtsschutzsystem, die Grundrechte und das Legalitätsprinzip. Und selbstverständlich gelten auch die Verwaltungsverfahrensgesetze für das privatrechtliche Handeln der Verwaltungsorgane nicht. Dies führte in der österreichischen Verfassungs- und Verwaltungsrechtsdogmatik zu intensiven Diskussionen über die Frage, ob nicht doch wenigstens die Grundrechte und das Legalitätsprinzip auch für die Privatwirtschaftsverwaltung Geltung haben müssten.

Um die Debatte über die Geltung des Legalitätsprinzips für die Privatwirtschaftsverwaltung richtig einordnen zu können, muss man sich zunächst einmal vergewissern, um welche Frage es dabei überhaupt geht. Denn selbstverständlich gelten auch für das privatrechtliche Handeln des Staates die Privatrechtsgesetze. Auch sind die Bürgerinnen und Bürger, wenn sie mit dem Staat Verträge schließen, nicht ohne Rechtsschutz: Auch der Staat kann vor den ordentlichen Gerichten geklagt werden, wenn er privatrechtliche Verpflichtungen nicht erfüllt. Das Problem erschließt sich erst, wenn man die Grundlagen des Privatrechts näher betrachtet. Im Zentrum der Privatrechtsordnung steht die Privatautonomie. Das Privatrecht anerkennt damit die Freiheit des Einzelnen, über seine Lebensgestaltung selbst zu entscheiden. Wer mit wem welche Verträge schließt, ist grundsätzlich eine Angelegenheit der Willensfreiheit des autonomen Subjekts. Niemand wird gezwungen, bestimmte Verträge abzuschließen, Verträge bestimmten Inhalts abzuschließen oder Verträge mit bestimmten Personen abzuschließen. Freilich kennt die Rechtsordnung auch dafür Grenzen: Verträge, die gegen gute Sitten verstoßen, sind beispielsweise nichtig. Das Gleichbehandlungsgesetz zwingt heute auch beim Abschluss von privatrechtlichen Arbeitsverträgen zu einer prinzipiellen Gleichbehandlung der Geschlechter. All diese Einschränkungen ändern aber nichts am Grundsatz der Freiheit der Willensbildung beim Abschluss von privaten Verträgen.

Das bedeutet für Privatpersonen, dass sie nach eigenem Gutdünken Güter des täglichen Bedarfs erwerben dürfen. So kann eine Privatperson beispielsweise einen Laib Brot auch in jener Bäckerei erwerben, wo dieser am teuersten und/oder in minderwertiger Qualität verkauft wird. Eine Privatperson ist nicht gehalten, dort zu kaufen, wo sie die höchste Qualität bekommt oder den niedrigsten Preis bezahlt. Wendet man dieses Prinzip der Privatautonomie hingegen auf die öffentliche Verwaltung an, dann ist zunächst festzustellen, dass diese mit öffentlichen Geldern wirtschaftet. Es gibt daher ein manifestes öffentliches Interesse sicherzustellen, dass entweder die beste Qualität erworben oder der günstigste Preis erzielt wird und nicht – was wohl nicht von vornherein auszuschließen ist – besondere politische Günstlinge bevorzugt werden. Ähnliches gilt auch für die Vergabe öffentlicher Subventionen. Auch in diesem Fall soll nicht ein besonderes politisches Naheverhältnis über die Vergabe entscheiden.

Die Diskussion um die Geltung des Legalitätsprinzips für die Privatwirtschaftsverwaltung dreht sich also nicht darum, ob in diesem Bereich Gesetze gelten oder nicht, sondern präzise darum, ob die Willensbildung der Verwaltung Regeln unterworfen wird oder im Sinne der Privatautonomie frei ist. Unter anderem wurde aus dem Umstand, dass Art 18 B-VG die gesamte staatliche Verwaltung an das Gesetz bindet, gefolgert, dass das Legalitätsprinzip daher auch für die Privatwirtschaftsverwaltung gelten müsse. Diese Annahme begegnete aber einer besonderen Schwierigkeit: Die Erlassung von Gesetzen, mit denen die interne Willensbildung der Verwaltung im Bereich der Privatwirtschaftsverwaltung geregelt werden sollte, bedurfte einer entsprechenden Gesetzgebungskompetenz. Diese war ohne Probleme dann zu finden, wenn die Verwaltung Aufgaben mit Mitteln des Privatrechts besorgen sollte, die sie aufgrund der Kompetenzverteilung ohnehin auch mit Mitteln der Hoheitsverwaltung besorgen durfte. Schwierig wurde es, eine Gesetzgebungskompetenz für jene Fälle zu finden, die als Folge des Umstandes, dass die Gebietskörperschaften als volle Privatrechtssubjekte konstituiert wurden, jenseits der hoheitlichen Kompetenzverteilung lagen.

In diesem Zusammenhang wurde dann postuliert, dass Art 17 B-VG, der die Gebietskörperschaften Bund und Länder in ihrer Eigenschaft als Privatrechtssubjekte konstituiert, selbst als Kompetenzgrundlage für Gesetze gelten sollte, mit denen die privatrechtliche Willensbildung der Verwaltung geregelt werden konnte (was man freilich dem Wortlaut der Bestimmung jedenfalls auf den ersten Blick nicht entnehmen kann). Da aber Art 17 B-VG keine hoheitlichen Handlungsformen zur Verfügung stellt, konnten in solchen Gesetzen auch keine subjektiv-öffentlichen Rechte der Bürgerinnen und Bürger geregelt werden, über die dann mit Bescheid hätte abgesprochen werden müssen. Man verständigte sich also darauf, dass auf der Grundlage des Artikels 17 B-VG lediglich Selbstbindungsgesetze erlassen werden konnten, die in ihrer

Auswirkung gegenüber den Bürgerinnen und Bürgern als bloße Absichtserklärungen gedeutet werden mussten. Weder beeinträchtigen sie die Gültigkeit eines Vertrages, der entgegen dieser Regeln zustande gekommen ist und schon gar nicht vermitteln sie ein Recht der Bürgerinnen und Bürger auf Abschluss bestimmter Verträge.

Dass Art 17 B-VG als kompetenzrechtliche Grundlage zur Erlassung sogenannter Selbstbindungsgesetze herangezogen werden kann, ist heute weithin und jedenfalls auch vom Verfassungsgerichtshof akzeptiert. Ob und inwieweit aber das Legalitätsprinzip für die Privatwirtschaftsverwaltung tatsächlich gilt, ist weiterhin umstritten. Neuere Forschungsansätze gehen in die Richtung, die Frage nach der Geltung des Legalitätsprinzips nicht mehr auf abstrakter Ebene zu stellen, sondern aus der Perspektive des Rechtsschutzbedürfnisses der betroffenen Bürgerinnen und Bürger zu bestimmen. Bemerkenswert ist in diesem Zusammenhang, dass in einem ganz entscheidenden Bereich, nämlich im öffentlichen Beschaffungswesen, ein entscheidender Fortschritt erst durch den Beitritt Österreichs zur Europäischen Union und dort mit der Entwicklung des Vergaberechts geschehen ist. Dieses determiniert die Willensbildung der öffentlichen Verwaltung und räumt möglicherweise Benachteiligten einen effektiven Rechtsschutz ein.

Zu ausführlichen Diskussionen führte auch die Frage, ob der privatrechtlich handelnde Staat sich der grundrechtlichen Bindungen entledigen könne. Sicher war und ist in diesem Zusammenhang, dass privatrechtliche Handlungen, auch dann, wenn sie vom Staat gesetzt werden, nicht vor dem Verfassungsgerichtshof mit einer Grundrechtsbeschwerde angefochten werden können, weil diese an das Vorliegen eines Bescheides geknüpft war und in Hinkunft an eine verwaltungsgerichtliche Entscheidung geknüpft sein wird. Es war daher Aufgabe der ordentlichen Gerichte und vor allem des Obersten Gerichtshofs, seine Rechtsprechung nach und nach dahingehend zu entwickeln, dass auch der privatrechtlich handelnde Staat an die Grundrechte, insbesondere an den Gleichheitssatz, gebunden ist.

4. Die Amtshaftung

Die Regeln über die Amtshaftung, wie sie schon in Art 23 B-VG grundsätzlich vorgesehen sind, sind ein wesentliches Element des Rechtsstaates, weil sie vor allem in jenen Fällen, in denen die Beseitigung der rechtswidrigen Beeinträchtigung mit der Aufhebung eines Verwaltungsaktes nicht erreicht wird, ein zusätzliches Instrument des Ausgleichs schaffen. Darüber hinaus wird die Verwaltung in besonderer Weise in die Pflicht genommen, weil sie durch die Rechtswidrigkeit ihres Handelns auch Schadenersatzpflichten auslösen kann. Grundgedanke der Amtshaftung ist, dass der Staat für das rechtswidrige Handeln seiner Organe in bestimmten Fällen einzustehen hat. Zusätzlich eröffnet Art 23 B-VG dem Staat die Möglichkeit, sich im Wege der Organhaftung bei den Amtsträgern zu regressieren. Diese Regressmöglichkeit sollte als zusätzliche Motivation für Verwaltungsorgane dienen sich rechtmäßig zu verhalten.

Nach Art 23 B-VG haften der Bund, die Länder, die Gemeinden und die sonstigen Körperschaften und Anstalten des öffentlichen Rechts für alle Schäden, die die als ihre Organe handelnden Personen in Vollziehung der Gesetze durch ein rechtswidriges Verhalten wem auch immer schuldhaft zugefügt haben. Das in Art 23 B-VG normierte Haftungsrecht wird nicht nur von den ordentlichen Gerichten vollzogen, sondern fügt sich auch in das System des privatrechtlichen Schadenersatzrechts, weshalb bei Anwendung dieser Haftungsregelungen, die durch das Amtshaftungsgesetz näher ausgeführt werden, eine Fülle von privatrechtlichen Fragen auftauchen, die von der Privatrechtsdogmatik näher untersucht und beantwortet werden. Für den vorliegenden Zusammenhang soll auf zwei besonders bedeutsame Umstände aufmerksam gemacht werden.

Die schon in der Bundesverfassung verwendete Wendung „in Vollziehung der Gesetze" wird vom Obersten Gerichtshof so verstanden, dass das Amtshaftungsrecht nur für den Bereich der Hoheitsverwaltung anzuwenden ist (vgl OGH 14. 1. 1953, 3 Ob 650/52 ua), allerdings wird der Begriff der Hoheitsverwaltung nicht mit den vorhin behandelten typisierten Hoheitsakten gleichgesetzt. Amtshaftungsansprüche werden daher nicht nur dann ausgelöst, wenn die Verwaltung sich des Bescheids oder der Ausübung unmittelbarer verwaltungsbehördlicher Befehls- und Zwangsgewalt bedient (oder es sich um die Entscheidung eines Verwaltungsgerichts handelt). Der Oberste Gerichtshof versteht auch eine Fülle von Handlungen, die man der „schlichten Hoheitsverwaltung" zurechnen kann, als in Vollziehung der Gesetze getätigt. So zählte der Oberste Gerichtshof beispielsweise die Dienstfahrt eines behördlichen Organs mit einem Pkw (OGH 21. 1. 1964, 4 Ob 1/64) oder die Teilnahme eines österreichischen Botschafters an einer Diplomatenjagd im Ausland (OGH 17. 2. 1982, 1 Ob 49/81) zur „Vollziehung der Gesetze".

Umstritten war lange, ob Amtshaftungsansprüche nur dann bestehen, wenn subjektiv-rechtliche Rechtspositionen von Bürgerinnen oder Bürgern verletzt worden sind. Diesen Streit hat der Oberste Gerichtshof dahin entschieden, dass auch die Verletzung bloß objektiven Rechts Amtshaftungsansprüche auslösen kann (OGH 14. 12. 1979, 10 Ob 36/79). Dies kann beispielsweise dann der Fall sein, wenn eine Behörde ihre sechsmonatige Entscheidungsfrist durch die Führung weiterer Ermittlungsmaßnahmen „ausnützt", obwohl die Entscheidungsreife längst gegeben war. Auch wenn die Bundesverfassung davon spricht, dass nur ein Verhalten Schadenersatzpflichten auslöst, das schuldhaft gesetzt wurde, ist sich die überwiegende Lehre und Judikatur einig, dass es dabei nicht auf ein subjektives Verschulden ankommt. Es genügt, dass das Organ objektiv sorgfaltswidrig gehandelt hat. Die entscheidende Pointe des Amtshaftungsrechts besteht daher darin, dass es im Bereich der hoheitlichen Verwaltung zu rechtlichen Konsequenzen führt, selbst wenn das öffentlich-rechtliche Rechtsschutzsystem versagt, weil entweder keiner der typisierten Hoheitsakte vorliegt, der angefochten werden könnte, oder weil die Verwaltung nicht in eine subjektive Rechtsposition eingegriffen hat. Das Amtshaftungsrecht wird in Zukunft auch für Fälle offenstehen, in denen eine Verwaltungsbehörde eine Beschwerde trotz Vorliegens der Voraussetzungen nicht an das Verwaltungsgericht weiterleitet.

Amtshaftungsansprüche sind vor den ordentlichen Gerichten durchzusetzen. Der Geschädigte hat zunächst den Rechtsträger, gegen den er den Ersatzanspruch geltend machen will, schriftlich zur Anerkennung des Ersatzanspruchs binnen dreier Monate aufzufordern. Erst nach Verstreichen dieser Frist oder bei Ablehnung des Ersatzanspruchs steht der Klageweg offen.

Das Amtshaftungsrecht kann nicht in Anspruch genommen werden, wenn der Schaden aus einem Erkenntnis des Verfassungsgerichtshofs, des Obersten Gerichtshofs und des Verwaltungsgerichtshofs erwachsen ist. Gleiches gilt, wenn der Schaden auf die Tätigkeit oder Untätigkeit des Gesetzgebers zurückzuführen ist. Diese Einschränkung des Amtshaftungsrechts wurde vor dem Hintergrund der durch das Europarecht gebotenen umfassenden Staatshaftung problematisch. Der Verfassungsgerichtshof hat diese Frage wie folgt gelöst (vgl zB VfSlg 17.095/2003): Ergibt sich der Anspruch aus einem Erkenntnis der Höchstgerichte, dann kann er vor dem Verfassungsgerichtshof nach Art 137 B-VG geltend gemacht werden. Ergibt er sich aus der Untätigkeit oder mangelhaften Tätigkeit des Gesetzgebers, dann kann dieser Anspruch ebenfalls nach Art 137 B-VG geltend gemacht werden, wenn der Schaden unmittelbar aus der Untätigkeit oder mangelhaften Tätigkeit des Gesetzgebers erwachsen ist und nicht erst eine Verwaltungsbehörde oder ein Gericht entschieden hat. Im letztgenannten Fall steht der Amtshaftungsanspruch nach den Regeln des Amtshaftungsrechts zu (siehe dazu Kapitel XI.5.c.aa.).

IX. Österreich als Mitglied der Staatengemeinschaft

Mit der Herausbildung souveräner Fürstentümer (Staaten) entsteht nicht nur das Bedürfnis einer Verfassung von Staatsgewalt im Inneren, sondern auch nach Regelungen der Beziehungen mehrerer souveräner Staaten untereinander. Das ist Thema des klassischen Völkerrechts, das seiner Entstehung nach ebenfalls europäischen Ursprungs ist und im 19. Jahrhundert auch noch als „europäisches öffentliches Recht" bezeichnet wurde. Es darf daher nicht verwundern, dass in das Völkerrecht Moralvorstellungen des Christentums und der Aufklärung maßgeblich Eingang gefunden haben. Das Völkerrecht regelt primär das Verhalten von Staaten und anderen Völkerrechtssubjekten (wie zB Internationalen Organisationen) untereinander. Allerdings kennt das Völkerrecht auch eine Fülle von Normen, die nicht nur auf das Verhalten der Staaten untereinander abzielen, sondern sehr wohl auch das Verhalten der Staaten gegenüber Bürgerinnen und Bürgern mit einschließen: Dies schlägt sich in den immer zahlreicher werdenden Menschenrechtstexten nieder. Der Konzeption des Völkerrechts nach sind aber solche Verletzungen zunächst als Verletzungen des Völkerrechts gegenüber den anderen Völkerrechtssubjekten zu verantworten. Eine Verantwortung darüber hinaus gegenüber den Bürgerinnen und Bürgern gibt es dadurch lediglich mittelbar; nur punktuell können Bürgerinnen und Bürger die völkerrechtliche Verantwortung der Staaten geltend machen, wie dies beispielsweise in Zusammenhang mit der Individualbeschwerde vor dem Europäischen Gerichtshof für Menschenrechte der Fall ist.

Für einen Staat wie Österreich folgt daraus, dass er in vielerlei Hinsicht aus dem Völkerrecht verpflichtet aber auch berechtigt wird. Die wesentlichen Quellen des Völkerrechts finden sich im Völkergewohnheitsrecht, im Völkervertragsrecht und in den Beschlüssen von Organen internationaler Organisationen. „Völkergewohnheitsrecht" kommt im Wesentlichen dadurch zustande, dass entweder die Staatengemeinschaft sich mit Rechtsüberzeugung in bestimmter Weise verhält, oder aber Staaten dies tun und andere ihnen dabei nicht widersprechen. „Völkervertragsrecht" entsteht durch Übereinkommen von zwei oder mehreren Staaten (sogenannte bilaterale oder multilaterale Verträge). Gerade in der jüngeren Geschichte sind – auf Völkervertragsrechtsgrundlage – eine Fülle internationaler Organisationen gebildet worden, deren Organen Rechtsetzungsbefugnisse übertragen worden sind. Dies bedeutet, dass diese Organe die Rechtsmacht besitzen, Beschlüsse zu fassen (Normen zu erlassen), an die die Mitgliedstaaten gebunden sind.

Ein Staat, dem durch das Völkerrecht Verpflichtungen erwachsen, hat mehrere Möglichkeiten, diesen Verpflichtungen im Rahmen seiner Rechtsordnung gerecht zu werden. Für die völkerrechtliche Ebene ist es dabei gleichgültig, wie und wodurch ein Staat seine völkerrechtlichen Verpflichtungen erfüllt. In den meisten Fällen wird es notwendig sein, den völkerrechtlichen Normen auch im Rahmen des innerstaatlichen Rechts zum Durchbruch zu verhelfen. Dabei kann das Völkerrecht in „innerstaatliches Recht umgeformt werden" (Transformation) oder aber die völkerrechtlichen Normen können unmittelbar angewendet werden (Adoption). (Manche Autorinnen und Autoren sprechen anstelle von Transformation und Adoption von „spezieller" und „genereller" Transformation.) Welcher Technik sich ein Staat bedient, bleibt ihm überlassen. In Österreich kommen beide Techniken zur Anwendung.

1. Die allgemein anerkannten Regeln des Völkerrechts

Nach Art 9 Abs 1 B-VG gelten die allgemein anerkannten Regeln des Völkerrechts als Bestandteile des Bundesrechts. Unter diesen allgemein anerkannten Regeln ist jedenfalls das Völkergewohnheitsrecht, wozu vor allem die allgemeinen Rechtsgrundsätze zählen, zu verstehen. Sie werden also unmittelbar durch das verfassungsrechtliche Gebot Bestandteile des Bundesrechts. Art 9 Abs 1 B-VG wird dabei als „permanenter Transformator" oder Rezeptor verstanden. Das bedeutet, diese Bestimmung wandelt immer wieder Völkerrecht in staatliches Recht um und übernimmt es auf diese Art in die österreichische Rechtsordnung. Würde ein Gesetz erlassen werden, das einer allgemein anerkannten Regel des Völkerrechts widersprechen würde, würde gleichsam in der nächsten logischen Sekunde das Völkerrecht über Art 9 Abs 1 B-VG wieder in die österreichische Rechtsordnung „hereinkommen" und dem Gesetz derogieren beziehungsweise seine Anwendung zurückdrängen. Entgegenstehendes innerstaatliches Recht könnte also gar nicht entstehen. Diskutiert wird in der österreichischen Verfassungsdogmatik, welchen Rang im Stufenbau der Rechtsordnung die allgemein anerkannten Regeln des Völkerrechts einnehmen. Vorgeschlagen wurde, dass sich ihre Einordnung in den Stufenbau der österreichischen Rechtsordnung nach ihrem Inhalt bemessen soll. Das bedeutet, dass dann, wenn eine völkerrechtliche Norm einen Inhalt hat, der in Österreich beispielsweise die Erlassung eines Gesetzes verlangte, diese allgemeine Regel in Gesetzesrang gilt. Allgemein anerkannte Regeln des Völkerrechts könnten sich daher auf allen Stufen der österreichischen Rechtsordnung finden, also auch auf der Ebene der Verfassungsgesetze.

Dies hätte zur Folge, dass auch Verfassungsgesetze allgemein anerkannte Regeln des Völkerrechts innerstaatlich nicht außer Kraft setzen könnten. Da dies für manche Autorinnen und Autoren aus unterschiedlichen Gründen problematisch erscheint, wurde vorgeschlagen, dass die allgemein anerkannten Regeln des Völkerrechts zwar oberhalb der Stufe des einfachen Gesetzesrechts einzuordnen wären, jedoch unterhalb der Stufe des Verfassungsrechts. Solcher Art würden sie zwischen einfachem Gesetzesrecht und Verfassungsrecht stehen. Diese Einordnung des Völkerrechts wurde in Anlehnung der Architektur älterer Wohnhäuser „Mezzanintheorie" („Mezzanin" als Geschoss zwischen Erdgeschoss und erstem Stock) genannt. Dieser Streit ist nach wie vor ein akademischer, da eine darauf beruhende Frage praktisch vom Verfassungsgerichtshof noch nie zu entscheiden war.

2. Die Staatsverträge

Unter „Staatsverträgen" versteht man völkerrechtliche Verträge zwischen einzelnen Völkerrechtssubjekten. Der Inhalt und auch die Interpretation dieser Verträge unterliegen dem Völkerrecht. So ist beispielsweise für die Interpretation dieser Verträge die Wiener Vertragsrechtskonvention maßgeblich. Der Abschluss eines völkerrechtlichen Vertrages unterliegt aber auch dem Recht des jeweiligen Staates, der ihn abschließt. Geregelt muss dabei werden, welchen Staatsorganen die Kompetenz zusteht, einen völkerrechtlich verbindlichen Willen zu bilden. In absoluten Monarchien war dies einfach: Es handelte sich dabei um den Monarchen. Selbst die konstitutionelle Monarchie erblickte in der auswärtigen Gewalt, der die Kompetenz zum Abschluss völkerrechtlicher Verträge innewohnt, eine Prärogative des Monarchen. In einer demokratischen Republik, die noch dazu ein Bundesstaat ist, gelten kompliziertere Regelungen. Zwar ist nach außen hin für Österreich der Bundespräsident befugt, Staatsverträge abzuschließen (Art 65 Abs 1 B-VG). Es wäre aber mit der gewaltengliedernden Verfassungsordnung nicht kompatibel, wenn der Bundespräsident über den Umweg von Staatsverträgen die österreichische Gesetzeslage verändern könnte. Es ist daher notwendig, dass die Gesetzgebungsorgane auch am Abschluss von Staatsverträgen mitwirken. Ebenso ist erforderlich, im Staatsvertragsabschlussverfahren die bundesstaatliche Struktur Österreichs widerzuspiegeln.

Zunächst gilt für Österreich, dass es in die Kompetenz des Bundes fällt, Staatsverträge abzuschließen. Der Bund ist dabei nicht an die Kompetenzverteilung gebunden. Allerdings bedürfen Verträge, die Durchführungsmaßnahmen der Länder erfordern, oder sonst ihren selbstständigen Wirkungsbereich berühren, ihrer Stellungnahme vor Abschluss des Vertrages. Soweit solche Staatsverträge Angelegenheiten des selbstständigen Wirkungsbereichs der Länder regeln (also Regelungen treffen, zu deren Erlassung die Länder zuständig wären), bedarf es überdies der Zustimmung des Bundesrates.

Politische Staatsverträge und Staatsverträge, die einen gesetzändernden oder gesetzesergänzenden Inhalt haben, dürfen nur mit Genehmigung des Parlaments abgeschlossen werden (Art 50 B-VG). Die Genehmigung ist dabei vor Abschluss des Vertrages („Ratifikation") einzuholen. Politische Staatsverträge sind solche, die – in Anlehnung an eine Definition des Bundesverfassungsgerichts, der sich die österreichische Verfassungsdogmatik bedient – die Existenz eines Staates, seine territoriale Integrität, seine Unabhängigkeit, seine Stellung oder sein maßgebliches Gewicht in der Staatengemeinschaft berühren. Um einen gesetzändernden oder gesetzesergänzenden Staatsvertrag handelt es sich, wenn sein Inhalt innerstaatlich nur in Form eines Gesetzes erlassen werden dürfte. Die Unterscheidung zwischen gesetzändernd und gesetzesergänzend zielt nur darauf ab, ob der fragliche Bereich innerstaatlich bereits geregelt wurde (dann ist ein Staatsvertrag gesetzändernd) oder nicht (dann ergänzt ein Staatsvertrag die geltende Rechtslage). Der Inhalt eines Staatsvertrages bedarf dann innerstaatlich der Form eines Gesetzes, wenn es für die dort getroffenen Regelungen keine gesetzliche Grundlage gibt, die im Sinne des Artikels 18 B-VG hinreichend bestimmt wäre (siehe dazu vorhin in Kapitel VIII.)

Bis zum Jahr 2008 war es möglich, Staatsverträge (oder auch einzelne Bestimmungen), deren Inhalt verfassungsändernden oder -ergänzenden Charakter hatte, auch mit einer Verfassungsmehrheit im Rang eines Verfassungsgesetzes zu adoptieren. So gilt etwa die Europäische Menschenrechtskonvention in Österreich als unmittelbar anwendbares Verfassungsgesetz. Offenbar aus Gründen der Rechtsbereinigung und der damit verbundenen Reduzierung von (schwer auffindbaren) Verfassungsbestimmungen wurde diese Möglichkeit durch eine Verfassungsnovelle 2008 (BGBl I 2/2008) beseitigt. Seither ist zwischen Staatsverträgen, die die vertraglichen Grundlagen der Europäischen Union ändern, und sonstigen Staatsverträgen zu unterscheiden. Für Erstere gilt, dass sie mit einer Zweidrittelmehrheit bei Anwesenheit mindestens der Hälfte der Mitglieder sowohl im National- als auch im Bundesrat zu genehmigen sind. Darüber hinaus kann, im Fall einer Gesamtänderung muss, eine Volksabstimmung abgehalten werden. Formal wird allerdings kein Verfassungsgesetz beschlossen. Den „Rang" innerhalb des Stufenbaus der österreichischen Rechtsordnung erhält das Primärrecht der Union ohnehin aufgrund des unionsrechtlichen Anwendungsvorranges.

Für sonstige Staatsverträge gilt, dass sie seither ausschließlich im Rang einfacher Gesetze adoptiert werden können. Bedarf es zur Erfüllung der aus ihnen resultierenden Verpflichtung eines Verfassungsgesetzes, dann ist ein solches gesondert zu erlassen. Für den Fall, dass dies nicht vor Ratifizierung der Staatsverträge geschieht, kann der einfache Gesetzgeber eine völkerrechtliche Verpflichtung der Republik bewirken, die im Konflikt mit dem geltenden Verfassungsrecht stehen kann. Anlässlich der in Rede stehenden Verfassungsnovelle 2008 wurden dann auch noch eine Fülle von Verfassungsbestimmungen in Staatsverträgen aufgehoben oder in den einfachgesetzlichen Rang zurückgestuft. Dies gilt aber nicht für die EMRK und ihre Zusatzprotokolle. Änderungen derselben können in Hinkunft aber nicht mehr im Verfassungsrang adoptiert werden.

Staatsverträge sind im III. Teil des Bundesgesetzblattes kundzumachen. Der Nationalrat kann aber anlässlich der Genehmigung eines Staatsvertrages eine andere Form der Kundmachung beschließen. Durch die Kundmachung werden Staatsverträge Bestandteil der österreichischen Rechtsordnung. Ihr Inhalt kann daher auch unmittelbar verbindlich sein. Ein Staatsvertrag in Gesetzesrang kann dies allerdings nur dann sein, wenn er selbst im Sinne des Art 18

B-VG hinreichend bestimmt ist. Dann spricht man davon, der Staatsvertrag sei „self executing". Wären die Normen des Staatsvertrages nicht hinreichend bestimmt, dann bedürfte es der Erlassung von entsprechenden Gesetzen. Anlässlich der Genehmigung „sonstiger" Staatsverträge kann der Gesetzgeber aber in jedem Fall, und das heißt auch für Staatsverträge, die „self executing" im vorher beschriebenen Sinne wären, einen sogenannten „Erfüllungsvorbehalt" beschließen. Dies bewirkt, dass Staatsverträge, auch wenn sie hinreichend genug bestimmt wären, und daher unmittelbar angewendet werden könnten, erst durch entsprechende Gesetze in die österreichische Rechtsordnung transformiert werden müssten. Für alle Staatsverträge, die nicht unmittelbar anwendbar sind, gilt, dass sie keine Rechte und Pflichten von Privatpersonen begründen können und lediglich Bestandteil der objektiven Rechtsordnung sind. Ihre rechtliche Bedeutung besteht darin, dass sie bei der Interpretation anderer rechtlicher Bestimmungen im Sinne einer „völkerrechtskonformen Interpretation" heranzuziehen sind.

Sind die Länder verpflichtet, Staatsverträge durchzuführen, dann müssen sie diese Durchführungsmaßnahmen auch setzen. Kommt ein Land dieser Verpflichtung nicht rechtzeitig nach, geht die Zuständigkeit zur Setzung von Durchführungsmaßnahmen, insbesondere auch zur Erlassung von Gesetzen, vorläufig auf den Bund über (Art 16 Abs 4 B-VG). Bundesrechtliche Regelungen treten außer Kraft, sobald das Land die entsprechende Maßnahme gesetzt hat. Der Bund hat darüber hinaus ein Überwachungsrecht, das auch die Erteilung von Weisungen an den Landeshauptmann einschließt.

Seit 1988 haben auch die Länder die Kompetenz, Staatsverträge abzuschließen (Art 16 Abs 1 B-VG). Allerdings ist diese Möglichkeit auf jene Angelegenheiten beschränkt, die aufgrund der Kompetenzverteilung in ihren selbstständigen Wirkungsbereich fallen. Vertragspartner dürfen dabei nur an Österreich angrenzende Staaten oder „Teilstaaten" solcher Staaten sein. Die Vertragsabschlusskompetenz von Teilstaaten anderer Staaten richtet sich im Übrigen nach deren jeweiliger Verfassung. Auch die Länderstaatsverträge werden prinzipiell vom Bundespräsidenten abgeschlossen. Vor Aufnahme von Verhandlungen zum Abschluss eines solchen Länderstaatsvertrages ist die Bundesregierung zu unterrichten, die auch ihre Zustimmung zu erteilen hat. Inwieweit bei gesetzändernden Verträgen die Landtage mitzuwirken haben ist durch die einzelnen Landesverfassungen zu regeln. Staatsverträge der Länder sind auf Verlangen der Bundesregierung zu kündigen. Noch nie ist allerdings ein solcher „Länderstaatsvertrag" abgeschlossen worden.

3. Die Beschlüsse von Organen internationaler Organisationen

In vermehrtem Ausmaß haben internationale Organisationen die Kompetenz erhalten, durch ihre Organe generelle oder individuelle Rechtsakte zu setzen, die für die Mitgliedstaaten und gelegentlich sogar für ihre Bürgerinnen und Bürger verbindlich sind. Damit Österreich an solchen Organisationen teilnehmen konnte, war es notwendig, in die einzelnen Staatsverträge, mit denen Österreich solchen Organisationen beigetreten war, Verfassungsbestimmungen aufzunehmen, da solche Beschlüsse der Organe Rechtsquellen darstellten, die das österreichische Verfassungsrecht nicht kannte. Erst Art 9 Abs 2 B-VG bot der Republik Österreich eine allgemeine verfassungsrechtliche Grundlage, wonach einzelne Hoheitsrechte des Bundes auf zwischenstaatliche Einrichtungen und ihre Organe übertragen werden können. Die Verfassungsnovelle 2008 (BGBl I 2/2008) hat dies noch dahingehend präzisiert, dass die Tätigkeit von Organen anderer Staaten oder zwischenstaatlicher Einrichtungen im Inland und die Tätigkeit österreichischer Organe im Ausland geregelt werden können (Letzteres kann freilich nicht einseitig durch österreichisches Gesetz erfolgen), sowie dass auch die Übertragung einzelner Hoheitsrechte anderer Staaten oder zwischenstaatlicher Einrichtungen auf österreichische Organe zulässig ist. Dabei können österreichische Organe auch der Weisungsbefugnis ausländischer Organe unterstellt werden (oder vice versa). Die durch die Verfassungsnovelle erfolgte Präzisierung enthält freilich nichts, was davon ernsthaft infrage gestellt werden konnte. Die Beschlüsse der Organe internationaler Organisationen gelten unmittelbar. Gefragt werden kann auch hier – ähnlich wie bei den allgemein anerkannten Regeln des Völkerrechts –, in welchem Rang sie in den Stufenbau der österreichischen Rechtsordnung einzuordnen sind.

Weitgehend angenommen wird, dass Art 9 Abs 2 B-VG nur die Übertragung einzelner Hoheitsrechte deckt. Im Falle des Beitritts zur Europäischen Union, in dem nicht bloß einzelne Hoheitsrechte, sondern ein ganzes Bündel von Gesetzgebungskompetenzen auf die europäischen Organe übertragen wurde, konnte daher nach überwiegender Auffassung Art 9 Abs 2 B-VG nicht als Grundlage dafür herangezogen werden. Es bedurfte daher einer eigenen verfassungsrechtlichen Grundlage, die deshalb, weil in dieser Übertragung eine Gesamtänderung der Verfassung erblickt wurde, auch verpflichtend eine Volksabstimmung benötigte.

X. Die Europäische Integration

1. Schritte zur Europäischen Einigung

Die Erfahrungen der blutigen Kriege, die Europa über Jahrhunderte hinweg zu machen hatte, insbesondere aber die Schrecken des Zweiten Weltkrieges, haben nach dessen Ende zu verstärkten Bemühungen einer europäischen Zusammenarbeit geführt, um den Kontinent zu befrieden. So sprach *Churchill* in seiner berühmt gewordenen Rede an der Universität Zürich 1946 davon, dass das Heilmittel darin gelegen sei, „to recreate the European Family or as much of it as we can, and provide it with a structure under which it can dwell in peace, in safety and in freedom." Und weiter: „We must build a kind of United States of Europe … We all know that the two world wars through which we have passed arose out of the vain passion of a newly-united Germany to play the dominating part in the world … The guilty must be punished. Germany must be deprived of the power to rearm and make another aggressive war. But when all this has been done, as it will be done, as it is being done, there must be an end to retribution … The first step in the re-creation of the European Family must be a partnership between France and Germany. In this way only can France recover the moral leadership in Europe … The first step is to form a Council of Europe." (*Churchill* [Ed], Never Give In! The Best of Winston Churchill's Speeches [2003] 427)

Rund drei Jahre später, nämlich im Jahr 1949 wurde tatsächlich dieser „erste Schritt" gesetzt und der Europarat gebildet. Dieser ist eine internationale Organisation, deren Ziel darin liegt, eine engere Verbindung zwischen seinen Mitgliedern zum Schutz und zur Förderung der Ideale und Grundsätze, die ihr gemeinsames Erbe bilden, herzustellen und ihren wirtschaftlichen und sozialen Fortschritt zu fördern. Die Erfahrungen mit der Naziherrschaft reflektieren auch das Bekenntnis zum Grundsatz der Vorherrschaft des Rechts und zu den Menschenrechten.

Heute gehören dem Europarat mehr als 45 Staaten an. Seine wichtigsten Organe sind das Ministerkomitee und die Beratende Versammlung. Im Rahmen des Europarats wurden einige wesentliche Rechtstexte formuliert und von den Mitgliedstaaten ratifiziert. Im Zentrum steht dabei wohl die Europäische Menschenrechtskonvention mit der Etablierung des Europäischen Gerichtshofs für Menschenrechte in Straßburg, der nicht nur Streitigkeiten aufgrund von Klagen von Mitgliedstaaten zu entscheiden hat, sondern auch Beschwerden von Einzelpersonen gegen ihre Staaten mit der Behauptung der Verletzung von Menschenrechten behandeln kann (Individualbeschwerde, Art 34 EMRK; sie ist nur zulässig, wenn alle innerstaatlichen Rechtsbehelfe ausgeschöpft sind und seit der endgültigen innerstaatlichen Entscheidung nicht mehr als sechs Monate vergangen sind). Er kann in diesem Zusammenhang feststellen, dass Mitgliedstaaten die Konvention verletzt haben und sie auch zu Schadenersatz verpflichten (Art 41 EMRK spricht von einer „gerechten Entschädigung").

Weitere wichtige Rechtsdokumente, die im Rahmen des Europarats beschlossen wurden, sind die europäische Sozialcharta, die europäische Folterkonvention und die Biomedizinkonvention. Letztere hat Österreich allerdings nach wie vor nicht ratifiziert. Aus diesem Umstand ist der rechtliche Rahmen des Europarats erkennbar: Er selbst beruht auf einem internationalen Vertrag und alle Konventionen, die in seinem Rahmen entworfen werden, sind selbst wiederum internationale Verträge, die von den einzelnen Mitgliedstaaten zu ratifizieren sind. Es kommt dem Europarat somit keine Kompetenz zu, für alle Mitgliedstaaten verbindliche Rechtstexte zu beschließen. Die europäische Integration im Rahmen des Europarats geht daher in Wahrheit nicht über die klassischen Mittel des Völkerrechts hinaus, wenngleich die Einrichtung des Europäischen Gerichtshofs für Menschenrechte, an den sich auch die einzelnen Bürgerinnen und Bürger der Mitgliedstaaten wenden können, bereits einen überstaatlichen Charakter aufweist. Der Europäische Gerichtshof für Menschenrechte hat einen großen Anteil an der Durchsetzung von Menschenrechten in Europa und auch an der Herausbildung gemeinsamer Standards, wenngleich Vorbild für einen Gutteil seiner Rechtsprechung das deutsche Bundesverfassungsgericht war. In jüngerer Zeit hat dies aber zu einigen Akzeptanzproblemen geführt. In vielen Fällen ist die Lösung von Grundrechtsfragen auch abhängig von politischen und ideologisch fundierten Einstellungen. Wagt sich der Gerichtshof zu sehr in solchen Fragen vor, riskiert er heftige politische Kontroversen. So wird zurzeit im Vereinigten Königreich wegen der Entscheidungen zum Wahlrecht für Strafgefangene (EGMR *Hirst*, NL 2005, 236) und zur (absoluten) lebenslangen Freiheitsstrafe (EGMR *Vinter ua* 9. 7. 2013, Nr 66069/09, 130/10 und 3896/10) ganz offen über einen möglichen Austritt aus der EMRK diskutiert. Der Europäische Gerichtshof für Menschenrechte hätte diese Diskussionen freilich verhindern können, hätte er – wie in vielen anderen Fällen auch – mehr einen gesamteuropäischen Konsens berücksichtigt.

Die Schaffung des Europarats sollte allerdings nur einen ersten Schritt in der europäischen Integration darstellen. 1950 griff der französische Außenminister *Robert Schuman Churchills* Ideen der Vereinigten Staaten von Europa auf und schlug vor, in einer ersten Etappe zur Schaffung einer europäischen Föderation, die Europäische Gemeinschaft für Kohle und Stahl, unter Beteiligung Frankreichs, Deutschlands, Italiens und der Beneluxstaaten zu gründen. 1951 wurde der Vertrag über die Gründung der Europäischen Gemeinschaft für Kohle und Stahl unterzeichnet. Er trat 1952 in Kraft. Wenngleich das Ziel der Schaffung einer politischen Gemeinschaft als noch zu ehrgeizig erblickt wurde, wurde die wirtschaftliche Zusammenarbeit intensiviert, und mit Unterzeichnung der Römischen Verträge zur Gründung der Europäischen Wirtschaftsgemeinschaft und der Europäischen Atomgemeinschaft 1957 wurde der Grundstein für die heutige Europäische Union gelegt.

2. Die Europäische Union

a. Charakter und Ziele der Union

Zwar ist die Europäische Union, die heute immerhin schon aus 28 Mitgliedstaaten besteht, noch weit davon entfernt, so etwas wie die Vereinigten Staaten von Europa zu sein, doch hat sie sich in einer Weise organisatorisch verdichtet, dass sie die klassische völkerrechtliche Begrifflichkeit sprengt: Für sie wurde der Begriff der „supranationalen Organisation" vorgeschlagen. Darunter versteht heute das Völkerrecht eine Organisation von Staaten, deren wechselseitige Bindung so weit geht, dass die Staatsangehörigen der Mitgliedstaaten in bestimmten Fällen der Organisation direkt, das heißt ohne Zwischenschaltung der Mitgliedstaaten, unterstehen, dass die leitenden, mit der Wahrung der gemeinsamen Interessen betrauten Organe unabhängig von Weisungen der Mitgliedstaaten sind, dass Mehrheitsbeschlüsse die überstimmten Mitgliedstaaten binden, dass die Organisation über ein Gericht und ein Parlament und eine Fülle weiterer gemeinsamer Organe verfügt. Die Mitgliedstaaten sind daher wesentlich intensiver miteinander verflochten, als dies in der herkömmlichen Form internationaler Organisationen der Fall war. Insbesondere charakteristisch für die Europäische Union ist der Umstand, dass die einzelnen Mitgliedstaaten eine Fülle von Gesetzgebungskompetenzen auf die Union übertragen haben und dort im Rahmen von Mehrheitsbeschlüssen auch überstimmt werden können.

Heftig umstritten ist heute die Frage, ob die Europäische Union schon als Bundesstaat anzusehen ist, was weitgehend aus staatstheoretischen Gründen abgelehnt wird, oder sich zumindest zu einem solchen entwickeln könnte bzw sollte. Zu Beginn des Jahrtausends war der Versuch unternommen worden, die Rechtsgrundlagen der Union in einem „Verfassungsvertrag" zusammenzufassen und sie der – vor allem durch die Osterweiterung – stark gestiegenen Anzahl an Mitgliedern anzupassen (insbesondere durch Verkleinerung der Kommission). Die Ratifizierung dieses Verfassungsvertrages scheiterte in Referenden zunächst in Frankreich und dann in den Niederlanden im Jahr 2005. Als Reaktion darauf verzichtete man auf einen „Verfassungsvertrag" und arbeitete die inhaltlich gewünschten Änderungen in die bestehenden Verträge ein, wobei aber auf die zunächst vorgesehenen quasi-staatlichen Symbole sowie auf den Begriff „Verfassung" verzichtet wurde, um Kritikern, die in dieser Symbolik die Weiterentwicklung der Union zu einem staatlichen Gebilde erblickt hatten, Rechnung zu tragen (freilich verwenden zahlreiche Autorinnen und Autoren trotzdem den Begriff „Verfassung" zur Bezeichnung der Rechtsgrundlagen der Union). Das umgearbeitete Vertragswerk wurde durch den „Reformvertrag von Lissabon" schließlich von allen Mitgliedstaaten ratifiziert.

Im Wesentlichen bestehen die rechtlichen Grundlagen der Europäischen Union (die seither auch die Europäischen Gemeinschaften als Rechtssubjekt abgelöst hat) aus dem Vertrag über die Europäische Union (EUV) samt einer Reihe von Protokollen, dem Vertrag über die Arbeitsweise der Europäischen Union (AEUV), der aus dem Vertrag über die Europäische Gemeinschaft hervorgegangen ist, sowie der Europäischen Grundrechtecharta (EGC), die mit dem Lissabonner Vertrag für verbindlich erklärt wurde.

Inhaltlich bewirkte der Reformvertrag neben der schon erwähnten Verbindlicherklärung der EGC und dem in Aussicht gestellten Beitritt der Union zur EMRK vor allem die Abschaffung der Dreisäulenarchitektur, die Aufwertung des Europäischen Parlaments, eine neue Mehrheitsberechnung (ab 2014) sowie die Möglichkeit, die Kommission zu verkleinern (ebenfalls ab 2014), die Änderung des Bestellungsmodus des „Präsidenten der Kommission", die Aufwertung des „Hohen Vertreters für Außen- und Sicherheitspolitik" („EU-Außenkommissar"), das neugeschaffene Amt des Präsidenten des Europäischen Rats, die Einführung der Möglichkeit einer europäischen Bürgerinitiative sowie die stärkere Einbindung der nationalen Parlamente in das europäische Gesetzgebungsverfahren.

Die Ziele der Union wurden in Art 3 EUV näher umschrieben. Im Vordergrund steht dabei nach wie vor die Errichtung einer Wirtschafts- und Währungsunion. Angestrebt wird die Schaffung eines Binnenmarktes durch Rechtsvereinheitlichung und Rechtsangleichung auf der Basis von vier Grundfreiheiten, der Freiheit des Warenverkehrs, der Freiheit der Niederlassung, der Freiheit des Dienstleistungsverkehrs sowie des Kapitalverkehrs, unter Beachtung des Verbots der Diskriminierung von Unionsbürgerinnen und -bürgern. In diesem Bereich ist die Integration auch am weitesten fortgeschritten. Weiter soll die Union ihren Bürgerinnen und Bürgern einen Raum der Freiheit, der Sicherheit und des Rechts bieten, in dem der freie Personenverkehr gewährleistet ist. Darüber hinaus kümmert sich die Union um eine gemeinsame Außen- und Sicherheitspolitik (Art 23 ff EUV).

Die Zuständigkeiten der Union sind vom Grundsatz der begrenzten Einzelermächtigung getragen, was den Umstand reflektiert, dass die Mitgliedstaaten die eigentlichen „Herren der Verträge" bleiben, denen auch die Kompetenz-Kompetenz obliegt. Für die Ausübung der Kompetenzen der Union gilt seit dem Vertrag von Maastricht das Subsidiaritätsprinzip: Die Union soll nur tätig werden, sofern und soweit die Ziele der in Betracht kommenden Maßnahmen tatsächlich auf Unionsebene besser verwirklicht werden können als auf der Ebene der Mitgliedstaaten. Diese sehr restriktiven Regelungen werden von der Rechtsprechung des Europäischen Gerichtshofs überlagert, der die Kompetenzordnung extensiv interpretiert (vgl dazu den Unterschied zur Interpretation der österreichischen Kompetenzverteilung durch den Verfassungsgerichtshof – „Versteinerungsdoktrin", Kapitel V.). Dabei stellt der Europäische Gerichtshof deutlich auf die Zwecke des Unionsrechts (zB Herstellung eines Binnenmarktes) ab. Weiters ist die Ausübung der Kompetenzen an den Verhältnismäßigkeitsgrundsatz gebunden.

Das „Protokoll über die Anwendung der Grundsätze der Subsidiarität und Verhältnismäßigkeit" bezieht die nationalen Parlamente in das Gesetzgebungsverfahren der Union insofern ein, als es ihnen die Möglichkeit einräumt, einen Akt der Gesetzgebung (Verordnung oder Richtlinie) auf die Einhaltung des Subsidiaritätsprinzips, nicht aber des Verhältnismäßigkeitsgrundsatzes, zu überprüfen. Daher sind alle Entwürfe für einen Gesetzgebungsakt den nationalen Parlamenten zu übermitteln. Diese – oder auch nur eine ihrer Kammern – können binnen sechs Wochen eine begründete Stellungnahme abgeben, falls sie der Meinung sind, der Entwurf verletze das Subsidiaritätsprinzip. Solche Stellungnahmen sind „zu berücksichtigen", bei Vorliegen einer entsprechenden Anzahl von Stellungnahmen ist der Entwurf „zu überprüfen". Allerdings kann an dem Entwurf dennoch festgehalten werden, die nationalen Parlamente können aber Klagen beim EuGH initiieren.

b. Die wichtigsten Organe der Union

Die wichtigsten Organe der Union, die hier Erwähnung finden sollen, sind der Europäische Rat, der Rat („Ministerrat"), das Europäische Parlament, die Europäische Kommission und der Gerichtshof der Europäischen Union. Der Rat besteht aus Vertretern jedes Mitgliedstaates auf Ministerebene. Welche Ministerin oder welcher Minister einen Staat im Rat vertritt, hängt davon ab, welcher Gegenstand dort verhandelt wird. So kann der Rat einmal aus den Außenministerinnen und Außenministern der Mitgliedstaaten gebildet werden, das andere Mal aus den Umweltministerinnen und Umweltministern usw. Er entscheidet nach den Bestimmungen des EU-Vertrages einstimmig oder mit einfacher oder, heute im Regelfall qualifizierter Mehrheit. Die Berechnung der Mehrheit ist im Einzelnen recht diffizil; sie soll ab 1. 10. 2014 durch das Prinzip der doppelten Mehrheit abgelöst werden. Danach bedarf es einer Zustimmung von 55 % der Mitglieder des Rates, sofern diese zusammen wenigstens 65 % der Bevölkerung repräsentieren. Der Europäische Rat besteht aus den Staats- oder Regierungschefs sowie der Präsidentin bzw dem Präsidenten der Kommission und wird durch die Außenministerinnen bzw Außenminister unterstützt. Er ist ein strategisches Organ, das der Union die erforderlichen Impulse geben und allgemeine politische Zielvorstellungen festlegen soll. Er fasst Beschlüsse im Regelfall im Konsens.

Der Rat ist gemeinsam mit dem Europäischen Parlament das Gesetzgebungsorgan der Union. Er hat dabei aber nach wie vor das politische Übergewicht, obwohl dem Europäischen Parlament im Vergleich zu früher heute weitgehende Mitentscheidungsbefugnisse zukommen (vgl Art 294 AEUV). Es hat aber im Gegensatz zu nationalen Parlamenten nach wie vor kein Gesetzesinitiativrecht. Das Europäische Parlament besteht aus 754 direkt gewählten Abgeordneten, wobei in jedem Mitgliedstaat eine festgelegte Anzahl von Abgeordneten zu wählen ist. Bei den Wahlen zum Europäischen Parlament kandidieren nationale Parteien und nicht europäische Parteien, die erst bei der Bildung von Fraktionen im Europäischen Parlament sichtbar werden. Europäische Rechtsakte („Gesetze") werden durch den Rat gemeinsam mit dem Europäischen Parlament im Allgemeinen auf Vorschlag der Europäischen Kommission erlassen. Die Kommission besteht zurzeit aus 28 Mitgliedern, die jeweils von den Mitgliedstaaten namhaft gemacht werden. Dabei hat zum gegenwärtigen Zeitpunkt jeder Mitgliedstaat ein Mitglied der Kommission namhaft zu machen. Im Grunde ist seit Langem offensichtlich, dass ein Gremium von 28 Kommissarinnen und Kommissaren kaum handlungsfähig ist; auch trägt diese Anzahl wesentlich zur Aufblähung der Bürokratie (und Gesetzgebung) bei. Deshalb ist es ein Anliegen der politischen Vernunft, die Anzahl zu reduzieren, was freilich bedeutet, dass nicht mehr jeder Mitgliedstaat zu jeder Zeit über eine Kommissarin oder einen Kommissar verfügt. Dies ist naturgemäß ein politisches Problem. Art 17 Abs 5 EUV sieht nunmehr die Möglichkeit vor, ab 1. 10. 2014 die Zahl der Mitglieder der Kommission auf zwei Drittel zu verringern und die Ernennungsrechte nach einem Rotationsprinzip festzulegen. Der Europäische Rat kann aber immer noch anderes beschließen. Die Mitglieder der Kommission sind an keine Weisungen der sie entsendenden Mitgliedstaaten gebunden. Sie haben der Idee nach keine Landesinteressen, sondern europäische Interessen zu verfolgen. Die Kommission ist die „Hüterin der Verträge" und ihr obliegt vordringlich die Überwachung der Durchsetzung von europäischem Recht.

Der "Gerichtshof der Europäischen Union" bezeichnet heute (Art 19 EUV) ein dreigliedriges System von Gerichtsbarkeit, bestehend aus dem Gerichtshof (EuGH), dem Gericht und Fachgerichten. Der EuGH besteht aus 28 Richterinnen und Richtern (je eine/r pro Mitgliedstaat) und Generalanwältinnen und -anwälten zu deren Unterstützung. Der Gerichtshof entscheidet über Streitigkeiten aus den Verträgen, die zwischen Mitgliedstaaten oder den Mitgliedstaaten und den Organen der Union entstehen. Vor allem kann die Kommission Mitgliedstaaten vor dem Gerichtshof klagen, wenn sie der Auffassung ist, ein Mitgliedstaat verstoße gegen Unionsrecht oder habe Unionsrecht nicht ordnungsgemäß umgesetzt. Darüber hinaus ist der Gerichtshof zuständig, im sogenannten **Vorabentscheidungsverfahren** die Frage zu klären, wie europäisches Recht zu verstehen bzw auszulegen ist. Im Rahmen dieses Vorabentscheidungsverfahrens wird der Gerichtshof zuständig, wenn er von einem nationalen Gericht im Rahmen eines bei diesem anhängigen Verfahren angerufen wird. Die nationalen Gerichte sind verpflichtet, Unionsrecht anzuwenden und bei Konflikten zwischen nationalem Recht und Unionsrecht dem Unionsrecht den Vorzug zu geben. Ist für ein nationales Gericht fraglich, ob das von ihm zunächst anzuwendende nationale Recht Unionsrecht widerspricht, so kann es bzw, wenn es sich um ein letztinstanzliches Gericht handelt, muss es dem Gerichtshof die Frage vorlegen, wie das Unionsrecht auszulegen bzw zu verstehen ist (Vorlagebeschluss). Dieser entscheidet dann, wie die Rechtsfrage zu lösen ist, woraus sich ergibt, ob und inwieweit das nationale Recht weiter angewendet werden kann oder nicht. Der Gerichtshof hat durch seine Judikatur und vor allem im Rahmen des Vorabentscheidungsverfahrens einen großen Beitrag zur europäischen Rechtsvereinheitlichung geleistet, dabei aber das Unionsrecht auch selbstständig weiterentwickelt.

Die zum Teil recht expansive Rechtsprechung des EuGH ist immer wieder auf Kritik gestoßen, die vor allem bemängelt hat, dass sich die Judikatur allzu sehr vom Vertragstext und dem, was einzelne Mitgliedstaaten gewollt hätten, entfernt hat. Dies hat die Frage nach den Grenzen der Kompetenzen des Gerichtshofes laut werden lassen. Vor allem das deutsche Bundesverfassungsgericht hat die Ansicht entwickelt, dass Entscheidungen, die die Grenzen des durch juristische Interpretation auslotbaren Textes überschreiten, „ultra vires", dh außerhalb der Rechtsmacht des EuGH, gelegen seien und daher keine Geltung beanspruchen könnten (BVerfGE 126, 286). Während das Bundesverfassungsgericht zumindest bislang noch einen offenen Konflikt mit dem EuGH in dieser Frage vermieden hat, hat das Verfassungsgericht der Tschechischen Republik bereits in einer Rechtssache dem EuGH offen die Gefolgschaft verweigert (Pl. ÚS 5/12). Solche Konflikte könnten sich in Zukunft durchaus häufen.

c. Die Europäischen Rechtsquellen

Im Rahmen der europäischen Rechtsquellen ist zunächst zwischen primärem Unionsrecht und sekundärem Unionsrecht strikt zu unterscheiden. Das primäre Unionsrecht, das inhaltlich sozusagen die Verfassung der Europäischen Union bildet, besteht im Wesentlichen aus völkerrechtlichen Verträgen und allgemeinen Rechtsgrundsätzen. Soweit es sich um völkerrechtliche Verträge handelt, gilt für sie, dass sie nur dann in Kraft treten können, wenn sie auch von allen Mitgliedstaaten ratifiziert werden. Dabei haben die Mitgliedstaaten ihre jeweiligen verfassungsrechtlichen Bestimmungen einzuhalten, die für die Erzeugung von Staatsverträgen gelten. Da es sich bei diesen Verträgen um klassische völkerrechtliche Verträge handelt, ist für ihre Interpretation auch die Wiener Vertragsrechtskonvention heranzuziehen.

Auf der Grundlage der Kompetenzen, die ihnen durch das primäre Recht eingeräumt sind, erzeugen die europäischen Organe sekundäres Unionsrecht. Dazu zählen die Verordnungen, die Richtlinien und die Beschlüsse. Die Verordnungen gelten unmittelbar in jedem Mitgliedstaat und verdrängen ihnen entgegenstehendes nationales Recht. Die Richtlinien richten sich in erster Linie an die Mitgliedstaaten und müssen von diesen durch Erlassung entsprechender innerstaatlicher Akte umgesetzt werden. Sie können allerdings in manchen Fällen auch unmittelbar anwendbar sein. Dies dann, wenn der Staat bei Umsetzung der Richtlinie säumig geworden ist, die Bestimmungen der Richtlinien hinreichend genau sind und Einzelpersonen gegenüber dem Staat begünstigen. Jedenfalls sind aber alle staatlichen Rechtsvorschriften im Lichte der Richtlinien zu interpretieren („richtlinienkonforme Auslegung"). Für den Fall einer nicht fristgerechten Umsetzung von Richtlinien haftet der Staat und wird allenfalls schadensersatzpflichtig. Beschlüsse können auch Einzelfälle betreffen und bedürfen dann, wenn sie sich an die Mitgliedstaaten richten, einer Umsetzung in nationales Recht, wenn aus ihnen Belastungen für Privatpersonen folgen. Richten Sie sich hingegen von vornherein an Privatpersonen, dann sind sie wie Verordnungen unmittelbar anwendbar.

d. Integration durch Finanzkrise?

Während der politische Wille nach einer weiteren Vertiefung der europäischen Integration angesichts des Scheiterns des Verfassungsvertrages weitgehend zu versiegen schien, wurden weitere Integrationsschritte im Zuge der Finanz- und Staatsschuldenkrise, die seit 2008 Europa massive wirtschaftliche Probleme bereitet, gesetzt. Und dies geschah weitgehend unter Ausschluss der demokratischen Öffentlichkeit. So wurde angesichts der drohenden und die Stabilität des Euro gefährdenden Zahlungsunfähigkeit Griechenlands praktisch über Nacht der in Art 125 AEUV verankerte Grundsatz, wonach weder die Union noch ein anderer Mitgliedstaat für die Verbindlichkeiten eines Mitgliedstaates haften, aufgegeben.

Zunächst wurde mit der „European Financial Stability Facility" (EFSF, einer Aktiengesellschaft nach luxemburgischem Recht) eine vorläufige Institution geschaffen, über die zahlungsunfähige Mitgliedstaaten unterstützt werden konnten. Dieser, umgangssprachlich als „Euro-Rettungsschirm" bezeichnete, Mechanismus wurde nach einer geringfügigen Vertragsänderung im Dezember 2010 (einer entsprechenden Erweiterung des Art 136 AEUV) in den nunmehr permanenten „European Stability Mechanism" (ESM) überführt. Der ESM ist eine „internationale Finanzinstitution" (eigenen Rechts), die von allen Zulassungs- und Lizenzierungspflichten befreit ist und Rechtspersönlichkeit besitzt. Ihr Zweck besteht in der Unterstützung zahlungsunfähiger Mitgliedstaaten, wobei sie Notkredite (zu günstigeren als am Kapitalmarkt erzielbaren Zinsen) und Bürgschaften vergeben kann. Sie verfügt über ein Stammkapital von 700 Mrd Euro, an dem die Mitgliedstaaten (ds jene, die den ESM-Vertrag ratifiziert haben) im selben Verhältnis wie an der EZB Anteil haben. Österreich haftet daher für 2,78 % oder rund 20 Mrd Euro.

Die Organe des ESM sind der Gouverneursrat sowie das Direktorium mit einem geschäftsführenden Direktor. Sie alle sind bei Ausübung ihrer Tätigkeit im ESM immun und unterliegen keiner demokratischen Kontrolle; der ESM wird auch nicht vom Europäischen Rechnungshof (Art 285 AEUV) überprüft. Der Gouverneursrat besteht aus den Finanzministerinnen und Finanzministern der Mitgliedstaaten und entscheidet im Regelfall „in gegenseitigem Einvernehmen" bei Anwesenheit von mindestens zwei Drittel der Mitglieder, die auch mindestens zwei Drittel der Anteile repräsentieren, über die Gewährung von Stabilitätshilfe (Finanzhilfe), die Veränderung des genehmigten Stammkapitals, die Abrufung des (zunächst nicht zur Gänze einzuzahlenden) Stammkapitals sowie die Änderung der Liste der Finanzhilfeinstrumente. „Gegenseitiges Einvernehmen" wird nur durch Gegenstimmen, nicht aber auch durch Stimmenthaltungen verhindert. Art 25 des ESM-Vertrags sieht auch vor, dass Kapitalausfälle von hilfsbedürftigen Staaten von den anderen Staaten zu kompensieren sind. Nach einem Vertragszusatz, der von Deutschland aufgrund einer Eilentscheidung des Bundesverfassungsgerichts verlangt werden musste, darf diese Bestimmung aber nicht so gelesen werden, dass sich damit die Zahlungsverpflichtung der Mitgliedstaaten über den ursprünglich übernommenen Anteil (im Falle Österreichs daher über die rund 20 Mrd Euro) hinaus erhöht.

Finanzhilfe wird aber nicht unbedingt gewährt, sondern nur im Gegenzug zu einem „makroökonomischen Anpassungsprogramm", also entsprechenden budgetwirksamen Maßnahmen der Schuldnerstaaten. Worin diese im Detail bestehen ist vertraglich nicht vorgegeben – es obliegt daher letztlich dem Gouverneursrat, die Vorschläge der Schuldnerstaaten zu akzeptieren oder aber selbst Maßnahmen vorzuschlagen. Dass damit weit in die Budgethoheit der nationalen Parlamente ohne nähere rechtliche Determinierung eingegriffen werden kann, liegt auf der Hand.

Finanzhilfe durch den ESM kann im Übrigen nur ein Staat erhalten, der sich dem Regime des Vertrages über Stabilität, Koordinierung und Steuerung der Wirtschaft (VSKS-Vertrag, kurz: „Fiskalpakt") unterworfen hat. Dieser Vertrag verschärft im Wesentlichen das Instrumentarium des Maastricht-Vertrages, mit dem ausgeglichene Haushalte, oder wenigstens die Erreichung der Referenzkriterien (3 % jährliches Budgetdefizit, 60 % Staatsschulden, beides gemessen am Bruttoinlandsprodukt) hätten erzielt werden sollen, und das nicht nur zur Zeit der Finanzkrise versagt hatte. Bereits bei einem strukturellen Defizit von mehr als 0,5 % oder einer Gesamtschuldenquote von mehr als 60 % haben die Mitgliedstaaten (ds jedenfalls die Euro-Staaten) Wirtschaftsprogramme zum Abbau der Schulden sowohl von der Kommission als auch dem Rat genehmigen zu lassen; weiters ist eine sogenannte „Schuldenbremse" auf Verfassungsebene (oder einem „gleichwertigen Niveau") zu verankern. Mitgliedstaaten, die dem nicht nachkommen, können vor dem EuGH geklagt und allenfalls zu Strafzahlungen verurteilt werden. In Österreich scheiterte die Verankerung auf Verfassungsebene am Widerstand der Opposition. Statt dessen wurde eine entsprechende Bestimmung in das Bundeshaushaltsgesetz – di jenes Gesetz, das die Erstellung und den Vollzug des Bundesfinanzgesetzes näher regelt – aufgenommen.

Die Staaten verpflichten sich zu einer Verringerung ihrer Schulden, wobei sie von Kommission und Rat überwacht werden und die Kommission – länderspezifisch – den zeitlichen Rahmen zur Zielerreichung vorgeben kann. Auch hier sind die Maßnahmen nicht näher rechtlich determiniert, wodurch auch dieser Vertrag zu einer massiven Beschneidung der Budgetkompetenzen des nationalen Parlaments führen kann.

Beide Verträge, der ESM-Vertrag und der Fiskalpakt, sind völkerrechtliche Verträge, die sozusagen auf dem europäischen Primärrecht aufbauen, ohne dies aber formal zu ändern. Eine Änderung des Primärrechts scheiterte vor allem am Veto des Vereinigten Königreiches. In Österreich wurden die beiden Verträge, obwohl sie in der Sache weiter massive Übertragungen von legislativen Kompetenzen bedeuten können, lediglich im Rang einfacher Gesetze ratifiziert. Die Frage nach einer Volksabstimmung stellte sich erst gar nicht. Offen bleibt aber, ob diese beiden Verträge den Charakter der Europäischen Union nicht stärker verändert haben, als es die Einführung von staatlichen Symbolen und die offizielle Verwendung des Begriffes „Verfassung" für die Rechtsgrundlagen der Union, so wie im Verfassungsvertrag vorgesehen, getan hätten.

3. Österreich und die Europäische Union

a. Der Beitritt Österreichs zur Europäischen Union

Österreich ist der Europäischen Union mit Wirkung vom ersten Jänner 1995 beigetreten. Nach überwiegender Ansicht stellte der Beitritt eine Gesamtänderung der Bundesverfassung dar. Dies aus mehreren Gründen: Zum einen wurde eine Fülle von Kompetenzen des österreichischen Gesetzgebers (und damit der Parlamente) auf die Union übertragen, was sowohl das demokratische als auch das bundesstaatliche Verfassungsprinzip berührt, und zum anderen wurde durch die Übertragung dieser Kompetenzen bewirkt, dass der Verfassungsgerichtshof nicht mehr in umfassender Weise das in Österreich geltende Recht auf seine Verfassungskonformität überprüfen kann, weil ihm im Hinblick auf europäische Rechtsakte eine solche Kompetenz nicht zusteht, was das rechtsstaatliche Verfassungsprinzip berührt. Es war also eine Volksabstimmung über den Beitritt zur Europäischen Union erforderlich. Vonseiten der Union war verlangt, dass Österreich durch den Beitritt den erreichten Rechtszustand der Union („acquis communautaire") akzeptierte, soweit im Beitrittsvertrag davon nicht Ausnahmen zugestanden waren.

Rechtstechnisch wurde die Gesamtänderung dadurch bewirkt, dass das Volk über einen Verfassungsartikel abstimmte, wonach die bundesverfassungsgesetzlich zuständigen Organe ermächtigt wurden, den Staatsvertrag über den Beitritt Österreichs zur Europäischen Union entsprechend dem Verhandlungsergebnis abzuschließen (vgl Beitritts-BVG, BGBl 744/1994). Damit wurden also nicht einzelne Bestimmungen des Europarechts als gesamtändernd bezeichnet und einem entsprechenden Erzeugungsverfahren unterworfen, was wahrscheinlich völlig unmöglich gewesen wäre, sondern pauschal der Beitritt legitimiert. Die Frage, wie weit die Gesamtänderung tatsächlich reicht, ist daher anhand des „acquis communautaire" zum damaligen Zeitpunkt festzustellen, was ebenfalls nicht einfach ist. Jedenfalls lässt sich darüber, wie auch die Debatten rund um den Verfassungsvertrag und – wenngleich abgeschwächt – den Reformvertrag von Lissabon gezeigt haben, trefflich streiten. Die Standpunkte sind dabei auch abhängig von den jeweiligen theoretischen Grundannahmen über den Charakter eines Staatswesens sowie ideologischen und politischen Überzeugungen. Interessanterweise spielen in der österreichischen Staatsrechtsdogmatik formale Fragen dabei eine wesentlich größere Rolle als wirtschaftliche. Sollte sich aber die Ansicht durchsetzen, dass eine weitere Änderung des Primärrechts eine „Gesamtänderung" darstellte, wäre entweder vor ihrer Ratifizierung oder im Rahmen des Ratifizierungsverfahrens eine Volksabstimmung abzuhalten.

b. Die Mitwirkung Österreichs in der Europäischen Union

In Konsequenz seiner Vollmitgliedschaft zur Europäischen Union wirkt Österreich gleich wie alle anderen Mitgliedstaaten an der Verwirklichung der Vertragsziele und im Rahmen der Rechtsetzung der Europäischen Union mit. Ähnlich wie bei der Umsetzung und Durchführung von Staatsverträgen stellen sich auch hier eine Reihe struktureller Fragen, wie die Mitwirkung an der Europäischen Union mit der innerstaatlichen Verfassung und insbesondere deren Gewaltengliederung verknüpft werden kann. Die nationalen Verfassungsbestimmungen, die diese Fragen regeln, bezeichnet man als „Europaverfassungsrecht" im Unterschied zum „Europäischen Verfassungsrecht", das die Rechtsgrundlagen der Europäischen Union meint. Die in Rede stehenden Bestimmungen wurden als Art 23a–23k bzw 50a–50d in die Bundesverfassung eingefügt. Das Europaverfassungsrecht befasst sich zunächst mit der Mitwirkung des österreichischen Volkes durch die Wahl seiner Abgeordneten zum Europäischen Parlament. Österreich wählt 18 Mitglieder nach denselben Grundsätzen, die auch bei den Wahlen zum Nationalrat gelten. Allerdings wird bei den Wahlen zum Europäischen Parlament das Bundesgebiet nicht in einzelne Wahlkreise unterteilt, sondern es bildet einen einheitlichen Wahlkörper. Auch die Durchführung und Leitung der Wahlen zum Europäischen Parlament obliegt den für die Wahlen zum Nationalrat bestellten Wahlbehörden.

Die Erstellung von Vorschlägen für die Ernennung der Österreich zustehenden Mitglieder der Kommission, des Gerichtshofs und anderer Organe der Europäischen Union obliegt der Bundesregierung. In manchen Fällen hat sie dabei das Einvernehmen mit dem Hauptausschuss des Nationalrates herzustellen oder Vorschläge von anderen Stellen einzuholen.

Die weiteren Bestimmungen des Europaverfassungsrechts bemühen sich, den Umstand, dass durch die Übertragung von Kompetenzen an die Europäische Union innerstaatlich vor allem der Einfluss des Parlaments und der Länder zugunsten der im Rat vertretenen Regierungsmitglieder geschwächt wurde, wenigstens teilweise zu kompensieren. Dazu werden zwei Instrumente vorgesehen: Umfangreiche Informationspflichten der Bundesregierung bzw ihrer Mitglieder gegenüber den Ländern, sofern deren selbstständiger Wirkungsbereich berührt wird, und gegenüber National- und Bundesrat über „Vorhaben der Europäischen Union" auf der einen Seite, gepaart mit Stellungnahmerechten auf der anderen. „Bindende Stellungnahmen" entfalten unterschiedliche Bindungswirkungen für das Abstimmungsverhalten der österreichischen Regierungsmitglieder im Rat (und beschränken dabei auch seine Handlungs- und Verhandlungsfähigkeit, was sich auch als kontraproduktiv erweisen kann). Im Allgemeinen darf von bindenden Stellungnahmen nur aus zwingenden außen- und integrationspolitischen Gründen abgewichen werden, wobei darüber zu informieren ist. Eine stärkere Bindungswirkung entfalten Stellungnahmen des Nationalrats nur, wenn der von der Europäischen Union beabsichtigte verbindliche Rechtsakt entweder die Erlassung bundesverfassungsrechtlicher Bestimmungen erforderte oder Regelungen enthält, die wegen ihrer Inhalte nur im Verfassungsrang erlassen werden könnten. Dann ist eine Abweichung nur zulässig, wenn der Nationalrat, dessen Kompetenz in all diesen Fällen vom Hauptausschuss bzw einem ständigen Unterausschuss ausgeübt wird, nicht widerspricht. Ähnliches gilt in bestimmten Fällen auch für die Stellungnahme des Bundesrates.

In manchen Fällen bedarf die Zustimmung des österreichischen Regierungsmitgliedes einer ausdrücklichen Ermächtigung. So kann etwa der Europäische Rat beschließen, für einen bestimmten Fall oder bestimmten Bereich, in dem der AEUV das Einstimmigkeitsprinzip vorgesehen hat, auf das Mehrstimmigkeitsprinzip überzugehen. Einem solchen Beschluss dürfte das österreichische Regierungsmitglied nur zustimmen, wenn es vom Nationalrat mit Zustimmung des Bundesrates dazu ermächtigt worden wäre. Für beide Kammern gelten dafür erhöhte Anwesenheits- und Zustimmungsquoren (so muss die Hälfte der Mitglieder anwesend sein und zwei Drittel müssen zustimmen). Auch die österreichische Finanzministerin (bzw der österreichische Finanzminister) darf im Gouverneursrat des ESM der Gewährung von Stabilitätshilfe, der Änderung der Finanzhilfeinstrumente, der Veränderung des Stammkapitals und dem Abruf von genehmigtem und noch nicht eingezahltem Stammkapital nur zustimmen bzw sich der Stimme enthalten (vgl dazu oben, Kapitel X. 2.d), wenn sie oder er vom Nationalrat auf Vorschlag der Bundesregierung hierzu ermächtigt wurde.

Seit dem Lissabonner Vertrag dürfen die nationalen Parlamente auch direkt an der Gesetzgebung der Union mitwirken, indem sie in jedem Fall die Einhaltung des Subsidiaritätsgrundsatzes einmahnen können. Sowohl National- als auch Bundesrat können dazu begründete Stellungnahmen abgeben. Um diese entsprechend vorbereiten zu können, haben beide das Recht, von der zuständigen Bundesministerin bzw von dem zuständigen Bundesminister binnen zweier Wochen begründete Äußerungen zur Vereinbarkeit eines europäischen Entwurfes (im Wesentlichen zu einer Verordnung oder Richtlinie) mit dem Subsidiaritätsprinzip zu verlangen.

Der Bundesrat hat allenfalls die Landtage zu informieren und ihnen ebenfalls Gelegenheit zur Abgabe von Stellungnahmen zu geben und diese bei seiner eigenen Beschlussfassung zu erwägen. Sowohl National- als auch Bundesrat können für den Fall, dass ihre Stellungnahmen nicht berücksichtigt werden, beschließen, beim EuGH Klage zu erheben. Eine solche Klage ist von der Bundeskanzlerin oder dem Bundeskanzler dem EuGH zu übermitteln.

Detaillierte Regeln über die Mitwirkung Österreichs an der gemeinsamen Außen- und Sicherheitspolitik ergänzen ein Rechtsgebiet, das in den letzten Jahren immer umfangreicher und komplizierter geworden ist.

XI. Gerichtsbarkeit

1. Begriff der Gerichtsbarkeit

Das System der Gerichtsbarkeit nimmt im Wesentlichen den rechten Teil der Grafik (Abb 16) ein; die entsprechenden Symbole sind wiederum grau unterlegt. Es umfasst – am äußersten rechten Rand – die Gerichte, die die sogenannte ordentliche Gerichtsbarkeit ausüben: die Bezirksgerichte, die Landes- und Oberlandesgerichte sowie den Obersten Gerichtshof. Sie alle sind – auch wenn ihre Bezeichnung zum Teil irreführend sein mag – im organisatorischen Sinne Bundesgerichte, dh, sie werden vom Bund eingerichtet und betrieben. An der Spitze befinden sich neben dem Obersten Gerichtshof – als gleichrangige Höchstgerichte – der Verwaltungs- und Verfassungsgerichtshof. Unterhalb dieser beiden Gerichtshöfe des öffentlichen Rechts agieren ab 1. 1. 2014 die neu geschaffenen Verwaltungsgerichte I. Instanz: Das Bundesverwaltungsgericht und das Bundesfinanzgericht als Verwaltungsgerichte des Bundes und die Landesverwaltungsgerichte. Von ihnen gibt es je eines in jedem Bundesland, von dem sie auch eingerichtet und betrieben werden. Um diesen Umstand grafisch deutlich zu machen, befindet sich ihr Symbol auch direkt rechts neben den Ländersymbolen.

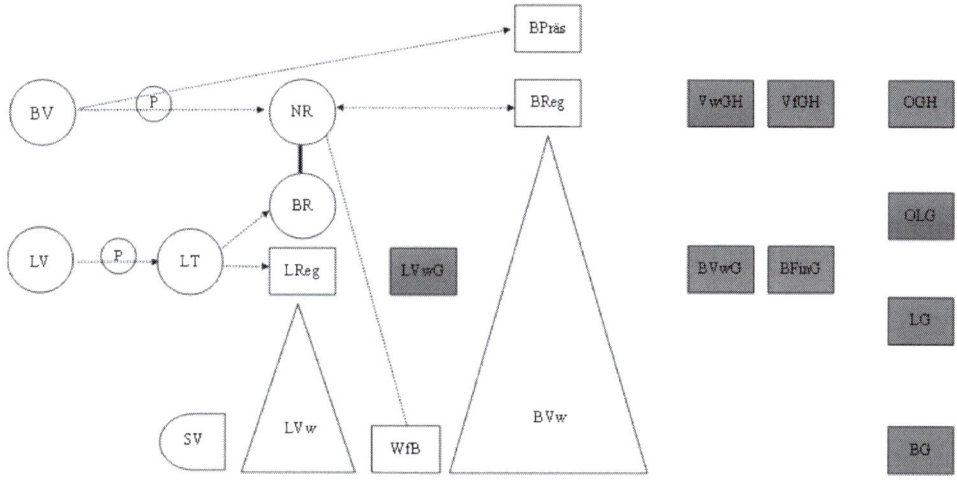

Abb 16: Gerichtsbarkeit

Die Besonderheit der Gerichte liegt darin, dass ihre Entscheidungsträger nur mittelbar demokratisch legitimiert sind und zwar dadurch, dass sie von politischen Behörden ernannt werden. Sodann sind sie in ihrer Tätigkeit (Ausnahmen bestehen lediglich für Rechtspfleger und Staatsanwälte) von deren Weisungen und Einfluss frei und unterliegen auch keiner Kontrolle des demokratischen Gesetzgebers; im Gegenteil: Der Verfassungsgerichtshof ist sogar ausdrücklich dazu berufen, Akte des Gesetzgebers (im Falle ihrer Verfassungswidrigkeit) aufzuheben. Die unabhängige Gerichtsbarkeit ist daher ein von der Verfassung bewusst und gewollt vorgesehenes System der Machtbegrenzung der politischen Organe; es tritt auch in ein gewisses Spannungsverhältnis mit dem demokratischen Legitimationsprinzip. Der Grund dafür, dass im Rahmen des rechtsstaatlichen Verfassungsprinzips Organe unabhängig sind, liegt im Vertrauen auf ihre fachliche Qualifikation – vor allem zur gesellschaftsadäquaten Streitentscheidung. Unabhängige Organe können daher faktisch auch jenseits von Gesetzen entscheiden, wenngleich die Verfassung davon ausgeht, dass auch sie an Gesetze gebunden sind. So macht etwa die Vorschrift des Art 89 B-VG, wonach die Prüfung gehörig kundgemachter Gesetze den Gerichten nicht zusteht, nur Sinn, wenn diese solche Gesetze anzuwenden haben und daher an sie gebunden sind. Aber: Die Bindung von Richterinnen und Richtern an Gesetze vollzieht sich institutionell nicht über einen Weisungszusammenhang mit demokratischen Kontrollmöglichkeiten, sondern ausschließlich über eingelernte Verhaltensweisen im Rahmen der Rechtsdogmatik, die von einer Rechtswissenschaft permanent literarisch überprüft und von den institutionellen Rahmenbedingungen innerhalb des Systems (Karrieremöglichkeiten, persönliches Ansehen, fachliche Akzeptanz etc) abgesichert werden. MaW: Auch für die Gerichte, vor allem die Höchstgerichte gilt das, was schon für die obersten Verwaltungsorgane und das Parlament festgestellt wurde: Auch sie müssen die Verfassung akzeptieren und in ihrem Geist arbeiten.

Dass die Verfassung eine Staatsgewalt vorsieht, die sich – jedenfalls theoretisch – ihre Grenzen selbst setzt, ist nicht unproblematisch. Die englische Verfassungstheorie betont aber in diesem Zusammenhang, dass Gerichte – und das stimmt auch für die österreichische Verfassungsordnung – über keine eigene bewaffnete Gewalt (Polizei oder Armee) verfügen, ihre Urteile und Erkenntnisse durchzusetzen; sie sind daher bei ihren Entscheidungen in besonderer Weise auf allgemeine Akzeptanz angewiesen.

2. Die Trennung von Justiz und Verwaltung

Zum Schutz der Unabhängigkeit der Gerichtsbarkeit, wobei in diesem Zusammenhang immer die ordentliche Gerichtsbarkeit zu verstehen war, was nunmehr auch im Verfassungstext deutlich zum Ausdruck kommt, bestimmt Art 94 B-VG, dass die Justiz von der Verwaltung in allen Instanzen getrennt ist. Dieser Grundsatz der Gewaltentrennung zwischen Verwaltung und Gerichtsbarkeit wurde in der österreichischen Verfassungsdogmatik stets als ein „formell-organisatorischer" verstanden. Dies bedeutet in der Sache dreierlei, und zwar dass

- es keine organisatorischen Mischformen zwischen Gerichten und Verwaltungsbehörden geben darf,
- keine Instanzenzüge von Gerichten an Verwaltungsbehörden vorgesehen werden dürfen und
- keine wechselseitigen Weisungsbefugnisse eingeräumt werden dürfen.

Die Forderung, dass keine organisatorischen Mischformen von Gerichten und Verwaltungsbehörden geschaffen werden dürfen, wurde erst 1925 mit der Beseitigung der sogenannten „gemischten Bezirksämter" umgesetzt. Weiters folgt aus dem Gebot, dass Gerichte auch keiner Aufsicht im Verwaltungsweg unterliegen dürfen (allerdings mit der Ausnahme der „Justizverwaltung"). Gerichten dürfen über die Justizverwaltung hinaus auch keine Verwaltungsaufgaben übertragen werden.

Die Frage des Verbots von Instanzenzügen hat eine wechselvolle Geschichte. Praktisch wichtig ist nur das heute nach wie vor geltende klare Verbot des Instanzenzuges von einem (unabhängigen) Gericht an eine Verwaltungsbehörde (politische Behörde). Ein solcher würde jede Garantie von Unabhängigkeit zunichtemachen. In der Verfassung 1920 war in einem Abs 2 zu Art 94 B-VG vorgesehen worden, dass aber umgekehrt, in den Fällen, in denen Verwaltungsbehörden über Privatrechtsansprüche zu entscheiden hatten, die ordentlichen Gerichte angerufen werden konnten. Durch die Verfassungsnovelle 1929 wurde dieser Abs 2 aufgehoben. Dies führte vor allem in der Nachkriegszeit dazu, dass dem Art 94 B-VG das Verbot wechselseitiger Instanzenzüge entnommen wurde.

Allerdings wurde die Rechtsordnung dem neuen Verständnis des Art 94 B-VG nie wirklich angepasst: So entschied etwa im Leistungsstreit der Sozialversicherungen oder in Mietsachen weiterhin zunächst eine Verwaltungsbehörde. Verfahrensparteien, die mit dieser Entscheidung nicht einverstanden waren, waren berechtigt, danach die Gerichte anzurufen. Dogmatisch behalf man sich in diesen Fällen mit der Konstruktion der „sukzessiven" Zuständigkeit. Das bedeutete, dass formal die Anrufung des Gerichts nicht als Rechtsmittel gegen die Entscheidung der Verwaltungsbehörde angesehen wurde, sondern dass mit Anrufung des Gerichts die Entscheidung der Verwaltungsbehörde außer Kraft trat und nunmehr das Gericht von Neuem über die Rechtssache zu befinden hatte. Es wurde also so getan, als ob Verwaltungsbehörde und Gericht nacheinander zuständig gewesen wären. Ob in der Praxis die Gerichte tatsächlich die verwaltungsbehördliche Entscheidung, so wie es die Theorie nahelegte, ignorierten, mag hier dahinstehen. Mit der Verfassungsnovelle 2012 (BGBl I 51/2012) wurde dem Art 94 B-VG nunmehr neuerlich ein Abs 2 angefügt, wonach in einzelnen Angelegenheiten der Bundes- oder Landesgesetzgeber vorsehen kann, dass anstelle einer Beschwerde beim Verwaltungsgericht ein Instanzenzug von einer Verwaltungsbehörde an ein ordentliches Gericht vorgesehen werden kann. Dieser Abs 2 tritt mit 1. 1. 2014 in Kraft. Damit wird die „Umgehungskonstruktion" der „sukzessiven Zuständigkeit", die sich die österreichische Verfassungsrechtsdogmatik vielleicht ohnehin nur als Problem selbst geschaffen hat, obsolet.

In Konsequenz des formal-organisatorischen Verständnisses der Trennung von Justiz und Verwaltung lag, dass es ausschließlich in der Macht des Gesetzgebers gelegen war, einzelne Aufgaben entweder den Verwaltungsbehörden oder den Gerichten zuzuweisen. Lediglich aus einer Art institutioneller Garantie der Gerichte wurde gefolgert, dass der Gesetzgeber verpflichtet war, den Gerichten wenigstens einen Kernbereich von Aufgaben zu belassen beziehungsweise zu übertragen. Diese Argumentation stützte sich zunächst darauf, dass die Verfassung Gerichte einrichtete („institutionalisierte"). Daraus wurde gefolgert, dass diese irgendeinen Aufgabenbereich zugewiesen bekommen müssten, da sonst ihre Einrichtung sinnlos wäre. Aus der Bestimmung des Art 92 B-VG, wonach der Oberste Gerichtshof oberste Instanz in Zivil- und Strafrechtssachen zu sein hat, konnte allenfalls noch gefolgert werden, dass die Gerichte im Bereich dieser Rechtsangelegenheiten Kompetenzen besitzen mussten. In welchem Umfang, war freilich dem Gesetzgeber überlassen.

Eine inhaltliche Anforderung an das Konzept der Trennung von Verwaltung und Gerichtsbarkeit (Gewaltenteilung in einem materiellen Sinn) ergab sich für die österreichische Rechtsordnung erst durch Art 6 EMRK. Dieser bestimmt, dass über zivilrechtliche Ansprüche und Verpflichtungen sowie über die Stichhaltigkeit einer strafrechtlichen Anklage ein unabhängiges und unparteiisches, auf Gesetz beruhendes Gericht zu entscheiden hat. Diese Bestimmung und vor allem die dazu ergangene Judikatur des Europäischen Gerichtshofs für Menschenrechte und – in Maßen – unionsrechtliche Vorschriften, die für bestimmte Bereiche die Entscheidung durch unabhängige Behörden verlangen, waren letztlich ausschlaggebend dafür, dass das verwaltungsrechtliche Rechtsschutzsystem grundlegend umgebaut wurde und schließlich in die Einführung einer zweistufigen Verwaltungsgerichtsbarkeit mit 1. 1. 2014 mündete. Damit sind auch die Debatten über die EMRK-konforme Umsetzung des Art 6 EMRK in die österreichische Rechtsordnung wenigstens dem Grunde nach obsolet (auf sie wird lediglich kurz im Zusammenhang mit der Entwicklung der Verwaltungsgerichtsbarkeit – Kapitel XI. 4.a. – eingegangen). Ob freilich die neu geschaffenen Verwaltungsgerichte alle Anforderungen des Art 6 EMRK erfüllen, wird sich erst in Zukunft zeigen.

3. Die ordentliche Gerichtsbarkeit

Unter „ordentlicher" Gerichtsbarkeit versteht man die Gerichtsbarkeit in Zivil- und Strafrechtssachen. Die Zivil- und Strafgerichte werden in der Grafik (Abb 16) durch die vier übereinander liegenden Symbole am rechten Rand verdeutlicht. Nach der gegenwärtigen Gerichtsverfassung existieren 128 Bezirksgerichte, 20 Landesgerichte, vier Oberlandesgerichte und ein Oberster Gerichtshof. Da die Gerichtsbarkeit (im engeren Sinn) ausschließlich Bundessache ist, werden die Gerichtsverfassung und die Zuständigkeiten der einzelnen Gerichte durch Bundesgesetze geregelt. Lediglich die Festlegung beziehungsweise Änderung von Sprengelgrenzen der Bezirksgerichte bedürfen einer übereinstimmenden Verordnung von Bundesregierung und der jeweiligen Landesregierung. Die Zuständigkeiten der einzelnen Gerichte sind durch ein Gesetz im Vorhinein festzulegen und innerhalb der Gerichte hat eine feste Geschäftsverteilung zu sichern, dass das zuständige Gericht oder die entscheidende Richterin oder der entscheidende Richter nicht mit Blick auf den anhängigen Fall ausgewählt wird.

Die oberste Instanz in Zivil- und Strafsachen ist nach Art 92 B-VG der Oberste Gerichtshof. Die österreichische Verfassungsdogmatik hat diesem Verfassungssatz lediglich eine Bestandsgarantie des Obersten Gerichtshofs entnommen. Verfassungsrechtlich notwendig sind daher die Einrichtung eines Obersten Gerichtshofs und der Umstand, dass es gegen seine Entscheidungen keinen Instanzenzug geben darf. Die österreichische Verfassungsrechtslehre hat Art 92 B-VG jedoch nie im Sinne einer Rechtswegegarantie interpretiert, dh in dem Sinn, dass der Oberste Gerichtshof auch tatsächlich in jedem Fall als oberste Instanz entscheiden kann. Vor allem in den letzten Jahren wurden in zunehmendem Ausmaß Zugangsbeschränkungen vorgesehen, gegen die Art 92 B-VG somit keine effektive Grenze darstellt. Man wird auch hier lediglich im Sinne einer Institutionengarantie von Verfassungsseite festhalten müssen, dass dem Obersten Gerichtshof wenigstens irgendwelche Entscheidungskompetenzen zukommen müssen, die er letztinstanzlich ausübt.

Im Rahmen der ordentlichen Gerichtsbarkeit werden primär Berufsrichterinnen und Berufsrichter tätig. Das sind jene Organe, die vom Bundespräsidenten oder aufgrund einer Ermächtigung vom Bundesminister für Justiz ernannt werden. Den Richterinnen und Richtern ist insofern ein Mitwirkungsrecht eingeräumt, als die zuständigen Personalsenate entsprechende Besetzungsvorschläge zu machen haben. Damit wird institutionell abgesichert, dass nur Personen mit entsprechender fachlicher Qualifikation zu Richterinnen bzw Richtern ernannt werden. Richterinnen und Richter sind grundsätzlich unabhängig, dh weisungsfrei, und sowohl unabsetzbar als auch unversetzbar (was der Sicherung ihrer Unabhängigkeit dient). Von diesen Grundsätzen gibt es geringfügige Ausnahmen: Richterinnen und Richter können ihres Amtes nach Durchführung eines Disziplinarverfahrens enthoben werden, in dem aber wieder Richterinnen bzw Richter entscheiden müssen. „Sprengelrichterinnen" und „Sprengelrichter", die in einem bestimmten Prozentsatz der Richterstellen an einem übergeordneten Gericht vorgesehen werden dürfen, dienen der Vertretung verhinderter Richterinnen oder Richter und dürfen daher nach Bedarf eingesetzt werden und damit auch versetzt werden. In sogenannten Justizverwaltungssachen können Einzelrichterinnen und Einzelrichter auch an Weisungen gebunden werden.

Umstritten ist, ob die im Rahmen der Gerichtsbarkeit tätig werdenden „Richter" alle Merkmale eines Richters im Sinne der Bundesverfassung vorsehen müssen oder ob dies nur für Berufsrichter gilt. Die Frage stellt sich vor allem im Hinblick auf die Einordnung der privaten Schiedsgerichtsbarkeit und der Mitwirkung von Personen im Rahmen bestimmter Fachgerichtsbarkeiten (zB Handels- und Arbeitsgerichtsbarkeit), die außerjuristischen Sachverstand in die Entscheidung einbringen sollen.

Die Verfassung kennt im Übrigen als Organe der Gerichtsbarkeit noch „Mitwirkende aus dem Volk", die im Rahmen der Strafgerichtsbarkeit vor allem die Aufgabe einer demokratischen Kontrolle der Gerichtsbarkeit ausüben sollen: So haben Geschworene bei Delikten mit schweren Strafdrohungen bzw bei politischen Delikten über die Schuld des Angeklagten zu entscheiden; Schöffinnen und Schöffen entscheiden über Schuld und Strafmaß bei Delikten, die eine bestimmte Strafdrohung übersteigen, was im Einzelnen durch das Gesetz festzulegen ist (die Grenze wurde bei einer Strafdrohung von einer mehr als fünfjährigen Freiheitsstrafe festgelegt).

Es gibt im Rahmen der Gerichtsbarkeit – und zwar sowohl der Zivil- wie auch der Strafgerichtsbarkeit – ein grundsätzlich weisungsgebundenes Organ, nämlich den „Rechtspfleger", wobei dieser an die Weisungen der nach der Geschäftsverteilung zuständigen Richterin oder des nach der Geschäftsverteilung zuständigen Richters gebunden ist, die oder der sich im Übrigen auch alle Geschäfte der Rechtspflegerin oder des Rechtspflegers jederzeit selbst vorbehalten bzw an sich ziehen kann. Den Rechtspflegerinnen und Rechtspflegern können bestimmte richterliche Aufgaben übertragen werden, was beispielsweise in Zusammenhang mit der Führung von Grundbüchern geschehen ist.

Mit der Verfassungsnovelle 2008 (BGBl I 2/2008) wurden als weiteres Organ der Gerichtsbarkeit die Staatsanwälte in der Bundesverfassung – offenbar einem Wunsch dieser Berufsgruppe folgend – verankert. Ob und inwieweit sie weisungsgebunden sind, wird in einem Bundesgesetz geregelt. Danach sind Staatsanwältinnen und Staatsanwälte weiterhin letztlich der Bundesministerin oder dem Bundesminister für Justiz gegenüber weisungsgebunden.

4. Die Verwaltungsgerichtsbarkeit

a. Historische Entwicklung

Die Einrichtung einer Verwaltungsgerichtsbarkeit in Österreich geht zurück auf das 19. Jahrhundert und hängt mit der Entwicklung der Vorstellung zusammen, dass die Bürgerinnen und Bürger auch der staatlichen Verwaltung gegenüber Rechte besitzen, die vor einem Gericht durchgesetzt werden können. Es gab also bereits in der Monarchie einen Verwaltungsgerichtshof, dessen Einrichtung auf ein Gesetz aus 1875 zurückgeht. Dieser war der Vorläufer des heutigen Verwaltungsgerichtshofs und hat mit seiner Rechtsprechung nicht nur entscheidend zur Entwicklung der Verwaltungsgerichtsbarkeit, sondern auch zur Entwicklung des Verwaltungsverfahrens beigetragen.

Unter der „Verwaltungsgerichtsbarkeit" versteht man ganz allgemein eine gerichtsförmige Überprüfung von verwaltungsbehördlichen Maßnahmen und Entscheidungen. Das österreichische Modell der Verwaltungsgerichtsbarkeit zentralisierte die Tätigkeit zunächst bei einem Verwaltungsgerichtshof. Darüber hinaus beschränkte es die Kompetenzen des Verwaltungsgerichtshofs auf die Überprüfung von ganz bestimmten, typisierten Verwaltungsakten, nämlich im Regelfall dem Bescheid (und nur in ganz wenigen Fällen der Weisung). Auch die Zuständigkeit des Verwaltungsgerichtshofs, bei Säumigkeit einer Verwaltungsbehörde zu entscheiden, setzte voraus, dass diese einen Bescheid zu erlassen gehabt hätte.

Die Tätigkeit des Verwaltungsgerichtshofs war in erster Linie als Rechtskontrolle konzipiert gewesen, sodass er – zumindest im Allgemeinen – an die Sachverhaltsermittlungen der Verwaltungsbehörden gebunden war, jedenfalls in Sachfragen nur eine eingeschränkte Kognitionsbefugnis besaß. Dies führte zu den bereits erwähnten Problemen mit Art 6 EMRK, wonach über zivilrechtliche Ansprüche und strafrechtliche Anklagen ein unabhängiges und unparteiisches Tribunal zu entscheiden hat.

Zwar muss ein solches Tribunal nicht zwingend ein Gericht im Sinne der österreichischen Bundesverfassung sein: Auch unabhängige Verwaltungsbehörden können die Anforderungen des Art 6 EMRK erfüllen. Dazu bedarf es nicht nur ihrer Weisungsfreiheit, sondern auch weiterer institutioneller Absicherungen, die garantieren, dass ihre Entscheidungen von den politischen Behörden nicht beeinflusst werden können. Ihre Mitglieder dürfen daher beispielsweise nicht beliebig austauschbar sein oder abberufen werden können, sondern sind auf eine bestimmte Dauer zu ernennen. Des Weiteren dürfen auch keine Umstände erkennbar sein, die die Unabhängigkeit der Behörde infrage stellen könnten. Es gilt der Satz: „Justice must not only be done but also seen to be done."

Aber: Nach Auffassung des EGMR muss ein solches Tribunal **alle Rechts- und Tatsachenfragen** wahrnehmen können, wenn über zivilrechtliche Ansprüche („civil rights and obligations") und strafrechtliche Anklagen („criminal charges") zu entscheiden ist. Dabei sind die genannten Tatbestandsvoraussetzungen „europäisch" auszulegen, was dazu führt, dass sie auch weite Teile des klassischen österreichischen Verwaltungsrechts sowie das genannte Verwaltungsstrafrecht abdecken. So betreffen beispielsweise behördliche Entscheidungen, die etwa in die Erwerbstätigkeit einer Person, ihr Eigentum oder sonstige vermögenswerte Rechte eingreifen, „civil rights". Man könnte daher sagen, dass „civil rights" alle Rechte sind, die den Status der Erwerbsbürgerin oder des Erwerbsbürgers ausmachen. In diesem Sinne hat der Europäische Gerichtshof für Menschenrechte etwa die Genehmigung von Kaufverträgen (EGMR 16. 7. 1971, *Ringeisen*, Serie A 13), den Entzug einer ärztlichen Berufsbewilligung (EGMR *König*, EuGRZ 1978, 406), ein Disziplinarverfahren mit Berufsverbot (EGMR *Diennet*, ÖJZ 1996, 115), die Erteilung und Versagung einer Baubewilligung (EGMR *Jacobsson*, ÖJZ 1990, 246) und die Genehmigung eines Tankstellenbetriebes (EGMR *Benthem*, EuGRZ 1986, 299) als Eingriffe in „civil rights" gewertet. Damit wurde eine Fülle von Rechtspositionen der Bürgerinnen und Bürger unter dem Begriff der „civil rights" subsumiert, die in Österreich traditionell im öffentlichen Recht verankert waren und worüber weisungsgebundene Verwaltungsbehörden entschieden hatten.

Auch wenn der Verfassungsgerichtshof nur die Notwendigkeit akzeptieren wollte, in einem sogenannten Kernbereich von zivilrechtlichen Ansprüchen die Einrichtung von Tribunalen mit voller Sachverhaltskognition vorzusehen, waren jedenfalls nachhaltige Veränderungen in der Verwaltungsorganisation erforderlich. Auch weil der Verwaltungsgerichtshof – als einziges zentrales Verwaltungsgericht – in zunehmendem Ausmaß unter Überlastung litt, wurde eine jahrzehntelange Debatte über die Einführung einer zweistufigen Verwaltungsgerichtsbarkeit, namentlich die Schaffung von Landesverwaltungsgerichten, geführt. Jüngeren Datums sind Anforderungen, die sich aus dem Unionsrecht ergeben, wo bereichsspezifisch ebenfalls die Einrichtung unabhängiger Entscheidungsträger vorgesehen wird. Daraus hat der Verwaltungsgerichtshof den Schluss gezogen, dass die Einrichtung von erstinstanzlichen Verwaltungsgerichten auch unionsrechtlich geboten ist (VwGH 30. 9. 2010, 2010/03/0051 ua). Dies hat zu einer heftigen Judikaturkontroverse mit dem Verfassungsgerichtshof geführt (VfSlg 19.425/2011), die nunmehr beigelegt erscheint (vgl VfSlg19499/2011 und VwGH 24. 8. 2011, 2010/06/0002).

Um das Verwaltungsstrafrecht in seiner Form beibehalten zu können, hatte Österreich einen Vorbehalt abgegeben, der anfänglich sehr weit interpretiert wurde. Je mehr der Europäische Gerichtshof für Menschenrechte diesen Vorbehalt allerdings eingeschränkt hatte, umso mehr wurde im Verwaltungsstrafverfahren die Einrichtung von Tribunalen mit voller Sachverhaltskognition notwendig.

Bis zur Verwirklichung einer Reform der Verwaltungsgerichtsbarkeit war ein langer Weg zurückzulegen. Zunächst behalf man sich mit der Einrichtung unabhängiger kollegialer Verwaltungsbehörden im Einzelfall. 1988 wurden die „unabhängigen Verwaltungssenate in den Ländern" geschaffen – Landesverwaltungsgerichte waren damals politisch noch nicht erwünscht. Sie waren organisatorisch (Landes-)Verwaltungsbehörden, hatten aber teilweise eine gerichtsähnliche Stellung. Hauptsächlich entschieden sie über Berufungen gegen Verwaltungsstrafbescheide und über Beschwerden gegen die Ausübung verwaltungsbehördlicher Befehls- und Zwangsgewalt. Im zweiten Punkt brachten sie vor allem eine Entlastung der beiden Höchstgerichte: Solche Fälle werden zumeist im Rahmen der Beweiswürdigung entschieden, juristisch kompliziert sind sie im Allgemeinen nicht. Durch die Verwaltungsorganisationsreform 2001 (BGBl I 65/2002) wurden den UVS dann in größerem Ausmaß Entscheidungskompetenzen in Berufungsfällen übertragen.

Im Jahr 1997 wurde der Kreis der unabhängigen Verwaltungssenate um den unabhängigen Bundesasylsenat erweitert. Aus ihm wurde 2008 der Asylgerichtshof. Da gegen dessen Entscheidungen der Verwaltungsgerichtshof in Einzelfällen nicht angerufen werden konnte (sondern lediglich bei Grundsatzentscheidungen), sehr wohl aber der Verfassungsgerichtshof, führte dies zwar zu einer punktuellen Entlastung des Verwaltungsgerichtshofes, dafür aber zu einer übermäßigen Belastung des Verfassungsgerichtshofes.

Mit dem Bundesvergabegesetz wurde weiters das Bundesvergabeamt geschaffen, das eine ähnliche Rechtsstellung genoss wie die unabhängigen Verwaltungssenate. Im Bereich des Abgabenrechts wurde schließlich die Finanzlandesdirektion aufgelöst und ihre Kompetenzen in Berufungsangelegenheiten auf den unabhängigen Finanzsenat übertragen.

Die im Jahr 2012 (BGBl I 51/2012) beschlossene Einführung einer zweistufigen Verwaltungsgerichtsbarkeit, die mit 1. 1. 2014 nunmehr wirksam wird, ist nur vor dem Hintergrund der geschilderten Entwicklung zu verstehen. Ziel dieser Verfassungsnovelle ist zum einen der Ausbau des Rechtsschutzsystems und zum anderen die Entlastung des Verwaltungsgerichtshofs. Jedenfalls das zweite Ziel dürfte erreicht werden.

Verwirklicht wird das „9+2"-Modell, dh, es werden neun Landesverwaltungsgerichte und zwei Bundesverwaltungsgerichte geschaffen. Ausschlaggebend für die Wahl dieses Modells waren offenbar die bestehenden Rechtsschutzeinrichtungen. Im Grunde treten die neun Landesverwaltungsgerichte an die Stelle der neun unabhängigen Verwaltungssenate in den Ländern, wobei die Frage der Übernahme ihrer derzeitigen Mitglieder als Richterinnen und Richter der neuen Landesverwaltungsgerichte Sache des jeweiligen Landesgesetzgebers ist und davon abhängt, ob die rechtlichen Qualifikationsanforderungen erfüllt sind.

Aus dem Asylgerichtshof und Teilen des Bundesvergabeamtes wird das Bundesverwaltungsgericht: Hier gibt es weitgehende Personalübernahmen. Aus dem Unabhängigen Finanzsenat wird schließlich das Bundesfinanzgericht. Weit über hundert unabhängige Bundes- und Landesbehörden werden mit Wirkung vom 31. 12. 2013 per Verfassungsgesetz aufgelöst.

Die Einrichtung von Verwaltungsgerichten I. Instanz bringt einen erklärten Systemwechsel mit sich: Mit der bereits mehrfach erwähnten Ausnahme der Angelegenheit des eigenen Wirkungsbereichs der Gemeinden gibt es ab 1. 1. 2014 keinen administrativen Instanzenzug mehr; gegen verwaltungsbehördliche Entscheidungen ist daher, von der erwähnten Ausnahme abgesehen, keine Berufung mehr zu erheben, sondern die Beschwerde an das Verwaltungsgericht I. Instanz. Gegen dessen Entscheidungen steht dann – allerdings in eingeschränktem Maße – die Revision an den Verwaltungsgerichtshof zu.

b. Organisation der Verwaltungsgerichtsbarkeit

Die Organisation der Landesverwaltungsgerichte wird näher von dem jeweiligen Landesgesetzgeber geregelt. Bundesverfassungsrechtlich vorgegeben ist, dass sie jeweils aus einem Präsidenten, einem Vizepräsidenten und der erforderlichen Anzahl von Mitgliedern zu bestehen haben. Sie alle werden von der jeweiligen Landesregierung ernannt; bei Ernennung von

Mitgliedern ist ein Dreiervorschlag der Vollversammlung oder eines entsprechenden Ausschusses des jeweiligen Landesverwaltungsgerichts einzuholen (dies gilt selbstverständlich nicht bei der Einrichtung des Gerichts). Mitglieder müssen als Voraussetzung für ihre Qualifikation das rechtswissenschaftliche Studium abgeschlossen haben und eine fünfjährige juristische Berufserfahrung nachweisen können; eine spezifische Ausbildung zur Richterin oder zum Richter ist jedoch nicht erforderlich.

Das Bundesverwaltungsgericht sowie das Bundesfinanzgericht werden vom Bund eingerichtet. Beide Gerichte bestehen ebenfalls aus einem Präsidenten, einem Vizepräsidenten und der erforderlichen Anzahl von Mitgliedern. Ernannt werden sie alle vom Bundespräsidenten auf Vorschlag der Bundesregierung, wobei die Bundesregierung im Falle der Mitglieder Dreiervorschläge der Vollversammlung (oder eines entsprechenden Ausschusses) des jeweiligen Gerichts einzuholen hat. Auch hier entfällt diese Notwendigkeit bei der Einrichtung der beiden Gerichte. Die Qualifikationsvoraussetzungen sind mit jenen für die Mitglieder der Landesverwaltungsgerichte identisch – für die Mitglieder des Bundesfinanzgerichts ist aber der Abschluss des rechtswissenschaftlichen Studiums nicht zwingend. Dieses kann durch ein „einschlägiges" Studium ersetzt werden. Gleiches gilt für den Nachweis der Berufserfahrung.

Der Verwaltungsgerichtshof besteht ebenfalls aus einem Präsidenten, einem Vizepräsidenten und der erforderlichen Anzahl von Mitgliedern. Sie alle werden vom Bundespräsidenten auf Vorschlag der Bundesregierung ernannt, wobei Mitglieder nur aufgrund eines Dreiervorschlages der Vollversammlung des Verwaltungsgerichtshofes (oder eines entsprechenden Ausschusses) vorgeschlagen werden können. Für die Mitglieder gilt, dass sie das rechtswissenschaftliche Studium abgeschlossen haben müssen und eine zehnjährige juristische Berufserfahrung nachzuweisen haben. Bei der Zusammensetzung der Gerichte sind auch föderale Aspekte zu berücksichtigen.

Die Verwaltungsgerichte entscheiden grundsätzlich durch Einzelrichter, sofern nicht in den Verfahrens- oder Materiengesetzen anderes bestimmt ist. Die Größe der Senate wird allerdings in den einschlägigen Organisationsgesetzen festgelegt. In Materiengesetzen kann auch bestimmt werden, dass den Senaten fachkundige Laienrichter beigezogen werden können (so können beispielsweise in Disziplinarangelegenheiten der freien Berufe, die bislang von unabhängigen Organen im Rahmen der Kammerselbstverwaltung erledigt wurden, Angehörige des entsprechenden Berufsstandes als fachkundige Laienrichter einem solchen Senat angehören). Einzelne Geschäfte können auch Rechtspflegern übertragen werden.

Der Verwaltungsgerichtshof entscheidet grundsätzlich durch Senate.

Für alle Mitglieder der Verwaltungsgerichte und des Verwaltungsgerichtshofes gelten eine Reihe von Unvereinbarkeitsregelungen: So dürfen sie beispielsweise keiner Regierung und keinem Parlament angehören. Für Präsidenten und Vizepräsidenten gilt zudem, dass sie eine solche Funktion auch nicht in den letzten fünf Jahren vor ihrer Bestellung ausgeübt haben dürfen. Alle Mitglieder gelten als Richter im Sinne der Art 87 und 88 der Bundesverfassung.

c. Zuständigkeiten

Die Verwaltungsgerichtsbarkeitsreform hat am Umfang des verwaltungsrechtlichen Rechtsschutzsystems nichts geändert: Noch immer ist es, so wie schon im 19. Jahrhundert, am und rund um den Bescheid orientiert. Beschwerde an die Verwaltungsgerichte kann daher gegen einen Bescheid einer Verwaltungsbehörde wegen seiner behaupteten Rechtswidrigkeit erhoben sowie die Verletzung der Entscheidungspflicht geltend gemacht werden, dh Beschwerde erhoben werden, wenn eine Verwaltungsbehörde es verabsäumt hat, binnen einer Frist von – im Regelfall – sechs Monaten einen Bescheid zu erlassen. Weiters besteht das Recht zur Maßnahmenbeschwerde, also gegen die Ausübung unmittelbarer verwaltungsbehördlicher Befehls- und Zwangsgewalt (so wie das bis zum 31. 12. 2013 vor dem UVS der Fall ist). An die Verwaltungsgerichte I. Instanz ist künftig auch die – hier nicht näher interessierende – Beschwerde gegen Weisungen nach Art 81a Abs 4 B-VG (ds Weisungen im Rahmen der Schulverwaltung), für die bis zum 31. 12. 2013 noch der Verwaltungsgerichtshof direkt zuständig ist, zu richten.

Durch einfaches Bundes- oder Landesgesetz können die Beschwerdegegenstände geringfügig erweitert werden: So kann etwa das „Verhalten" einer Verwaltungsbehörde in Vollziehung der Gesetze zum Gegenstand einer Beschwerde gemacht werden. Gemeint sind damit offenbar Fälle wie die des heute schon existierenden § 88 Abs 2 SPG, wonach im Rahmen der Sicherheitsverwaltung Beschwerden wegen behaupteter Rechtsverletzungen (bis zum 31. 12. 2013 beim zuständigen UVS) erhoben werden können, obwohl weder ein Bescheid erlassen noch Befehls- und Zwangsgewalt ausgeübt wurde. Allein die Einräumung der Kompetenz für den einfachen Gesetzgeber, offenkundige Lücken im verwaltungsrechtlichen Rechtsschutzsystem zu schließen, bedeutet letztlich das Eingeständnis, dass ein lückenloser Schutz von vornherein nicht intendiert war.

Weiters besteht die Möglichkeit für den einfachen Bundes- oder Landesgesetzgeber im Bereich des öffentlichen Auftragswesens die behauptete Rechtswidrigkeit eines Auftraggebers sowie Streitigkeiten in dienstrechtlichen Angelegenheiten der öffentlich Bediensteten (soweit darüber nicht ohnehin Bescheide zu erlassen sind) zum Gegenstand verwaltungsgerichtlicher Beschwerden zu machen.

Während die Beschwerdegegenstände althergebracht sind und daher die Rechtspraxis vermutlich vor keine großen Schwierigkeiten stellen wird, gilt für die Abgrenzung der Zuständigkeiten zwischen den Landesverwaltungsgerichten und den Bundesverwaltungsgerichten das Gegenteil: Sie wird in vielen Fällen letztlich nur durch ein Machtwort des Verwaltungsgerichtshofes bzw des Verfassungsgerichtshofes entschieden werden, ohne dass heute klar ist, welchen Prinzipien dabei gefolgt werden kann.

Nach dem Willen des Verfassungsgesetzgebers sind grundsätzlich die Landesverwaltungsgerichte zuständig, außer es handelt sich um Rechtssachen in den Angelegenheiten der Vollziehung des Bundes, die unmittelbar von Bundesbehörden vollzogen werden. Dann ist das Bundesverwaltungsgericht zuständig, außer es handelt sich bei diesen um Rechtssachen in Angelegenheiten öffentlicher Abgaben, jedoch mit Ausnahme der Verwaltungsabgaben und des Finanzstrafrechts (wobei die zur unmittelbaren Vollziehung des Bundes berufenen Behörden die Abgaben- und Finanzstrafbehörden des Bundes sind). Dann ist das Bundesfinanzgericht zuständig.

Die Abgrenzung der Zuständigkeiten zwischen den Landesverwaltungsgerichten und dem Bundesverwaltungsgericht wirft dabei die größten – und wohl rechtsdogmatisch kaum überzeugend zu bewältigenden – Schwierigkeiten auf. Offenbar geht der Verfassungsgesetzgeber davon aus, dass in den Fällen der Landesverwaltung und der mittelbaren Bundesverwaltung die Landesverwaltungsgerichte, in den Fällen der unmittelbaren Bundesverwaltung das Bundesverwaltungsgericht zuständig sein soll. Diese an Art 102 B-VG anknüpfende Unterscheidung ist aber in der Gesetzgebungspraxis nicht (immer) rein verwirklicht. So gibt es Mischsysteme (wie etwa die Sicherheitsverwaltung), unmittelbare Ministerzuständigkeiten, Gesetze, die unterschiedliche Vollzugsbereiche kombinieren oder aber etwa nur die Bezirksverwaltungsbehörden zur Durchführung von Verwaltungsstrafverfahren berufen, während ansonsten nur Bundesbehörden zur Vollziehung zuständig sind. Was in all diesen Fällen im Ergebnis zu gelten hat, wird man möglicherweise erst nach jahrelangen Prozessen wissen. Zur Lösung all dieser Fragen ist jedenfalls der in der Regierungsvorlage (1618 BlgNR 24 GP) genannte Grundgedanke, wonach „alle Rechtssachen einer Angelegenheit aus verfahrensökonomischen Gründen bei ein und demselben Gericht zu konzentrieren" wären, schon angesichts des Umstandes, dass es neun Landesverwaltungsgerichte gibt, per se nie verwirklichbar und daher wenig hilfreich. Wenn und insoweit eine klare Zuständigkeitsregelung für Gerichte (und zur Entscheidung berufene Behörden) auch Inhalt des Rechtsstaatprinzips ist, dann dürfte das besprochene verfassungsrechtliche Regime diesem kaum genügen.

Von der verfassungsrechtlich vorgesehenen Zuständigkeitsverteilung zwischen den Landesverwaltungsgerichten und dem Bundesverwaltungsgericht kann aber der Gesetzgeber auch wieder abgehen. So kann durch Bundesgesetz die Zuständigkeit der Landesverwaltungsgerichte in Angelegenheiten, die die Verfassung eigentlich dem Bundesverwaltungsgericht vorbehalten wollte, vorgesehen werden. Ebenso kann in den Angelegenheiten der Umweltverträglichkeitsprüfung die Kompetenz des Bundesverwaltungsgerichts normiert werden, sowie in weiteren Angelegenheiten der Bundesvollziehung, in diesen Fällen allerdings nur mit Zustimmung aller Länder. Die Länder wiederum können mit Zustimmung des Bundes die Zuständigkeit des Bundesverwaltungsgerichts festlegen.

Die Abgrenzung der Zuständigkeitsbereiche der Landesverwaltungsgerichte untereinander in örtlicher Hinsicht lehnt sich an den Bestimmungen des AVG an und bereitet keine grundsätzlich neuen Probleme (§ 3 VwGVG). Aktuell gibt es eine Generalklausel zugunsten des Verwaltungsgerichts Wien.

Der Maßstab der verwaltungsgerichtlichen Kontrolle ist die Rechtswidrigkeit der Entscheidung oder Maßnahme. Grundsätzlich soll auch weiterhin keine Ermessenskontrolle stattfinden bzw sich diese darauf beschränken, ob der der Behörde durch Gesetz eingeräumte Ermessensspielraum im Sinne des Gesetzes genutzt wurde. Abgesehen davon, dass dies schon in Verwaltungsstrafsachen (und vor dem Bundesfinanzgericht) nicht gilt, bleibt fraglich, wie sich die aus der Monarchie stammende Regel zur Anforderung verhält, wonach die Verwaltungsgerichte tunlich in der Sache selbst entscheiden und nicht bloß die angefochtenen Bescheide aufheben sollen. Eine solche Entscheidung in der Sache selbst hat in Verwaltungsstrafsachen zu ergehen und ansonsten immer dann, wenn der maßgebliche Sachverhalt feststeht oder doch seine Feststellung durch das Verwaltungsgericht selbst im Interesse der Raschheit des Verfahrens gelegen oder mit einer erheblichen Kostenersparnis verbunden ist.

Gegen die Entscheidung (das Erkenntnis und manche Beschlüsse) eines Verwaltungsgerichts ist die Revision an den Verwaltungsgerichtshof zulässig. Allerdings nur dann, wenn die Entscheidung von der Lösung einer Rechtsfrage abhängt, der grundsätzliche Bedeutung zukommt. Dies ist insbesondere dann gegeben, wenn die Entscheidung des Verwaltungsgerichts von der bisherigen Rechtsprechung des Verwaltungsgerichtshofes abweicht, eine solche Rechtsprechung fehlt oder uneinheitlich ist. (Bei Verhängung einer geringfügigen Geldstrafe – zurzeit 400 € bei einer maximalen Strafdrohung von 750 € – ist die Revision überhaupt ausgeschlossen.)

Weiters entscheidet der Verwaltungsgerichtshof über Fristsetzungsanträge, die wegen behaupteter Verletzung der Entscheidungspflicht durch ein Verwaltungsgericht an ihn herangetragen werden können (di das Pendant zur Säumnisbeschwerde), und über Kompetenzkonflikte zwischen Verwaltungsgerichten untereinander oder zwischen einem Verwaltungsgericht und dem Verwaltungsgerichtshof selbst.

Der Prüfungsmaßstab des Verwaltungsgerichtshofes bleibt wie schon bisher eingeschränkt. Nach § 42 VwGG kann er auch in Hinkunft die Entscheidung eines Verwaltungsgerichts (so wie bisher einen Bescheid) nur wegen der Rechtswidrigkeit seines Inhaltes, infolge der Unzuständigkeit des Verwaltungsgerichts oder infolge der Verletzung von Verfahrensvorschriften beheben. Bei letzteren ist nach wie vor zwischen absoluten und relativen Verfahrensmängeln zu unterscheiden. So ist eine Aufhebung jedenfalls zulässig, wenn der Sachverhalt in einem wesentlichen Punkt aktenwidrig angenommen wurde oder in einem wesentlichen Punkt einer Ergänzung bedarf. Alle anderen Verfahrensverletzungen sind nur dann aufzugreifen, wenn ihr Unterbleiben ein anderes Ergebnis in der Sache nahelegt.

Allerdings hat auch der Verwaltungsgerichtshof eine Entscheidung nicht notwendigerweise nur aufzuheben, er kann in der Sache selbst entscheiden, wenn sie entscheidungsreif ist und diese Entscheidung in der Sache im Interesse der Einfachheit, Zweckmäßigkeit und Kostenersparnis liegt. Für diesen Fall kann der Verwaltungsgerichtshof auch selbst Sachverhaltsfeststellungen treffen bzw das Verwaltungsgericht mit der Ergänzung des Ermittlungsverfahrens betrauen.

d. Grundzüge des Verfahrens: der Verwaltungsprozess

Ein entscheidender Charakterzug des österreichischen Verwaltungsprozesses besteht in seiner engen Verflechtung mit dem Verfahren vor der Verwaltungsbehörde. Es gibt im Gegensatz zur bisherigen Rechtslage, die klar zwischen dem Verwaltungsverfahren und der durch eine beim Verwaltungsgerichtshof einzubringende Beschwerde initiierten gerichtlichen Überprüfung unterschieden hat, keine solche klare Trennung mehr. Anstelle dessen gibt es einen durchgängigen Rechtszug, der bei der Verwaltungsbehörde beginnt und – allenfalls – beim Verwaltungsgerichtshof als Revisionsinstanz endet. Geregelt wird das Verfahren vor den erstinstanzlichen Verwaltungsgerichten durch das Verwaltungsgerichtsverfahrensgesetz (VwGVG, BGBl I 33/2013), einem Bundesgesetz. Sowohl Bundes- als auch Landesgesetze können allerdings abweichende Verfahrensvorschriften erlassen, soweit dies zur Regelung des Gegenstandes erforderlich ist.

Nach dem VwGVG bestehen unterschiedliche Fristen für die Erhebung von Beschwerden. Richten sich solche gegen einen Bescheid bzw gegen das „Verhalten" einer Verwaltungsbehörde, beträgt die Frist vier Wochen. Richten sie sich gegen die Ausübung unmittelbarer verwaltungsbehördlicher Befehls- und Zwangsgewalt (Maßnahmenbeschwerde), so beträgt sie sechs Wochen. Um die Entscheidungspflicht einer Behörde geltend machen zu können, müssen im Regelfall wenigstens sechs Monate verstrichen sein (Säumnisbeschwerde).

Während die Maßnahmen- und die Säumnisbeschwerde direkt beim Verwaltungsgericht einzubringen sind, ist die Beschwerde gegen einen Bescheid bei jener Behörde einzubringen, die ihn erlassen hat. Die Formalerfordernisse sind im Vergleich zur bisherigen Verwaltungsgerichtshofbeschwerde deutlich geringer, es können auch neue Tatsachen und Beweise vorgebracht werden. Allerdings sind die Gründe, auf die sich die Behauptung der Rechtswidrigkeit stützt, ebenso auszuführen, wie ein entsprechendes Begehren zu formulieren ist. Beide Punkte begrenzen den Prüfungsumfang des Verwaltungsgerichts (§ 27 VwGVG). Auch wenn also für die Beschwerde kein Anwaltszwang normiert ist, werden die Bürgerinnen und Bürger gut daran tun, Beschwerden nicht ohne rechtsfreundliche Vertretung einzubringen. Im Allgemeinen hat die Beschwerde aufschiebende Wirkung.

Die beklagte Behörde hat nunmehr ein Vorverfahren zu führen, in dessen Rahmen sie auch innerhalb von zwei Monaten eine Beschwerdevorentscheidung erlassen kann, mit der sie den Bescheid aufheben oder abändern oder aber auch die Beschwerde zurück- oder abweisen kann. Gegen eine Beschwerdevorentscheidung, die der Beschwerde nicht vollinhaltlich folgt (in einem solchen Fall entfällt wohl die Möglichkeit einer weiteren Rechtsverletzung), steht nunmehr binnen zwei Wochen der Vorlageantrag offen, dh der Antrag, die Beschwerde dem Verwaltungsgericht vorzulegen. Nota bene: Die Beschwerdeführerin bzw der Beschwerdeführer hat keine Möglichkeit, sich direkt an das Verwaltungsgericht zu wenden. Die Weiterführung des Verfahrens ist davon abhängig, dass die belangte Behörde, die nun gleichzeitig Partei des verwaltungsgerichtlichen Verfahrens wird, die Beschwerde auch tatsächlich vorlegt. Diese Pflicht ist allenfalls strafrechtlich (Amtsmissbrauch) oder haftungsrechtlich (Amtshaftung) sanktioniert, direkt erzwungen werden kann die Vorlage aber nicht.

Bemerkenswert ist weiters, dass die Beschwerdevorentscheidung durch den Vorlageantrag nicht außer Kraft tritt. Dies kann zu schwierigen verfahrensrechtlichen Problemen führen, wenn die Beschwerdevorentscheidung vom ursprünglichen Bescheid deutlich abweicht, da ja, zumindest dem Wortlaut des Gesetzes nach, die in der Beschwerde formulierte Anfechtungserklärung sowie die dort vorgebrachten Gründe den Prüfungsumfang des Verwaltungsgerichts festlegen.

Das Verfahren vor den Verwaltungsgerichten hat jedenfalls den Anforderungen des Art 6 EMRK und des Art 47 EGC mit Rücksicht auf die Durchführung einer öffentlichen mündlichen Verhandlung zu genügen. Eine solche darf nur entfallen bzw die Öffentlichkeit darf nur soweit ausgeschlossen werden, als dies mit den genannten Grundrechtsbestimmungen vereinbar ist.

Mit Beschluss kann die Beschwerde aus formellen (verfahrensrechtlichen) Gründen zurückgewiesen werden, das Verfahren bei Vorliegen der entsprechenden Voraussetzungen eingestellt werden oder, falls die Verwaltungsbehörde die notwendigen Sachverhaltsermittlungen unterlassen hat und diese nicht vom Verwaltungsgericht aus (verfahrens-)ökonomischen Gründen selbst ergänzt werden können, der Bescheid aufgehoben und die Angelegenheit an die Verwaltungsbehörde zurückverwiesen werden. Diese ist im weiteren Verfahren dann an die Rechtsansicht des Verwaltungsgerichts gebunden. Ähnliches gilt in Ermessensangelegenheiten.

Sonst hat das Gericht mit Erkenntnis in der Sache zu entscheiden: Es kann den Bescheid aufheben, im angefochtenen Umfang abändern oder die Beschwerde abweisen. Im Fall der Maßnahmenbeschwerde steht dem Gericht vor allem die Möglichkeit offen, eine erwiesene Rechtswidrigkeit festzustellen – eine Aufhebung kommt nur insoweit in Betracht, als die Maßnahme noch andauert (etwa, weil der Beschwerdeführer sich weiterhin in Polizeigewahrsam befindet).

Aufgrund einer Säumnisbeschwerde hat die zur Entscheidung verpflichtete Behörde nochmals drei Monate Zeit, den Bescheid zu erlassen. Das Erkenntnis des Verwaltungsgerichts kann sich auch vorerst auf einzelne maßgebliche Rechtsfragen beschränken und der Behörde auftragen binnen (weiterer) acht Wochen den Bescheid zu erlassen, ehe es eine Entscheidung in der Sache selbst fällt (und dabei auch ein allfälliges Ermessen ausübt).

Jedenfalls hat das Verwaltungsgericht, dessen Entscheidungen mündlich zu verkünden oder schriftlich auszufertigen sind, zugleich mit seiner Entscheidung festzuhalten, ob gegen sie die Revision an den Verwaltungsgerichtshof zulässig ist (weil die Entscheidung von einer grundsätzlichen Rechtsfrage abhängt).

Hat das Verwaltungsgericht die Revision für zulässig erklärt, so steht das Rechtsmittel der „ordentlichen Revision" offen. Hat es sie für unzulässig erklärt, kann „außerordentliche Revision" ergriffen werden. In beiden Fällen beträgt die Frist sechs Wochen, eine aufschiebende Wirkung muss ausdrücklich beantragt und erteilt werden. Der wesentliche Unterschied zwischen der ordentlichen und der außerordentlichen Revision besteht darin, dass bei der ordentlichen das Vorverfahren vom Verwaltungsgericht I. Instanz zu führen ist, während die außerordentliche sofort dem Verwaltungsgerichtshof vorzulegen ist.

Die formalen Anforderungen an die Revision sind gleich hoch wie die an die bisherige Verwaltungsgerichtshofbeschwerde: So sind insbesondere die Rechte zu bezeichnen, in denen die

Revisionswerberin bzw der Revisionswerber verletzt zu sein behauptet sowie die Gründe für die behauptete Rechtsverletzung anzugeben. Die außerordentliche Revision hat darüber hinaus darzulegen, warum die Revision – entgegen dem Ausspruch des Verwaltungsgerichts dennoch für zulässig angesehen wird. Es herrscht grundsätzlich Anwaltspflicht.

Im ordentlichen Revisionsverfahren hat das Verwaltungsgericht die Möglichkeit, Vorentscheidungen zu treffen: So kann es die Revision etwa im Fall der Fristversäumung oder auch bei Unzuständigkeit des Verwaltungsgerichtshofes zurückweisen; gegen eine solche Entscheidung besteht das binnen zweier Wochen zu ergreifende Rechtsmittel des Vorlageantrages.

Im Vorverfahren kann das Verwaltungsgericht Mängelbehebungsaufträge erteilen, hat die Revisionsbeantwortungen der belangten Behörde und anderer Verfahrensparteien einzuholen sowie über die aufschiebende Wirkung zu entscheiden. Schließlich ist die Revision dem Verwaltungsgerichtshof vorzulegen, der allenfalls Ergänzungen des Vorverfahrens verlangen kann.

Die außerordentliche Revision ist sofort vom Verwaltungsgericht dem Verwaltungsgerichtshof vorzulegen, der dann auch selbst das Vorverfahren führt. Auch die Revision ist daher in beiden Fällen nicht direkt beim dafür zuständigen Gericht einzubringen, sondern abhängig von der Vorlage des Verwaltungsgerichts. Bei Nichtvorlage stehen auch hier lediglich straf- und haftungsrechtliche Sanktionen zur Verfügung.

Der Verwaltungsgerichtshof entscheidet aus formell-rechtlichen Gründen mit Beschluss in nicht öffentlicher Sitzung oder mit Erkenntnis. Bei offenkundiger Unbegründetheit erfolgt die Abweisung, bei offenkundiger Begründetheit die Aufhebung der angefochtenen Entscheidung ebenfalls in nicht öffentlicher Sitzung. Eine öffentlich-mündliche Verhandlung hat stattzufinden, falls dies beantragt wurde oder erforderlich ist. Von der Durchführung einer mündlichen Verhandlung kann nur abgesehen werden, soweit dies mit Art 6 EMRK und Art 47 EGC vereinbar ist. Ebenso kann nur unter diesen Voraussetzungen die Öffentlichkeit ausgeschlossen werden.

Mit Ausnahme der Unzuständigkeit der Behörde, die der Verwaltungsgerichtshof jedenfalls wahrnehmen kann, hat er das Erkenntnis des Verwaltungsgerichts nur aufgrund des vom Verwaltungsgericht angenommenen Sachverhalts und im Rahmen der geltend gemachten Revisionspunkte zu überprüfen. Mit Erkenntnis entscheidet er dann über Abweisung oder Aufhebung, wobei er dies nur aus dem in § 42 VwGG genannten Gründen (siehe oben, Kapitel XI. 4.c.) tun darf. Anstelle der bloßen Aufhebung der Entscheidung kann der Verwaltungsgerichtshof gleich in der Sache selbst entscheiden, wenn dies im Interesse der Einfachheit, Zweckmäßigkeit oder Kostenersparnis gelegen ist.

Sollte ein Verwaltungsgericht nicht binnen sechs Monaten entschieden haben, so steht der betroffenen Partei ein Fristsetzungsantrag zu. Danach hat das Verwaltungsgericht drei Monate Zeit, die Entscheidung zu erlassen oder anzugeben, aus welchen „in der Sache gelegenen Gründen" eine Verletzung der Entscheidungspflicht nicht vorliegt. Diese Frist kann verlängert werden und der Verwaltungsgerichtshof kann dem Verwaltungsgericht auftragen, binnen angemessener Frist zu entscheiden.

5. Die Verfassungsgerichtsbarkeit

a. Begriff und Entwicklung

Unter „Verfassungsgerichtsbarkeit" versteht man ganz allgemein die Zuständigkeit eines Gerichts, die Einhaltung der Verfassung zu überprüfen. In einem engeren Sinne wird heute in der internationalen Debatte unter „Verfassungsgerichtsbarkeit" die Zuständigkeit eines Gerichts verstanden, (parlamentarische) Gesetze auf ihre Verfassungsmäßigkeit zu prüfen. Die historische Entwicklung der Verfassungsgerichtsbarkeit geht auf die US-amerikanische Verfassung des Jahres 1787 zurück, die allerdings eine solche Zuständigkeit ausdrücklich nicht vorgesehen hatte. Es war der Supreme Court, der 1803 in dem berühmt gewordenen Fall „*Marbury* vs. *Madison*" in einer politisch sehr heiklen Angelegenheit zum ersten Mal ein Gesetz an der Verfassung geprüft hat. Konkret ging es darum, dass die einfachgesetzlich festgelegte Zuständigkeit des Gerichts in der Verfassung keine Deckung fand. Der Supreme Court stellte einen Normenkonflikt zwischen der einfachgesetzlichen Bestimmung und der Verfassung fest, den er im Ergebnis zugunsten der Verfassung löste, indem er die einfachgesetzliche Bestimmung für unanwendbar erklärte (womit er in der politisch heiklen Frage nicht mehr entscheiden musste). Es folgten dann im 19. Jahrhundert eine Reihe von Entscheidungen des Supreme Court, in denen er Normenkonflikte zwischen einfachen Gesetzen und der Verfassung zugunsten der letzteren löste.

In den europäischen Verfassungsdebatten des 19. Jahrhunderts war die Entscheidungstätigkeit des Supreme Court bekannt und wurde von vielen mit dem europäischen Souveränitätsverständnis, insbesondere dem Prinzip der monarchischen Souveränität, für unvereinbar erklärt. Deshalb fand sich in vielen europäischen Verfassungen des 19. Jahrhunderts der Satz, dass die Gerichte die Gesetze nicht auf ihre Verfassungsmäßigkeit überprüfen dürften. Ein solcher Satz befindet sich im Übrigen noch heute in Art 89 Abs 1 B-VG. Allerdings schließt dieser nur das US-amerikanische System der dezentralisierten, impliziten Verfassungskontrolle durch die Gerichte aus. Die österreichische Verfassung hat nämlich 1920 erstmals auf der Welt das Modell einer zentralisierten Verfassungsgerichtsbarkeit verwirklicht (eine in der tschechischen Verfassung zeitlich früher formulierte Bestimmung war nicht effektiv geworden). In diesem Modell wird ein eigenes Gericht geschaffen, das das Monopol besitzt, Gesetze auf ihre Verfassungskonformität zu überprüfen.

Die Idee einer solchen zentralisierten Gesetzeskontrolle geht auf eine Schrift von *Jellinek* zurück, der schon für die Monarchie gefordert hatte, die Kompetenzen des Reichsgerichts um diese Zuständigkeit zu erweitern. Der österreichische Verfassungsgerichtshof ist in einigen seiner Zuständigkeiten Nachfolger dieses Reichsgerichts geworden, ihm wurde aber die Kompetenz der Gesetzesprüfung anvertraut. *Kelsen* hat nicht nur an der Formulierung des Verfassungstextes mitgewirkt, sondern die in den 1920er-Jahren ideologisch weiterhin umstrittene zentralisierte Verfassungsgerichtsbarkeit literarisch verteidigt und in Amerika bekannt gemacht, weshalb heute weltweit noch vom „Kelsen-Court" gesprochen wird, wenn das Urmodell der zentralisierten Verfassungskontrolle gemeint ist.

Ursprüngliche Funktion dieser Gesetzesprüfungskompetenz sollte die Streitentscheidung im Bundesstaat sein: Nachdem die Verfassung keine Vorrangregel zwischen einander widersprechendem Bundes- und Landesrecht kennt, sollte der Verfassungsgerichtshof im Konfliktfall entscheiden, welcher Gebietskörperschaft die Kompetenz zur Regelung welcher Angelegenheiten zustünde (vergleiche dazu schon Kapitel V.). Heute stehen freilich nicht mehr die Kompetenzen im Vordergrund, sondern die Grundrechte (siehe dazu Kapitel XII.). Mit der Entwicklung der Grundrechtsjudikatur ist die Zuständigkeit des Verfassungsgerichtshofes zur Gesetzeskontrolle wieder in Diskussion geraten; insbesondere werden die Fragen nach den Grenzen der richterlichen Überprüfung von Gesetzen neu gestellt.

An dieser Stelle soll bereits darauf hingewiesen werden, dass der Verfassungsgerichtshof kein Monopol der Grundrechtskontrolle besitzt. Dies war strukturell nie so, was allerdings lange Zeit hindurch nicht aufgefallen ist. Erst in jüngerer Zeit hat der OGH seine Kompetenzen zum Schutz der Grundrechte im Zivil- und vor allem aber auch im Strafverfahren verstärkt wahrgenommen (vgl zB OGH 1. 8. 2007, 13 Os 135/06m). Freilich konnte und kann er diese

Funktion nicht dazu benutzen, Gesetze zu überprüfen und aufzuheben. Durch die Geltung der Europäischen Grundrechtecharta seit Inkrafttreten des Lissabonner Vertrages wird der Grundrechtsschutz im Rahmen des Unionsrechts verstärkt wahrgenommen. Im Anwendungsbereich des Unionsrechts haben alle Gerichte diese Grundrechte zu beachten und – im Lichte von entsprechenden Vorabentscheidungsverfahren – allenfalls ihnen entgegenstehendes nationales Recht nicht anzuwenden.

Der Umstand, dass Unionsrecht generell in der Lage ist, entgegenstehendes nationales Recht zu verdrängen, hat eine Gemengelage von zentralisierter und dezentralisierter Gesetzeskontrolle entstehen lassen, die das ursprüngliche Ziel der zentralisierten Kontrolle weitgehend infrage gestellt hat. Das 1920 verwirklichte System der Normkontrolle beruht im Wesentlichen auf zwei Eckpfeilern: der Entscheidung durch **ein** Gericht (dem Verfassungsgerichtshof) und der, in den jeweiligen Gesetzesblättern zu publizierenden, Aufhebung der für verfassungswidrig befundenen Norm. Dieses System verfolgte vor allem das Ziel der Rechtssicherheit: Sowohl für die Bürgerin und den Bürger als auch für die rechtsanwendenden Organe sollte Klarheit darüber herrschen, welche Gesetze gelten und daher anzuwenden sind. Der Umstand, dass im Allgemeinen erst an die Verlautbarung der Aufhebung die Rechtsfolge der allgemeinen Unanwendbarkeit des Gesetzes pro futuro geknüpft wurde, unterstreicht diese Absicht noch: Für alle Sachverhalte, die vor der Aufhebung verwirklicht wurden, sollte das Gesetz – ungeachtet seiner Verfassungswidrigkeit – weiter Anwendung finden.

Mit dieser Form der Rechtssicherheit ist es seit dem Beitritt Österreichs zur Europäischen Union vorbei: Ob ein österreichisches Gesetz durch europäisches Recht verdrängt wird, ist bezogen auf den jeweiligen Anwendungsfall zu prüfen. Dass das österreichische Gesetz „an sich" gilt, ist dabei nur noch Voraussetzung dafür, dass seine Anwendung überhaupt in Erwägung gezogen werden kann; ob es tatsächlich anzuwenden ist, ist noch gesondert im Lichte des Unionsrechts zu prüfen. Man kann daher festhalten, dass heute beide Systeme, das der zentralisierten wie das der dezentralisierten Normkontrolle, in Österreich verwirklicht sind.

Für die Grundrechtsgerichtsbarkeit selbst ließe sich sogar postulieren, dass ein dezentralisiertes System der Normkontrolle zu einem Mehr an Grundrechtsschutz führen würde: Im Rahmen einer zentralisierten Kontrolle ist immer über das Schicksal eines Gesetzes bzw einer Gesetzesbestimmung als Ganzes zu entscheiden, was notwendigerweise zu einer eher pauschalierenden Betrachtung zwingt – eine dezentral organisierte Kontrolle kann auch ein Gesetz im Einzelfall unangewendet lassen und damit beispielsweise unbillige Härten ausgleichen. (Siehe dazu die Ausführungen zum Gleichheitssatz, unter Kapitel XII. 3.) Die zentralisierte Normkontrolle war eben nicht vorrangig für den Grundrechtsschutz konzipiert.

Der österreichische Verfassungsgesetzgeber hat auf alle diese Fragen noch nicht reagiert. Man tendiert eher dazu an althergebrachten Systemen festzuhalten gleichgültig, ob sie die heute anstehenden Aufgaben noch adäquat erfüllen oder nicht, und eher patchwork-artige Anpassungen vorzunehmen. Dies führt zu weitgehend nur noch schwer zu durchschauenden prozessualen Konsequenzen. (Ein Überblick über die derzeitige Situation der „Grundrechtsgerichtsbarkeit", die sich auch als Konsequenz der Entwicklung der Grundrechtsdogmatik darstellen lässt, findet sich am Ende von Kapitel XII.)

b. Organisation und Verfahren

Der Verfassungsgerichtshof besteht aus einem Präsidenten, einem Vizepräsidenten, zwölf Mitgliedern und sechs Ersatzmitgliedern. Sie alle werden vom Bundespräsidenten ernannt. Das Vorschlagsrecht für den Präsidenten, den Vizepräsidenten, für sechs Mitglieder und drei Ersatzmitglieder liegt bei der Bundesregierung, drei weitere Mitglieder und zwei Ersatzmitglieder schlägt der Nationalrat vor, die übrigen drei Mitglieder und ein Ersatzmitglied der Bundesrat. Die Kandidatinnen und Kandidaten müssen über dieselbe fachliche Qualifikation verfügen wie die Mitglieder des Verwaltungsgerichtshofes und üben ihr Amt von Rechts wegen nebenberuflich aus. Das Amt endet am 31. 12. des Jahres, in dem das Mitglied sein 70. Lebensjahr vollendet. Die Richterinnen und Richter des Verfassungsgerichtshofs sind unabhängig und unabsetzbar, allenfalls können sie durch ein Erkenntnis des Verfassungsgerichtshofs ihres Amtes enthoben werden, wobei dieses Erkenntnis mit einer Zweidrittelmehrheit zustande kommen muss. Auch für sie gelten Unvereinbarkeitsregelungen. Dass bei dem geschilderten Bestellmodus die Auswahl der Richterinnen und Richter primär in den Händen der politischen Parteien liegt, ist weder verwunderlich noch im internationalen Vergleich eine Besonderheit. Es ist im Übrigen auch die Aufgabe politischer Parteien, für die Besetzung öffentlicher Ämter zu sorgen. Kritisieren müssen sich die Parteien nicht deshalb lassen, dass sie es tun, sondern allenfalls wie sie dieser Aufgabe nachkommen.

Grundsätzlich entscheidet der Verfassungsgerichtshof im Plenum, das heißt in Anwesenheit von 14 Mitgliedern. Er ist allerdings bereits dann beschlussfähig, wenn neben der oder dem Vorsitzenden acht Stimmführerinnen und Stimmführer anwesend sind. Die Präsidentin oder der Präsident stimmt im Normalfall nicht mit, bei Stimmengleichheit hat sie oder er jedoch ein Dirimierungsrecht. In einer Vielzahl von Fällen genügt heute eine kleine Besetzung (kleiner Senat), was bedeutet, dass der Gerichtshof beschlussfähig ist, wenn neben dem Vorsitzenden vier Stimmführerinnen und Stimmführer anwesend sind. Der Gerichtshof entscheidet im Allgemeinen mit Stimmenmehrheit, manche Entscheidungen sind jedoch an die Einstimmigkeit gebunden. Im Gegensatz zu manchen anderen Verfassungsgerichten und zum Europäischen Gerichtshof für Menschenrechte gibt es keine Möglichkeit, eine Minderheitsmeinung im Rahmen eines sogenannten Sondervotums zu publizieren. Die Einführung einer solchen Möglichkeit wird heute von vielen Seiten gefordert und ist immer wieder Gegenstand politischer Diskussionen. Befürworter erhoffen sich dadurch eine bessere und transparentere Entscheidungsbegründung; Gegner fürchten den (partei-)politischen Druck auf einzelne Mitglieder, Sondervoten zu verfassen, womit auch ihr Abstimmungsverhalten beeinflussbar wäre.

Eingaben an den Verfassungsgerichtshof, die auf Einleitung eines Verfahrens abzielen, müssen einige Mindestvoraussetzungen erfüllen. Sie müssen den Artikel der Bundesverfassung nennen, aufgrund dessen der Verfassungsgerichtshof angerufen wird, sie müssen den Sachverhalt darstellen, aus dem der Antrag hergeleitet wird und sie müssen ein bestimmtes Begehren enthalten. Anträge von Privaten müssen von einer Rechtsanwältin oder einem Rechtsanwalt unterschrieben sein. Die näheren verfahrensrechtlichen Bestimmungen finden sich im Verfassungsgerichtshofgesetz 1953 (VfGG, BGBl 85/1953 idgF) und in der Geschäftsordnung des Verfassungsgerichtshofes.

c. Die Kompetenzen

Im Folgenden soll ein Überblick über die Verfahren gegeben werden, die vor dem österreichischen Verfassungsgerichtshof geführt werden können. Dabei ist zu bemerken, dass das Bündel von Zuständigkeiten, das dem Verfassungsgerichtshof zukommt, nach wie vor stark aus der Perspektive des 19. Jahrhunderts zu sehen ist. Die Verfassungsgerichtsbarkeit hat sich seit 1920 systematisch nicht weiterentwickelt. Das bedeutet, dass der Verfassungsgerichtshof heute in Fällen zuständig ist, für die es im Grunde ein Verfassungsgericht nicht braucht. Dies gilt etwa für die sogenannte „Kausalgerichtsbarkeit" (siehe dazu sogleich XI. 5.c.aa.) und Teile der Kompetenzgerichtsbarkeit, die Verordnungskontrolle sowie für die Kompetenz- und Bescheidkontrolle. Dafür fehlt ihm aber auf der anderen Seite eine Kompetenz, alle Gerichtsentscheidungen (und zwar sowohl die der ordentlichen Gerichte als auch die des Verwaltungs-gerichtshofs) auf ihre Verfassungskonformität zu überprüfen, was aus der Perspektive einer zentralisierten Verfassungsgerichtsbarkeit durchaus Sinn machen würde.

aa. Die Kausalgerichtsbarkeit

Nach Art 137 B-VG ist der Verfassungsgerichtshof zuständig, über vermögensrechtliche Ansprüche gegen den Bund, die Länder, die Gemeinden oder Gemeindeverbände zu entscheiden. Dieser Anspruch kann vor dem Verfassungsgerichtshof nur dann bestehen, wenn er weder im ordentlichen Rechtsweg geltend gemacht werden kann, noch darüber ein Bescheid zu ergehen hat. Diese vermögensrechtlichen Ansprüche müssen nach ständiger Rechtsprechung des Gerichtshofs im öffentlichen Recht wurzeln und können auf eine Geldleistung, aber auch auf Sachleistungen gerichtet sein. Traditionellerweise kann in diesem Rechtsweg beispielsweise die Auszahlung von Beamtengehältern geltend gemacht werden oder die Rückzahlung einer Geldstrafe, wenn der sie beanspruchende Bescheid ersatzlos aufgehoben wurde.

Erst das Ergebnis jüngerer Rechtsprechung ist, dass auch die sich aus dem Europarecht ergebende Staatshaftung zumindest teilweise vor dem Verfassungsgerichtshof im Rahmen seiner Kausalgerichtsbarkeit geltend gemacht werden kann. Dies dann, wenn der Schaden unmittelbar durch den Gesetzgeber herbeigeführt wurde, ohne dass sich ein Akt der Verwaltung oder Gerichtsbarkeit dazwischen geschoben hätte, sowie in jenen Fällen, in denen er auf Fehler von Höchstgerichten zurückzuführen ist.

bb. Die Kompetenzgerichtsbarkeit

Im Rahmen der Kompetenzgerichtsbarkeit nach Art 138 B-VG entscheidet der Verfassungsgerichtshof entweder einen Kompetenzkonflikt oder er trifft eine Kompetenzfeststellung. Darüber hinaus obliegt ihm – nach anderen Verfassungsbestimmungen – die Entscheidung über Meinungsverschiedenheiten, die die Zuständigkeit des Rechnungshofes oder der Volksanwaltschaft betreffen.

Über Kompetenzkonflikte befindet der Verfassungsgerichtshof ab 1. 1. 2014 dann, wenn diese zwischen ordentlichen Gerichten und Verwaltungsgerichten bzw zwischen dem Verwaltungsgerichtshof und allen anderen Gerichten oder den Verwaltungsbehörden des Bundes auf der einen Seite und denen der Länder auf der anderen beziehungsweise der Verwaltungsbehörden der Länder untereinander aufgetreten sind. Dabei ist es allerdings schwierig, den Begriff des „Kompetenzkonflikts" zu bestimmen. Es gibt ihn in einer positiven und in einer negativen Variante. Ein positiver Kompetenzkonflikt liegt dann vor, wenn etwa zwei Gerichte in derselben Sache ihre Zuständigkeit in Anspruch nehmen, wobei nur eines davon tatsächlich zuständig ist. Im Falle des negativen Kompetenzkonflikts lehnen etwa zwei in derselben Sache angerufene Gerichte ihre Zuständigkeit ab, wovon ein Gericht dies zu Unrecht tut. Besonders schwierig gestaltet sich die Auslegung des Begriffs „dieselbe Sache". Der Verfassungsgerichtshof nimmt dazu eine sehr flexible Haltung ein und hat vor allem in jüngerer Zeit diese seine Zuständigkeit auch dazu benutzt, offenkundige Rechtsschutzlücken, die sich an der Grenze seiner Zuständigkeiten zu jenen des Verwaltungsgerichtshofs aufgetan hatten, zu schließen bzw die Rechtsprechung des Verwaltungsgerichtshofes zu korrigieren.

Die Kompetenzfeststellung nach Art 138 Abs 2 B-VG ist vor allem deshalb von besonderem Interesse, weil sie es dem Verfassungsgerichtshof ermöglicht, die Verfassungskonformität eines Rechtsaktes zu prüfen, bevor dieser noch in Geltung gesetzt wird. Gegenstand des Verfahrens ist nämlich die Feststellung, ob ein Akt der Gesetzgebung oder Vollziehung in die Zuständigkeit des Bundes oder aber in die Zuständigkeit der Länder fällt. Antragsberechtigt sind entweder die Bundesregierung oder eine Landesregierung. Dem Antrag ist ein Entwurf des in Aussicht genommenen Rechtsaktes mit der Rechtsfrage beizulegen, ob er in Übereinstimmung mit den Kompetenzvorschriften von der antragstellenden Gebietskörperschaft erlassen werden darf. Die einzige Rechtsfrage, um die sich das Verfahren dreht, ist somit die Interpretation der Kompetenzbestimmungen. Der Spruch des Verfassungsgerichtshofes enthält einen Rechtssatz, der im Bundesgesetzblatt zu veröffentlichen ist. Dieser Rechtssatz kann nur vom Verfassungsgesetzgeber selbst geändert werden.

cc. Die Normenkontrolle

Der Verfassungsgerichtshof ist zur Überprüfung von Gesetzen auf ihre Verfassungsmäßigkeit und von Verordnungen auf ihre Gesetzmäßigkeit berufen. Während die erstgenannte Kompetenz, wie bereits einleitend ausgeführt, den Kern dessen ausmacht, was heute international unter „Verfassungsgerichtsbarkeit" verstanden wird, ist die Kompetenz zur Verordnungskontrolle der Sache nach Verwaltungsgerichtsbarkeit und müsste nicht unbedingt von einem Verfassungsgericht erledigt werden. Die beiden Verfahren sind strukturell gleichförmig geregelt.

Das Verfahren steht in zwei Varianten zur Verfügung, einmal als abstraktes Normprüfungsverfahren und einmal als konkretes Normprüfungsverfahren. Der Unterschied liegt (nach österreichischem Verständnis) darin, ob eine Norm geprüft wird, die in einem konkreten Rechtsfall anzuwenden ist, oder ob Normen losgelöst davon einer verfassungsrechtlichen Beurteilung unterzogen werden. Abstrakte Normprüfungsverfahren können im Falle von Verordnungen vor allem von der Bundesregierung gegen Verordnungen der Landesbehörden und von einer Landesregierung gegen Verordnungen von Bundesbehörden angestrengt werden. Auch die Volksanwaltschaften sind antragsberechtigt. Die Bundesregierung kann im Übrigen jedes Landesgesetz anfechten, jede Landesregierung ein Bundesgesetz. Bundesgesetze können darüber hinaus von einem Drittel der Mitglieder des Nationalrats oder des Bundesrates angefochten werden, Landesgesetze von einem Drittel der Mitglieder des Landtages, wenn die Landesverfassung dies vorsieht. Abstrakte Normkontrollverfahren entstehen daher in erster Linie aus parteipolitischen beziehungsweise aus bundesstaatlichen Konflikten. Oftmals werden daher auch in abstrakten Normkontrollverfahren politische Grundsatzdiskussionen weitergeführt.

Ein konkretes Normenkontrollverfahren zur Prüfung einer Verordnung oder Verordnungsbestimmung kann ab 1. 1. 2014 von allen Gerichten, dem Verfassungsgerichtshof von Amts wegen, sowie von unmittelbar Betroffenen eingeleitet werden. Für Gesetze gilt ab 1. 1. 2015 das Gleiche. Die Gerichte sind zur Anfechtung verpflichtet, wenn sie „Bedenken" gegen die entsprechenden Normen hegen, das heißt ernsthaft in Zweifel ziehen, dass die anzuwendende Norm den Gesetzen beziehungsweise der Verfassung entspricht. Entscheidend für einen solchen Antrag ist aber, dass die fragliche Norm zur Lösung einer Rechtsfrage in einer anhängigen Rechtssache anzuwenden ist. Der Verfassungsgerichtshof geht prinzipiell davon aus, dass das antragstellende Gericht diese Frage zunächst selbst zu lösen hat. Sollte sich aber im Verfahren vor dem Verfassungsgerichtshof herausstellen, dass die zur Prüfung beantragte Bestimmung ganz offensichtlich nicht zur Lösung der Rechtsfrage anzuwenden wäre, dann ist der Antrag zurückzuweisen.

Ein Recht der Verfahrensparteien darauf, dass die Gerichte einen solchen Normprüfungsantrag stellen, besteht nicht. Dies führt zur Frage, ob die Verfahrensparteien selbstständig in der Lage sind, die Normbedenken an den Verfassungsgerichtshof heranzutragen. Dazu ist grundsätzlich zwischen den Verwaltungsgerichten und den ordentlichen Gerichten zu unterscheiden.

Da die Entscheidungen der Verwaltungsgerichte (nicht auch die des Verwaltungsgerichtshofes) mit Beschwerde vor dem Verfassungsgerichtshof bekämpfbar sind, können im Rahmen einer solchen Beschwerde Normbedenken vorgetragen werden und die Prüfung der Norm direkt beim Verfassungsgerichtshof angeregt werden, der eine solche dann von Amts wegen vornehmen kann. Im Bereich der ordentlichen Gerichtsbarkeit war man hingegen durch viele Jahrzehnte darauf angewiesen, dass das Gericht einen solchen Antrag gestellt hat. Erst eine Verfassungsnovelle noch vor dem Sommer 2013 (BGBl I 114/2013) stellt Abhilfe in Aussicht. Danach soll prinzipiell einer Verfahrenspartei nach einem erstinstanzlichen Urteil – aber noch vor Fällung einer endgültigen Entscheidung – ein Normprüfungsantrag zustehen. Genauere Regelungen dazu sind aber dem einfachen Gesetzgeber vorbehalten.

In allen Fällen des Normprüfungsantrages, also gleichgültig, ob er auf ein abstraktes oder konkretes Normprüfungsverfahren abzielt, müssen die gegen die Verfassungsmäßigkeit beziehungsweise gegen die Gesetzmäßigkeit sprechenden Bedenken im Einzelnen dargelegt werden. Der Verfassungsgerichtshof sieht sich nicht berechtigt, über andere als die geltendgemachten Bedenken zu entscheiden. (Das gilt im Übrigen auch für das amtswegige, vom Verfassungsgerichtshof selbst eingeleitete, Verfahren: Dort ist der Verfassungsgerichtshof auf die Bedenken im Prüfungsbeschluss festgelegt; sollten ihm im Normenprüfungsverfahren neue Bedenken kommen, dann muss ein neuerlicher Prüfungsbeschluss gefasst werden.) Dies hat zur Konsequenz, dass der Verfassungsgerichtshof einen Antrag auch dann abweisen muss, wenn das Gesetz beziehungsweise die Verordnung tatsächlich in Widerspruch zur Rechtsordnung steht, die Gründe, aus denen sich dies ergibt, aber nicht entsprechend im Antrag ausgeführt waren. Allerdings ist es jederzeit möglich, einen neuerlichen Antrag zu stellen. Im Normenprüfungsverfahren gelten nämlich keine Fristen. Darüber hinaus ist es erforderlich, den Prüfungsgegenstand (ein Wort, eine Wortfolge, ganze Absätze, mehrere Paragrafen oder gar die gesamte Rechtsvorschrift) eindeutig und richtig abzugrenzen.

Der Antrag auf Einleitung eines Normprüfungsverfahrens steht auch den betroffenen Personen im Rahmen des sogenannten „Individualantrages" zu. Voraussetzung dafür, dass jemand die Rechtswidrigkeit einer Norm geltend machen kann, ist, dass diese Norm direkt in die Rechtssphäre der Person nachteilig eingreift und sie im Falle der Rechtswidrigkeit in ihren Rechten verletzt. In einer sehr umfangreichen und auch sehr kasuistischen Rechtsprechung hat der Verfassungsgerichtshof diese Voraussetzungen näher konkretisiert. Entscheidend ist dabei zunächst, dass die Norm in die Rechtssphäre der betreffenden Person eingreift und sie nicht bloß faktisch betrifft. In diesem Sinne hat der Verfassungsgerichtshof Anträge zurückgewiesen, wenn sie bloß die wirtschaftliche Position oder die Organstellung der Antragstellerinnen und Antragsteller betroffen haben. Wird beispielsweise vor einem Geschäftslokal in der Innenstadt eine Fußgängerzone verordnet, was zur Konsequenz hat, dass Kunden mit ihren eigenen Fahrzeugen nicht mehr zufahren können, dann wird die Geschäftsinhaberin oder der Geschäftsinhaber dadurch nicht in einer rechtlichen Position, sondern bloß in ihrer wirtschaftlichen Stellung betroffen (VfSlg 12.829/1991). Verbietet ein Schulgesetz den Einsatz bestimmter Erziehungsmittel, dann werden Lehrerinnen und Lehrer nicht in ihrer rechtlichen Position, sondern lediglich in ihrer Organstellung betroffen (VfSlg 10.571/1985). In beiden Fällen wurden daher Individualanträge zurückgewiesen.

Im Regelfall steht der Individualantrag nur dem unmittelbaren Normadressaten zur Verfügung. Der Eingriff muss nach Art und Ausmaß eindeutig bestimmt sein und muss „aktuell" und nicht bloß potenziell sein. Dies bedeutet, dass der Eingriff schon zum Zeitpunkt der Anfechtung Auswirkungen zeitigen muss. Möchte man daher beispielsweise die Regelungen über den gemeinsamen Familiennamen anfechten, dann kann man dies erst dann, wenn man eine unmittelbare Absicht zur Eheschließung glaubhaft machen kann.

Aus dem Umstand, dass der Eingriff durch die Norm unmittelbar wirken muss, und das heißt ohne Fällung einer gerichtlichen Entscheidung oder ohne Erlassung eines Bescheides wirksam geworden ist, entnimmt der Verfassungsgerichtshof ein Kriterium, das mit „Umwegsunzumutbarkeit" umschrieben wird. Gemeint ist, dass die Anfechtung nur dann zulässig ist, wenn kein zumutbarer Rechtsweg zur Verfügung steht, die Normbedenken an den Verfassungsgerichtshof heranzutragen. Dies wäre aber immer dann der Fall, wenn ein Verwaltungsverfahren oder ein Gerichtsverfahren durchgeführt werden könnte. Dies galt (und gilt) trotz des Umstandes, dass im Rahmen eines Gerichtsverfahrens die Parteien kein Recht darauf hatten, dass das Gericht einen Prüfungsantrag stellt. Teilte ein Gericht die von den Parteien geltend gemachten verfassungsrechtlichen Bedenken nicht, dann hatten die Verfahrensparteien keine Möglichkeit, den Verfassungsgerichtshof anzurufen. Dies soll sich im Zuge der Novelle BGBl I 114/2013 in Zukunft ändern.

Unzumutbar ist nach ständiger Rechtsprechung des Verfassungsgerichtshofs die Durchführung eines Verfahrens aber dann, wenn sich die Bürgerin oder der Bürger rechtswidrig verhalten muss, um ein entsprechendes Verfahren in Gang zu setzen. Dies gilt insbesondere für den Fall von Strafverfahren (vgl VfSlg 8396/1987 ua). Auch aufwändige Verfahren müssen nicht durchgeführt werden: So ist es beispielsweise nicht erforderlich, Bauanträge allein zu dem Zweck zu stellen, um die Flächenwidmung anzugreifen. Auch die Erwirkung von Feststellungsbescheiden allein zu dem Zwecke, eine Norm an den Verfassungsgerichtshof heranzutragen, ist untunlich (VfSlg 14.591/1996). Anträge, die von vornherein aussichtslos sind, sind aber dennoch zumutbar.

Prüfungsmaßstab sind bei Verordnungen die Gesetze (bei verfassungsunmittelbaren Verordnungen die Verfassung), bei Gesetzen die Verfassung und bei Verfassungsgesetzen die Verfassungsprinzipien, also jener Kernbestand der Verfassung, der nur mittels Volksabstimmung abgeändert werden darf. Grundsätzlich keinen Prüfungsmaßstab bildete das Unionsrecht. Der Verstoß gegen Unionsrecht ist von den Fachgerichten selbstständig – allenfalls nach einem Vorlageverfahren beim Europäischen Gerichtshof – zu lösen und das dem Unionsrecht entgegenstehende innerstaatliche Recht nicht anzuwenden. Anderes soll nunmehr nach einem jüngeren Erkenntnis des Verfassungsgerichtshofes für die in der Europäischen Grundrechtecharta verankerten Grundrechte gelten: An ihnen sollen Gesetze geprüft und aufgehoben werden können (VfSlg 19.632/2012). Fraglich ist, ob das bedeutet, dass die Gerichte in solchen Fällen auch entsprechende Aufhebungsanträge zu stellen haben. Über diese Frage hat der Oberste Gerichtshof den Europäischen Gerichtshof um eine Vorabentscheidung ersucht (OGH 17. 12. 2012, 9 Ob 15/12i).

Hintergrund für diese – möglichen – Judikaturkontroversen ist der Umstand, dass der Verfassungsgerichtshof durch den Beitritt zur Europäischen Union massiv an (politischer) Bedeutung verloren hat. Wie schon eingangs geschildert, haben die Konsequenzen aus dem Anwendungsvorrang das System der zentralisierten Verfassungsgerichtsbarkeit entscheidend aufgeweicht und wohl auch in seinen Grundfesten infrage gestellt. Warum soll auch ein Gericht mehr oder weniger selbstständig den Konflikt zwischen innerstaatlichem Recht und Unionsrecht lösen können, jenen zwischen einfachgesetzlichem Recht und Verfassungsrecht hingegen nicht? Mit seiner jüngsten Rechtsprechung versucht der Verfassungsgerichtshof nunmehr, wenigstens im Grundrechtsbereich wieder Kompetenzen zurückzugewinnen. Inwieweit dies rechtsdogmatisch überzeugen kann, ist freilich eine andere Frage. Ob die Vorgangsweise immerhin erfolgreich ist, wird erst die Zukunft zeigen.

Befindet der Verfassungsgerichtshof in einem Normenkontrollverfahren, dass die angefochtene Norm (beziehungsweise die angefochtenen Teile) verfassungswidrig sind, dann hat er die Norm aufzuheben, was entsprechend kundzumachen ist (beispielsweise im Bundesgesetzblatt). Die Aufhebung wirkt ab der Kundmachung. Der Verfassungsgerichtshof ist allerdings berechtigt, eine Frist zu setzen, die im Falle einer Verordnung sechs Monate, oder wenn gesetzliche Vorkehrungen nötig sein sollten, 18 Monate, im Falle eines Gesetzes ebenfalls 18 Monate nicht überschreiten darf. Dann wirkt die Aufhebung erst mit Ablauf der Frist, die aufgehobene Norm ist aber während dieser Zeit unangreifbar. Das bedeutet, dass während dieser Frist eine Bestimmung, deren Verfassungswidrigkeit bereits feststeht, weiter angewendet werden darf. Auch daran zeigt sich, wie sehr im österreichischen System der „Rechtssicherheit" gegenüber der Verfassungsmäßigkeit der Vorrang gegeben wird, was gerade bei Grundrechtsverletzungen besonders problematisch sein und mit internationalen Verpflichtungen in Konflikt geraten kann; für das Unionsrecht wäre eine solche Vorgangsweise per se inakzeptabel. Im Falle des konkreten Normenprüfungsverfahrens gilt jedoch, dass die Aufhebung jedenfalls auf den Anlassfall zurückwirkt. Darüber hinaus kann der Verfassungsgerichtshof auch die generelle Rückwirkung der Aufhebung anordnen.

dd. Die Wahlgerichtsbarkeit

Im Rahmen seiner Wahlprüfungskompetenz kann der Verfassungsgerichtshof über die Rechtmäßigkeit von Wahlen zum Bundespräsidenten, von Wahlen zu allgemeinen Vertretungskörpern, zum Europäischen Parlament, zu satzungsgebenden Organen der gesetzlichen beruflichen Vertretungen, zur Landesregierung sowie zu Vollzugsorganen einer Gemeinde befinden. Zudem erkennt der Verfassungsgerichtshof über den Verlust eines Mandats zu einem allgemeinen Vertretungskörper, einem satzungsgebenden Organ einer gesetzlichen beruflichen Vertretung und zum Europäischen Parlament.

Gegenstand des Verfahrens ist entweder das Wahlergebnis oder aber ein Bescheid. Die Anfechtungsfrist beträgt in beiden Fällen vier Wochen, wobei sich im Fall des Wahlergebnisses diese vier Wochen ab Verkündung berechnen. Der Verfassungsgerichtshof kann jede Rechtswidrigkeit des Wahlverfahrens aufgreifen, die von Einfluss auf das Wahlergebnis sein konnte. Das bedeutet, dass eine Rechtswidrigkeit nur dann zur Aufhebung der Wahl oder von Teilen der Wahl führt, wenn das Unterbleiben der Rechtswidrigkeit möglicherweise ein anderes Wahlergebnis zur Folge gehabt hätte (vergleiche dazu Kapitel III.). Im Rahmen dieser Kompetenz erkennt der Verfassungsgerichtshof auch über die Anfechtung des Ergebnisses von Volksbegehren, Volksabstimmungen, Volksbefragungen – und sogar von europäischen Bürgerinitiativen.

ee. Von der Bescheidbeschwerde zur Urteilsbeschwerde (Sonderverwaltungsgerichtsbarkeit)

Art 144 B-VG berief den Verfassungsgerichtshof zur Überprüfung von Bescheiden einer Verwaltungsbehörde, wenn behauptet wurde, dass durch diesen Bescheid ein verfassungsgesetzlich gewährleistetes Recht verletzt wurde oder eine Rechtsverletzung dadurch geschehen sei, dass ein verfassungswidriges Gesetz, eine gesetzwidrige Verordnung oder ein rechtswidriger Staatsvertrag angewendet wurde. Schon mit der Einrichtung des Asylgerichtshofs 2008 wurde diese Zuständigkeit des Verfassungsgerichtshofes auf gerichtliche Entscheidungen, nämlich die des Asylgerichtshof, ausgedehnt. Mit Inkrafttreten der Verwaltungsgerichtsreform am 1. 1. 2014 tritt an die Stelle der Bescheidbeschwerde die Beschwerde gegen Erkenntnisse eines erstinstanzlichen Verwaltungsgerichts. Mit Ausnahme insbesondere von verfahrensleitenden Beschlüssen, können auch Beschlüsse der Verwaltungsgerichte angefochten werden (vgl § 88a VfGG). Gegenüber dem Verwaltungsgerichtshof und den ordentlichen Gerichten besteht diese Kompetenz jedoch nicht. Dies erklärt sich daraus, dass nur die Zuständigkeit zur Entscheidung über Bescheidbeschwerden dem neuen verwaltungsrechtlichen Rechtschutzsystem angepasst wurde, darüber hinaus aber keine grundlegenden Änderungen vorgenommen werden sollten.

Die Anfechtungsfrist beträgt sechs Wochen. Der Verfassungsgerichtshof kann Erkenntnisse bzw Beschlüsse lediglich aufheben, nicht aber in der Sache selbst entscheiden. Die Verwaltungsgerichte sind an die Rechtsanschauung des Verfassungsgerichtshofes gebunden. Der Verfassungsgerichtshof kann Beschwerden auch ablehnen: wenn sie keine hinreichende Aussicht auf Erfolg haben oder von der Entscheidung die Klärung einer verfassungsrechtlichen Frage nicht zu erwarten ist. Was Letzteres bedeutet, ist nur vor dem Hintergrund der Grundrechtsdogmatik zu verstehen, weshalb in Kapitel XII. nochmals darauf eingegangen wird.

Mit dieser Sonderverwaltungsgerichtsbarkeit des Verfassungsgerichtshofs wird ein zweigleisiges Rechtsschutzsystem eröffnet, in dem neben der Revision an den Verwaltungsgerichtshof eine Beschwerde gegen ein Erkenntnis bzw einen Beschluss beim Verfassungsgerichtshof eingebracht werden kann. Befindet der Verfassungsgerichtshof, dass durch Erkenntnisse bzw Beschlüsse verfassungsgesetzlich gewährleistete Rechte nicht verletzt wurden beziehungsweise keine verfassungswidrige Rechtsgrundlage angewendet wurde, dann kann er auf Antrag die Beschwerde an den Verwaltungsgerichtshof abtreten. Diese Abtretungsmöglichkeit, die aus der bisherigen Rechtslage übernommen und damit beibehalten wurde, mutet etwas merkwürdig an. Sie reflektiert den Umstand, dass – bis zum 31. 12. 2013 – letztinstanzliche Bescheide mit Beschwerde sowohl beim Verfassungs- als auch beim Verwaltungsgerichtshof angefochten werden konnten. Ab 1. 1. 2014 ist der Verwaltungsgerichtshof aber gar nicht mehr zur Behandlung von Beschwerden zuständig, sondern hat nur noch über die ordentliche oder außerordentliche Revision gegen Entscheidungen der Verwaltungsgerichte zu entscheiden. Mit der Abtretung der Beschwerde beginnt nunmehr die Revisionsfrist neu zu laufen. In umgekehrter Weise besteht eine solche Abtretungsmöglichkeit nicht, was schon bislang zu der sehr unökonomischen Konsequenz geführt hat, dass erst eine Verfassungsgerichtshofbeschwerde eingebracht wurde und erst über den Abtretungsantrag der Weg an den Verwaltungsgerichtshof gesucht wurde. Ökonomischer wäre es, zuerst alle einfachgesetzlichen Fragen zu klären und erst, wenn noch eine Verfassungsfrage ungeklärt bliebe, den Verfassungsgerichtshof zu befassen. Aber solche Überlegungen scheiterten an der politischen Unmöglichkeit (oder Unwilligkeit), eine allseitige Urteilsbeschwerde vorzusehen. Eine solche müsste gegen die Widerstände sowohl des Verwaltungsgerichtshofes als auch des Obersten Gerichtshofes durchgesetzt werden, die eine solche Beschwerdemöglichkeit aus unterschiedlichen Motiven ablehnen.

Dies führt aber dazu, dass eine zentralisierte Grundrechtsgerichtsbarkeit nicht verwirklicht wird. Den umgekehrten Weg, diese grundsätzlich zu dezentralisieren, will man hingegen auch nicht gehen. So bleibt die österreichische Verfassung auch in diesem Bereich ein systematisch wenig überzeugendes Flickwerk.

ff. Weitere Kompetenzen des Verfassungsgerichtshofes

Neben den kurz erörterten Zuständigkeiten des Verfassungsgerichtshofs kommt diesem noch die Kompetenz zu, über die allfällige Gesetzwidrigkeit einer Wiederverlautbarung, über die Rechtswidrigkeit von Staatsverträgen und über das Vorliegen einer Vereinbarung nach Art 15a B-VG beziehungsweise darüber zu entscheiden, ob die daraus entstehenden Verpflichtungen erfüllt worden sind. Im Rahmen der sogenannten Staatsgerichtsbarkeit erkennt der Verfassungsgerichtshof über die Anklage, mit der die verfassungsmäßige Verantwortlichkeit der obersten Bundes- und Landesorgane für die durch ihre Amtstätigkeit erfolgten schuldhaften Rechtsverletzungen geltend gemacht wird. Weiters soll nach den Vorstellungen der Verfassung der Verfassungsgerichtshof über Verletzungen des Völkerrechts erkennen, dies aber nur nach den Bestimmungen eines besonderen Bundesgesetzes, das allerdings bislang nicht erlassen wurde.

XII. Grund- und Menschenrechte

1. Allgemeine Grundrechtslehren

a. Begriff und Geschichte

Das Ziel jeder gewaltenteilenden oder gewaltenlimitierenden Organisation von Staatsgewalt bestand und besteht darin, den Menschen ein Leben in Würde und Freiheit zu garantieren. Dieser Grundgedanke wird in modernen Verfassungsordnungen dadurch unterstützt, dass Grund- und Menschenrechte ausdrücklich verbürgt werden. Es handelt sich dabei der Idee nach um jene Rechte, die jedem Menschen ein Leben in Eigenverantwortung und als Teil einer politischen Gemeinschaft ermöglichen sollen. Diese Rechte werden nicht im eigentlichen Sinn „gewährt", sondern gewährleistet. Das bedeutet, sie sind der Verfassung und damit auch der positiven, dh von den Menschen selbst gesetzten, Rechtsordnung vorausgesetzt. Als Rechte betrachtet sind Grundrechte „subjektive Rechte" und damit in einem gerichtsförmigen Verfahren durchsetzbar.

Es mag zunächst eine etwas merkwürdig anmutende Vorstellung sein, dass es Rechte vor der Rechtsordnung geben kann, die doch selbst den Menschen nicht „vorgegeben", sondern von ihnen erst erzeugt ist („positives" Recht). Es gibt daher auch eine nicht unbeträchtliche Zahl von Rechtstheoretikerinnen und Rechtstheoretikern, die eine solche Vorstellung ablehnen. Aber vielleicht ist auch bloß die Rede von „Rechten" vor der „Rechtsordnung" so verwirrend, weil der eigentlich relevante Umstand nicht in einer adäquaten Sprache wiedergegeben wird. Die Positivität des Rechts erschloss sich theoretisch ja erst, als man akzeptierte, dass die Setzung von Normen ein menschliches Vermögen ist, das aber jedem Menschen kraft seiner Vernunft zukommt. Diese Fähigkeit des Menschen, autonom seine Lebensgestaltung bestimmen zu können, ist die Basis für unser heutiges Rechtsverständnis. Bei der Gewährleistung von Grundrechten geht es daher im Wesentlichen darum, diese Fähigkeit des Menschen, und zwar aller Menschen, und die damit notwendigerweise verbundenen Freiräume zu achten und zu schützen. Man kann diese Zusammenhänge auch so ausdrücken, wie § 16 ABGB dies tut, nämlich, dass „jeder Mensch angeborene, schon durch die Vernunft einleuchtende Rechte hat, und daher als Person zu betrachten ist". Man kann diese Umschreibung, die das ABGB schon 1811 gewählt hat, auch so verstehen, dass damit grundsätzlich die Würde jedes Menschen (wenngleich noch nicht auf der Stufe des Verfassungsrechts) anerkannt wird. Aber das ABGB aus 1811 entstammt demselben Geist wie die Formulierungen der Grundrechtskataloge (die in Österreich erst viele Jahrzehnte später erfolgten), nämlich der „Aufklärung". (Moderne Grundrechtskataloge, wie etwa der des Bonner Grundgesetzes oder die Europäische Grundrechtecharta stellen den Begriff der Menschenwürde geradezu in ihr Zentrum.)

Letztlich geht es daher beim Schutz der Grundrechte um die Garantie der Autonomie des Einzelnen, der damit notwendigerweise verbundenen Freiräume, um seine Anerkennung als Subjekt der Rechtsordnung und damit um seine Würde. „Freiheit" bedeutet(e) in diesem philosophischen Zusammenhang nie „Willkür", sondern war von vornherein – als gleiche Freiheit aller – auf die Konkordanz mit den Freiheiten aller anderen und den allgemeinen Interessen der Gesellschaft angelegt. Die auch durch Grundrechte gewährleisteten Freiheitssphären können Bürgerinnen und Bürgern daher nicht schrankenlos zustehen; sie sind von vornherein auf einen Ausgleich mit den Rechtspositionen aller anderen und den Interessen, die das Zusammenleben in einer Rechtsgemeinschaft sichern, angewiesen. Diesen Ausgleich zu bewerkstelligen ist eine Hauptaufgabe der Grundrechtsdogmatik, auch wenn für sie der Schutz der individuellen Rechtspositionen das zentrale Thema ist.

Bei all dem darf nun nicht vergessen werden, dass der Schutz der Freiheitssphäre der Menschen auch das Thema anderer Rechtsbereiche ist. So ist etwa zentrales Gestaltungselement des Privatrechts die Willensfreiheit beziehungsweise die „Privatautonomie". Das Strafrecht hat den Schutz der körperlichen Unversehrtheit, des Vermögens und anderer Rechtsgüter der Rechtsgenossinnen und Rechtsgenossen zum Gegenstand. Die Vorstellung der Autonomie des Menschen durchzieht damit die gesamte Rechtsordnung. Viele rechtliche Verbürgungen waren bereits Bestandteil der österreichischen Rechtsordnung bevor auf Verfassungsebene Grundrechte formuliert wurden. Erste Entwürfe zu einem solchen Grundrechtskatalog scheiterten zusammen mit dem Kremsierer Verfassungsentwurf in den Jahren 1848/49. Erst 1862 gab es die ersten grundrechtlichen Verbürgungen durch das Gesetz zum Schutz der persönlichen Freiheit (RGBl 87/1862) und das Gesetz zum Schutz des Hausrechts (RGBl 88/1862) (letzteres gilt übrigens heute noch). 1867 wurde dann mit dem Staatsgrundgesetz über die allgemeinen Rechte der Staatsbürger erstmals ein Katalog von Grundrechten für die österreichische Reichshälfte der Habsburger Monarchie in Kraft gesetzt.

Wie gerade die historische Entwicklung zeigt, steht die Formulierung von Grundrechtskatalogen in Österreich nicht am Beginn der Entwicklung einer modernen Rechtsordnung, die die grundlegenden und in der Sache unhintergehbaren Freiheitsideen der philosophischen Aufklärung nach und nach in das Rechtsleben umgesetzt hat. Die Grundrechtsgewährleistungen stellen dabei erst relativ späte Entwicklungsschritte dar. Sie sind Bestandteil der „Verfassung" einer bis dahin absoluten (Polizei-)Staatsgewalt und ihr Hauptziel im ausgehenden 19. Jahrhundert ist vorrangig deren Zurückdrängung. Sie dienen daher in erster Linie einem spezifischen historischen Bedürfnis, das in der Schaffung von Freiheitssphären liegt, in die die staatliche Gewalt nicht ohne Weiteres eingreifen darf. In dieser Funktion sind die Grundrechte „liberale Abwehrrechte". Auch die Frage, welche Freiheitssphären in den einzelnen Grundrechtskatalogen angesprochen werden, orientiert sich an den konkreten historischen Bedürfnissen. Allerdings war auch 1867 klar, dass die Grundrechte nicht nur gegen die monarchische Staatsgewalt gerichtet waren, sondern auch als Prinzipien für die Gesetzgebung gelten sollten.

Als 1920 die Verfassung der Republik geschrieben wurde, wurde auch über die Schaffung eines neuen Grundrechtskataloges diskutiert. Allerdings konnten sich die beiden politischen Lager auf einen neuen Grundrechtskatalog nicht einigen, weshalb das Staatsgrundgesetz aus 1867 weiter in Geltung blieb. Dieses Staatsgrundgesetz bildet bis heute den originär innerstaatlichen Kernbestand der Grundrechte, weil eine Einigung auf einen neuen Grundrechtskatalog auch nach 1945 nicht zustande kam, obwohl es in den Sechziger-, Siebziger- und Achtzigerjahren des vorigen Jahrhunderts intensive Grundrechtsreformdebatten im Rahmen von „Grundrechtsreformkommissionen" gegeben hatte. Auch die im Verfassungskonvent zu diesem Themenbereich erzielten Vorschläge wurden bislang nicht umgesetzt.

Allerdings war die Bundesverfassung 1920 für die Entwicklung des Grundrechtsschutzes dennoch von besonderer Bedeutung. Dies deshalb, weil sie dem Verfassungsgerichtshof, der durch sie neu geschaffen wurde, die Kompetenz zuwies, über Beschwerden zu entscheiden, mit denen die Verletzung eines „verfassungsgesetzlich gewährleisteten Rechts" (durch den Bescheid einer Verwaltungsbehörde – ab 1. 1. 2014 durch die Entscheidung eines Verwaltungsgerichts) behauptet wurde. Bemerkenswert ist an dieser Bestimmung zunächst, dass die Bundesverfassung gar nicht von Grundrechten spricht. In der Tat kennt das österreichische Verfassungsrecht den Begriff „Grundrecht" nur an ganz wenigen Stellen. Stattdessen verwendet die Bundesverfassung den viel formaleren Begriff des „verfassungsgesetzlich gewährleisteten Rechts" und meint damit ein subjektives Recht, das durch ein Verfassungsgesetz eingeräumt wurde. In der Tat gibt es in Österreich in diesem Sinn verfassungsgesetzliche Rechte, die mit „Grundrechten", so wie sie eingangs beschrieben wurden, nicht sehr viel zu tun haben. Das subjektive Recht auf Mitgliedschaft in der Arbeiterkammer beispielsweise ist keine fundamentale Rechtsposition, da aber die Bestimmung, durch die es eingeräumt wird, aus Kompetenzgründen im Verfassungsrang steht, handelt es sich um ein „verfassungsgesetzlich gewährleistetes Recht".

Eine inhaltliche Weiterentwicklung der Grundrechte fand in Österreich durch den Beitritt zur Europäischen Menschenrechtskonvention 1958 statt, die auf Verfassungsebene gilt und unmittelbar anwendbar ist. Das bedeutet, dass sich eine Beschwerde vor dem Verfassungsgerichtshof, wie soeben beschrieben wurde, direkt auf ein durch die Menschenrechtskonvention gewährleistetes Recht berufen kann. Zugleich war und ist aber Österreich an die Menschenrechtskonvention als deren Vertragsstaat völkerrechtlich gebunden. Diese Bindung kann über den Weg der Individualbeschwerde an den Europäischen Gerichtshof für Menschenrechte auch im Einzelfall geltend gemacht werden. Dieser Gerichtshof kann eine Verletzung der Konvention feststellen, was er Österreich gegenüber schon oft getan hat. Um weitere Verurteilungen zu vermeiden oder den Feststellungen des Europäischen Gerichtshofes für Menschenrechte zum Durchbruch zu verhelfen, war vor allem der Verfassungsgerichtshof indirekt gezwungen, die Entwicklung des Grundrechtsschutzes, wie er auf europäischer Ebene durch die Rechtsprechung des Europäischen Gerichtshofs für Menschenrechte vorangetrieben wurde, zu übernehmen. Dies hatte dann auch Auswirkungen auf die bloß innerstaatlich gewährleisteten Grundrechte des Staatsgrundgesetzes aus 1867. Dennoch: Die besondere Schwierigkeit der Grundrechtsinterpretation und der daraus resultierende Eindruck, dass man über Grundrechtsfragen schier endlos streiten kann, liegt genau in dem Spannungsverhältnis zwischen den philosophischen Freiheitsideen, deren Ausdruck sie sind, und dem Umstand, dass jeder Grundrechtskatalog in seiner Ausgestaltung auf konkrete historische Bedrohungsbilder reagiert. Die Hauptfrage der Interpretation liegt daher darin, ob man die Grundrechte vordringlich im Lichte der historischen Zufälligkeiten interpretieren soll, aus denen die anzuwendende Grundrechtsbestimmung entstanden ist – mit der dann auch ein bestimmtes Staatsverständnis verbunden sein kann – oder ob bzw in welchem Ausmaß auf die dahinterstehenden Ideen von Freiheit und Menschenwürde zurückgegriffen werden kann und soll.

Dass jedenfalls beides möglich ist, wird vor allem durch den Umstand begünstigt, dass Grundrechtsbestimmungen sehr allgemein gehalten sind, was ihnen gelegentlich die Kritik eingebracht hat, „Lapidarformeln" zu sein. So wird beispielsweise bestimmt, dass das Eigentum unverletzlich ist (Art 5 StGG). An anderer Stelle wird normiert, dass jeder Staatsbürger unter den gesetzlichen Bedingungen jeden Erwerbszweig ausüben kann (Art 6 StGG). Oder es heißt, dass vor dem Gesetz alle Staatsbürger gleich sind (Art 7 B-VG). An wieder anderer Stelle wird postuliert, dass die Wissenschaft und ihre Lehre frei ist (Art 17 StGG). Bemerkenswert ist, dass sich diese Allgemeinheit der Formulierungen in allen Grundrechtstexten, seien sie historische (wie etwa die Bill of Rights of Virginia 1776 oder die französische Menschenrechtsdeklaration 1789) oder aktuelle (wie etwa auch die Europäische Grundrechtecharta), wiederfindet. Offen bleibt aber für die Interpretation, ob beispielsweise unter dem Begriff „Eigentum" das zu verstehen ist, was man 1867 allenfalls darunter verstanden hat oder das, was man heute darunter verstehen würde. Offen bleibt weiters, ob der Schutz dieses Grundrechts nur so weit reichen soll, wie man ihn 1867 verstanden hat, oder aber, ob der Schutz dieses Grundrechts sich auch gegen aktuelle Bedrohungen richtet.

Seit dem Lissabonner Vertrag und der damit verbundenen Verbindlichkeit der Europäischen Grundrechtecharta ist der Grundrechtsschutz um eine wesentliche Facette reicher. Zwar war das Unionsrecht auch davor nicht von der Grundrechtsbindung befreit, galten doch die EMRK-Grundrechte als allgemeine Rechtgrundsätze, woran sich im Übrigen trotz der Grundrechtecharta nichts geändert hat (vgl Art 6 EUV). Im Übrigen möchte die Union auch der

EMRK beitreten, um einen einheitlichen europäischen Grundrechtsschutz zu ermöglichen und zu gewährleisten. Abgesehen davon, dass die Charta wesentlich umfangreicher als die EMRK ist, hat sie die Grundrechte verstärkt in den Focus des Europäischen Gerichtshofes gerückt. Die Charta-Rechte gelten zunächst für die Organe und Einrichtungen der Europäischen Union – sowohl im Bereich der Gesetzgebung als auch der Vollziehung. Es ist daher zB durchaus denkbar, Verordnungen und Richtlinien auf die Vereinbarkeit mit der Charta zu überprüfen bzw müssen diese auch im Lichte der europäischen Grundrechte interpretiert werden. Die Grundrechte sind auch von den Mitgliedstaaten zu beachten, wenn sie Unionsrecht durchführen. Selbst in jenem Bereich, in dem etwa eine Richtlinie den Mitgliedstaaten einen Umsetzungsspielraum eröffnet, soll die Bindung an die Charta-Rechte gegeben sein (vgl EuGH 6. 11. 2003, Rs C-101/01).

Darüber hinaus gelten sie ganz allgemein „im Anwendungsbereich des Unionsrechts". Daher können sie etwa nationalem Recht gegenüber Geltung entfalten, das im Bereich einer – noch nicht umgesetzten – „Richtlinie" existiert (EuGH 19. 1. 2010, C-555/07). Noch weiter geht der EuGH, wenn er es genügen lässt, dass nationales Recht in „Zusammenhang mit Unionsrecht" steht, was er etwa für steuerrechtliche Sanktionen argumentiert hat, weil der Union ein Anteil am Mehrwertsteueraufkommen zustünde, was die Mitgliedstaaten dazu verpflichtet, die Mehrwertsteuer ordnungsgemäß einzuheben und allfällige Hinterziehungen entsprechend zu verfolgen (EuGH 26. 2. 2013, Rs C-617/10). Damit zeigt der EuGH erwartungsgemäß, dass er alles unternehmen wird, um den Anwendungsbereich des Unionsrechts, zum Teil wohl auch über die Absicht der Mitgliedstaaten hinaus, auszudehnen. Von den Unionsgrundrechten nicht betroffen sind dann nur noch nationale Rechtsvorschriften, die mit Unionsrecht nicht im Zusammenhang stehen. Wo diese Grenze verläuft, und ob sie weiter zugunsten des Unionsrechts verschoben wird, wird die Zukunft zeigen.

Betrachtet man lediglich die Grundrechtstexte, dann ändert sich nicht viel, ob man innerstaatliche Grundrechte, die EMRK oder die Charta anwendet – es ändern sich aber die Gerichtszuständigkeiten, was für den bereits erörterten Umstand, dass der Grundrechtsschutz kein absoluter, sondern auf Abwägungen angewiesener ist, von besonderer Bedeutung ist.

b. Arten der Grundrechte

Man kann heute nach der Art der Grundrechtsgewährleistungen mehrere Kategorien von grundrechtlichen Rechten unterscheiden, und zwar Freiheitsrechte, Gleichheitsrechte, politische Rechte, Minderheitenrechte, Verfahrensrechte und soziale Rechte. Freiheitsrechte sollen bestimmte Freiräume von Bürgerinnen und Bürgern schützen. Gleichheitsrechte sind darauf gerichtet, die Gleichbehandlung von Bürgerinnen und Bürgern zu garantieren (dazu gehört vor allem der allgemeine Gleichheitssatz und das allgemeine Diskriminierungsverbot nach Art 9 EUV). Politische Rechte sichern eine Mitwirkungsbefugnis an der Staatswillensbildung (wie beispielsweise das Wahlrecht). Minderheitenrechte stehen bestimmten, zahlenmäßig kleinen Bevölkerungsgruppen entweder als Gruppenschutz oder als Individualschutz zu. Verfahrensrechte zielen darauf ab, faire Prozesse zu sichern (dazu gehört beispielsweise das Recht auf ein Verfahren vor dem gesetzlichen Richter) und soziale Rechte sollen die wirtschaftliche Existenz des Einzelnen absichern (dazu gehören etwa ein Recht auf Arbeit oder auf soziale Sicherheit). Die österreichische Grundrechtsordnung kennt nur Rechte der fünf erstgenannten Kategorien. Soziale Rechte gibt es auf Verfassungsebene nicht. Die Europäische Sozialcharta, die Österreich ratifiziert hat (BGBl 777/1990 idgF), gilt lediglich auf einfachgesetzlicher Ebene. Gleiches gilt im Übrigen für den UN-Pakt über soziale und kulturelle Rechte (BGBl 590/1978 idgF), für den darüber hinaus ein Erfüllungsvorbehalt angeordnet wurde. Soziale Rechte werden aber in der Europäischen Grundrechtecharta in deren Kapitel IV, unter der Überschrift „Solidarität" verbürgt.

Die Diskussionen um soziale Rechtspositionen auf Verfassungsebene sind wohl der Grund, warum man sich in Österreich seit 1920 auf einen neuen Grundrechtskatalog nicht einigen konnte. Hinter diesen Debatten stehen ganz grundlegende Unterschiede im Verständnis dessen, was die Aufgaben eines Staates sind bzw sein sollen. Ein Verständnis der Grundrechte als „liberale Abwehrrechte" führt im Ergebnis dazu, die gesellschaftliche Verteilung der Güter abzusichern. Insofern standen und stehen Grundrechte auch in Zusammenhang mit der Entwicklung einer Gesellschaft, die ihre ökonomischen Bedürfnisse über einen „Markt" befriedigt. Der Siegeszug der Grundrechte und mit ihnen auch der philosophischen Ideen der Aufklärung hat sich in der Geschichte nicht jenseits dieser ökonomischen Implikationen entfaltet: Gerade in den deutschsprachigen Gebieten des Kontinents wurde in der ersten Hälfte des 19. Jahrhunderts versucht, die Gewerbefreiheit von Staats wegen und teilweise gegen den Widerstand der Bürgerinnen und Bürger einzuführen, weil sich die politischen Systeme des atlantischen Raumes (USA, Großbritannien, Frankreich), wo derartige Freiheiten bereits verwirklicht waren, ökonomisch als überlegen erwiesen hatten. Anhänger eines Staatsverständnisses, wonach dieser auch „Verteilungsgerechtigkeit" herzustellen hätte, dh in den gesellschaftlichen Prozess der Güterverteilung im Zeichen sozialer Gerechtigkeit einzugreifen hat, werden dagegen sozialstaatliche Interpretationen der Grundrechte bevorzugen bzw für die Schaffung sozialer Grundrechte eintreten.

Bemerkenswert ist am österreichischen Beispiel, dass – obwohl diese Debatte nach wie vor ungelöst ist – das Fehlen sozialer Grundrechte, ja sogar das Fehlen der Verbürgung eines sozialstaatlichen Verfassungsprinzips überhaupt (vgl dazu den Unterschied zum Bonner Grundgesetz, der in seinem Art 20 normiert, dass die Bundesrepublik Deutschland ein demokratischer und sozialer Bundesstaat ist), nicht daran gehindert hat, dass die österreichische Rechtsordnung heute in weiten Bereichen mehr vom Sozialstaatsgedanken denn von (wirtschafts-)liberalen Maximen getragen ist. In Wahrheit haben auch die „liberalen Abwehrrechte" in der Praxis (und das heißt vor allem: in der Rechtsprechung des Verfassungsgerichtshofes) nie die Wirkung gehabt, die österreichische Rechtsordnung in intensiver und einseitiger Weise zu gestalten – dies auch deshalb, weil sie lange Zeit hindurch so interpretiert wurden, dass sie ohnehin mehr oder weniger bedeutungslos blieben. Es kann daher zumindest im Prinzip davon ausgegangen werden, dass die in der Charta formulierten sozialen Rechtspositionen, sollten sie vom Europäischen Gerichtshof auch ein weiteres Anwendungsgebiet erhalten, die österreichische Rechtsordnung nicht nachhaltig verändern würden.

c. Die Adressaten der Grundrechte

Grundrechte berechtigen und verpflichten. Aus der Perspektive der Berechtigten unterscheidet man zwischen Staatsbürgerrechten und Menschenrechten. Erstere schützen nur die österreichischen Staatsbürgerinnen und Staatsbürger. Allerdings wird man heute wegen des europarechtlichen Diskriminierungsverbots davon ausgehen müssen, dass alle Staatsbürgerinnen und Staatsbürger eines EU-Staates von solchen Rechten geschützt werden. Menschenrechte kommen allen Menschen zugute, gleichgültig welche Staatsangehörigkeit sie besitzen oder ob sie staatenlos sind. Vom Grundrechtsschutz erfasst werden auch juristische Personen dann, wenn ihnen das betreffende Grundrecht seiner Art nach zustehen kann (das gilt beispielsweise für das Eigentumsrecht, wohl aber nicht für das Grundrecht auf Familie). Es ist eine Eigenart der österreichischen Rechtsordnung und hängt vermutlich damit zusammen, dass die Gebietskörperschaften von der Verfassung als volle Privatrechtssubjekte konstituiert werden, dass auch sie Trägerinnen von Grundrechten sein können.

Verpflichtet wird durch die Grundrechte in erster Linie der Staat. Er hat sich prinzipiell Eingriffen in die Grundrechtspositionen zu enthalten, so es dafür nicht eine ausreichende Rechtfertigung gibt. Dieser Verpflichtung des Staates korrespondiert das sogenannte Abwehrrecht aufseiten der Grundrechtsberechtigten. Die klassische Vorstellung der Funktionsweise des Abwehrrechts besteht darin, dass staatliche Eingriffe, die sich im Wesentlichen in Verwaltungsakten manifestieren, von einem Gericht für den Fall der Rechtsverletzung aufgehoben werden können. Diese abwehrrechtliche Funktion kann, bei entsprechender gerichtlicher Kontrollmöglichkeit, wie sie in Österreich ursprünglich vor allem dem Verfassungsgerichtshof auch eingeräumt ist, gegen den Gesetzgeber wirken: Dessen Eingriffe können dann abgewehrt werden, wenn sie eine unverhältnismäßige Belastung darstellen. Freilich erschöpft sich die staatliche Verpflichtung schon in diesem System nicht in der bloßen Enthaltsamkeit. Dieses System verlangt nämlich nach entsprechenden gerichtlichen Instanzen, die die Verwaltung (und allenfalls auch die Gesetzgebung) kontrollieren. Diese Gerichte müssen aber vom Staat zur Verfügung gestellt und unterhalten werden.

In der neueren Grundrechtsdogmatik wird darüber hinaus die Frage gestellt, inwieweit die Grundrechte nicht ganz allgemein einen Anspruch auf Leistung vermitteln, ob es nicht auch eine staatliche Verpflichtung gibt, die Grundrechte zu schützen und wie weit eine solche Verpflichtung reichen kann. So kann beispielsweise diskutiert werden, inwieweit der Staat aus dem Grundrecht des Privat- und Familienlebens zu Umweltschutzmaßnahmen verpflichtet werden kann, ob sich aus Art 2 und 3 EMRK eine Schutzpflicht zugunsten von Ehefrauen von gewalttätigen Ehemännern (und umgekehrt) ableiten lässt (EGMR *Opuz*, NL 2009, 154) oder aus Art 8 EMRK die staatliche Verpflichtung folgt, dem Schutz der Ehre seiner Bürgerinnen und Bürger effektiv zu gestalten (EGMR *Pfeifer*, MR 2007, 362). Hinter einer solchen Debatte stehen Überlegungen nach dem Schutzobjekt der Grundrechte: Wird durch sie bloß eine rechtliche Freiheit geschützt oder aber die faktische Freiheit? Wer seine Wohnung nicht benutzen kann, weil sie durch Giftgase, die aus einer nahe gelegenen Fabrik entwichen sind, kontaminiert ist, hat zwar nach wie vor die rechtliche Freiheit, dies trotzdem zu tun, faktisch wird ihm wohl keine andere Wahl bleiben, als (zumindest vorübergehend) wegzuziehen. Schützt das Grundrecht bloß die rechtliche Freiheit, sind keine weiteren staatlichen Maßnahmen nötig, weil diese Freiheit gar nicht tangiert wurde. Schützt das Grundrecht aber (auch) die faktische Freiheit, kann man argumentieren, dass den Staat gewisse Verpflichtungen treffen, solche Unfälle zu verhindern oder wenigstens die Bevölkerung zeitgerecht zu warnen. So lässt sich heute etwa auch behaupten, dass die Entwicklung von potenziell gefährlichen Technologien (gleichgültig ob diese Gefährlichkeit tatsächlicher oder bloß vermuteter Natur ist) aufgrund der staatlichen Schutzpflicht gegenüber den Grundrechten aller nur im Rahmen entsprechender gesetzlicher Bestimmungen zulässig ist. Im Allgemeinen lässt sich heute sagen, dass der Europäische Menschenrechtsgerichtshof davon ausgeht, dass die EMRK-Rechte auch staatliche Schutzpflichten garantieren.

Als Maßstab dafür, wann der Gesetzgeber seine Schutzpflicht nicht ausreichend wahrnimmt, wurde vom deutschen Bundesverfassungsgericht als Pendant zum Verhältnismäßigkeitsprinzip (auch Übermaßverbot genannt) das „Untermaßverbot" vorgeschlagen (BVerfGE 88, 203). Damit ist die Vorstellung verknüpft, dass der Gesetzgeber – in Relation zu seinen Ressourcen – angemessene Mittel vorsehen muss, Grundrechtsbetätigungen der Bürgerinnen und Bürger zu schützen. Mit der Hereinnahme von Leistungs- und Schutzpflichten lässt sich staatliches Handeln nahezu lückenlos als Verwirklichung von Grundrechten darstellen. Die gerichtliche Durchsetzung allfälliger Leistungs- und Schutzpflichten ist in Österreich allerdings beschränkt: Wie die Ausführungen über die Verfassungsgerichtsbarkeit (Kapitel XI.5.) gezeigt haben, kann der Verfassungsgerichtshof lediglich Verwaltungsgerichtsentscheidungen, Verordnungen und Gesetze aufheben. Dazu müssen diese aber erst erlassen worden sein. Gegen die bloße Untätigkeit des Gesetzgebers gibt es aber kein Rechtsmittel, weshalb es oftmals schwierig sein wird, Schutzpflichten und Leistungspflichten einzumahnen.

Gefragt werden kann auch danach, ob Private aus den Grundrechten heraus verpflichtet werden können (sogenannte „Drittwirkung" von Grundrechten). Dabei ist zunächst zu unterscheiden, ob es sich um den Staat als Träger von Privatrechten oder um „echte Private" handelt. Im ersten Fall, der in Österreich wegen der weiten Kompetenzen, die die Gebietskörperschaften im Rahmen des Privatrechts besitzen, besonders wichtig ist, handelt es sich in Wahrheit nur um eine spezifische Variante der Bindung des Staates. Dass für dieses staatliche Handeln die Grundrechte bedeutsam sind, ist heute, nach längerer Diskussion, im Ergebnis unbestritten („Fiskalgeltung der Grundrechte"; siehe dazu zB OGH 16. 9. 1971, 1 Ob 227/71). Anderes mag allerdings gelten, wenn es sich um Privatpersonen handelt. Hiezu ist allerdings festzustellen, dass eine solche Drittwirkung in den historischen Grundrechtstexten wie beispielsweise der französischen Menschenrechtsdeklaration schon immer mit angelegt war. Dies erklärt sich aus dem eingangs skizzierten philosophischen Hintergrund der Grundrechte. Die Anerkennung von Menschenwürde und damit verbundene Freiräume wirken notwendigerweise allseitig. Freilich kann demgegenüber darauf verwiesen werden, dass die Verwirklichung der Idee der Menschenwürde und des freien Subjekts in der österreichischen Rechtsordnung auf unterschiedlichen Ebenen geschehen ist und die Grundrechte primär gegen den Staat gerichtet waren. Aber eine solche Argumentation wäre nicht unbedingt zwingend, weil man Grundrechte als Prinzipien für die gesamte Rechtsordnung deuten kann.

Praktisch ist jedoch festzuhalten, dass gegen Akte von Privaten eine Grundrechtsbeschwerde etwa vor dem Verfassungsgerichtshof nicht zulässig ist. Lediglich im Rahmen zivilrechtlicher Klagen, beispielsweise aus bestehenden Verträgen, können Grundrechtsargumentationen dort einfließen, wo das Privatrecht sich in Form allgemeiner Klauseln dafür öffnet. So kann beispielsweise der Begriff der „guten Sitten" in § 879 ABGB als solches Einfallstor fungieren, wobei dieser Begriff auch im Sinne der Grundrechtsordnung ausgelegt werden kann (siehe dazu in diesem Sinne etwa OGH 14. 7. 1986, 1 Ob 554/86).

Die Annahme einer Drittwirkung der Grundrechte führt im Ergebnis dazu, dass jeder private Rechtsstreit als Grundrechtskonflikt rekonstruiert werden kann. Es wäre damit allerdings nicht besonders viel gewonnen, hat doch das Zivilrecht über die Jahrhunderte hinweg eine ausdifferenzierte Dogmatik entwickelt, in der private Rechtsstreitigkeiten gelöst werden. Diese durch relativ simplifizierte grundrechtliche Abwägungsvorgänge zu ersetzen würde nicht ein Mehr an Rechtssicherheit bringen. Eine Korrektur des Privatrechts aus der grundrechtlichen Perspektive würde allerdings dort Sinn machen, wo zivilrechtliche Abwägungsvorgänge Grundrechtspositionen nahezu völlig ignorierten.

2. Freiheitsrechte

a. Die normative Struktur der Freiheitsrechte

Die besondere Schwierigkeit der Darstellung dessen, was Grundrechte tatsächlich im Rahmen einer Rechtsordnung bedeuten, besteht darin, dass auf abstrakter Ebene, das heißt losgelöst von einem konkreten Fall, schwer beschrieben werden kann, wie weit der grundrechtliche Schutz reicht. Aufgrund des bereits erörterten Umstandes, dass Grundrechtstexte eher vage Formulierungen enthalten, ergibt sich ihre reale Bedeutung heute aus der Rechtsprechung der Grundrechtsgerichte, dh etwa des österreichischen Verfassungsgerichtshofes und des Europäischen Gerichtshofes für Menschenrechte und zunehmend auch aus der des Europäischen Gerichtshofes. Wie weit der Grundrechtsschutz tatsächlich reicht, kann letztlich nur von Fall zu Fall entschieden werden, wobei eine Reihe entsprechender Überlegungen anzustellen ist, um Aussagen darüber zu treffen, ob durch eine bestimmte Maßnahme ein Grundrecht verletzt wurde. In Zusammenhang mit den Freiheitsrechten sind dabei drei Ebenen, auf denen solche Überlegungen (oder auch Argumentationen) anzustellen sind, zu unterscheiden. Zunächst ist zu fragen, ob die zu untersuchende Maßnahme das Verhalten einer Bürgerin oder eines Bürgers betrifft, das überhaupt durch ein Freiheitsrecht geschützt wird, also in dessen „Schutzbereich" fällt. Sodann ist zu prüfen, ob durch die fragliche Maßnahme in diesen Schutzbereich auch eingegriffen wurde, ob demnach ein Eingriff vorliegt. Sind diese beiden Voraussetzungen erfüllt, ist, drittens, zu untersuchen, ob der Eingriff gerechtfertigt werden kann. Diese drei Ebenen der grundrechtlichen Argumentation werden aus analytischen Gründen unterschieden und sollen nur helfen, die relevanten Fragen der Reihe nach und in methodisch geordneter Weise zu stellen.

aa. Schutzbereich

Freiheitsrechte definieren sich dadurch, dass sie bestimmte Freiheiten garantieren, einen Tatbestandsbereich, der in der Grundrechtsdogmatik „Schutzbereich" genannt wird. So kennt die Grundrechtsordnung in Österreich kein allgemeines Freiheitsrecht, sondern nur bestimmte Freiheitsverbürgungen, wie etwa die Meinungsfreiheit, die Erwerbsfreiheit, die persönliche Freiheit, die Eigentumsgarantie und viele andere mehr. Dadurch werden lebensbereichspezifische Freiheiten gewährleistet, womit nur jenes Verhalten der Bürgerinnen und Bürger erfasst und spezifisch geschützt wird, das in den Tatbestandsbereich, oder eben Schutzbereich, der einzelnen Freiheitsrechte fällt.

Es ist Aufgabe der Grundrechtsdogmatik und der Judikatur des Verfassungsgerichtshofes (so wie aller Grundrechtsgerichte, also beispielsweise auch des Europäischen Gerichtshofs für Menschenrechte und aller anderen Gerichte, die im Bereich des Grundrechtsschutzes tätig werden), die einzelnen Schutzbereiche entsprechend zu definieren und allenfalls gegeneinander abzugrenzen. Dabei können unterschiedliche Wege eingeschlagen werden. So können die Tatbestände, deren textliche Vorgaben relativ unscharf sind („Eigentum", „Meinung", „Erwerbstätigkeit" etc), enger oder weiter verstanden werden. Unter einer „engen Tatbestandstheorie" versteht man ein Konzept, das versucht, nur einen relativ kleinen Ausschnitt des möglichen Verhaltens der Bürgerinnen und Bürger unter den Schutzbereich der Grundrechte fallen zu lassen. Eine solche enge Tatbestandstheorie kann den Vorteil haben, dass diese wenigen Verhaltensweisen, die vom Grundrecht dann tatsächlich erfasst werden, auch sehr effektiv geschützt werden können. Verhaltensweisen, die nicht vom Schutzbereich des Grundrechts erfasst werden, können dann vom Gesetzgeber in beliebiger Weise geregelt werden, ohne dass besondere grundrechtsdogmatische Erwägungen angestellt werden müssen. Der Verfassungsgerichtshof hat beispielsweise im Rahmen des Grundrechts auf Leben (Art 2 EMRK) den Tatbestand sehr eng interpretiert, als er in seiner Entscheidung über die Fristenlösung das ungeborene Leben vom Schutzbereich des Grundrechts nicht erfasst sah (VfSlg 7400/1974). Konsequenterweise musste er sich daher nicht mehr die Frage stellen, ob durch die Fristenlösung dieses Grundrecht verletzt wurde.

Demgegenüber zeigt sich aber in der Rechtsprechung der Grundrechtsgerichte und auch in der des Verfassungsgerichtshofes im Allgemeinen die Tendenz, die Tatbestände der einzelnen Freiheitsrechte eher weit auszulegen, das heißt möglichst viele Verhaltensweisen der Bürgerinnen und Bürger als von den Freiheitsrechten erfasst anzusehen („weite Tatbestandstheorie"). Dies hat den Vorteil, eine Fülle von staatlichen Maßnahmen aus der Perspektive des Grundrechtsschutzes prüfen zu können. Der Nachteil liegt allerdings darin, dass der Grundrechtsschutz oftmals sehr flexibel gestaltet werden muss, weil die Kollision mit anderen Rechtsgütern, die entweder auch grundrechtlich geschützt sind oder aber in manifesten öffentlichen Interessen gelegen sind, unvermeidlich wird. Jedenfalls bewirken die relativ vagen Begriffe, mit denen die grundrechtlichen Freiheitssphären umschrieben sind, dass die Freiheitsrechte „geschichtsoffen" sind, das bedeutet, dass sie immer wieder gegen aktuelle Bedrohungsbilder in Stellung gebracht werden können.

bb. Eingriff

Kann die Prüfung auf der ersten Stufe positiv abgeschlossen werden, steht daher demnach fest, dass das Verhalten der Bürgerinnen und Bürger in den Schutzbereich eines Grundrechts fällt, ist im nächsten Schritt zu prüfen, ob die fragliche Maßnahme einen Eingriff in diesen Schutzbereich darstellt. Als Kandidaten für einen solchen Eingriffsakt kommen im Allgemeinen ein Bescheid, die Ausübung unmittelbarer verwaltungsbehördlicher Befehls- und Zwangsgewalt, eine verwaltungsgerichtliche Entscheidung oder eine generelle Norm (Gesetz, Verordnung) in Betracht. Weiters kann auch ein Urteil eines ordentlichen Gerichts (dies kann vor allem im Hinblick auf den Rechtschutz durch den Europäischen Gerichtshof für Menschenrechte von Relevanz sein) oder theoretisch sogar der Akt eines Privaten in Grundrechte eingreifen. Letzteres wird, wie bereits geschildert, im Zusammenhang mit der Frage der „Drittwirkung" der Grundrechte diskutiert.

In inhaltlicher Hinsicht wird eine Maßnahme in ein Freiheitsrecht dann eingreifen, wenn sie den Bürgerinnen und Bürgern ein Verhalten, das im Schutzbereich des Grundrechts liegt, untersagt, sie sonst daran hindert oder zumindest ihre Dispositionsfreiheit einschränkt. Der Verfassungsgerichtshof hat in manchen Fällen und vor allem in seiner früheren Judikatur nur Maßnahmen als Eingriffe gelten lassen, die intentional auf die Einschränkung des Verhaltens gerichtet waren. Das bedeutete, dass solche Maßnahmen nur dann als Eingriffe angesehen wurden, wenn sie unter Zugrundelegung einer objektiven Betrachtung genau dazu dienten, das durch das Grundrecht geschützte Verhalten zu beschränken. So sprach er beispielsweise aus, dass die Verpflichtung einer Bürgerin, sich während einer Zollkontrolle über einige Zeit in einem bestimmten Raum aufzuhalten, keinen Eingriff in das Grundrecht der persönlichen Freiheit darstellte, weil die auf diese Verpflichtung gerichtete Anordnung nicht darauf gerichtet war, die persönliche Freiheit zu beeinträchtigen, sondern lediglich eine Begleiterscheinung der Zollkontrolle darstellte (VfSlg 12.017/1989). Allerdings kann diese Rechtsprechung angesichts der Judikatur des Europäischen Gerichtshofes für Menschenrechte, der in solchen Fällen darauf abstellt, ob eine Maßnahme nach Ausmaß und Gewicht einer Festnahme gleichkommt (EGMR *Guzzardi*, EuGRZ 1983, 633) überholt sein.

In anderen Fällen hat der Verfassungsgerichtshof von vornherein in weiter gehender Weise Maßnahmen als Eingriffe in die Grundrechte gedeutet. So ist etwa die Bestrafung (der Verfassungsgerichtshof hatte es in diesem Zusammenhang mit einer Disziplinarstrafe zu tun) wegen einer bestimmten Äußerung, die als beleidigend gewertet wurde, ein Eingriff in das Grundrecht der Meinungsfreiheit (vgl beispielsweise VfSlg 14.233/1995). Dies, obwohl durch die Bestrafung die Handlung nicht verhindert wurde und die betreffende Person an ihr auch nicht gehindert war. Allein der Umstand aber, dass durch die Bestrafung in ihrer spezialpräventiven Wirkung die betreffende Person künftighin, will sie sich rechtskonform verhalten, in ihren Handlungen beschränkt wird, reichte als Qualifikation für den Eingriff – richtigerweise – aus.

In der jüngeren Grundrechtsdogmatik können auch Unterlassungen in Konsequenz der Lehre von den Schutzpflichten als Eingriff in Grundrechte gedeutet werden. Dies dann, wenn die Grundrechtsposition nicht nur die Freiheit vor staatlichen Einschränkungen zum Gegenstand hat, sondern auch Ansprüche auf staatliche Handlungen vermittelt. So hat etwa der Europäische Gerichtshof für Menschenrechte im Rahmen des Art 8 EMRK befunden, dass dieser auch einen Anspruch enthält, durch den Staat im Falle von Umweltkatastrophen entsprechend informiert zu werden (EGMR *López Ostra*, ÖJZ 1995, 347).

In der innerstaatlichen Grundrechtsdogmatik werden in erster Linie Maßnahmen in Form von Bescheiden, der Ausübung unmittelbarer verwaltungsbehördlicher Befehls- und Zwangsgewalt, Verwaltungsgerichtsentscheidungen, Verordnungen und Gesetzen zu diskutieren sein. Dies hängt damit zusammen, dass nur solche Akte vom Verfassungsgerichtshof im Rahmen seiner Grundrechtskontrolle direkt oder – in den Fällen von Bescheiden und der Befehls- und Zwangsgewalt nur noch indirekt – überprüft werden können. Mit Rücksicht auf die Menschenrechtskonvention und die Zuständigkeiten des Europäischen Gerichtshofs für Menschenrechte geraten auch Urteile der ordentlichen Gerichtsbarkeit, vor allem Urteile von Strafgerichten, in den grundrechtlichen Blick.

cc. Verfassungsrechtliche Rechtfertigung

Steht nunmehr fest, dass eine Maßnahme in den Schutzbereich eines Freiheitsrechts eingreift, ist zu prüfen, ob der Eingriff allenfalls gerechtfertigt werden kann. Nur wenn dies nicht der Fall ist, ist die Maßnahme rechtswidrig und die Bürgerinnen und Bürger können sich – im Rahmen des ihnen zur Verfügung stehenden Rechtsweges – erfolgreich dagegen zur Wehr setzen. Der Umstand, dass nicht bereits die Feststellung eines Grundrechtseingriffs die Grundrechtsverletzung unmittelbar nach sich zieht, ergibt sich dabei daraus, dass die grundrechtlichen Freiheitsverbürgungen „elastische" Rechtspositionen sind, die gegen die Freiheitsrechte anderer und gegen die allgemeinen Interessen abzugrenzen sind. So wird etwa der staatliche Zugriff auf das Eigentum seiner Bürgerinnen und Bürger in einer Katastrophensituation anders zu beurteilen sein als in normalen Zeiten. Freilich könnte man versuchen, diese Fragen bereits bei der Definition der Schutzbereiche zu berücksichtigen – damit würden sie sich aber nicht erübrigen. Lediglich die Ebenen der Argumentation würden sich verschieben und analytische Klarheit würde dabei verloren gehen.

Die Bedingungen, unter denen ein Eingriff in Grundrechtspositionen gerechtfertigt werden kann, variieren in der bisherigen Grundrechtsjudikatur des Verfassungsgerichtshofs danach, ob es sich um einen Eingriff durch einen Verwaltungsakt (Bescheid) handelt, oder um einen Eingriff durch den Gesetzgeber selbst. Dieses Konzept ist vor dem Hintergrund der Verwaltungsgerichtsbarkeitsreform ein wenig zu modifizieren. In Hinkunft wird der Verfassungsgerichtshof keine Bescheide mehr direkt kontrollieren, sondern es mit Erkenntnissen und Beschlüssen von Verwaltungsgerichten zu tun bekommen. Es sind daher in Hinkunft zwei Fallkonstellationen denkbar: Der Bescheid (oder die Ausübung von Befehls- und Zwangsgewalt) kann ein Grundrecht verletzt haben und das Verwaltungsgericht hat die Verletzung nicht wahrgenommen. Oder aber das Verwaltungsgericht hat eine Sachentscheidung gefällt, die für sich genommen ein Grundrecht verletzt. Im ersten Fall ergibt sich die Grundrechtsverletzung aus einer Zusammenschau von Verwaltungsakt und verwaltungsgerichtlicher Entscheidung, im zweiten Fall aus der verwaltungsgerichtlichen Entscheidung allein. In beiden Fällen handelt es sich aber um individuelle Vollzugsakte, weshalb dieser Eingriff im Folgenden anstelle des in der bisherigen Rechtsprechung benutzten Begriffes „Bescheid" verwendet wird.

Es ist daher auf dieser Stufe immer streng zu unterscheiden, ob es um die Rechtfertigung eines Eingriffs durch einen individuellen Vollzugsakt geht, oder um die Rechtfertigung eines Eingriffs durch den Gesetzgeber. Verordnungen (also generelle Vollzugsakte) nehmen in diesem Schema in gewisser Hinsicht eine Zwischenstellung ein. Diese Bedingungen, unter denen ein Grundrechtseingriff verfassungskonform oder eben verfassungswidrig ist, werden vom Gerichtshof in den sogenannten Grundrechtsformeln zusammengefasst. Sie sind anhand der Typologie von Gewährleistungs- und Eingriffstatbeständen der einzelnen Grundrechte entwickelt worden und unterscheiden sich danach, ob sie für Grundrechte mit oder ohne Eingriffsvorbehalt gelten und ob der Eingriffsvorbehalt formeller oder materieller Natur ist.

Grundsätzlich kann man nämlich Grundrechte mit und ohne Gesetzesvorbehalt unterscheiden. So normiert etwa Art 17 StGG, dass die „Wissenschaft und ihre Lehre frei" ist. Dieses Grundrecht enthält keine weitere textliche Einschränkung, es ist ohne Gesetzesvorbehalt gewährleistet. Demgegenüber spricht beispielsweise Art 6 StGG davon, dass die Erwerbsfreiheit „unter den gesetzlichen Bedingungen" gewährleistet wird. Das Grundrecht der Erwerbsfreiheit enthält also eine schon im Text der Verfassung zum Ausdruck kommende Beschränkung, und zwar einen sogenannten Gesetzesvorbehalt, der als Vorbehalt eines gesetzlichen Eingriffs, somit als „Eingriffsvorbehalt" verstanden wird. (Ein solcher „Gesetzesvorbehalt" machte 1867 besonders Sinn: Da die monarchische Verwaltung nicht an ein allgemeines Legalitätsprinzip gebunden war, gab es für sie auch keinen allgemeinen Vorbehalt des Gesetzes – vgl dazu Kapitel VIII. Mit den Grundrechten wurden daher punktuelle Gesetzesvorbehalte vorgesehen.)

Nur der Vollständigkeit halber sei hier bemerkt, dass Art 12 StGG noch einen anderen Typ des Gesetzesvorbehalts kennt. Art 12 StGG bestimmt nämlich, dass die Ausübung des Vereins- und Versammlungsrechts „durch besondere Gesetze geregelt" wird. Diesen Gesetzesvorbehalt versteht der Verfassungsgerichtshof als Ausführungsvorbehalt, was bewirkt, dass die entsprechenden Gesetze gleichsam mittelbar Inhalt der grundrechtlichen Gewährleistung geworden sind, was heute noch eine gewisse Auswirkung auf die Rechtsprechung hat.

Freiheitsrechte mit Eingriffsvorbehalt werden nach ständiger Rechtsprechung des Verfassungsgerichtshofs **durch einen individuellen Vollzugsakt** verletzt, wenn dieser

- gesetzlos ergangen ist,
- ein Gesetz denkunmöglich angewendet hat oder
- sich auf ein verfassungswidriges Gesetz stützt.

Diese Formel ist nur auf den ersten Blick das zufällige Ergebnis der Rechtsprechung. Sie lässt sich aus der Bedeutung des Eingriffsvorbehalts systematisch erklären, wobei im Zentrum die Kategorie der **Gesetzlosigkeit** steht. Als Beispiel mag dafür die Eigentumsgarantie des Art 5 StGG dienen. Art 5 StGG normiert die grundsätzliche Unverletzlichkeit des Eigentums und fügt den zweiten Satz hinzu: „Eine Enteignung … kann nur in den Fällen und der Art eintreten, welche das Gesetz bestimmt." Wenngleich ausdrücklich nur von der Enteignung die Rede ist, so wird doch klar, dass in das Eigentumsrecht von Verfassung wegen nur aufgrund eines Gesetzes oder auch durch ein Gesetz eingegriffen werden darf. Das bedeutet aber für die Frage der verfassungsgesetzlichen Rechtfertigung des Eigentumseingriffs, dass jeder Eingriff durch eine Verwaltungsbehörde oder ein Verwaltungsgericht (im Folgenden: Vollzugsorgan), der ohne gesetzliche Grundlage, somit „gesetzlos" erfolgt, verfassungswidrig ist. Damit wird verständlich, dass ein Grundrecht mit Eingriffsvorbehalt von einem Vollzugsorgan immer dann verletzt wird, wenn es gesetzlos handelt. Die Kategorie der „Gesetzlosigkeit" stellt dabei auch zugleich die zentrale Fallgruppe dar; die beiden anderen Bedingungen der Denkunmöglichkeit und des verfassungswidrigen Gesetzes sind lediglich Unterfälle der Gesetzlosigkeit.

Die Kategorie der der Gesetzlosigkeit gleichzuhaltenden **denkunmöglichen Gesetzesanwendung** erklärt sich aus einer wertungsbezogenen und einer systematischen Überlegung. Zum einen ist davon auszugehen, dass die Fälle echter Gesetzlosigkeit, das heißt jene Fälle, in denen ein Vollzugsorgan in ein Grundrecht eingreift, ohne eine gesetzliche Ermächtigungsnorm vorzufinden beziehungsweise ohne überhaupt zu versuchen, sich einer solchen zu bedienen, doch relativ selten sein werden. Da kommt es schon wesentlich häufiger vor, dass ein Vollzugsorgan ein Gesetz anwendet, dies aber fehlerhaft tut. Diese Fehler können unterschiedliche Gewichtung besitzen. Das Vorgehen des Vollzugsorgans kann „bloß" gesetzwidrig sein, es kann aber auch qualifiziert gesetzwidrig handeln, das heißt, der Vollzugsfehler kann so gravierend sein, dass das Vollzugsorgan sich im Ergebnis nur noch „zum Schein" auf ein Gesetz stützt. Dies ist in der Sache nichts anderes als eine denkunmögliche Gesetzesanwendung, die der Gesetzlosigkeit gleichgehalten wird.

Dass der Verfassungsgerichtshof nicht schon in jeder Gesetzwidrigkeit eine Grundrechtsverletzung erblickt, hängt mit der systematischen Stellung des Verfassungsgerichtshofs im Rahmen der sogenannten „Sonderverwaltungsgerichtsbarkeit" (ursprünglich nur) gegenüber dem Verwaltungsgerichtshof zusammen. Der Verwaltungsgerichtshof und in Zukunft auch die Verwaltungsgerichte I. Instanz sind zur Kontrolle der staatlichen Verwaltung auf ihre Rechtmäßigkeit berufen (siehe dazu Kapitel XI.). Würde der Verfassungsgerichtshof seine Zuständigkeit zur Prüfung jeder Gesetzwidrigkeit im Rahmen einer Grundrechtsbeschwerde annehmen, bliebe dem Verwaltungsgerichtshof praktisch kaum ein adäquates Betätigungsfeld und die Verwaltungsgerichte erhielten eine weitere umfassende Überprüfungsinstanz, die noch dazu jenseits aller Revisionsbeschränkungen tätig werden würde. Deshalb greift der Verfassungsgerichtshof im Rahmen der Grundrechtsprüfung nur jene Vollzugsfehler auf, die in ihrer Gewichtung der Gesetzlosigkeit gleichzuhalten sind und die mit dem Begriff „denkunmögliche Gesetzesanwendung" gleichgesetzt werden können.

Die Kategorie der „**Denkunmöglichkeit**" umfasst unterschiedliche Fallgruppen. Diese reichen etwa von logischen Schlussfehlern in der Bescheid- bzw Entscheidungsbegründung über gravierende Verfahrensmängel bis zum heute praktisch bedeutsamsten Fall des Mangels einer verfassungskonformen Interpretation: Eine Verwaltungsbehörde handelt immer dann „denkmöglich", wenn sie fälschlicherweise dem Gesetz einen Inhalt unterstellt, der dieses Gesetz – hätte es diesen Inhalt – verfassungswidrig machen würde. Gerade die letzte Fallgruppe zeigt, dass der Begriff der „Denkunmöglichkeit" nicht in einem logisch-mathematischen Sinne zu verstehen ist: Er ist vielmehr wertungsbezogen und soll helfen, jene Vollzugsfehler im Rahmen der Grundrechtsbeschwerde zu rügen, die besonders gravierend sind. Denkunmöglich ist dabei – und das ist vor allem im Hinblick auf die EMRK-Rechte bedeutsam – auch ein unverhältnismäßiger Grundrechtseingriff (vgl zB VfSlg 18.692/2009 und zur Verhältnismäßigkeit sogleich unten im Text). Praktisch am bedeutsamsten ist der Fall deshalb, weil in Fällen der Denkunmöglichkeit, die sich – lediglich – aus gravierenden Anwendungsfehlern ergeben, der Verfassungsgerichtshof Beschwerden ablehnen könnte, da für die Beurteilung dieser Fakten spezifisch verfassungsrechtliche Überlegungen nicht erforderlich sind.

Um die Kategorie „**Anwendung eines verfassungswidrigen Gesetzes**" aus dem Fall der „Gesetzlosigkeit" des Eingriffs zu erklären, muss man sich die prozessuale Situation vergegenwärtigen, in der der Verfassungsgerichtshof ein Gesetz zu prüfen und aufzuheben hat. Immer dann, wenn der Gerichtshof verfassungsrechtliche Bedenken gegen ein Gesetz hegt, das er selbst anzuwenden hätte, hat er das jeweilige Verfahren zu unterbrechen und das Gesetzesprüfungsverfahren einzuleiten. Für den Fall, dass sich die Bedenken als zutreffend erweisen, ist das Gesetz aufzuheben. Stützt eine Verwaltungsbehörde (bzw ein Verwaltungsgericht, das eine solche Verfassungswidrigkeit übersieht und das Gesetz nicht entsprechend anficht) den Eingriff in ein Grundrecht aber auf ein verfassungswidriges Gesetz und wird anlässlich einer Grundrechtsbeschwerde das Gesetz vom Verfassungsgerichtshof geprüft und aufgehoben, dann wirkt diese Aufhebung auf den Anlassfall zurück. Das bedeutet, dass der Eingriff nunmehr einer gesetzlichen Grundlage entbehrt, mit anderen Worten: gesetzlos ist. Daher ist auch die Kategorie „Anwendung eines verfassungswidrigen Gesetzes" – berücksichtigt man diese prozessualen Zusammenhänge – lediglich ein Unterfall der „Gesetzlosigkeit". Modifikationen dieser Grundrechtsformel können sich im Einzelfall, worauf hier nur hingewiesen werden soll, aus besonderen Tatbestandsmerkmalen des Grundrechts ergeben, insbesondere bei Grundrechten, die durch die EMRK gewährleistet sind.

Die **Anforderungen, die ein Freiheitsrecht mit Eingriffsvorbehalt an den Gesetzgeber** selbst stellt, sind unterschiedlich, je nach dem, ob der Eingriffsvorbehalt **formeller oder materieller** Natur ist. Der vorhin zitierte Gesetzesvorbehalt zu Art 6 StGG – „unter den gesetzlichen Bedingungen" – wird als formeller Eingriffsvorbehalt bezeichnet. Dies deshalb, weil die einzige Bedingung für den Eingriff in das Grundrecht die ist, dass er formell auf ein Gesetz zurückgeführt werden kann beziehungsweise durch ein Gesetz selbst erfolgt. Inhaltliche Schranken werden dem Gesetzgeber dabei **im Text** der Verfassung nicht gesetzt. Anderes gilt etwa für die Europäische Menschenrechtskonvention. So bestimmt beispielsweise Art 10 Abs 2 EMRK, dass in das Grundrecht der Meinungsfreiheit nur eingegriffen werden darf, wenn dies zum Schutz bestimmter öffentlicher Interessen „in einer demokratischen Gesellschaft notwendig" ist. Art 10 Abs 2 EMRK enthält damit ausdrücklich inhaltliche Schranken für den Gesetzgeber; man bezeichnet deshalb einen derartigen Eingriffsvorbehalt als „materiellen Eingriffsvorbehalt".

Aus den formellen Eingriffsvorbehalten des Staatsgrundgesetzes aus 1867 setzte der Verfassungsgerichtshof bis weit in die Zweite Republik hinein dem Gesetzgeber zunächst keine Schranken. Damit wurden freilich die Freiheitsrechte mit formellem Eingriffsvorbehalt im Ergebnis weitgehend sinnentleert, weil sie nur das bewirkten, was im Rahmen eines nunmehr allgemein geltenden Legalitätsprinzips ohnehin rechtens war, nämlich dass der Gesetzgeber nach Belieben eingreifen konnte. Zwar hat der Gerichtshof gelegentlich erkannt, dass Eingriffe auch in solche Grundrechte nur aufgrund eines öffentlichen Interesses getätigt werden dürften, meinte aber zunächst, dass das Vorliegen eines derartigen Interesses kein justiziabler Gegenstand sei. Erst in seiner Rechtsprechung nach 1945 hat der Verfassungsgerichtshof – zunächst sehr vorsichtig und wohl auch in unausgesprochener Reflexion der Erfahrungen mit einem totalitären Regime – zu erkennen gegeben, dass der Gesetzgeber auch an jene Grundrechte gebunden sein könnte, deren Eingriffsvorbehalt selbst keine inhaltliche Begrenzung kennt. Der Gerichtshof bediente sich dabei unter anderem eines Begriffes, den er dem Bonner Grundgesetz, also der deutschen Verfassung, entnahm, denn er formulierte, dass der Gesetzgeber nur so weit in ein Grundrecht eingreifen dürfe, als er dessen „Wesensgehalt" nicht verletze (VfSlg 3505/1959). Worum es sich freilich bei dem Wesensgehalt von Grundrechten im Einzelnen handeln könnte, sagte der Gerichtshof nicht. Diese Schranke blieb zunächst rein rhetorischer Natur.

Es dürfte leicht verständlich sein, dass ein Begriff wie die „Wesensgehaltsgarantie" in der deutschen Verfassungsdogmatik zu einer Fülle von Auslegungsvorschlägen führte, die auch in die österreichische Verfassungsdogmatik übernommen wurden. Dabei ließen sich die unterschiedlichen Konzepte grob in zwei Kategorien unterteilen: in absolute und relative Wesensgehaltstheorien. Den absoluten Wesensgehaltstheorien war dabei gemein, dass sie einen Kernbereich jedes einzelnen Grundrechts postulierten, in den der Gesetzgeber nie, gleichgültig unter welchen Umständen auch immer, eingreifen durfte. Die Konsequenz aus diesen Theorien war klar und einfach: War festzustellen, dass das Verhalten der Bürgerinnen und Bürger in diesen Kernbereich fiel und das Gesetz einen Eingriff darstellte, dann war ein solcher Eingriff regelmäßig nicht rechtfertigbar und daher verfassungswidrig.

So bestechend konsequent dieses Konzept auf den ersten Blick für eine möglichst effektive Grundrechtssicherung auch gewesen sein mag, wies es in der praktischen Umsetzung doch eine Reihe von Schwachstellen auf und konnte sich auch in der Rechtsprechung der Verfassungsgerichte im Ergebnis nicht durchsetzen. Erfolgreicher waren demgegenüber die relativen Wesensgehaltskonzeptionen, wonach unter dem Wesensgehalt kein absolut geschützter Kern zu verstehen war, sondern in ihm lediglich die Anforderung erblickt wurde, gesetzgeberische Eingriffe nach dem Schema eines Abwägungsgebotes auf ihre „Verhältnismäßigkeit" zu prüfen. (Der Fairness halber soll aber hinzugefügt werden, dass Vertreter einer absoluten Wesensgehaltstheorie diese Güterabwägung im Vorfeld des als absolut gedachten Kernbereiches akzeptierten. Man mag daher auch heute noch neben der Annahme eines Verhältnismäßigkeitsprinzips vertreten, dass es so etwas wie einen absolut geschützten Kernbereich gibt. In der Praxis der Gerichtshöfe ist, jedenfalls zum gegenwärtigen Stand der Grundrechtsdogmatik, ausschließlich die Güterabwägung praktisch relevant. Dies muss allerdings nicht notwendigerweise so bleiben. So taucht der Wesensgehaltsbegriff in der Judikatur des Europäischen Gerichtshofes für Menschenrechte mittlerweile auf und spielt auch in der Europäischen Grundrechtecharta eine Rolle.)

Methodisch ergibt sich der Abwägungsgedanke aus folgender Überlegung: Versteht man die Freiheitsgewährleistung als einen vom Gesetzgeber bei seinen Handlungen immer auch mitzubedenkenden und mitzubeachtenden Wert, besser: als verfassungsrechtliches Prinzip, das es auch in allen Fällen zu beachten gilt, dann ist von Verfassung wegen geboten, zwischen dem öffentlichen Eingriffsinteresse und dem Freiheitsinteresse der einzelnen Bürgerinnen und Bürger abzuwägen. Ein gesetzgeberischer Eingriff ist demnach nur dann grundrechtskonform, wenn er dieser Abwägung standhalten kann.

Aus diesem Verständnis ergeben sich dann auch folgerichtig die einzelnen Prüfschritte, die im Rahmen einer **Verhältnismäßigkeitsprüfung** streng der Reihe nach vorzunehmen sind. Zunächst ist zu fragen, ob der Eingriff überhaupt **im öffentlichen Interesse gelegen** ist. Diese Anforderung ergibt sich schon aus dem Gesetzesbegriff selbst, lässt sich aber auch aus dem Gleichheitssatz rekonstruieren, wenn man davon ausgeht, dass jener Regelungen aus rein privatem Interesse und damit unsachliche Privilegien verbietet. Dabei ist aber davon auszugehen, dass es Aufgabe des demokratisch legitimierten Gesetzgebers ist, öffentliche Interessen zu definieren bzw zu entscheiden, was im Allgemeininteresse der Gesellschaft gelegen ist. Man kann ihm lediglich dann und dort entgegentreten, wo er dies (ausnahmsweise) einmal nicht tut, weil er beispielsweise ausschließlich die Interessen einer bestimmten Gruppe von Personen im Auge hat. Würde etwa die Ausfuhrbewilligung für ein bestimmtes Wirtschaftsgut, das an sich aufgrund bestimmter öffentlicher Interessen nicht frei handelbar sein soll, ausschließlich deswegen versagt werden, weil es im Interesse einiger weniger Betriebe gelegen wäre, da diese dieses Gut nunmehr preisgünstiger erwerben könnten, dann wäre ein solches Interesse ein privates und grundsätzlich nicht geeignet, einen Grundrechtseingriff, den die Verweigerung der Ausfuhrbewilligung darstellt, zu rechtfertigen. Um ein öffentliches Interesse an dieser Verweigerung zu begründen, müssten volkswirtschaftliche Gründe angegeben werden können, warum die Ausfuhrbewilligung untersagt wurde; dass davon andere Betriebe indirekt profitieren könnten, wäre allerdings dann im Ergebnis nicht weiter beachtlich (VfSlg 12.100/1989).

Lässt sich ein öffentliches Interesse an dem zu prüfenden gesetzlichen Grundrechtseingriff nicht verleugnen, beginnt die eigentliche Abwägung. In einem ersten Schritt ist zu prüfen, ob das vom Gesetzgeber gewählte Eingriffsmittel überhaupt **geeignet** ist, das öffentliche Interesse, dem der fragliche Eingriff dient, zu verwirklichen. Wählt der Gesetzgeber nämlich ein Mittel, das gar nicht imstande ist, das betreffende öffentliche Interesse durchzusetzen, kann der Eingriff in die Grundrechtsposition von diesem öffentlichen Interesse aus erkennbar nicht gerechtfertigt werden. Ein solches Mittel dient dann in Wahrheit gar nicht dem öffentlichen Interesse. In diesem Zusammenhang hatte der Verfassungsgerichtshof einmal zu prüfen, ob das Werbeverbot für Kontaktlinsenoptiker, das einen Eingriff in das Grundrecht der Erwerbsfreiheit darstellte, einem öffentlichen Interesse diente. Das vom Gesetzgeber verfolgte Interesse war dabei ein gesundheitspolitisches: Kontaktlinsenoptiker sollten ihr Gewerbe fachgerecht ausüben und insbesondere die vorgeschriebene Zusammenarbeit mit Augenärzten pflegen. Der Verfassungsgerichtshof befand, dass diesem gesundheitspolitischen Interesse, an dessen Zulässigkeit der Verfolgung durch den Gesetzgeber kein Zweifel bestand, das Werbeverbot nicht diente. Es war, gemessen an dem verfolgten öffentlichen Interesse, ein untaugliches Mittel (VfSlg 10.718/1985).

Unter der Voraussetzung, dass aber die Eignung des Mittels festgestellt werden kann (oder, genauer: nicht geleugnet werden kann), ist ferner zu prüfen, ob das Mittel auch **erforderlich** ist. Das Kriterium der Erforderlichkeit stellt die Frage danach, ob es für den gewollten Grundrechtseingriff auch ein gelinderes geeignetes Mittel geben würde, das das zu verwirklichende öffentliche Interesse in eben demselben Ausmaß durchsetzt wie das gewählte. Ein gelinderes Mittel ist per definitionem ein solches, das das Grundrecht weniger stark einschränken würde. Die Suche nach dem gelindesten Mittel ist nur die Konsequenz aus der Überlegung, dass beide Interessen (Eingriffs- und Freiheitsinteresse) möglichst gleich intensiv verwirklicht werden sollen. Reicht nämlich ein gelinderes Mittel aus, das öffentliche Interesse zu verwirklichen, ist es für dieses Interesse gleichgültig, welches Mittel eingesetzt wird. Für das Freiheitsinteresse aber besteht ein entscheidender Unterschied: Es wird durch das gravierendere Mittel stärker zurückgedrängt und insgesamt daher besser verwirklicht, wenn nur das gelindere Mittel angewendet wird.

In diesem Zusammenhang hat der Verfassungsgerichtshof einmal festgestellt, dass sowohl die Wahrung des Ansehens des Standes der Rechtsanwältinnen und Rechtsanwälte im öffentlichen Interesse liege, als auch die Möglichkeit der Kammer, in gewissem Ausmaß eine Aufsicht auszuüben. Damit die Rechtsanwaltskammer ihrer Aufgabe auch dann nachkommen konnte, wenn die betreffende Rechtsanwältin oder der betreffende Rechtsanwalt Sprechstunden außerhalb ihres oder seines Kanzleisitzes abhielt, war die vorgesehene Genehmigung dieser Sprechstunden nicht erforderlich. Dazu reichte auch das, in das Grundrecht der Erwerbsfreiheit weniger eingreifende, Mittel der Meldepflicht (VfSlg 11.647/1988).

Steht hingegen fest, dass das gewählte Mittel sowohl geeignet als auch erforderlich ist, wird in einem dritten Schritt danach gefragt, ob der Eingriff auch **angemessen** ist. „Angemessenheit", „Proportionalität" oder „Verhältnismäßigkeit im engeren Sinn" (es handelt sich dabei um austauschbare Begriffe, die in der Grundrechtsdogmatik verwendet werden) bedeuten, dass Eingriffsintensität und Eingriffszweck in einer vernünftigen Relation stehen müssen. Oder anders gesagt: Es soll ausgeschlossen werden, dass ein relativ geringfügiges öffentliches Interesse eine massive Grundrechtsbeeinträchtigung bewirken könnte. Diese Stufe der Verhältnismäßigkeitsprüfung ist in der Tat die heikelste. Dies deshalb, weil hier das öffentliche Interesse in seiner Bedeutung und Gewichtigkeit selbst bewertet werden muss. Auf dieser letzten Stufe der Verhältnismäßigkeitsprüfung entscheiden sich kaum Grundrechtsfälle. Sie dient lediglich als eine Art letzter Korrekturfilter.

Für die Rechtfertigung von gesetzgeberischen Eingriffen in Grundrechte mit materiellem Gesetzesvorbehalt, wie sie vor allem in der EMRK zu finden sind, gilt im Wesentlichen das oben geschilderte Verhältnismäßigkeitsprinzip mit den sich aus dem jeweiligen Eingriffsvorbehalten ergebenden Modifikationen. Begründet wird die Anforderung an den Gesetzgeber, nur im Rahmen des Verhältnismäßigkeitsprinzips in diese Grundrechte eingreifen zu dürfen, in der Rechtsprechung des Europäischen Gerichtshofs für Menschenrechte aus der Wortfolge „in einer demokratischen Gesellschaft notwendig", die den materiellen Gesetzesvorbehalten der EMRK beigegeben ist. Nach der Vorstellung des Europäischen Gerichtshofs für Menschenrechte ist nur ein verhältnismäßiger Eingriff „in einer demokratischen Gesellschaft notwendig" (EGMR *Olsson*, ÖJZ 1993, 353). Im Rahmen dieser Verhältnismäßigkeit sind ebenfalls die genannten Kriterien der „Geeignetheit", der „Erforderlichkeit" und auch der „Angemessenheit" zu berücksichtigen. Modifiziert werden muss die Prüfung der Rechtfertigung des gesetzgeberischen Eingriffes auf der Stufe davor: Nicht schlechthin jedes öffentliche Interesse kann den Grundrechtseingriff legitimieren, sondern nur die in den jeweiligen Eingriffsvorbehalten genannten.

Die Europäische Grundrechtecharta, die die geschilderten Entwicklungen der europäischen Grundrechtsdogmatik in sich aufnimmt, formuliert ganz allgemein in ihrem Art 52, dass jede Einschränkung der Charta-Rechte gesetzlich vorgesehen sein, den Wesensgehalt der Rechte und Freiheiten achten und den Verhältnismäßigkeitsgrundsatz wahren muss. In letzterem Sinn dürfen Einschränkungen nur vorgenommen werden, wenn sie notwendig sind und dem von der Union anerkannten Gemeinwohl dienen oder dem erforderlichen Schutz der Rechte und Freiheiten anderer tatsächlich entsprechen. Diese Bestimmung fasst damit den Stand der europäischen Grundrechtsdogmatik zusammen.

Vereinfacht kann man daher festhalten, dass Grundrechtseingriffe dem Verhältnismäßigkeitsgrundsatz genügen müssen. Nachdem dieser auf allen Ebenen der Grundrechte gilt – innerstaatlich, EMRK-rechtlich (damit völkerrechtlich) und unionsrechtlich – kann man den Eindruck erhalten, dass damit auf allen Ebenen ein einheitliches Schutzniveau verwirklicht wurde. Dies stimmt aber nur im Textvergleich. Faktisch hängt der Schutzumfang von der Rechtsprechung der Gerichte ab, die über die Frage der Verhältnismäßigkeit entscheiden. Mit anderen Worten: Was ein Gericht als unverhältnismäßig ansieht, kann ein anderes als verhältnismäßig betrachten und umgekehrt. So gibt es etwa Fälle, in denen der Europäische Gerichtshof für Menschenrechte einen Eingriff als unverhältnismäßig angesehen hat, den etwa das deutsche Bundesverfassungsgericht als verhältnismäßig beurteilt hat (EGMR *von Hannover*, EuGRZ 2012, 278, BVerfG 101, 361), der Europäische Gerichtshof für Menschenrechte eine Maßnahme für unverhältnismäßig angesehen hat und damit den österreichischen Verfassungsgerichtshof „korrigiert" hat (EGMR *Tele1 Privatfernsehgesellschaft mbH*, MR 2000, 263, VfSlg 14.256/1995), das Bundesverfassungsgericht einen Eingriff für unverhältnismäßig angesehen hat, den der Verfassungsgerichtshof in einem vergleichbaren Fall in Auseinandersetzung mit der Entscheidung des Bundesverfassungsgerichts für verhältnismäßig erklärt hat (BVerfGE 7, 377, VfSlg 15.103/1998).

Der Grund dafür liegt darin, dass die Kategorien, innerhalb derer sich die Verhältnismäßigkeitsprüfung abspielt, selbst sehr weit gefasst sind und es erlauben, dass Weltanschauungen und Vorverständnisse der Richterinnen und Richter mit in die Beurteilung einfließen, ohne dass diese aber entsprechend offengelegt würden. So ist Voraussetzung dafür, einen Eingriff nicht für erforderlich zu halten, dass es ein gelinderes oder gleich geeignetes Mittel gibt, das zum Erfolg führt. Ob ein solches gelinderes Mittel tatsächlich in gleicher Weise geeignet ist, ist mangels prophetischer Gaben aller Beteiligten oftmals eine Frage der persönlichen Einschätzung bzw der vertretenen ideologischen Grundhaltungen. Wer beispielsweise dem „Markt" ausreichende Steuerungs- und Regulierungskapazität zuschreibt, wird wirtschaftslenkende Gesetze, die etwa einen Eingriff in die Erwerbsfreiheit bedeuten, anders beurteilen, als jemand, der dies nicht tut. Entgegen dem ersten Eindruck, dass mit einer ubiquitären Geltung des Verhältnismäßigkeitsgrundsatzes ein einheitliches Schutzniveau erreicht ist, kommt es in Einzelfällen maßgeblich darauf an, welches Gericht die Sache entscheidet.

Der österreichische Grundrechtekatalog kennt nicht nur Vorbehaltsgrundrechte, sondern auch Grundrechte ohne Gesetzesvorbehalt, nämlich die Wissenschaftsfreiheit und die Kunstfreiheit (Art 17 und Art 17a StGG). Das einzige Grundrecht, dem ein Ausführungsvorbehalt beigegeben ist, ist die Gewährleistung der Vereins- und Versammlungsfreiheit nach Art 12 StGG. Die Besonderheiten, die sich aus der Struktur dieser Grundrechte für die verfassungsrechtliche Rechtfertigung ergeben, werden in Zusammenhang mit diesen Freiheitsrechten erörtert.

b. Die einzelnen Freiheitsrechte

Im Folgenden kann bloß ein Überblick über die einzelnen Freiheitsrechte gegeben werden. Ihre Kraft, die sie im Rahmen der Rechtsordnung entfalten, ergibt sich aus einer reichhaltigen Rechtsprechung der mit diesen Fragen befassten Gerichte. Freiheitsrechte, die in der Rechtsprechung eine besonders große Rolle gespielt haben, werden etwas näher erläutert, wobei in erster Linie auch die Aspekte im Vordergrund stehen, die die Rechtsprechung oder die öffentliche Diskussion besonders interessiert haben.

aa. Das Recht auf Leben

Nach Art 2 EMRK ist das Leben eines jeden Menschen gesetzlich zu schützen und es darf, abgesehen von der Vollstreckung eines Todesurteils, eine absichtliche Tötung nicht vorgenommen werden, außer sie ist durch einen der Fälle des Abs 2 – beispielsweise eine Tötung, die sich aus einer unbedingt erforderlichen Gewaltanwendung im Rahmen einer Festnahme ergibt – gerechtfertigt. Dieses Grundrecht enthält bereits in seinem Text zwei unterschiedliche Schutzdimensionen: Zum einen wehrt es Eingriffe ab, wenn es die Tötung eines Menschen, abgesehen von den normierten Ausnahmen, verbietet, zum anderen enthält es aber auch die Verpflichtung des Gesetzgebers, das menschliche Leben zu schützen.

Unter dem „Leben" versteht Art 2 EMRK die physische Existenz. Diskutiert werden kann allerdings darüber, wann das Leben beginnt und wann es endet. Besonders intensiv umstritten ist dabei die Frage, ob das werdende Leben in den Schutzbereich des Art 2 EMRK fällt. Der Verfassungsgerichtshof hatte dies bekanntlich in einem Erkenntnis aus dem Jahr 1974 (VfSlg 7400/1974) verneint. Kritiker dieses Erkenntnisses, das viele wegen seiner formalen Begründung nicht überzeugt hatte, haben immer wieder die Hoffnung geäußert, dass der Europäische Gerichtshof für Menschenrechte in dieser Frage anders entscheiden könnte. Nach langer Zeit, in der der Gerichtshof diese Frage unbeantwortet sein lassen konnte, musste er sich in einem französischen Fall mit der Frage befassen, ob ungeborenes Leben in den Schutzbereich des Art 2 EMRK fiele (EGMR *Vo*, EuGRZ 2005, 568). Er stellte hiezu fest, dass es in dieser Frage keinen europäischen Konsens gäbe, weshalb ein solcher Schutz im Einschätzungsspielraum der Mitgliedstaaten gelegen sei. Dies könne sich allerdings ändern, sollte ein solcher Konsens einmal erzielt werden. Im Ergebnis bedeutet dies freilich, dass zurzeit Staaten, die ungeborenes Leben nicht schützen, Art 2 EMRK auch nicht verletzen. Besondere praktische Relevanz erhält Art 2 EMRK in Zusammenhang mit Polizeieinsätzen und dem tödlichen Schusswaffengebrauch. Die staatlichen Schutzpflichten verlangen, dass Polizeieinsätze nach Möglichkeit so organisiert werden, dass es zu keinen Tötungen kommt. Sollten dennoch Todesfälle zu beklagen sein, so sind entsprechende Untersuchungen staatlicherseits durchzuführen (zB EGMR *McCann ua*, ÖJZ 1996, 233).

Art 2 EMRK enthält in seinem Tötungsverbot eine ausdrückliche Ausnahme der Todesstrafe. Über zwei Zusatzprotokolle, dem 6. und dem 13., wurde die Todesstrafe auf EMRK-Ebene schrittweise (zunächst galt noch eine Ausnahme für Kriegszeiten) endgültig abgeschafft. Österreich hat beide Protokolle unterzeichnet. Allerdings gilt nach Art 85 B-VG ohnehin, dass die Todesstrafe abgeschafft ist. Dies bedeutet für österreichische Behörden und Gerichte nicht nur, dass sie keine Todesstrafe verhängen dürfen, sondern auch, dass sie an der Verhängung von Todesstrafen nicht mitwirken dürfen. Daraus ergibt sich das Verbot, Menschen in Länder auszuweisen oder abzuschieben, in denen ihnen die Todesstrafe droht (Refoulementverbot).

Art 2 EGC, der ebenfalls das Recht auf Leben verbürgt, enthält auch ein absolutes Verbot der Todesstrafe.

bb. Das Verbot der Folter

Nach Art 3 EMRK darf niemand der Folter oder unmenschlicher oder erniedrigender Strafe oder Behandlung unterworfen werden. In seinem Text normiert das Grundrecht das Verbot bestimmter Eingriffe in einen Schutzbereich, den es unausgesprochen voraussetzt: nämlich die Menschenwürde. Seine praktische Bedeutung entfaltet es heute in Österreich in zweierlei Hinsicht. Zum einen sind die Kriterien der unmenschlichen oder erniedrigenden Behandlung Maßstab für Polizeieinsätze. Polizeiliche Gewalt kann – von Tötungen abgesehen, die nach Art 2 EMRK zu beurteilen wären – dann, wenn sie über das Verhältnismäßige hinausgeht, als unmenschlich qualifiziert werden oder aber, wenn sie eine besondere Herabwürdigung der Person enthält, als erniedrigend (so wären etwa Schläge mit einem Gummiknüppel auf den Kopf als Beispiel für eine unmenschliche Behandlung oder die Leibesvisitation vor Mitgefangenen als Beispiel für eine erniedrigende Behandlung zu sehen; vgl dazu etwa VfSlg 11.170/1986, VfSlg 11.421/1987, VfSlg 11.059/1986, VfSlg 10.746/1986 und VfSlg 10.847/1986; siehe auch EGMR, *Vincent*, NL 2006, 254).

Die zweite wesentliche Schutzdimension des Art 3 EMRK besteht heute im Verbot, fremde Personen in einen Staat abzuschieben oder zurückzuschieben, in dem sie mit Folter bedroht werden oder ihnen in anderer Weise Menschenrechtsverletzungen drohen, wie beispielsweise eine menschenunwürdige gesundheitliche Versorgung (VfSlg 19.205/2010). Auch in diesem Fall gilt also das sogenannte Refoulementverbot.

In der internationalen Debatte wird heftig gestritten, ob die Folter obsolet und ausnahmslos verboten ist oder doch in manchen (Grenz-)Fällen eingesetzt werden kann. Gedacht wird dabei vor allem an die Fälle der sogenannten „Rettungsfolter". Dabei wird die Folter nicht verwendet, um ein Geständnis zu erpressen, das die strafrechtliche Verurteilung nach sich zieht, sondern zur Rettung oder zum Schutz anderer Mitmenschen, beispielsweise vor Terroranschlägen, oder zur Befreiung von Entführungsopfern. Dies sind schwierige, weit ins Philosophische hineinreichende Probleme, die nicht allein dadurch gelöst sind, dass der Europäische Gerichtshof in einem Fall auch das Verbot der Rettungsfolter (im konkreten Fall: Androhung von Schlägen gegenüber dem Entführer eines kleinen Kindes, EGMR *Gäfgen*, NL 2010, 173) der EMRK entnommen hat. Staaten neigen dann dazu, wie beispielsweise die USA im Falle des „waterboarding", die Foltereigenschaft der entsprechenden Maßnahme überhaupt zu leugnen.

Die Europäische Grundrechtecharta kennt ein mit der EMRK textidentes Folterverbot in ihrem Art 4. Allerdings setzt sie die Menschenwürdegarantie damit nicht voraus, sondern enthält, ähnlich wie das Bonner Grundgesetz in ihrem Art 1 eine explizite Garantie der Würde des Menschen, die unantastbar ist und die es zu achten und zu schützen gilt. Damit ist der Idee nach der Schutz der Menschenwürde immer – und das heißt abwägungsfrei – gewährleistet. Die deutsche Grundrechtsdogmatik orientiert sich bei Interpretation des Menschenwürdebegriffs – jedenfalls in überwiegendem Ausmaß – an einer Dogmatisierung moral-philosophischer Positionen *Kants*. Danach wird die Menschenwürde immer dann verletzt, wenn ein Mensch zum bloßen Objekt herabgewürdigt wird. Dies wäre etwa bei der Anwendung von Folter der Fall. Gilt nun die Menschwürde absolut, wäre Folter immer verboten. Auch wenn derartige Positionen in der deutschen Grundrechtsdogmatik vertreten werden, so bleibt doch offen, was für jene Fälle gelten soll, in denen die Menschenwürde Dritter verletzt wird.

Die Menschenwürdegarantie wurde in den letzten Jahren von Teilen der deutschen Grundrechtsdogmatik in vielen Fragen bemüht, so etwa auch zur Lösung aktueller Probleme der Biotechnologie. Es sieht so aus, als ob sich der Europäische Gerichtshof bei der Interpretation der Menschenwürdeklausel in Art 1 EGC solchen Positionen anschließen könnte (EuGH, 18. 10. 2011, Rs C-34/10), was für die Biotechnologie in Europa aber gewichtige Folgen hätte, zumal *Kants* Philosophie in anderen Teilen Europas kaum eine Rolle für die Staats- und Grundrechtsdogmatik spielt. Auch sie markiert nur einen von zahlreichen möglichen moralischen Standpunkten.

cc. Die persönliche Freiheit

Der Schutz der persönlichen Freiheit wird heute durch das Bundesverfassungsgesetz über den Schutz der persönlichen Freiheit aus 1988 (BGBl 684/1988 idgF), das das Gesetz aus 1862 abgelöst hat, garantiert. Schutzgut der persönlichen Freiheit ist die physische Bewegungsfreiheit, die in erster Linie durch Verhaftungen beziehungsweise Festnahmen eingeschränkt werden kann. Das Grundrecht der persönlichen Freiheit garantiert daher einen Schutz vor Verhaftung beziehungsweise vor der Anhaltung in Haft sowie vor Maßnahmen gleichen Ausmaßes und gleicher Wirkung (EGMR *Guzzardi*, EuGRZ 1983, 633, VfSlg 15.465/1999). Es ist als Grundrecht mit Eingriffsvorbehalt formuliert, wobei der Gesetzgeber Eingriffe nur in jenen Fällen vorsehen darf, die im Art 2 des genannten Gesetzes abschließend aufgezählt sind. Dabei ist ausdrücklich normiert, dass die persönliche Freiheit nur entzogen werden darf, wenn und soweit dies nicht zum Zweck der Maßnahme außer Verhältnis steht, und dass alle festgenommenen oder angehaltenen Personen unter Achtung der Menschenwürde und unter möglichster Schonung zu behandeln sind.

Jedermann, der angehalten oder festgenommen wird, hat das Recht auf ein Verfahren, in dem durch ein Gericht oder eine unabhängige Behörde über die Rechtmäßigkeit des Freiheitsentzugs entschieden wird (Art 6 PersFrG). Werden Festnahmen von den Polizeibehörden im Dienste der Strafrechtspflege vorgenommen, dann ist dafür prinzipiell ein richterlicher Haftbefehl erforderlich. Eine Ausnahme davon darf aber bei Gefahr in Verzug vorgesehen werden, wobei aber die betreffende Person spätestens vor Ablauf von 48 Stunden dem zuständigen Gericht zu übergeben ist (Art 4 PersFrG). Jede festgenommene Person ist in einer ihr verständlichen Sprache über die Gründe der Festnahme und die gegen sie erhobenen Anschuldigungen zu unterrichten (Art 4 Abs 6 PersFrG). Jedermann, der rechtswidrig festgenommen oder angehalten wurde, hat Anspruch auf Schadenersatz, der auch den Ersatz von nicht vermögensrechtlichen Schäden erfasst (Art 7 PersFrG).

dd. Der Schutz des Privat- und Familienlebens

Nach Art 8 EMRK hat jedermann Anspruch auf Achtung seines Privat- und Familienlebens, sowie seiner Wohnung und seines Briefverkehrs (Art 7 EGC ist im letzten Tatbestandselement weiter und spricht – moderner – von „Kommunikation"). Der Schutzbereich des Art 8 EMRK ist mehrgliedrig, wobei heute in der Rechtsprechung des Europäischen Gerichtshofs für Menschenrechte die Schutzbereiche miteinander verschmolzen werden. Hier sollen vor allem zwei von ihnen interessieren: das Privat- und das Familienleben. In den **Schutzbereich des Privatlebens** fällt, wie der Verfassungsgerichtshof einmal ausgedrückt hat, alles, was die einzigartige Persönlichkeit eines Menschen in ihrer physischen, seelischen und geistigen Existenz ausmacht (VfSlg 12.689/1991). Dazu gehört jedenfalls die Verfügung über den eigenen Körper, das Sexualverhalten, die körperliche und geistige Befindlichkeit (also der Gesundheitszustand), aber auch das Freizeitverhalten. Der Europäische Gerichtshof für Menschenrechte betont weiters die Entfaltung der Persönlichkeit und die Entwicklung sozialer Beziehungen (EGMR, *Bigaeva*, NL 2009, 146). Den schutzwürdigsten Bereich stellt dabei die Intimsphäre jedes Menschen dar.

Eingriffe in den Schutzbereich des Privatlebens stellen zum Beispiel polizeiliche Überwachungsmaßnahmen dar, angeordnete Zwangsuntersuchungen – wie etwa auch die zwangsweise Blutabnahme – aber auch die Registrierung von Vorgängen des Privatlebens wie beispielsweise die Speicherung von Telefon- und Internetverbindungsdaten, also insbesondere auch die Vorratsdatenspeicherung iSd.RL 2006/24/EG. Wie aus dieser Aufzählung zu sehen ist, sind gerade die heute in Diskussion befindlichen Maßnahmen, die – zumindest vorgeblich – im Zusammenhang mit einem offensichtlich immer umfangreicher werdenden Terrorismus und den Gefahren, die von der Bandenkriminalität ausgehen, gesetzt bzw vorgeschlagen werden, allesamt Beschränkungen dieses Grundrechts. Freilich sind Eingriffe in dieses Grundrecht zulässig, wenn sie etwa der nationalen Sicherheit und der Aufrechterhaltung der öffentlichen Ruhe und Ordnung, der Verteidigung der Ordnung und der Verhinderung von strafbaren Handlungen dienen. Allerdings müssen solche Maßnahmen verhältnismäßig sein. Bei der konkreten grundrechtlichen Prüfung der vorgeschlagenen Maßnahmen wird es daher entscheidend darauf ankommen, inwieweit diese dem Abwägungsgebot standhalten können.

Dem Schutz des Privatlebens unterfällt auch jeder Wunsch eines Menschen, Nachkommen zu zeugen beziehungsweise zu gebären. Auch die medizinische Unterstützung zur Erfüllung dieser Wünsche fällt prinzipiell in den Schutzbereich des diskutierten Grundrechts. Beschränkungen der medizinisch unterstützten Fortpflanzung müssen sich daher auch am materiellen Eingriffsvorbehalt des Art 8 Abs 2 EMRK messen lassen. Als mögliche Rechtsgüter, zu deren Schutz solche Eingriffe dienen können, kommen dabei der Schutz der Gesundheit und der Moral oder der Schutz der Rechte und Freiheiten anderer in Betracht. Allerdings müssen auch solche Maßnahmen verhältnismäßig sein, wobei auch der technische Stand der Medizin und Erfahrungen, die in anderen Staaten gemacht wurden, zu berücksichtigen sein werden. Wie umstritten diese Bereiche tatsächlich sind, zeigt das Verbot der Eizellspende nach dem österreichischen Fortpflanzungsmedizingesetz: Der Verfassungsgerichtshof hielt es mit Art 8 EMRK (und vor allem dem Gleichheitssatz) für vereinbar (VfSlg 15.632/1999), die kleine Kammer des Europäischen Menschenrechtsgerichtshofes für konventionswidrig (EGMR *S.H. u.a.*, ÖJZ 2010, 684), die große Kammer hingegen wieder nicht (EGMR *S.H. u.a.*, ÖJZ 2012, 379).

Das **Grundrecht auf Datenschutz**, wie es in § 1 DSG 2000 gewährleistet wird, ergänzt den Schutz des Privatlebens in spezifischer Hinsicht. Ein solches besonderes Recht auf den Schutz personenbezogener Daten kennt auch Art 8 EGC.

Des Schutzes ihres **Familienlebens** erfreuen sich alle durch Blutsverwandtschaft, Eheschließung oder Adoption verbundenen Familienmitglieder. Ihnen hat der Staat im Rahmen seiner Schutzpflichten die Führung eines normalen Familienlebens zu ermöglichen. Erfasst vom Schutzbereich sind auch sogenannte „de-facto-Familien", die sich auf heterosexuelle Lebensgemeinschaften gründen. Homosexuelle Partnerschaften wurden zwischenzeitlich durch die Judikatur heterosexuellen im Wesentlichen gleichgestellt: Jedenfalls verlangt der Europäische Menschenrechtsgerichtshof für die Benachteiligung von gleichgeschlechtlichen Partnerschaften gegenüber verschiedengeschlechtlichen eine besondere Begründung. (EGMR *Karner*, ÖJZ 2004, 36). Im Adoptionsrecht ist beispielsweise die Adoption von Partnerkindern auch homosexuellen Partnern zu gestatten (EGMR *X. ua*, ÖJZ 2013, 476). Wesentliche Eingriffe, die das Familienleben betreffen, lagen in jüngster Zeit eher in den Regelungen des Kindschaftsrechts, und zwar vor allem im Ausschluss von Vätern unehelicher Kinder vom Sorgerecht (EGMR *Sporer*, NL 2011, 525VfSlg 19.653/2012) und liegen heute vor allem im Aufenthaltsrecht von Fremden. So kann das Verbot von Aufenthaltsberechtigungen gegen ein Familienmitglied in das Recht auf Familienleben der gesamten Familie eingreifen. Derartige Verbote sind im Ergebnis nur dann gerechtfertigt, wenn sie einem der im materiellen Gesetzesvorbehalt des Art 8 Abs 2 EMRK genannten öffentlichen Interesse dienen und auch verhältnismäßig sind.

Das Aufenthaltsrecht ist heute maßgeblich durch das Unionsrecht mitbestimmt. Auf der Ebene der Grundrechtecharta existieren hiezu zwei einschlägige Bestimmungen: Das Recht auf Asyl (Art 18 EGC) und der Schutz vor Kollektivausweisungen sowie ein Abschiebe- oder

Ausweisungsverbot in einen Staat, in dem das ernsthafte Risiko von Todesstrafe, Folter bzw einer unmenschlichen oder erniedrigenden Behandlung besteht. Die jüngere Rechtsprechung des Europäischen Gerichtshofes hat das Aufenthaltsrecht insoferne erweitert, als sie in besonderen Fällen ein aus der Unionsbürgerschaft (Art 9 EUV) von Familienmitgliedern abgeleitetes Aufenthaltsrecht für andere Familienmitglieder annimmt (EuGH 8. 3. 2011, Rs C-34/09). Ob und inwieweit die Unionsbürgerschaft als Angelpunkt für einen allen Bürgerinnen und Bürgern gleichermaßen garantierten Grundrechtsschutz dienen kann, der dann das gesamte nationale Recht überlagern würde, wird die Zukunft zeigen.

Nach Ansicht des Europäischen Gerichtshofs für Menschenrechte können auch schwere Umweltbeeinträchtigungen durch gewerbliche Betriebsanlagen in das Grundrecht des Privat- und Familienlebens eingreifen, wenn dadurch das Wohlbefinden nachhaltig gestört und der Genuss der Wohnung behindert werden. Damit lassen sich aus dem Art 8 EMRK erste Ansätze für ein Grundrecht auf Umweltschutz entnehmen (EGMR *López Ostra*, ÖJZ 1995, 347).

ee. Die Glaubens- und Gewissensfreiheit

Art 14 StGG verbürgt die Glaubens- und Gewissensfreiheit, Art 9 EMRK schützt die Gedanken-, Gewissens- und Religionsfreiheit. Dieses Recht umfasst ausdrücklich die Freiheit des Einzelnen zum Wechsel der Religion oder der Weltanschauung sowie die Freiheit, seine Religion oder Weltanschauung einzeln oder in Gemeinschaft mit anderen öffentlich oder privat, durch Gottesdienste, Unterricht, Andachten und Beachtung religiöser Gebräuche auszuüben. Art 10 EGC verbürgt dieses Recht nahezu wortgleich. Die Religionsfreiheit hat in Österreich vor allem im Bewusstsein der Bevölkerung lange keine große Rolle gespielt, vor allem zu Zeiten, da über 90 % der Bevölkerung Angehörige der katholischen Kirche waren. Sie wird aber umso bedeutungsvoller, je größer die Gruppen werden, die anderen Religionen oder Weltanschauungen angehören.

Die positive Glaubensfreiheit erfasst die Freiheit, sich für eine bestimmte Religion (oder auch Weltanschauung) zu entscheiden, sie zu wechseln, sie auszuüben und auch wieder aufzugeben, dh aus einer Religionsgemeinschaft auszutreten. Die negative Glaubensfreiheit besteht in der Freiheit von Zwang, einer oder einer bestimmten Religionsgemeinschaft beitreten oder Glaubensrichtung folgen bzw an religiösen Handlungen teilnehmen zu müssen.

Eingriffe in die Glaubensfreiheit bestehen in Verboten und Einschränkungen der Wahl- und Ausübungsfreiheit. In Zusammenhang mit letzterer, die ja nicht nur die private, sondern auch die öffentliche Religionsausübung schützt, werden in den letzten Jahren eine Fülle von Maßnahmen diskutiert: Das Verbot des Tragens religiöser Symbole etwa am Arbeitsplatz – allen voran das sogenannte „Kopftuchverbot" –, das Tragen eines Schleiers in der Öffentlichkeit, das Bauverbot für Minarette, das Schächten von Tieren, das Anbringen religiöser Symbole – hier: des Kreuzes – in Kindergärten und Schulen, die unterschiedliche Behandlung von Kirchen und Religionsgemeinschaften im Anerkennungsrecht uam.

Gerechtfertigt können Eingriffe in die Glaubensfreiheit nur dann werden, wenn sie im Sinne des Art 63 Abs 2 des Staatsvertrages von St. Germain im Interesse der öffentlichen Ordnung oder der guten Sitten notwendig sind. Da diese Bestimmung enger ist als der Gesetzesvorbehalt des Art 9 Abs 2 EMRK und damit weniger an Einschränkungen erlaubt, geht sie nach dem Günstigkeitsprinzip des Art 53 EMRK diesem vor. Nach der Rechtsprechung des Verfassungsgerichtshofes ist ein Verbot einer religiösen Handlung nur dann im Interesse der Aufrechterhaltung der öffentlichen Ordnung erlaubt, wenn die Handlung diese empfindlich stört. Auf europäischer Ebene gilt freilich der Eingriffsvorbehalt nach Art 9 Abs 2 EMRK; danach haben die Staaten einen relativ weiten Einschätzungsspielraum. So war etwa das Kopftuchverbot an türkischen Universitäten vor dem Hintergrund der Geschichte des türkischen Staates und der aktuellen politischen Situation gerechtfertigt (EGMR *Sahin*, ÖJZ 2006, 424). Die österreichische Rechtslage rund um das Anerkennungsrecht von Kirchen und Religionsgesellschaften einerseits und von religiösen Bekenntnisgemeinschaften andererseits war allerdings in mehrerer Hinsicht diskriminierend und verletzte letztere in ihren Rechten aus Art 9 EMRK (EGMR *Religionsgemeinschaft der Zeugen Jehovas*, NL 2008, 232).

Die Gewissensfreiheit sichert dem Einzelnen das Recht zu, Gewissensentscheidungen unbeeinflusst und daher allein gemäß seiner eigenen, inneren sittlichen oder moralischen Instanz zu treffen. Die Freiheit, auch danach zu leben, kann – und muss, soll ein friedliches Zusammenleben garantiert werden – weitgehend beschränkt werden. Maßstab dafür ist Art 9 Abs 2 EMRK. In Art 9a Abs 3 B-VG respektiert die österreichische Verfassung ausdrücklich, den Wehrdienst aus Gewissensgründen zu verweigern.

ff. Die Meinungsfreiheit

Das Grundrecht der Meinungsfreiheit, wie es in Art 13 StGG, in Art 10 EMRK und Art 11 EGC gewährleistet wird, ist eines der zentralen Grundrechte für eine demokratische Gesellschaftsordnung. Demokratie ohne die Meinungsfreiheit ihrer Bürgerinnen und Bürger wäre eine sinnlose Veranstaltung. Freilich fallen in den Schutzbereich der Meinungsfreiheit nicht nur politische Meinungen, sondern jede Art von Äußerung, die eine wertende Stellungnahme enthält, sowie, seit der Geltung des Art 10 EMRK, auch alle Tatsachenaussagen. So werden alle Äußerungen durch Wort, Schrift, Druck oder bildliche Darstellung erfasst, seien sie profaner, künstlerischer oder wissenschaftlicher Natur. (Die Wissenschaftsfreiheit und die Kunstfreiheit sind in Österreich privilegiert, weil ihnen eigene Grundrechtsbestimmungen gewidmet sind, die ohne Gesetzesvorbehalt auskommen.) Auch die kommerzielle Werbung fällt in den Schutzbereich der Meinungsfreiheit, sowie nach der Rechtsprechung des Verfassungsgerichtshofes das unaufdringliche und nicht aggressive Erbitten von Geld (VfSlg 19.662/2012). Wichtig ist, dass nach ständiger Rechtsprechung des EGMR nicht nur die in Form und Inhalt gemäßigte, inhaltlich unschädliche oder angepasste Äußerung in den Schutzbereich fällt, sondern auch, wenn nicht sogar in erster Linie, die Äußerung von Meinungen, welche Staat oder Bevölkerungsteile schockieren oder beunruhigen sollen. Die Meinungsfreiheit steht unabhängig davon zu, in welchem Medium die Äußerung getätigt wird. Sie bezieht sich daher auch insbesondere auf Presse und Rundfunk. Bei der Rechtfertigung von Eingriffen ist unter anderem auch darauf Bedacht zu nehmen, dass Presse und Rundfunk in einem demokratischen Staatswesen eine besondere öffentliche Aufgabe erfüllen.

Geschützt werden durch die Meinungsfreiheit im Wesentlichen drei Handlungsdimensionen: die Meinungsbildungsfreiheit, die Meinungsäußerungsfreiheit und die Informationsfreiheit. Letztere bedeutet die Freiheit, Nachrichten und Ideen, die öffentlich zugänglich sind, ohne Eingriffe staatlicher Behörden empfangen zu dürfen.

Die Eingriffe in die Meinungsfreiheit können vielfältiger Natur sein. Einen der häufigsten Fälle stellen strafrechtliche oder disziplinarrechtliche Maßnahmen dar, die wegen behaupteter Ehrenbeleidigungen oder Verstöße gegen Standespflichten gesetzt werden. Letzteres betrifft vor allem Rechtsanwältinnen und Rechtsanwälte, die Gefahr laufen, durch die Art der Wortwahl in ihren schriftlichen Eingaben und im Rahmen ihrer mündlichen Äußerungen vor Behörden oder Gerichten das Ansehen oder die Ehre des Standes zu verletzen.

Bei der Rechtfertigung von Eingriffen ist zunächst darauf hinzuweisen, dass nach dem Beschluss der Provisorischen Nationalversammlung vom 30. Oktober 1918 (StGBl 3/1918) jegliche Zensur als „dem Grundrecht der Staatsbürger widersprechend als rechtsungültig aufgehoben" ist. Dabei ist vom Zensurverbot lediglich die Vorzensur erfasst, also die Inhaltskontrolle von Äußerungen vor deren Veröffentlichung, womit dieser Eingriff in die Meinungsfreiheit absolut ausgeschlossen ist. Zensurmaßnahmen, die nach Veröffentlichung gesetzt werden, sind allerdings innerhalb der Schranken des Art 10 Abs 2 EMRK erlaubt.

Bei Disziplinarverfahren wegen (angeblicher) Beeinträchtigung der Ehre und des Ansehens des Standes handelt die Disziplinarbehörde nur dann „denkmöglich", wenn sie jedenfalls sachliche Kritik, die auch am Verfahren, an Behörden oder Richterinnen und Richtern vorgebracht werden kann, gelten lässt. Im Rahmen von Strafverfahren wegen Ehrenbeleidigung ist zu berücksichtigen, dass Personen des öffentlichen Interesses, wie vor allem Politikerinnen und Politiker, sich mehr und schärfere Kritik gefallen lassen müssen als Privatpersonen.

Die Presse genießt einen besonderen Schutz schon durch Art 13 StGG: Sie darf keinesfalls zensiert werden (Verbot der Vorzensur), keinem Konzessionssystem unterstellt werden und nicht durch „administrative Postverbote" (Beförderungsverbote) behindert werden. Der Schutz des Redaktionsgeheimnisses (EGMR *Goodwin*, ÖJZ 1996, 795) ist ebenfalls vom Grundrecht der Meinungsfreiheit erfasst. In Zusammenhang mit der Rundfunkfreiheit wurde in Österreich das Rundfunkmonopol des ORF problematisch, das auch noch zu einer Zeit galt, als die technische und wirtschaftliche Rechtfertigung für Rundfunkmonopole weggefallen war. Marktbeherrschende Medien stellen ein Problem für die faktische Meinungsfreiheit dar, weil Bürgerinnen und Bürger einen möglichst breiten Zugang zu Informationen benötigen, um sich möglichst selbstständig eine Meinung bilden zu können. Vor allem für das Fernsehen stellt sich das Problem in besonderer Weise. Um diesem zu begegnen wurde das Modell der Binnenpluralität entwickelt, wonach Programmanbieter zu politisch ausgewogenen Darstellungen verpflichtet werden.

gg. Die Wissenschafts- und Kunstfreiheit

Art 17 StGG bestimmt in seinem Abs 1, dass die Wissenschaft und ihre Lehre frei ist. Der 1982 in das Staatsgrundgesetz eingefügte Art 17a sieht in ähnlicher Weise vor, dass das künstlerische Schaffen, die Vermittlung von Kunst sowie deren Lehre frei sind. Beide Grundrechte, die in der Sache Sonderfälle der Meinungsfreiheit darstellen, sind schrankenlos, das heißt ohne Gesetzesvorbehalte gewährleistet. In dieser Hinsicht sind sie gegenüber anderen Formen der Meinungsäußerung privilegiert. Die in Art 13 EGC verbürgte Kunst- und Wissenschaftsfreiheit genießt aber keine solche Privilegierung, für sie gilt der allgemeine Eingriffsvorbehalt nach Art 52 EGC. Beide Grundrechte weisen eine weitere Gemeinsamkeit auf: Sowohl der Begriff der Wissenschaft wie auch der Begriff der Kunst sind nicht abschließend definierbar. Sie sind insofern „offene Begriffe", als sie nicht an einem etablierten Wissenschafts- oder Kunstverständnis orientiert werden können.

Selbstverständlich fällt in den Schutzbereich der beiden Grundrechte alles, was herkömmlicherweise als wissenschaftliche oder künstlerische Betätigung verstanden wird. So wird etwa unter dem Begriff der „Wissenschaft" die Forschungstätigkeit subsumiert, die geprägt ist vom systematischen Aufsuchen neuer Erkenntnisse oder der Verfestigung älterer. Diese Tätigkeit ist geleitet vom Streben nach Wahrheit und liefert Ergebnisse, die rational nachprüfbar sind. In klassischer Weise wird unter „Kunst" ein eigenschöpferischer Akt verstanden, der in einem anerkannten Kunstzweig aufgrund einer entsprechenden Befähigung, die über eine erkennbare Technik hinausgeht, gesetzt wird. Darüber hinaus ist der Schutzbereich aber offen für neue Entwicklungen im Wissenschafts- und Kunstverständnis. Um zu beurteilen, ob eine Tätigkeit, die sich nicht dem klassischen Wissenschafts- und Kunstverständnis zuordnen lässt, dennoch als „Wissenschaft" oder „Kunst" zu werten ist, sind eine Fülle von Merkmalen maßgeblich, die aus subjektiven wie objektiven Elementen bestehen. So wird es unter anderem darauf ankommen, ob der Betreffende selbst ernsthaft bestrebt ist Wissenschaft oder Kunst zu treiben. Im Falle der Wissenschaft werden objektive Kriterien herangezogen werden können, wie etwa das Vorliegen einer methodischen Vorgangsweise, eine systematische Ordnung der Gedanken, eine gedanklich geordnete Auseinandersetzung mit bisherigen Wissenschaftsergebnissen, die Offenheit für eine theoretische Auseinandersetzung oder gar eine beginnende Anerkennung durch etablierte Wissenschaftszweige. Im Fall der Kunst kann es sich dabei etwa um das Kriterium handeln, wie das Werk präsentiert wird, ob es interpretationsbedürftig und auch interpretationsfähig ist und wie allenfalls bereits die Gesellschaft darauf reagiert, oder ob beispielsweise bereits ein „Markt" für diese Werke vorhanden ist.

Der Umstand, dass die beiden Grundrechte ohne Gesetzesvorbehalte gewährleistet sind, lässt auf den ersten Blick vermuten, dass Eingriffe in diese Grundrechte überhaupt nicht zulässig sind. Diese Auffassung ist im Ergebnis nur durchzuhalten, wenn der Schutzbereich der beiden Grundrechte so eng definiert wird, dass nur Tätigkeiten darunter fallen, die praktisch keinen Sozialkontakt erfordern: Ein Wissenschaftler, der lediglich daheim ein Buch schreibt, ein Künstler, der zu Hause ein Bild malt, mag bei diesen Tätigkeiten tatsächlich keinen Eingriffen unterliegen. Da aber beide Rechte letztlich von der Kommunikation, und das heißt von der Verbreitung der Ergebnisse leben, würde eine solche Beschränkung im Endeffekt dazu führen, dass die Grundrechte der Wissenschafts- und Kunstfreiheit relativ überflüssig wären. Hinzu tritt, dass etwa die moderne Naturwissenschaft sich im Experiment vollzieht, wodurch bereits eine Reihe von anderen Rechtsgütern betroffen sein kann: Man denke in diesem Zusammenhang nur an die moderne Biomedizin und beispielsweise an die Embryonenforschung.

Gerade dann, wenn den beiden Grundrechten ein möglichst offener Wissenschafts- und Kunstbegriff zugrunde gelegt wird, lässt sich die Vorstellung, der fehlende Gesetzesvorbehalt würde die Grundrechte tatsächlich schrankenlos gewährleisten, nicht durchhalten. Dort, wo die Ausübung dieser Grundrechte mit anderen Rechtsgütern kollidiert, ist, ebenso wie bei den Grundrechten mit Eingriffsvorbehalt, eine Abwägung zwischen den einzelnen Rechtsgütern erforderlich. Allerdings würden der Gesetzgeber und viel mehr noch die vollziehende Verwaltung die beiden Grundrechte verletzen, wenn sie diese Abwägung nicht vornehmen. Einer der ersten Fälle, in denen der Verfassungsgerichtshof dies judiziert hat, war der Fall der Klavierspielerin, die wegen „Erregung ungebührlichen Lärms" bestraft wurde, weil sie in ihrer Wohnung für einen Konzertauftritt geübt hatte. Zwar konnte sie nicht für sich in Anspruch nehmen, wegen der Ausübung einer künstlerischen Tätigkeit jedenfalls straflos zu bleiben, allerdings hatte die Behörde sie in ihrem verfassungsgesetzlich gewährleisteten Recht auf Kunstfreiheit dadurch verletzt, dass sie diese nicht gegen die öffentlichen Interessen, die dem Schutz der Nachbarschaft dienten, entsprechend abgewogen hatte (VfSlg 11.567/1987).

Das Fehlen jeglichen Gesetzesvorbehalts hat aber in der Rechtsprechung des Verfassungsgerichtshofes zur Folge, dass gesetzliche Bestimmungen, die nicht dem Schutz anderer Rechtsgüter dienen, sondern direkt (intentional) auf die Beeinträchtigung der Wissenschafts- oder Kunstfreiheit gerichtet sind, jedenfalls verfassungswidrig sind. Da der Gerichtshof in seiner Rechtsprechung noch nicht die Gelegenheit hatte, Beispiele für solche Regelungen anzuführen, ist es nicht ganz leicht zu erklären, was unter solchen „intentionalen" Eingriffen verstanden werden kann. Man kann sich im Rahmen der Kunstfreiheit etwa an historischen Beispielen orientieren und wohl mit Recht davon ausgehen, dass Gesetze, die bestimmte Kunstrichtungen als „entartet" definieren und verbieten würden, jedenfalls verfassungswidrig wären. Im Bereich der Wissenschaft könnte man davon ausgehen, dass Gesetze, die bestimmte wissenschaftliche Betätigungen allein aus dem Grund untersagen würden, weil man das daraus gewonnene Wissen als schädlich empfinden würde, verboten wären. Freilich würden damit diese „intentionalen Eingriffe" Kernbereiche definieren, deren praktische Relevanz heute sehr gering zu sein scheint. Den eigentlichen Wirkungsbereich entfaltet das Grundrecht daher dort, wo insbesondere die Verwaltungsbehörden und Gerichte gezwungen sind, bei der Anwendung von Gesetzen, die den Schutz anderer Rechtsgüter bewirken sollen, auf die Wissenschafts- und Kunstfreiheit gebührend Bedacht zu nehmen, wenn wissenschaftliche oder künstlerische Betätigungen involviert sind.

hh. Die Versammlungsfreiheit

Die Versammlungsfreiheit wird allen Staatsbürgerinnen und Staatsbürgern durch Art 12 StGG und allen Menschen durch Art 11 EMRK garantiert. Art 12 EGC enthält ein entsprechendes Recht auf Unionsebene. Dieses Grundrecht ist ebenfalls von einer besonderen Bedeutung für eine demokratische Gesellschaft, wird von ihm doch auch das Demonstrationsrecht erfasst. Allerdings werden von der Versammlungsfreiheit nicht nur Versammlungen zu politischen Zwecken geschützt, sondern jede Zusammenkunft mehrerer Menschen, wenn diese in der Absicht veranstaltet wird, die Anwesenden zu einem gemeinsamen Wirken (Debatte, Diskussion, Manifestation und so weiter) zu bringen, sodass eine gewisse Assoziation der Zusammengekommenen entsteht. Das bloß zufällige Zusammentreffen von Menschen auf der Straße ist ebenso wenig eine Versammlung wie etwa der Besuch einer Theateraufführung oder eines Fußballspiels.

Eingriffe in die Versammlungsfreiheit können heute vor allem in der Untersagung von Versammlungen beziehungsweise in deren Auflösung bestehen. Verfassungsrechtlich ausgeschlossen wäre es allerdings, Versammlungen einer Bewilligungspflicht zu unterwerfen (siehe dazu den Beschluss der provisorischen Nationalversammlung StGBl 3/1918). Im Übrigen müssen Eingriffe heute den Anforderungen des Art 11 EMRK standhalten.

Art 12 StGG, dessen Gesetzesvorbehalt als „Ausführungsvorbehalt" gedeutet wird, stellt lediglich die Anforderung an die Verwaltungsbehörden, gesetzeskonform vorzugehen. Das Versammlungsgesetz wurde 1867 noch vor dem Staatsgrundgesetz erlassen und im Wege des „Ausführungsvorbehalts" mittelbar Inhalt des Grundrechts (es gilt heute in der wiederverlautbarten Fassung BGBl 98/1953). Dies hatte die Konsequenz in der Judikatur des Verfassungsgerichtshofs, dass jede Gesetzesverletzung zugleich auch eine Verletzung des Grundrechts war. Anders als bei Grundrechten mit Eingriffsvorbehalt war eine Grundrechtsverletzung nicht erst dann gegeben, wenn die Behörde gesetzlos oder in denkunmöglicher Gesetzesanwendung vorgegangen war. Diese Konsequenz gilt auch heute noch für Staatsbürgerinnen und Staatsbürger: Eine gesetzwidrige Untersagung oder Auflösung einer Versammlung verletzt sie in ihrem Grundrecht auf Versammlungsfreiheit. Dies hatte allerdings auch zur Folge, dass der Verwaltungsgerichtshof zur Entscheidung über solche Beschwerden nicht zuständig war; wie sich diese Rechtsprechung mit dem neuen System der Verwaltungsgerichtsbarkeit, in das der Verwaltungsgerichtshof als Revisionsinstanz eingebunden ist, verträgt, bleibt abzuwarten. (Für Ausländerinnen und Ausländer gilt aufgrund des materiellen Eingriffsvorbehalts des Art 11 EMRK, dass nur gesetzlose Eingriffe oder solche, die auf einer denkunmöglichen Gesetzesanwendung beruhen beziehungsweise sich auf ein verfassungswidriges Gesetz stützen, das Grundrecht verletzen.)

Allerdings hat der Verfassungsgerichtshof dem Ausführungsvorbehalt keine verfassungsrechtlichen Anforderungen an den Gesetzgeber entnommen; Bestimmungen des Versammlungsgesetzes wurden nur durch den Beschluss der provisorischen Nationalversammlung 1918 (StGBl 3/1918) verfassungswidrig (VfSlg 254/1923; VfSlg 1082/1928). Inhaltliche Anforderungen an den Gesetzgeber stellte erst Art 11 EMRK. In der Folge hob der Verfassungsgerichtshof aber nicht einzelne Bestimmungen des Versammlungsgesetzes auf, sondern befand, dass die relativ vagen Tatbestandsvoraussetzungen für eine Untersagung beziehungsweise eine Auflösung einer Versammlung von der Behörde menschenrechtskonform zu interpretieren sind, was bedeutet, dass im Einzelfall eine Güterabwägung vorzunehmen ist. Das hat etwa zur Konsequenz, dass Versammlungen nur wegen klarer und gegenwärtiger Gefährdungslagen untersagt werden dürfen. Bloße Vermutungen und Befürchtungen sind dafür nicht ausreichend. Auch völkerrechtliche Verpflichtungen dürfen im Ergebnis nicht dazu führen, dass Veranstalterinnen und Veranstaltern jede Möglichkeit genommen wird friedlich gegen die Menschenrechtspolitik eines bestimmten Staates zu demonstrieren (VfSlg 15.170/1998). Die Versammlungsfreiheit kann auch mit den Grundfreiheiten der Union in Konflikt geraten, beispielsweise durch Blockaden von Verkehrswegen. Die Judikatur des Europäischen Gerichtshofes hat dabei in einzelnen Fällen den Grundfreiheiten den Vorrang eingeräumt (vgl EuGH 9. 12. 1997, Rs C-265/95, iZm der Koalitionsfreiheit vgl EuGH 11. 12. 2007, C 438/05). Steht zu befürchten, dass eine Versammlung durch eine Gegenversammlung (Gegendemonstration) gestört werden könnte, dann ist die Behörde nicht berechtigt, beide Versammlungen zu untersagen, sondern sie muss zunächst versuchen mit angemessenen Maßnahmen dafür zu sorgen, dass beide Versammlungen stattfinden können (EGMR *Plattform „Ärzte für das Leben“*, ÖJZ 1988, 734). Auch Spontanversammlungen, die schon begrifflich nicht im Voraus angemeldet werden können, sind nicht allein deshalb aufzulösen, weil sie nicht angemeldet wurden, sondern nur dann, wenn von ihnen eine entsprechende Gefährdung ausgeht (VfSlg 14.366/1995).

ii. Die Vereinigungs- und Koalitionsfreiheit

Ebenso wie die Versammlungsfreiheit wird auch die Vereinigungsfreiheit von Art 12 StGG und Art 11 EMRK bzw Art 12 EGC gewährleistet. Im Hinblick auf die Rechtfertigung von verwaltungsbehördlichen Eingriffen zeigt sich daher dasselbe Bild wie bei der Versammlungsfreiheit: Staatsbürgerinnen und Staatsbürger können vor dem Verfassungsgerichtshof jede Gesetzwidrigkeit der Vollziehung als Grundrechtsverletzung rügen, während Ausländerinnen und Ausländer sich ausschließlich auf Art 11 EMRK berufen können und daher nur dann verletzt werden, wenn der Bescheid der Verwaltungsbehörde gesetzlos ergeht, sich auf eine verfassungswidrige Rechtsgrundlage stützt oder das Gesetz denkunmöglich anwendet.

Unter einem „Verein" wurde vom Verfassungsgerichtshof eine „freiwillige, für die Dauer bestimmte, organisierte Verbindung mehrerer Personen zur Erreichung eines bestimmten gemeinschaftlichen Zwecks durch fortgesetzte gemeinschaftliche Tätigkeit" verstanden (vergleiche dazu schon VfSlg 1397/1931). Die Frage, um wie viele Personen es sich handeln muss, wenn in der Definition von „mehreren" Personen gesprochen wird, löst das Vereinsgesetz (BGBl I 66/2002 idgF) heute im Anschluss an deutsche Kommentarliteratur dahingehend, dass es sich dabei um wenigstens zwei Personen handeln muss. Da sich Staatsbürgerinnen und Staatsbürger freiwillig nur zu privaten Vereinigungen und nicht zu öffentlich-rechtlichen Körperschaften zusammenschließen können, erfasst das Grundrecht in seinem Schutzbereich auch nur private Vereinigungen. Wenngleich dies für die positive Vereinigungsfreiheit (das ist die Freiheit, einen Verein zu gründen oder ihm anzugehören) unmittelbar ersichtlich ist, ist es für die negative Vereinigungsfreiheit (das ist die Freiheit, einer Vereinigung fernzubleiben) nicht so ohne Weiteres ausgemacht: Gerade in dieser negativen Funktion könnte die Vereinigungsfreiheit sehr wohl auch gegen öffentlich-rechtliche Zwangsverbände schützen. Dies wird aber weder in der Rechtsprechung des Europäischen Gerichtshofs für Menschenrechte noch des Verfassungsgerichtshofs so gesehen.

Damit eine Verbindung mehrerer Personen dem Schutzbereich der Vereinigungsfreiheit unterfallen kann, muss sie auf Dauer angelegt sein. Bloß kurzfristige Zusammenschlüsse, mögen sie auch einen gemeinsamen Zweck verfolgen (wie zum Beispiel ein Ballkomitee) sind daher keine Vereinigungen im Sinne des Grundrechts. Gleichgültig ist es allerdings, welchen Zweck eine solche Vereinigung verfolgt. Für den Schutzbereich des Art 12 StGG wurde, in Verbindung mit dem Vereinsgesetz 1867, das ebenfalls bereits vor Erlassung des Staatsgrundgesetzes gegolten hatte, die These vertreten, dass dieser nur ideelle Vereine erfasste, das sind solche, die nicht auf Gewinn gerichtet sind. Unabhängig davon, ob diese These schon für Art 12 StGG zutreffend war, fallen jedenfalls alle Vereinigungen in den Schutzbereich des Art 11 EMRK. Weiters ist die Vereinigungsfreiheit für das Arbeitsrecht von besonderer Bedeutung: Sie umfasst auch das Recht, Gewerkschaften zu gründen und ihnen beizutreten, Kollektivverträge abzuschließen bzw zu streiken (EGMR, *Demir und Baykara*, NL 2008, 330).

Gesetzliche Regelungen über die Vereinigungsfreiheit werden durch Art 12 StGG nicht beschränkt. Schranken ergeben sich allerdings aus dem bereits mehrfach erwähnten Beschluss der Provisorischen Nationalversammlung von 1918 (StGBl 3/1918), aufgrund dessen kein Konzessionssystem für Vereinigungen vorgeschrieben werden darf. Der Staatsvertrag von Wien 1955 enthält das Verbot von Vereinigungen, die die politische oder wirtschaftliche Vereinigung mit Deutschland zum Ziel haben, der kroatischen oder slowenischen Bevölkerung ihre Eigenschaften oder Rechte als Minderheiten nehmen wollen oder nationalsozialistische Zwecke verfolgen. Letzteres enthält schon das Verbotsgesetz 1945. Darüber hinaus unterliegen Eingriffe des Gesetzgebers den Rechtfertigungsbedingungen von Art 11 Abs 2 EMRK.

jj. Die Eigentumsgarantie

Der Schutz des Eigentums ist in Art 5 StGG sowie in Art 1 des 1. ZPEMRK enthalten. Art 17 EGC normiert den Schutz des Eigentums auf Unionsebene. Die Eigentumsgarantie zählt zu den wichtigsten, wohl aus ideologischen Gründen aber auch inhaltlich zu den umstrittensten Freiheitsrechten. Erfasst wird von ihr nicht bloß das Eigentum in einem engeren, zivilrechtlichen Sinn als Vollrecht über körperliche Sachen, mit ihnen nach Belieben zu verfahren und jeden Dritten davon auszuschließen, sondern darüber hinaus alle vermögenswerten Privatrechte. Dazu gehören beispielsweise Immaterialgüterrechte, wie das Urheberrecht und das Markenrecht (der Schutz des geistigen Eigentums wird in Art 17 Abs 2 EGC ausdrücklich erwähnt), das Jagdrecht, das Fischereirecht, das Miet- und Pachtrecht sowie alle aus einem Kaufvertrag erfließenden Rechte und die „Privatautonomie" im Sinne des Rechts zur Gestaltung privatrechtlicher Rechtsverhältnisse überhaupt. Geschützt werden allerdings nicht bloße wirtschaftliche Positionen, sondern lediglich Rechtspositionen.

In seiner langjährigen Rechtsprechung zu Art 5 StGG hat es der Verfassungsgerichtshof immer verneint, dass im Schutzbereich der Eigentumsgarantie auch Ansprüche liegen könnten, die im öffentlichen Recht ihre Wurzel haben. Dies hat in der Rechtsprechung des Gerichtshofs etwa dazu geführt, dass Abgabenbescheide in das Eigentumsrecht eingegriffen haben, die Verweigerung der Rückzahlung zu Unrecht gezahlter Steuern hingegen nicht, weil der Anspruch auf Rückerstattung seine Wurzel im öffentlich-rechtlichen Steuerrecht hatte. Die österreichische Verfassungsrechtslehre hatte demgegenüber aber immer wieder betont, dass öffentlich-rechtliche Ansprüche aber wenigstens dann unter die Eigentumsgarantie zu subsumieren seien, wenn solche Ansprüche zivilrechtliche Ansprüche ersetzten. Solches ist beispielsweise im Rahmen der gesetzlichen Pensionsversicherungen der Fall. Der Verfassungsgerichtshof hat sich diesem Gedanken erst geöffnet, als der Europäische Gerichtshof für Menschenrechte in einem Österreich betreffenden Fall entschieden hat, dass sozialversicherungsrechtliche Ansprüche, die auf maßgeblichen Eigenbeiträgen beruhen, der Eigentumsgarantie des Art 1 des 1. ZPEMRK zu unterstellen seien (EGMR *Gaygusuz*, ÖJZ 1996, 955).

Der Europäische Gerichtshof für Menschenrechte hat in seiner jüngeren Rechtsprechung auf das Merkmal der „maßgeblichen Eigenleistung" als Voraussetzung dafür, im öffentlichen Recht gelegene vermögenswerte Ansprüche dem Eigentumsschutz zuzuführen, ausdrücklich verzichtet (EGMR *Stec ua*, NL 2005, 223). Der Verfassungsgerichtshof ist dem gefolgt (VfSlg 19.016/2010). Seither sind alle auch im öffentlichen Recht wurzelnden vermögenswerten Ansprüche durch Art 1 des 1. ZPEMRK als geschützt zu betrachten.

Eingriffe ins Eigentumsrecht können vielfältiger Natur sein. Zu unterscheiden ist dabei zunächst zwischen einer Enteignung und allen sonstigen Eigentumseingriffen. Der Begriff der Enteignung wird in der Rechtsprechung des Verfassungsgerichtshofs sehr formal verstanden: Eine solche liegt nämlich nur dann vor, wenn eine Sache durch einen Verwaltungsakt oder unmittelbar kraft Gesetzes der Eigentümerin oder dem Eigentümer zwangsweise entzogen und auf eine andere Person übertragen wurde oder wenn an dieser Sache in gleicher Weise fremde Rechte begründet werden. Alle anderen Eingriffe sind „Eigentumsbeschränkungen". Dazu zählen beispielsweise alle auf Geldleistung gerichteten Bescheide, wie etwa Abgabenbescheide oder Bescheide mit denen eine Geldstrafe vorgeschrieben wird. Weiters zählt dazu die Abnahme öffentlicher Urkunden, wenn dadurch die wesentliche und bestimmungsgemäße Nutzung einer Sache ausgeschlossen wird. Auch öffentlich-rechtliche Benutzungsbeschränkungen, wie etwa ein Bauverbot oder die Stellung eines Gebäudes unter Denkmalschutz zählen dazu. Von besonderer Bedeutung sind öffentlich-rechtliche Vorschriften, die ganz allgemein die privatautonome Gestaltungsfreiheit beeinträchtigen: Auch sie sind als Eigentumseingriffe zu verstehen. Als Beispiel in diesem Zusammenhang mögen gesetzliche Vorschriften gelten, die in bestehende private Versicherungsverträge eingreifen (gleichgültig, ob es sich dabei um die Kraftfahrzeugversicherung oder Pensionsversicherungen handelt), oder Bestimmungen, die Private zur Haltung von Lagerbeständen verpflichten.

Eingriffe ins Eigentum durch einen Vollzugsakt sind nach den allgemeinen Bedingungen zu rechtfertigen, dh, sie verletzen dieses Recht, wenn der Bescheid gesetzlos ergangen ist, auf einer verfassungswidrigen Rechtsgrundlage beruht oder ein Gesetz denkunmöglich angewendet hat. Bei Eingriffen durch den Gesetzgeber ist zunächst zu unterscheiden, ob es sich um eine Enteignung oder um eine Eigentumsbeschränkung handelt. Im Zusammenhang mit Enteignungen hat der Verfassungsgerichtshof dem Gesetzgeber relativ bald Schranken aus einem strengen Verhältnismäßigkeitsprinzip gesetzt, wonach eine Enteignung nur als „ultima ratio" zulässig wäre. Die von der Lehre oftmals vehement geforderte verfassungsgesetzliche Entschädigungspflicht hat der Verfassungsgerichtshof dem Art 5 StGG nie entnommen und sie jedenfalls begrifflich nicht für geboten erachtet. Lediglich in einigen Fällen, in denen der Vorteil aus der Enteignung einem relativ kleinen, abgrenzbaren Personenkreis zukam, der Nachteil jedoch nur einige wenige Personen aus diesem Kreis betraf, hatte der Verfassungsgerichtshof zunächst die Notwendigkeit von Ausgleichszahlungen dem Gleichheitssatz entnommen (verfassungswidriges „Sonderopfer"). Art 1 des 1. ZPEMRK schließt entschädigungslose Enteignungen von Ausländerinnen und Ausländern aus. Für Staatsbürgerinnen und Staatsbürger gilt nach dieser Bestimmung, dass sie dann entschädigungslos enteignet werden dürfen, wenn eine solche Enteignung im Einzelfall verhältnismäßig ist (vgl auch VfSlg 18.069/2007). Das Eigentumsrecht des Art 17 EGC enthält demgegenüber ein ausdrückliches Gebot, eine rechtzeitige und angemessene Entschädigung zu leisten.

Bei sonstigen Eigentumsbeschränkungen hatte der Verfassungsgerichtshof lange Zeit hindurch dem Gesetzgeber nur methodische, aber keine effektiven Schranken gesetzt. Heute gilt auch für diese Fälle ein (abgeschwächtes) Verhältnismäßigkeitsgebot, das dem Art 1 des 1. ZPEMRK entnommen wird und damit auch den Erfordernissen der EMRK gerecht wird.

kk. Die Erwerbsfreiheit

Art 6 StGG schützt unter anderem das Recht aller Staatsbürgerinnen und Staatsbürger, im Rahmen der gesetzlichen Bestimmungen jeden Erwerbszweig auszuüben. Es steht heute nicht nur den Staatsbürgerinnen und Staatsbürgern zu, sondern mangels anderer gleichwertiger Verbürgungen auch den Bürgerinnen und Bürgern der Europäischen Union. Es hat in der Rechtsprechung des Verfassungsgerichtshofs eine wesentliche Rolle bei der Entwicklung des Verhältnismäßigkeitsgrundsatzes gespielt.

In den Schutzbereich der Erwerbsfreiheit fallen alle Tätigkeiten, die auf wirtschaftlichen Erfolg gerichtet sind. Obwohl der Verfassungsgerichtshof eine derartige Einschränkung explizit noch nicht vorgenommen hat, wird man unter einer Erwerbstätigkeit nur jene Tätigkeit verstehen können, die primär der Bestreitung des Lebensunterhaltes dient. Fraglich ist, ob manche Tätigkeiten, auch wenn sie zu Erwerbszwecken vorgenommen werden, aus Gründen der Moral, Sitte oÄ vom Schutzbereich von vornherein nicht erfasst werden, wie beispielsweise die Prostitution. Betreffend die Bettelei hat der Verfassungsgerichtshof eine Einnahmequelle zwar nicht grundsätzlich ausgeschlossen, die Intention und das Ergebnis der Tätigkeit allerdings für den Anwendungsbereich des Art 6 StGG als nicht ausreichend erachtet (VfSlg 19.665/2012).

Geschützt wird sowohl der Antritt einer Erwerbsbetätigung als auch deren Ausübung. Unter „Erwerbstätigkeit" ist nicht nur eine gewerbliche Tätigkeit zu verstehen, wie nach dem historischen Vorläufer der Gewerbefreiheit, sondern jede Tätigkeit die zu Erwerbszwecken aufgenommen und betrieben wird. Es kann sich daher dabei sowohl um selbstständige wie auch um unselbstständige Beschäftigungen handeln. (In der Rechtsprechung des Verfassungsgerichtshofs spielt die Gruppe der selbstständigen Erwerbstätigkeit allerdings eine ungleich bedeutungsvollere Rolle als die der unselbstständigen Beschäftigung. Dies hängt vor allem mit dem prozessualen Grund zusammen, dass der Verfassungsgerichtshof keine Zivilurteile überprüfen kann. Die Gruppe von Personen, deren unselbstständige Erwerbstätigkeit vom Verfassungsgerichtshof wahrgenommen werden kann, ist daher in erster Linie die der Beamtinnen und Beamten.)

Eingriffe in die Erwerbstätigkeit können zum einen den **Erwerbsantritt** betreffen. Dann handelt es sich um Zugangsbeschränkungen, die entweder objektiver oder subjektiver Natur sein können. „Objektive Zugangsbeschränkungen" sind dadurch charakterisiert, dass sie vom Betroffenen aus eigener Kraft nicht überwunden werden können. Das typische Beispiel für eine solche objektive Zugangsbeschränkung ist die „Bedarfsprüfung". Darunter versteht man, dass der Antritt einer Erwerbsbetätigung davon abhängig gemacht wird, ob am Markt „Bedarf" nach einem weiteren Anbieter besteht. In der Sache führen Bedarfsprüfungen daher zu einer Einkommens- beziehungsweise Beschäftigungsgarantie für die bereits vorhandenen Marktteilnehmerinnen und Marktteilnehmer. Eine solche objektive Zugangsbeschränkung ist der schwerste Eingriff in die Erwerbsfreiheit. Unter einer „subjektiven Zugangsbeschränkung" versteht man eine Hürde, die von den Betroffenen aus eigener Kraft überwunden werden kann. In der Sache handelt es sich dabei zumeist um bestimmte Anforderungen an die Qualifikation der Betroffen, wie etwa die Absolvierung einer Lehre, eines Studiums oder einer spezifischen Ausbildung. Dies ist ein gelinderer Eingriff als die objektive Zugangsbeschränkung. Nicht auf den Antritt der Erwerbsbetätigung, sondern auf deren **Ausübung** zielt eine Vielzahl von Regelungen, die nahezu jede berufliche Betätigung näher reglementieren. Dazu können etwa Verkaufsmodalitäten, die vorgeschriebenen Verpackungen, Preisregelungen, Werbeverbote oder Werbebeschränkungen und vieles andere mehr zählen.

Ein Vollzugsakt verletzt das Grundrecht der Erwerbsfreiheit, wenn er gesetzlos ergeht, sich auf eine verfassungswidrige Rechtsgrundlage stützt oder ein Gesetz denkunmöglich anwendet. Für den Gesetzgeber gilt, dass er dem Verhältnismäßigkeitsprinzip zu genügen hat. Nach ständiger Rechtsprechung des Verfassungsgerichtshofes müssen nämlich Regelungen, die in die Erwerbsfreiheit eingreifen, im öffentlichen Interesse geboten, zur Zielerreichung geeignet, adäquat und auch sonst sachlich zu rechtfertigen sein. Dabei hat der Verfassungsgerichtshof in seiner Rechtsprechung vor allem herausgearbeitet, dass der bloße Konkurrenzschutz nicht im öffentlichen Interesse gelegen ist (vgl VfSlg 13.330/1993 ua). Die beschriebenen Bedarfsprüfungen sind daher im Allgemeinen verfassungswidrig, es sei denn, es gäbe besondere Argumente, warum ausnahmsweise Marktzugangsbeschränkungen nicht nur im Interesse der Begünstigten, sondern in einem öffentlichen Interesse gelegen sind. Ein solches öffentliches Interesse hat der Verfassungsgerichtshof beispielsweise im Fall der Rauchfangkehrer (VfSlg 12.296/1990), der Bestatter (VfSlg 11.503/1987) und der Apotheker (VfSlg 10.386/1985) zugestanden, was rechtfertigt, dass Angehörigen dieser Berufsgruppen durch eine entsprechende Marktzugangsregulierung ein sicheres Einkommen und damit ihre wirtschaftliche Existenz garantiert wird. Im Fall der Rauchfangkehrer waren es feuerpolizeiliche Erwägungen, im Fall der Bestatter waren es Pietätsgründe und im Fall der Apotheker gesundheitspolitische Überlegungen. Zu fragen wäre freilich, ob die Argumentationen des Gesetzgebers, denen der Verfassungsgerichtshof nicht entgegengetreten ist, einem internationalen Vergleich standhielten; jedenfalls im Fall der Apotheker hat das deutsche Bundesverfassungsgericht 1958 anders entschieden (BVerfGE 7, 377).

Während die EMRK kein gleichartiges Recht enthält, normiert die EGC ein Recht auf Arbeit und Berufsausübung und garantiert die unternehmerische Freiheit (Art 15 und 16 EGC).

ll. Weitere Freiheitsrechte

- Freizügigkeit
- Freiheit des Liegenschaftserwerbes
- Freiheit der Berufswahl und -ausbildung
- Recht der Eheschließung und Familiengründung
- Schutz des Hausrechts
- Schutz des Brief- und Fernmeldegeheimnisses

3. Gleichheitsrechte

a. Der allgemeine Gleichheitssatz

Die österreichische Verfassungsordnung kennt sowohl einen allgemeinen Gleichheitssatz als auch besondere Gleichheitsverbürgungen. Zu letzteren gehören beispielsweise die gleiche Zugänglichkeit zu öffentlichen Ämtern nach Art 3 StGG oder das gleiche Wahlrecht nach Art 26 B-VG. Ein besonderes Gleichheitsrecht enthält in gewisser Weise auch Art 14 EMRK. Danach sind die Rechte der Konvention allen Menschen in gleicher Weise zuzugestehen. Neben dem allgemeinen Diskriminierungsverbot des Art 9 EUV kennt die EU Grundrechte-Charta eine Reihe von Gleichheitsrechten, die dieses näher ausführen (Art 20–26 EGC). Der allgemeine Gleichheitssatz wurde schon in Art 2 StGG normiert, wurde aber durch Art 7 B-VG neu gefasst und im Laufe der Zeit um einige Aspekte ergänzt. Nach Art 7 B-VG kommen nur Staatsbürgerinnen und Staatsbürger in den Genuss des Gleichheitssatzes. Lange Zeit stand den Ausländerinnen und Ausländern ein subjektives Recht auf Gleichbehandlung nicht zu. Der Verfassungsgerichtshof hat allerdings in seiner jüngeren Rechtsprechung dem Bundesverfassungsgesetz, mit dem die Rassendiskriminierungskonvention durchgeführt wird (BGBl

390/1973), ein Recht auf Gleichbehandlung der Fremden untereinander entnommen (vgl VfSlg 14.191/1995 ua). Damit steht heute Ausländerinnen und Ausländern im Ergebnis ein gleichwertiger Rechtsschutz zur Verfügung. Für Unionsbürgerinnen und Unionsbürger gilt über das unionsrechtliche Diskriminierungsverbot auch das Gleichheitsrecht des Art 7 B-VG (VfSlg 19.515/2011). An sich ist daran richtig, dass Art 9 EUV die Gleichbehandlung aller Unionsbürgerinnen und -bürger erzwingt, soferne es sich nicht um besondere staatsbürgerliche Rechte und Pflichten (Wahlrecht, Wehrdienst uÄ) handelt. Das Unionsrecht überlagert damit auch die innerstaatliche Unterscheidung zwischen Grundrechten, die nur Staatsbürgerinnen und Staatsbürger begünstigen und solchen, die allen Menschen zustehen. Im konkreten Fall hätte es aber im Ergebnis keinen Unterschied gemacht, welches Gleichheitsrecht Unionsbürgerinnen und -bürgern eröffnet worden wäre.

Der allgemeine Gleichheitssatz spielt in der Rechtsprechung des Verfassungsgerichtshofs eine geradezu überragende Rolle.

b. Die Bindung der Vollziehung

Nach Art 7 B-VG sind alle Staatsbürger vor dem Gesetz gleich. Dieses Gebot richtet sich zunächst und in erster Linie an die rechtsvollziehenden Instanzen und verpflichtet sie zu einer Rechtsanwendungsgleichheit. Nach ständiger Rechtsprechung des Verfassungsgerichtshofs folgt daraus ein allgemeines Willkürverbot. Ein Vollzugsakt verletzt daher den Gleichheitssatz, wenn Willkür geübt wird. Unter „Willkür" ist dabei nicht nur subjektive Willkür zu verstehen, das heißt nicht nur die absichtliche Zufügung von Unrecht. Ein solches Verhalten, das wahrscheinlich dem strafrechtlichen Verbot des Amtsmissbrauchs unterfiele, könnte wohl nur in sehr seltenen Fällen nachgewiesen werden, womit der Gleichheitssatz einen relativ geringen Anwendungsbereich hätte. Der Verfassungsgerichtshof subsumiert daher unter das Willkürverbot konsequenterweise auch jene Handlungen der Vollzugsorgane, bei denen zwar eine absichtliche Zufügung von Unrecht nicht nachgewiesen werden kann, die aber bei objektiver Betrachtung als Willkürmaßnahmen erscheinen. Dazu zählen vor allem qualifizierte Rechtswidrigkeiten. So hat der Verfassungsgerichtshof beispielsweise ein willkürliches Vorgehen einer Verwaltungsbehörde dann erblickt, wenn diese in gehäufter oder in gröblicher Form die Rechtslage verkannt hat (vgl beispielsweise VfSlg 11.793/1988). Zumeist ist es eine Reihe von Verfahrensfehlern, die in objektiver Hinsicht als Willkürakt gelten. Missachtet eine Verwaltungsbehörde etwa die Rechte einer Verfahrenspartei schlechthin, unterlässt sie die Ermittlungstätigkeit in einem entscheidenden Punkt, geht sie in wesentlichen Punkten vom Akteninhalt ab oder fehlt ihrem Bescheid eine Begründung, so setzt sie in objektiver Hinsicht einen Willkürakt (siehe etwa VfSlg 8737/1980, VfSlg 11.793/1988). Es ist davon auszugehen, dass an Entscheidungen der Verwaltungsgerichte derselbe Maßstab angelegt werden wird. Auch im Abgehen von Vereinbarungen, in dem eine Verletzung von Treu und Glauben gelegen sein kann, kann „Willkür" erblickt werden. Über das Willkürverbot sichert der Verfassungsgerichtshof auch die Anwendung des Unionsrechts dann, wenn es offenkundig ist, dass nationales Recht durch Unionsrecht verdrängt wird (VfSlg 18.970/2009).

Ein Vollzugsakt verletzt den Gleichheitssatz auch dann, wenn sich das entscheidende Organ auf ein gleichheitswidriges Gesetz stützt oder dem Gesetz fälschlicherweise einen gleichheitswidrigen Inhalt unterstellt (VfSlg 14.442/1996). Zu beachten ist, dass im Rahmen dieser „Verletzungsformel" nicht die Rede von einem „verfassungswidrigen" Gesetz ist, sondern von einem „gleichheitswidrigen". Der Grund dafür liegt darin, dass der Schutzbereich des Gleichheitssatzes sich nicht auf lebensbereichspezifische Verhaltensweisen eingrenzen lässt. Würde die Anwendung eines verfassungswidrigen Gesetzes Staatsbürgerinnen und Staatsbürger in ihrem Gleichheitsrecht verletzen, dann würde in Wahrheit jede Verfassungsnorm ein subjektives

Recht vermitteln und alle anderen Grundrechte wären überflüssig. Die beiden Formelbestandteile „Anwendung eines gleichheitswidrigen Gesetzes" und „fälschliche Unterstellung eines gleichheitswidrigen Inhalts" sind dabei nur zwei Seiten ein und derselben Medaille. Entweder liegt das gleichheitsrechtliche Problem nämlich im Gesetz selbst, oder aber das Vollzugsorgan hat es dem Gesetz fälschlicherweise unterstellt. Dies führt zur Frage, unter welchen Bedingungen ein Gesetz gleichheitswidrig ist. Künftig kann jedes Verwaltungsgericht ein Gesetz direkt beim Verfassungsgerichtshof anfechten. Es muss daher nicht wie Verwaltungsbehörden „sehenden Auges" ein gleichheitswidriges Gesetz anwenden. Die Judikaturformel wird in Zukunft nur noch von Bedeutung sein, wenn das Verwaltungsgericht das Gleichheitsproblem übersieht oder falsch beurteilt.

c. Die Bindung des Gesetzgebers

aa. Vom Privilegienverbot zum Sachlichkeitsgebot

Der erste Satz des Artikels 7 B-VG, wonach alle Staatsbürger **vor dem Gesetz** gleich sind, lässt zunächst nicht vermuten, dass der Gleichheitssatz überhaupt auch den Gesetzgeber bindet, dass also alle Staatsbürgerinnen und Staatsbürger auch **durch das Gesetz** gleich zu sein haben. Erst dem zweiten Satz des Art 7 B-VG lässt sich diese Schutzdimension entnehmen. Danach werden nämlich Vorrechte der Geburt, des Geschlechtes, des Standes, der Klasse und des Bekenntnisses ausgeschlossen. Solche Vorrechte befanden sich aber in erster Linie in Gesetzen. In der Sache enthält dieser Satz, insbesondere soweit es um Vorrechte der Geburt und des Standes geht, eine Absage an die Privilegien von Feudalsystemen, die durch unterschiedliche Rechtskreise charakterisiert waren. Eine der wesentlichen historischen Stoßrichtungen des allgemeinen Gleichheitssatzes bestand ja darin, Vorrechte der Geburt und des Standes, die den Adeligen zustanden, abzuschaffen. Die Privilegierung von Menschen kraft Geburt oder wegen ihres Standes erfolgt daher ohne sachlichen Grund. Betrachtet man nun die Aufzählung im zweiten Satz des Art 7 B-VG nicht als taxativ (abschließend) sondern als demonstrativ (beispielhaft), dann folgt daraus ganz allgemein dass der Gesetzgeber nicht Personen bevorzugen darf, wenn es dafür keinen sachlichen Grund gibt.

Dies ist nun auch im Ergebnis die Rechtsprechung des Verfassungsgerichtshofs. Der Gesetzgeber muss prinzipiell Gleiches gleich behandeln. Trifft er Differenzierungen, dh, sieht er unterschiedliche Behandlungen vor, dann darf er dies nur insoweit tun, als es dafür einen vernünftigen Grund oder anders gesagt, eine sachliche Rechtfertigung gibt. Dieser vernünftige Grund muss sich auf Unterschiede im Tatsächlichen beziehen können. Eine gleichheitsrechtliche Argumentation setzt daher zunächst den Vergleich von mindestens zwei Normen voraus, die zwar im Prinzip gleiche Sachverhalte regeln, aber unterschiedliche Rechtsfolgen vorsehen. Dabei ist immer fraglich, welche Normen miteinander verglichen werden können. So hat der Verfassungsgerichtshof beispielsweise Bestimmungen eines Schülerbeihilfegesetzes miteinander verglichen, wonach unselbständig Erwerbstätige, die eine höhere Schule für Berufstätige besuchten und sich zum Zweck der Vorbereitung auf die Reifeprüfung gegen Entfall der Bezüge beurlauben ließen, eine besondere Schulbeihilfe erlangen konnten, selbständig Erwerbstätige in einer vergleichbaren Situation aber keinen Anspruch auf diese besondere Schulbeihilfe hatten. Da sich kein sachlicher Grund für die Verschiedenbehandlung von unselbständig und selbständig Erwerbstätigen finden ließ, waren jene Regelungen, die den Ausschluss der selbständig Erwerbstätigen bewirkten, verfassungswidrig (VfSlg 11.054/1986).

Umgekehrt können Überlegungen aus dem Gleichheitssatz auch dazu führen, dass Ungleiches ungleich zu behandeln ist. Dies galt beispielsweise in einem Fall, in dem die gleiche Sperrstunde für Barbetriebe und sonstige Gastgewerbestätten, die sich in der Sache an üblichen Sperrstunden von Gastgewerbestätten orientiert hatten, vorgesehen wurde. Hier befand der Verfassungsgerichtshof, dass aufgrund der offensichtlichen Unterschiede im Tatsächlichen eine differenzierende Regelung geboten war (VfSlg 12.923/1991).

Über diese Fallbeispiele hinaus wendet der Verfassungsgerichtshof heute das allgemeine Sachlichkeitsgebot in einer Weise an, die, jedenfalls in ihrer argumentativen Darstellung, ohne einen Vergleich zwischen einzelnen Normen auskommt. So befand der Verfassungsgerichtshof beispielsweise eine Bestimmung, die die Beurteilung einer Habilitation durch eine Kommission vorsah, in der die Habilitierten überstimmt werden konnten, als unsachlich (VfSlg 14.362/1995), ohne sich auf die Frage eines Normenvergleichs einzulassen. (Vielleicht wäre ein solcher möglich gewesen: Man hätte zum Beispiel diese Bestimmung mit anderen Prüfungsbestimmungen vergleichen können und hätte möglicherweise festgestellt, dass Prüfungen im Allgemeinen von Fachleuten beurteilt werden.)

In Zusammenhang mit der Sachlichkeitsargumentation hat der Verfassungsgerichtshof dem Gesetzgeber immer wieder einen großen Spielraum eingeräumt. So hat er beispielsweise judiziert, dass es dem Gesetzgeber erlaubt ist, bei seinen Regelungen auf eine „Durchschnittsbetrachtung" abzustellen. Stellt sich daher eine unterschiedliche Behandlung als atypischer Härtefall dar, so ist dies hinzunehmen. Dem Gesetzgeber ist es weiters gestattet, Pauschalierungen der Regelungen vorzunehmen, denen er die Erfahrungen des täglichen Lebens zugrundelegt oder die er aus verwaltungsökonomischen Gründen trifft. Ganz allgemein darf er sich bei seinen Regelungen von budgetären Erwägungen, den Grundsätzen der Verwaltungsökonomie und der leichten Handhabbarkeit von Regelungen leiten lassen. Er kann den Erwerb oder Verlust von Ansprüchen zu bestimmten Stichtagen vorsehen und handelt damit nicht per se unsachlich, auch wenn jene Bürgerinnen und Bürger, die diesen Stichtag nur knapp verfehlen, dies als ungerecht ansehen. Allerdings dürfen solche Stichtage nicht dem Zufall oder manipulativen Vorgängen von Verwaltungsbehörden überlassen werden. Der Gesetzgeber kann auch unterschiedliche Ordnungssysteme vorsehen (wie dies beispielsweise im Sozialversicherungsrecht, wo es mehrere unterschiedliche Kranken- und Pensionsversicherungssysteme gibt, der Fall ist) und ist nur gehalten, innerhalb dieser Ordnungssysteme sachliche Regelungen zu treffen. Die Judikatur zum Gleichheitssatz, die auf pauschale Betrachtungen abstellt, zeigt die Problematik einer zentralisierten Verfassungskontrolle, die ein Gesetz oder eine Gesetzesbestimmung nur ganz oder gar nicht beheben kann, für die Effektivität des Grundrechtsschutzes. Findet der Gerichtshof etwa, dass ein Gesetz gleichheitskonform ist, weil der an ihn herangetragene Anlassfall sich bloß als „Härtefall" darstellt, dann enthält eine solche Entscheidung auch die Aussage, dass eine Bürgerin oder ein Bürger gleichheitswidrig behandelt wurde, dabei aber Pech hatte. Wären die Gerichte in der Lage, in einem solchen Fall ein Gesetz ausnahmsweise nicht anzuwenden, wäre dieser Fall gleichheitskonform gelöst und in allen anderen Fällen, in denen die Gesetzesanwendung ohnehin zu keiner Gleichheitswidrigkeit führen würde, könnte es weiter angewendet werden. Das österreichische System zwingt aber zur Entscheidung zwischen Rechtssicherheit (abstrakte Geltung der Norm) und Einzelfallgerechtigkeit, die eben häufig auch zugunsten ersterer ausgehen kann. Ob dies dauerhaft – und auch im Lichte des Unionsrechts – einem modernen Grundrechtsschutz entspricht, kann ernsthaft bezweifelt werden.

Mit Rücksicht auf die Umsetzung europarechtlicher Regelungen darf der Gesetzgeber die eigenen Staatsangehörigen nicht benachteiligen. Tut er es dennoch, bedarf dies einer objektiven Rechtfertigung und Inländerinnen und Inländer dürfen dadurch nicht übermäßig belastet werden (VfSlg 14.963/1997). Die Bundesstaatlichkeit Österreichs erlaubt im Übrigen keinen Vergleich zwischen Landesgesetzen: Unterschiedliche Bauordnungen etwa in den einzelnen Ländern können daher nicht mit Berufung auf den Gleichheitssatz gerügt werden.

bb. Die Gleichheit von Frauen und Männern

Die Frage der Gleichheit von Frauen und Männern lässt sich zunächst problemlos in die Rechtsprechung zum Gleichheitssatz einfügen: Differenzierungen des Gesetzgebers sind nur insofern zulässig, als sie sachlich gerechtfertigt sind. Das deutsche Bundesverfassungsgericht hat in diesem Zusammenhang ausgesprochen, dass eine solche sachliche Rechtfertigung nur in den biologischen Unterschieden gelegen sein kann. In diesem Zusammenhang ist es daher problemlos möglich, Rechtsgleichheit herzustellen. So hat der Verfassungsgerichtshof etwa das unterschiedliche Pensionsalter von Frauen und Männern für verfassungswidrig befunden, weil es nicht sachlich gerechtfertigt war. Begründet wurde es nämlich mit der „Doppelbelastung", der berufstätige Frauen im Regelfall nach wie vor ausgesetzt sind, weil ihnen weitgehend die Betreuung der Kinder verbleibt. Der Verfassungsgerichtshof hatte dieses Argument im Grunde gelten lassen; allerdings stellte er fest, dass jene Frauen, die niedrigere Pensionsantrittsalter beanspruchen konnten, im Regelfalle nicht jene waren, die typischerweise dieser Doppelbelastung ausgesetzt waren (VfSlg 12.568/1990). (Das Bundesverfassungsgericht ließ sich im vergleichbaren Fall in Deutschland auf eine so detaillierte Argumentation gar nicht ein, sondern akzeptierte das Argument mit der Doppelbelastung unbesehen, BVerfGE 74, 163.)

Der entscheidende Punkt in der Frage der Gleichheit von Frauen und Männern ist aber nicht die Herstellung der Rechtsgleichheit, wenngleich man, wie das Beispiel zeigt, in der Sache auch darüber streiten kann. Viel entscheidender ist die Frage, ob der Gesetzgeber im Lichte des Gleichheitssatzes berechtigt oder vielleicht sogar gezwungen ist, die gesellschaftliche Gleichheit von Frauen und Männern herzustellen. Solche Maßnahmen können es mit sich bringen, dass zumindest vorübergehend Frauen rechtlich gesehen begünstigt werden müssen. Der Verfassungsgesetzgeber hat dies insofern gelöst, als er 1998 in einem Abs 2 zu Art 7 B-VG ein Bekenntnis von Bund, Ländern und Gemeinden zur tatsächlichen Gleichstellung von Mann und Frau normiert hat. Maßnahmen zur Förderung der faktischen Gleichstellung von Frauen und Männern, die insbesondere darauf gerichtet sind, tatsächlich bestehende Ungleichheiten zu beseitigen, sind danach ausdrücklich zulässig.

Bis zu dieser Verfassungsbestimmung war die Frage, ob Maßnahmen zur faktischen Gleichstellung Frauen vorübergehend begünstigen durften („affirmative action"), umstritten. Hintergrund für diesen Streit war die Frage, worauf sich der Gleichheitssatz bezieht: auf die Rechtsgleichheit oder auf die faktische Gleichheit. In der Sache zeigt sich, dass dieser Streit nicht in die eine oder andere Richtung entschieden werden kann. Der Gleichheitssatz bezieht sich auf beides: sowohl auf die Rechtsgleichheit als auch auf die faktische Gleichheit. Im Konfliktfall ist zwischen diesen beiden Schutzgütern abzuwägen.

cc. Der Vertrauensschutz

Ein solches Abwägungsverhältnis steht auch im Hintergrund jener Rechtsprechung des Verfassungsgerichtshofs, die dem Gleichheitssatz den Schutz des Vertrauens auf „wohlerworbene Rechtspositionen" entnommen hat. Im Allgemeinen gilt in der Rechtsprechung des Verfassungsgerichtshofs aber nach wie vor, dass Eingriffe in wohlerworbene Rechtspositionen grundsätzlich hinzunehmen sind, soweit sich nicht aus anderen Rechten (beispielsweise aus der Eigentumsgarantie) ein Schutz dieser Rechte ableiten lässt. Greift der Gesetzgeber in wohlerworbene Rechtspositionen ein, dann trifft er damit einzelne Bevölkerungsgruppen in unterschiedlichem Ausmaß. Das ist zunächst weiters nicht verwunderlich und weiters auch nicht bedeutsam. Jede Regelung des Gesetzgebers trifft den Einzelnen de facto in unterschiedlicher Weise. Es gibt allerdings Fälle in der Rechtsprechung des Verfassungsgerichtshofs, wo eine solche unterschiedliche Belastung gleichheitsrechtlich relevant wird. Dies ist beispielsweise im Sozialrecht der Fall. Sollen etwa Pensionsleistungen gekürzt werden, dann wirken sich solche Kürzungen unterschiedlich auf Personen aus, je nachdem, ob sie bereits in Pension sind, kurz davorstehen oder noch ein langes Arbeitsleben vor sich haben. Sind solche Eingriffe gravierender Natur, erfordert nun der Gleichheitssatz eine Abwägung zwischen der Rechtsgleichheit auf der einen Seite und der faktischen Gleichheit auf der anderen. Dies bedeutet im Ergebnis, dass schwerwiegende Eingriffe nicht plötzlich geschehen dürfen, außer es gibt dafür eine besondere Begründung. Insoweit verpflichtet der aus dem Gleichheitssatz gewonnene Vertrauensschutz den Gesetzgeber dazu, Übergangsbestimmungen zu schaffen, die den Menschen die Möglichkeit geben, sich auf die geänderte Rechtslage einzustellen.

4. Verfahrensrechte

a. Das Recht auf ein Verfahren vor dem gesetzlichen Richter

Art 83 Abs 2 B-VG bestimmt, dass niemand seinem gesetzlichen Richter entzogen werden darf. Diese ursprünglich gegen die Kabinettsjustiz gerichtete Garantie, die die Bürgerinnen und Bürger vor allem davor bewahren sollte, dass die politischen Behörden entweder direkt in das Verfahren eingriffen oder aber doch durch Manipulation der Zuständigkeiten zu einem politisch gewünschten Ergebnis gelangen konnten, findet sich in jenem Kapitel der Verfassung, das die ordentliche Gerichtsbarkeit regelt. Es sichert daher in erster Linie die Zuständigkeiten der ordentlichen Gerichte. Darüber hinaus hat der Verfassungsgerichtshof diesem Grundrecht einen weiteren Anwendungsbereich dadurch erschlossen, dass er unter dem „gesetzlichen Richter" jede staatliche Behörde versteht, die zur Einzelfallentscheidung zuständig ist. Daher können auch Verwaltungsbehörden „gesetzliche Richter" im Sinne dieser Verfassungsgarantie sein, womit auch auf die Wahrung ihrer Zuständigkeit ein subjektives Recht besteht. Dieses Recht entfaltet Bindungswirkung sowohl gegenüber dem Gesetzgeber als auch gegenüber der Vollziehung.

Der Gesetzgeber ist an Art 83 Abs 2 B-VG insoweit gebunden, als er präzise Regelungen über die Behördenzuständigkeiten zu treffen hat und insbesondere keine konkurrierenden Zuständigkeiten vorsehen darf. So war etwa eine Vorschrift des Allgemeinen Verwaltungsverfahrensgesetzes (AVG), die es ermöglicht hatte, die Berufung entweder bei der erstinstanzlichen Behörde oder bei der Rechtsmittelbehörde einzubringen, deshalb verfassungswidrig, weil über den Wiedereinsetzungsantrag im Falle der Versäumung der Rechtsmittelfrist die Behörde zu entscheiden hatte, bei der das Rechtsmittel eingebracht wurde. Damit war die Frage, welches die zuständige Behörde war, abhängig von der Zufälligkeit, wo das Rechtsmittel eingebracht worden war (VfSlg 13.816/1994).

In seiner Rechtsprechung zur Bindung der Vollziehung an dieses Grundrecht hat der Verfassungsgerichtshof eine reichhaltige Kasuistik entwickelt, in der eine Fülle von Verfahrensfehlern mithilfe dieses Grundrechts gerügt werden können. Grundsätzlich gilt, dass die Behörde das Grundrecht dann verletzt, wenn sie eine ihr gesetzlich nicht zukommende Zuständigkeit in Anspruch nimmt oder ihre Zuständigkeit in gesetzwidriger Weise ablehnt und damit eine Sachentscheidung verweigert (VfSlg 12.889/1991). Im Detail wird die sehr fallbezogene Judikatur der Verwaltungsgerichtsbarkeitsreform anzupassen sein. Manches aus der bisherigen Rechtsprechung wird bedeutungslos werden, Neues wird hinzutreten müssen.

Das Recht auf den gesetzlichen Richter kann auch in Zukunft noch dadurch verletzt werden, dass eine Verwaltungsstrafe verhängt wird, obwohl bereits Verjährung eingetreten ist (VfSlg 11.060/1986), weiter dadurch, dass eine Sachentscheidung gefällt wird, obwohl eine solche bereits einmal getroffen wurde und die Sache damit als entschieden zu gelten hat (resjudicata-Wirkung), oder durch die Fällung einer Sachentscheidung, obwohl die Antragsvoraussetzungen nicht erfüllt wurden (VfSlg 4730/1964) oder die Erlassung eines antragsbedürftigen Bescheides, ohne dass ein solcher Antrag gestellt wurde (VfSlg 11.502/1987), was vom Verwaltungsgericht aber übersehen bzw nicht aufgegriffen wurde. Erfolgreich wäre eine Beschwerde auch in dem Fall, in dem eine Beschwerde zurückgewiesen wird, obwohl die formellen Voraussetzungen dafür gegeben waren (für die Berufung: VfSlg 13.901/1994) oder das Gericht zu Unrecht die Parteistellung einer betroffenen Person leugnet (VfSlg 15.365/1998).

Im Übrigen wird sich zeigen, wieweit der Verfassungsgerichtshof bereit sein wird, Art 83 Abs 2 B-VG gegenüber den Verwaltungsgerichten anzuwenden. Eine Fülle von Fällen ist denkbar. So könnte in Fortführung jener Judikatur, die die fehlerhafte Zusammensetzung von Kollegialbehörden als Verletzung des Rechts auf ein Verfahren vor dem gesetzlichen Richter angesehen hat (VfSlg 13.946/1994), die Zusammensetzung und Zuständigkeiten des Senats überprüft werden. Ebenso könnte ein Verstoß gegen die Einhaltung der festen, vorab zu treffenden Geschäftsverteilung im Rahmen dieser Rechte aufgegriffen werden oder aber, darüber hinausgehend für den Fall, dass einer Richterin oder einem Richter ein Akt wegen Überlastung abgenommen wurde, überprüft werden, ob diese Überbelastung tatsächlich bestand (bzw in vertretbarer Weise angenommen wurde) oder aber nur vorgegeben war. Welche Fragen der Verfassungsgerichtshof tatsächlich aufgreifen wird, kann jedoch erst die Zukunft zeigen. Dass sie den ordentlichen Gerichten gegenüber nicht vor dem Verfassungsgerichtshof geltend gemacht werden können, liegt im Mangel der Überprüfbarkeit ihrer Entscheidungen durch das Verfassungsgericht.

Art 83 Abs 2 B-VG sichert auch auf einer innerstaatlichen verfassungsrechtlichen Ebene, dass jene Behörden bzw Gerichte, die dazu verpflichtet sind, ein Vorabentscheidungsverfahren vor dem Europäischen Gerichtshof einleiten. Unterbleibt dieses Verfahren in rechtswidriger Weise, dann ist die entscheidende Behörde bzw das entscheidende Gericht unzuständig im Sinne der vorhin erwähnten Verfassungsbestimmung (vgl VfSlg 14.390/1995, 18.244/2007).

b. Das Recht auf ein faires Verfahren

aa. Anwendungsbereich

Nach Art 6 EMRK hat jedermann Anspruch darauf, dass über seine zivilrechtlichen Ansprüche oder eine gegen ihn erhobene strafrechtliche Anklage ein unabhängiges und unparteiisches Gericht in angemessener Frist entscheidet, das zuvor die Sache in billiger Weise öffentlich gehört hat. Der Europäische Gerichtshof für Menschenrechte hat dieser Konventionsbestimmung, die im Übrigen noch eine Reihe weiterer Garantien in ihrem Text, so insbesondere die Unschuldsvermutung in Abs 2 und eine Reihe verfahrensrechtlicher Mindestgarantien in Abs 3, enthält, eine Fülle von detaillierten Anforderungen entnommen, denen ein Verfahren genügen muss, um Art 6 EMRK nicht zu verletzen. Die Verfahrensgarantien gelten dann, wenn über zivilrechtliche Ansprüche und strafrechtliche Anklagen verhandelt wird. (Zur Abgrenzung dieser beiden Begriffe vergleiche näher Kapitel XI.4.a.) Die Verfahrensrechte des Art 6 EMRK gelten daher gleichermaßen für Verfahren vor den ordentlichen Gerichten wie für jenen Teil der Verwaltungsverfahren, die entweder „zivilrechtliche Ansprüche" betreffen oder „strafrechtliche Anklagen" zum Gegenstand haben. Letzteres trifft auf das gesamte Verwaltungsstrafverfahren zu. Art 47 EGC normiert ein vergleichbares Recht für Personen, deren durch das Unionsrecht eingeräumten Rechte und Freiheiten verletzt worden sind. Auch sie haben ein Recht darauf, dass ihre Sache von einem unabhängigen und unparteiischen durch Gesetz eingerichteten Gericht in einem fairen Verfahren, öffentlich und innerhalb angemessener Frist verhandelt wird.

Sie haben ferner das Recht auf einen Rechtsbeistand sowie Verfahrenshilfe. Der Anspruch besteht unabhängig davon, ob es sich um zivilrechtliche Ansprüche oder strafrechtliche Anklagen – wie weit diese Begriffe auch immer gezogen sein mögen – handelt, sondern gilt für alle durch das Unionsrecht – also nicht nur die Grundrechte-Charta selbst – eingeräumten Rechte und ist daher in seinem Umfang offen und von den österreichischen Vollzugsorganen immer dann zu beachten, wenn Unionsrecht (mit-)vollzogen wird, das solche Rechte einräumt.

bb. Das Recht auf eine Entscheidung durch eine unabhängige Behörde

Wird über einen zivilrechtlichen Anspruch oder über eine strafrechtliche Anklage entschieden, dann hat diese Entscheidung durch eine unabhängige Behörde gefällt zu werden, wobei es ausreicht, dass eine solche Behörde in letzter Instanz entscheidet, wenn sie alle rechtlichen und tatsächlichen Umstände des Falles wahrnehmen kann. Da solche unabhängigen Behörden nicht notwendigerweise „Gerichte" im Sinne der Bundesverfassung sein mussten, haben schon bisher eine Fülle von unabhängigen Kollegialbehörden diese Anforderungen erfüllt. Die neu geschaffenen und mit 1. 1. 2014 ihre Arbeit aufnehmenden Verwaltungsgerichte I. Instanz tun dies in gleicher Weise. In Einzelfällen kann nach wie vor relevant werden, dass die Unabhängigkeit auch deutlich sichtbar sein muss, dh, dass auch kein Anschein von Abhängigkeit erweckt werden darf. Dies könnte beispielsweise der Fall sein, wenn dem Verwaltungsgericht Nahebeziehungen zu jener Behörde nachgewiesen werden könnten, von dem der angefochtene Bescheid stammt.

Nicht so eindeutig lässt sich sagen, ob die Verwaltungsgerichte auch alle möglichen Anforderungen des Europäischen Gerichtshofes an die Unabhängigkeit iSd Art 47 EGC erfüllen werden, insbesondere dann, wenn die Kriterien, für die organisatorische Unabhängigkeit der Datenschutzkommission (EuGH 16. 10. 2012, Rs C-614/10) auch für sie gelten sollten.

cc. Das Recht auf eine Entscheidung durch eine unparteiische Behörde

Art 6 EMRK und Art 47 EGC fordern, dass das zur Entscheidung berufene Organ unparteiisch ist, das heißt in keiner Weise der einen oder anderen Partei gegenüber voreingenommen ist. Grundsätzlich ist davon auszugehen, dass dies der Fall ist, es sei denn, objektiv feststellbare Umstände gäben Anlass, daran zu zweifeln. Solche Umstände könnten beispielsweise darin gelegen sein, dass das zur Entscheidung berufene Organ bereits am zu überprüfenden Rechtsakt mitgewirkt hat oder persönliche Nahebeziehungen zu einer Partei unterhält. Alle diese Fragen werden in Hinkunft in Zusammenhang mit einer behaupteten „Befangenheit" des Einzelrichters oder von Senatsmitgliedern der Verwaltungsgerichte aufzugreifen sein.

dd. Das Recht auf eine öffentliche, mündliche Verhandlung

Art 6 EMRK sieht ferner vor, dass eine öffentlich-mündliche Verhandlung durchzuführen ist und die Entscheidung auch öffentlich zu verkünden ist. Der Ausschluss der Öffentlichkeit ist nur aus besonderen Gründen erlaubt: nämlich im Interesse der Sittlichkeit, der öffentlichen Ordnung, der nationalen Sicherheit, im Interesse von Jugendlichen, zum Schutz des Privatlebens und im Interesse der Rechtspflege, wobei für alle Fälle der Verhältnismäßigkeitsgrundsatz zu beachten ist. Österreich hat sich demgegenüber lange Zeit auf den von ihm angebrachten Vorbehalt zu Art 6 EMRK berufen, wonach die Grundsätze des Art 90 B-VG nicht berührt würden. Art 90 B-VG ermächtigt den Gesetzgeber ganz allgemein, dh ohne weitere Bindung, zu Ausnahmen, womit das Unterbleiben einer öffentlich-mündlichen Verhandlung, so weit dies im Gesetz vorgesehen war, gedeckt erschien. Das Verwaltungsverfahren stellte die Durchführung einer öffentlich-mündlichen Verhandlung weitestgehend in das Ermessen der Behörde.

Der Europäische Gerichtshof für Menschenrechte hat aber in seiner jüngeren Rechtsprechung (EGMR *Eisenstecken*, ÖJZ 2001, 194) erkannt, dass der österreichische Vorbehalt zu unbestimmt sei, weshalb dieser Art 57 EMRK widerspreche. Seither ist diese Anforderung des Art 6 EMRK auch in allen Verwaltungsverfahren zu beachten, in denen über zivilrechtliche Ansprüche entschieden wird. Prinzipiell hatte also in solchen Verwaltungsverfahren eine öffentlich-mündliche Verhandlung vor einem unabhängigen Tribunal stattzufinden. Der Verfassungsgerichtshof hatte zwischenzeitlich diese Anforderungen in Einzelfällen präzisiert. Mit der Verwaltungsgerichtsbarkeitsnovelle versucht der Gesetzgeber nunmehr, das Problem generell in den Griff zu bekommen. Nach § 24 VwGVG ist nämlich auf Antrag oder bei Erforderlichkeit eine öffentlich-mündliche Verhandlung durchzuführen. Sie darf trotz Parteiantrags im Ergebnis nur entfallen, wenn dem Art 6 EMRK und Art 47 EGC nicht entgegenstehen. Mit dieser Regelung hatte man auch gleich gegen allfällige Verletzungen der Europäischen Grundrechtecharta vorgesorgt. Freilich wird es im Ergebnis darauf ankommen, dass die Verwaltungsgerichte den jeweiligen Einzelfall korrekt beurteilen.

ee. Das rechtliche Gehör

Nach Art 6 EMRK ist „die Sache in billiger Weise" zu hören. Dies bedeutet, dass den Betroffenen faire Möglichkeiten einzuräumen sind, ihre Standpunkte vorzubringen und zu untermauern. Dazu gehört im Strafverfahren auch, dass die Anklagebehörde und die Verteidigung gleichmäßige prozessuale Rechte haben müssen. Ein Angeklagter hat jedenfalls ein Stellungnahmerecht und es muss ihm möglich sein, Zeugen infrage zu stellen und Fragen an Zeugen zu stellen. Im Zivilverfahren muss jeder Partei Gelegenheit gegeben werden, ihre Ansprüche vorzubringen und Beweise darzutun. Art 47 EGC enthält in diesem Zusammenhang die Forderung nach einem fairen Verfahren.

ff. Das Recht auf eine angemessene Verfahrensdauer

Entscheidungen über zivilrechtliche Ansprüche oder über strafrechtliche Anklagen haben innerhalb einer angemessenen Frist zu ergehen. Die Frage der Angemessenheit der Verfahrensdauer spielt in der Rechtsprechung des Europäischen Gerichtshofs für Menschenrechte eine besonders große Rolle. Freilich kann nicht auf einer abstrakten Ebene gesagt werden, wie lange ein Verfahren höchstens dauern darf. Es kommt immer auf die Umstände des Einzelfalles und insbesondere dessen Komplexität in tatsächlicher und rechtlicher Hinsicht an. Auch das Verhalten der Beteiligten und der Behörden spielt dabei eine Rolle. So können Verfahren, die über fünf Jahre dauern, durchaus angemessen sein; ein zwölf Jahre dauerndes Zivilverfahren war es allerdings nicht, weil innerhalb zweier Jahre gerade einmal zwei Tagsatzungen stattgefunden hatten (EGMR *Holzinger*, ÖJZ 2001, 479). Hat ein Verfahren tatsächlich unverhältnismäßig lange gedauert, kann dies die Behörden dazu zwingen, die Verletzung in diesem durch Art 6 EMRK gewährleisteten Recht im Rahmen ihrer Entscheidung zu berücksichtigen. In einem Strafverfahren könnte daher die überlange Verfahrensdauer im Rahmen der Strafbemessung berücksichtigt werden, in einem Abgabenverfahren bei der Festsetzung der Höhe der zu entrichtenden Abgabe (VfSlg 16.385/2001). Auch Art 47 EGC verlangt, dass die Rechtssache innerhalb angemessener Frist zu verhandeln ist.

gg. Die Unschuldsvermutung

Der Abs 2 des Art 6 EMRK bestimmt, dass bis zum gesetzlichen Nachweis seiner Schuld vermutet wird, dass der wegen einer strafbaren Handlung Angeklagte unschuldig ist (Art 48 EGC enthält das gleiche Recht). Dieses Recht wird beispielsweise schon dann verletzt, wenn das zur

Entscheidung berufene Organ Äußerungen tätigt, denen entnommen werden kann, dass es den Beschuldigten für schuldig ansieht, ehe seine Schuld gesetzlich nachgewiesen wird (EGMR *Allenet de Ribemont*, ÖJZ 1995, 509). Die Unschuldsvermutung verbietet auch Regelungen im Strafverfahren, die etwa die Umkehr der Beweislast vorsehen, es also nötig machen, dass jemand seine Unschuld beweist (VfSlg 11.195/1986). Es ist daher nicht auszuschließen, dass jene Bestimmungen, die es auch in Österreich ermöglichen (werden), mithilfe von genetischen Massenscreenings Täter aufzufinden, gegen diese Bestimmung verstoßen: Sie setzen nämlich in Wahrheit voraus, dass, ohne weitere Verdachtsmomente, die zu testenden Personen prinzipiell schuldig sind und ihre Unschuld durch Zurverfügungstellung von genetischem Material beweisen müssen.

Die Unschuldsvermutung des Art 6 Abs 2 EMRK enthält ferner eine Schutzpflicht des Gesetzgebers: Dieser muss entsprechende Maßnahmen verfügen, die vorsorgen, dass sich Medien bei ihrer Berichterstattung über anhängige Strafverfahren in den Grenzen der gebotenen Sachlichkeit halten (VfSlg 14.260/1995). So darf in der medialen Berichterstattung insbesondere niemand vorverurteilt werden und es muss immer deutlich gemacht werden, dass gegen die betreffenden Personen nur Verdachtsmomente vorliegen.

c. Der Grundsatz „nulla poena sine lege"

Nach Art 7 EMRK darf niemand wegen einer Handlung oder Unterlassung bestraft werden, die zurzeit ihrer Begehung nach inländischem oder internationalem Recht nicht strafbar war (nach Art 49 EGC gilt dasselbe). Auch darf keine höhere Strafe verhängt werden als eine solche, die zum Zeitpunkt der Tat angedroht war. Auf diesen Grundsatz kann sich allerdings niemand berufen, wenn die Tat zum Zeitpunkt ihrer Begehung nach den von den zivilisierten Völkern allgemein anerkannten Rechtsgrundsätzen strafbar war.

d. Das Recht, sich nicht selbst bezichtigen zu müssen

Dem Art 90 Abs 2 B-VG, der ausschließlich normiert, dass im Strafverfahren der Anklageprozess gilt, hat der Verfassungsgerichtshof ein subjektives Recht der Beschuldigten entnommen, in einem Strafverfahren nicht gegen sich selbst Zeugnis ablegen zu müssen. Sie dürfen daher auch nicht unter Strafdrohung dazu gezwungen werden. Dieser Grundsatz gilt nach ständiger Rechtsprechung des Verfassungsgerichtshofes auch im Verwaltungsstrafverfahren. In Konsequenz dieser Rechtsprechung bedurfte es beispielsweise einer Verfassungsbestimmung im Kraftfahrgesetz (BGBl 267/1967 idgF), mit der das Rechtsinstitut der „Lenkerauskunft" in grundrechtswidriger Weise geregelt wurde.

e. Das Recht auf eine wirksame Beschwerde

Art 13 EMRK sieht vor, dass die in der Konvention gewährleisteten Rechte durch eine wirksame Beschwerde bei einer nationalen Instanz geschützt werden. Daraus ergibt sich die Verpflichtung des nationalen Gesetzgebers, entsprechende Rechtsinstitute vorzusehen. Die zu schaffenden Abhilfemöglichkeiten können dabei darin bestehen, dass der Konvention widersprechende Rechtsakte aufzuheben sind, beziehungsweise dass entsprechende Entschädigungsmöglichkeiten bestehen.

f. Weitere Verfahrensrechte

- Das Recht auf eine nachprüfende Instanz für den Fall einer gerichtlichen Verurteilung wegen einer strafbaren Handlung
- Das Verbot der Doppelbestrafung

5. Minderheitenrechte

Bereits der Staatsvertrag von St. Germain verpflichtete die Republik, der mit diesem Dokument der Anschluss an Deutschland verboten wurde, zur Gleichbehandlung und Nichtdiskriminierung ihrer Minderheiten. „Minderheiten" waren dabei jene Gruppen österreichischer Staatsbürgerinnen und Staatsbürger, deren Muttersprache nicht deutsch war und die – als Angehörige anderer Volksgruppen des Vielvölkerstaates – auch nach dessen Zerfall in Österreich beheimatet blieben. Art 7 des Staatsvertrags von Wien räumte den Angehörigen der slowenischen und kroatischen Volksgruppe in Kärnten, Burgenland und Steiermark besondere subjektive Rechte ein.

Da Art 7 des Staatsvertrags von Wien im Verfassungsrang steht, sind diese Rechte auch vor dem Verfassungsgerichtshof durchsetzbar. Im Einzelnen bestehen ein Recht auf Elementarunterricht in slowenischer oder kroatischer Sprache und ein Anspruch auf eine verhältnismäßige Zahl eigener Mittelschulen. In den Verwaltungs- und Gerichtsbezirken Kärntens, des Burgenlandes und der Steiermark mit slowenischer, kroatischer oder gemischter Bevölkerung ist die jeweilige Sprache zusätzlich zur deutschen Sprache als Amtssprache zugelassen. In diesen Bezirken sind die Bezeichnungen und Aufschriften topografischer Natur (also beispielsweise „Ortstafeln") sowohl in slowenischer oder kroatischer Sprache als auch in Deutsch zu verfassen.

In Durchführung dieser Verpflichtungen aus dem Staatsvertrag sind eine Reihe von Gesetzen und Verordnungen ergangen. Der Verfassungsgerichtshof hat festgehalten, dass das Kriterium der „gemischten Bevölkerung" jedenfalls dann erfüllt ist, wenn der Anteil der Minderheit nicht unerheblich ist, was ab einem Bevölkerungsanteil von zehn Prozent anzunehmen ist (VfSlg 15.970/2000; VfSlg 16.404/2001). Diese Rechtsprechung wurde im Bundesland Kärnten nicht klaglos umgesetzt, zum Teil wurde dem Gerichtshof der Gehorsam offen verweigert. Im Jahr 2011 wurden im Volksgruppengesetz die zuständigen Organe mit einer Verfassungsbestimmung verpflichtet, die für die in der Anlage zu diesem Gesetz bezeichneten Gebietsteile nötigen Ortstafeln zweisprachig anzubringen.

6. Grundrechtsgerichtsbarkeit

Dieser Abschnitt soll einen zusammenfassenden Überblick darüber geben, in welchen Verfahren Grundrechte heute eine Rolle spielen können, welche Gerichte damit befasst sind und welche rechtlichen Konsequenzen sich daraus ergeben können.

Lange Zeit hindurch konnte man in Österreich, vor allem als man der Auffassung war, Grundrechte würden in ihrem abwehrrechtlichen Charakter nur die öffentliche Verwaltung – und allenfalls den Gesetzgeber – binden, davon ausgehen, dass der Verfassungsgerichtshof eine Monopolstellung in Fragen der Grundrechtsgerichtsbarkeit innehatte. Er allein konnte verwaltungsbehördliche Bescheide und allenfalls Gesetze wegen einer Grundrechtsverletzung aufheben. Der Verfassungsgerichtshof hat in dieser historischen Phase seine Grundrechtsjudikatur immer weiter fortentwickelt. Nach dem Beitritt zur Menschenrechtskonvention kam ein weiteres, allerdings überstaatliches Gericht hinzu: der Europäische Gerichtshof für Menschenrechte. Er hatte und hat nicht die Kompetenz, nationale Rechtsakte „aufzuheben" oder für nichtig zu erklären, sondern kann Menschenrechtsverletzungen nur feststellen und allenfalls Schadenersatz zusprechen. Seine Judikatur beeinflusste maßgeblich die Grundrechtsentwicklung in Österreich und zeigte gleich von Anbeginn an, dass Grundrechte auch für Verfahren vor den ordentlichen Gerichten, vor allem im Strafrecht, von Bedeutung sein können.

Es dauerte lange, bis der österreichische Gesetzgeber eine innerstaatliche Rechtsgrundlage schuf, die es dem Obersten Gerichtshof ermöglichte, auf Verurteilungen Österreichs wegen Menschenrechtsverletzungen im gerichtlichen Strafverfahren reagieren zu können. Erst durch das Strafrechtsänderungsgesetz 1996 wurde in der Strafprozessordnung ein Tatbestand geschaffen (§ 363a StPO), nach dem eine Erneuerung des Strafrechtsverfahrens, in dem vom Europäischen Gerichtshof für Menschenrechte eine Menschenrechtsverletzung festgestellt wurde, ermöglicht wurde. In der Zwischenzeit hat der Oberste Gerichtshof diese Bestimmung über ihren Wortlaut hinaus so weit interpretiert, dass er eine Erneuerung des Verfahrens auf Antrag auch beschließen kann, wenn eine Menschenrechtsverletzung noch nicht festgestellt wurde (OGH 1. 8. 2007, 13 Os 135/06m). Auch wenn das Motiv des Gerichtshofes darin gelegen gewesen sein mag, eine diskutierte Erweiterung der Prüfungskompetenz des Verfassungsgerichtshofes auf Entscheidungen der ordentlichen Gerichtsbarkeit abzuwehren und ihr gleichsam zuvorzukommen, führt diese Rechtsprechung dazu, dass der Oberste Gerichtshof in Strafverfahren das Gericht zur Wahrung der Grundrechte geworden ist.

Unterstützt wird diese Judikatur des Obersten Gerichtshofs durch eine Systementscheidung des Gesetzgebers, der 1992 eine spezifische Kontrolle von gerichtlichen Haftentscheidungen am Grundrecht der persönlichen Freiheit einführte. Diese Grundrechtsbeschwerde (vgl Grundrechtsbeschwerde-Gesetz, BGBl 864/1992) wurde bewusst nicht dem Verfassungsgerichtshof überantwortet, der eine lange Tradition besaß, über Festnahmen durch Polizeibehörden am Maßstab dieses Grundrechts zu entscheiden, sondern dem Obersten Gerichtshof.

Findet der Oberste Gerichtshof, dass die von ihm wahrgenommene Grund- oder Menschenrechtsverletzung durch ein innerstaatliches Gesetz, das keinen unionsrechtlichen Bezug aufweist, geschehen ist, dann hat er immer noch einen entsprechenden Aufhebungsantrag an den Verfassungsgerichtshof zu stellen. Oftmals wird es allerdings um Fragen der menschenrechtskonformen Anwendung des formellen wie materiellen Strafrechts gehen, die vom Obersten Gerichtshof – tunlich in Übereinstimmung mit der Judikatur des Europäischen Gerichtshofes für Menschenrechte – zu leisten bzw zu überwachen ist.

Soweit sich jene Strömungen der Grundrechtsdogmatik, die die Drittwirkung von Grundrechten propagieren, dh ihre Anwendbarkeit auf Rechtsverhältnisse zwischen Privaten, durchsetzen, sind die Zivilgerichte – und auf oberster Ebene wiederum der Oberste Gerichtshof – dazu berufen, eine solche Drittwirkung zu akzeptieren und in ihre Rechtsprechung aufzunehmen. Lediglich beim Konflikt zwischen einem innerstaatlichen Gesetz ohne Unionsrechtsbezug und den Grundrechten, wäre ein entsprechender Aufhebungsantrag beim Verfassungsgerichtshof zu stellen.

Dieses ohnehin schon mehrschichtige System wurde nunmehr vom Unionsrecht überlagert, in dessen Rahmen nicht nur die Europäische Grundrechte-Charta, sondern auch die EMRK-Rechte als allgemeine Rechtsgrundsätze gelten, und die im Anwendungsbereich des Unionsrechts (über dessen Umfang letztlich der Europäische Gerichtshof entscheidet) zu beachten sind. Dies hat zunächst zur Folge, dass auch der Verwaltungsgerichtshof und in Zukunft die Verwaltungsgerichte, notwendigerweise in vielen Fällen Grundrechte zu beachten haben bzw mit Grundrechtsargumenten konfrontiert werden können. Das kann bewirken, dass die Verwaltungsgerichte auch in Fällen ohne Unionsrechtsbezug den Grundrechtsschutz insoferne wahrnehmen, als sie Gesetze grundrechtskonform anwenden. Dabei unterliegen sie aber der Kontrolle des Verfassungsgerichtshofes.

Fraglich mag sein, was zu gelten hat, wenn österreichische Gesetze im Anwendungsbereich des Unionsrechts Unionsgrundrechten widersprechen. Nach der Logik der Vorrangregel würde österreichisches Recht vom Unionsrecht verdrängt werden, müsste also im konkreten Fall im Ausmaß seiner Grundrechtswidrigkeit unangewendet bleiben. In vielen Fällen wird sich diese Konsequenz aus dem Ergebnis eines Vorabentscheidungsverfahrens ergeben. Ein Gesetzesprüfungsantrag an den Verfassungsgerichtshof ist nicht erforderlich und widerspräche auch der dezentralisierten Struktur des Unionsrechts: Es geht nicht darum, innerstaatliches Recht außer Geltung zu setzen, sondern im Einzelfall unangewendet sein zu lassen. Diesen strukturellen Unterschied dürfte der Verfassungsgerichtshof übersehen, wenn er der Auffassung ist, innerstaatliche Gesetze am Maßstab der Unionsgrundrechte prüfen und aufheben und die anderen Gerichte zu entsprechenden Anträgen verhalten zu können (VfSlg 19.632/2012). Der Oberste Gerichtshof versucht zurzeit, sich beim Europäischen Gerichtshof zu vergewissern, dass es eines solchen Aufhebungsantrages nicht bedarf (OGH 13. 9. 2012, 8 Ob A 20/12t). Es geht bei dieser Auseinandersetzung zum Teil zwar um Prestigefragen zwischen den einzelnen Gerichten, in der Sache hat die Lösung dieses Konflikts Bedeutung für den Grundrechtsschutz. Das österreichische System der Aufhebung der Normen, die erst ab Kundmachung oder gar nach Fristablauf gilt, ist nicht nur nachteilig für die Durchsetzung von Grundrechten, sondern passt überhaupt nicht zur Idee der Vorrangigkeit des Unionsrechts.

Wie auch immer dieser Streit ausgehen mag, Grundrechtsfragen können heute praktisch in allen Gerichtsverfahren aufgeworfen werden und alle Gerichte haben Kompetenzen im Bereich des Grundrechtsschutzes. Die Monopolstellung des Verfassungsgerichtshofes hat sich demgegenüber nur aus einem bestimmten Grundrechtsverständnis ergeben. Dort, wo der österreichische (Verfassungs-)Gesetzgeber es in der Hand gehabt hätte, diese Monopolstellung weiterzuführen und auszubauen, hat er sich bewusst dagegen entschieden. Das führt heute unweigerlich zur Frage, ob es den Verfassungsgerichtshof als Grundrechtsgericht überhaupt noch braucht und die gesamte Grundrechtskontrolle – auch gegenüber der Gesetzgebung – nicht ohnehin besser, effektiver und zeitgemäßer dezentralisiert werden sollte. Letztlich ist ja nur schwer einsehbar, dass jedes Gericht österreichische Gesetze unangewendet sein lassen muss, wenn sie Unionsrecht widersprechen, im Falle ihrer Verfassungswidrigkeit aber einen Aufhebungsantrag stellen muss, der seinerseits nur zu einer pauschalierenden Überprüfung führt.

Stichwortverzeichnis

Verwaltungsorgan 67
Verwaltungspolizei 76
Verwaltungsstrafe 104
Verwaltungsübertretung 104
Verwaltungsverordnung 68, 95
Völkergewohnheitsrecht 111
Völkerrecht 111
Völkervertragsrecht 111
Volksanwaltschaft 46
Volksbefragung 36
Volksbegehren 33
Vorabentscheidungsverfahren 121
Vorzugsstimme 27

W

Wachkörper 75
Wahlbehörden 27
Wahlgerichtsbarkeit 147
Wahlkreise 26
Wahlparteien 20
Wahlprüfungskompetenz 147
Wahlrecht
– aktives 23
– allgemeines 23
– freies 25
– geheimes 25
– gleiches 24
– Grundsätze 23
– passives 23
– persönliches 25
– unmittelbares 24

Wahlverfahren 26
Wahrheit, Grundsatz der materiellen 101
Weisung 68
– generelle 95
Weisungsbefugnis 40
Weisungsprinzip 67
Weisungszusammenhang 17, 81
Wesensgehalt 161
Wesensgehaltstheorie
– absolute 161
– relative 161
Wiederaufnahme des Verfahrens 103
Wiedereinsetzung 102
Wien 86
Willkür 179
Willkürverbot 179
Wirkungsbereich
– eigener 81, 84
– übertragener 81, 86
Wissenschaftsfreiheit 171

Z

Zensur 170
Zugangsbeschränkung
– objektive 177
– subjektive 177
Zuständigkeit, sukzessive 129
Zuständigkeit von Gerichten 130
Zuständigkeit von Verwaltungsorganen 100
– örtliche 67
– sachliche 67

Skripten
Skripten
Skripten
Skripten

Öffentliches Recht

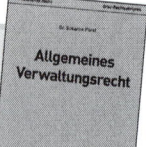

Neuauflage erscheint
ca Oktober 2013

Dr. Susanne Fürst

Allgemeines Verwaltungsrecht

6. Auflage, Wien 2012, 108 Seiten, Preis € 15,–
Best.-Nr. 84.52.06 | ISBN 978-3-7007-5343-8

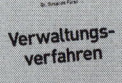

Dr. Susanne Fürst

Neuauflage erscheint
ca Oktober 2013

Verwaltungsverfahren

6. Auflage, Wien 2012, 116 Seiten, Preis € 15,50
Best.-Nr. 84.53.06 | ISBN 978-3-7007-5345-2

Mag. Katja Gruber-Hirschbrich

Vergaberecht

4. Auflage, Wien 2012, 184 Seiten, Preis € 23,–
Best.-Nr. 84.54.04 | ISBN: 978-3-7007-5203-5

Mag. Dr. Harald Eberhard | Mag. Dr. Petra Pani

Grundzüge des Verfassungsrechts

4. Auflage, Wien 2008, 120 Seiten, Preis € 14,50
Best.-Nr. 84.51.04 | ISBN 978-3-7007-3543-4

Univ.-Prof. Dr. Manfred Stelzer

Austrian Constitutional Law

2. Auflage, Wien 2009, 116 Seiten, Preis € 15,–
Best.-Nr. 84.55.02 | ISBN: 978-3-7007-4404-7

Mag. Katja Gruber-Hirschbrich

Vergaberecht graphisch dargestellt

3. Auflage, Wien 2012, 156 Seiten, Preis € 22,–
Best.-Nr. 86.24.03 | ISBN: 978-3-7007-5207-3

In jeder Buchhandlung – oder direkt beim Verlag:

E-Mail: bestellung@lexisnexis.at | Tel.: +43-1-534 52-5555
Versandkostenfreie Lieferung bei Bestellung unter shop.lexisnexis.at